JI JIAN ZHONG GUO SHI

极简中国史

JI JIAN ZHONG GUO SHI

吕思勉◎著

北京燕山出版社
BEIJING YANSHAN PRESS

图书在版编目（CIP）数据

极简中国史 / 吕思勉著 . -- 北京 : 北京燕山出版社, 2018.7

ISBN 978-7-5402-5195-6

Ⅰ . ①极… Ⅱ . ①吕… Ⅲ . ①中国历史—通俗读物 Ⅳ . ① K209

中国版本图书馆 CIP 数据核字（2018）第 142237 号

极简中国史

著　　者　吕思勉
责任编辑　贾　勇　王　迪
封面设计　余　微
责任校对　石　英
出版发行　北京燕山出版社有限公司
社　　址　北京市丰台区东铁营苇子坑路 138 号
电　　话　010-65240430
邮　　编　100078
印　　刷　北京德富泰印务有限公司
开　　本　880mm × 1230mm　1/32
字　　数　400 千字
印　　张　17
版　　次　2018 年 7 月第 1 版
印　　次　2018 年 7 月第 1 次印刷
定　　价　42.00 元

目 录

例　言

第一编　绪　论

第一章　历史的定义和价值　3
第二章　我国民族的形成　6
第三章　中国疆域的沿革　9
第四章　本国史时期的划分　12

第二编　上古史

第一章　我国民族的起源　17
第二章　太古的文化和社会　22
第三章　唐虞的政治　26
第四章　夏代的政教　30
第五章　商代的政教　34
第六章　周初的政治　38
第七章　古代的封建制度　42
第八章　我国民族的滋大　47
第九章　春秋的霸业　50
第十章　战国的七雄　54

第 十 一 章　中原文化的广播和疆域的拓展　57
第 十 二 章　春秋战国的学术思想　61
第 十 三 章　春秋战国的政制改革　65
第 十 四 章　上古的社会　70

第 三 编　中古史

第 一 章　秦之统一及其政策　77
第 二 章　秦汉之际　82
第 三 章　前汉的政治　88
第 四 章　新莽的改制　93
第 五 章　后汉的政治　98
第 六 章　两汉的制度　102
第 七 章　秦汉的武功　107
第 八 章　两汉对外的交通　112
第 九 章　两汉的学术　116
第 十 章　佛教和道教　122
第十一章　两汉的社会　126
第十二章　三国的鼎立　130
第十三章　晋的统一和内乱　135
第十四章　边徼民族和汉族的同化　139
第十五章　南北朝的对峙　146
第十六章　魏晋南北朝的制度　151
第十七章　魏晋南北朝的文化　154
第十八章　魏晋南北朝的社会　158

第 十 九 章　隋之统一与政治　162
第 二 十 章　唐的开国及其盛世　166
第二十一章　隋唐的武功　169
第二十二章　隋唐的对外交通　174
第二十三章　隋唐的制度　178
第二十四章　隋唐的学术和文艺　182
第二十五章　佛教的分宗和新教的输入　186
第二十六章　中外文化的接触　190
第二十七章　唐中叶以后的政局　194
第二十八章　隋唐的社会　200
第二十九章　五代的混乱　205
第三 十 章　宋的统一及其初年的政治　210
第三十一章　变法和党争　214
第三十二章　辽夏金的兴起　218
第三十三章　宋和辽夏的关系　223
第三十四章　宋和金的关系　227
第三十五章　宋的学术思想和文艺　232
第三十六章　宋的制度和社会　237
第三十七章　元的勃兴和各汗国的创建　242
第三十八章　中西文化的交通　250
第三十九章　元的制度　253
第 四 十 章　元帝国的瓦解　257
第四十一章　明初的政局　263
第四十二章　明和北族的关系　267
第四十三章　明朝的殖民事业和外患　270

第四十四章　明末的政局　274
第四十五章　明的制度　279
第四十六章　元明的学术思想和文艺　284
第四十七章　元明的宗教和社会　287

第四编　近代史

第 一 章　明清之际　293
第 二 章　欧人的东略　298
第 三 章　基督教和西方科学的传入　302
第 四 章　清初的内政　307
第 五 章　清初的外交　312
第 六 章　清代的武功　318
第 七 章　清中叶的内乱　324
第 八 章　鸦片战争　328
第 九 章　太平天国和捻党之役　335
第 十 章　英法联军之役　343
第十一章　瑷珲条约和北京条约　349
第十二章　西北事变和中俄交涉　353
第十三章　晚清的政局　360
第十四章　中法战争和西南藩属的丧失　366
第十五章　中日战争　373
第十六章　中俄密约和沿海港湾的租借　379
第十七章　维新运动和戊戌政变　383
第十八章　八国联军和辛丑条约　388

例　言

民国十三年商务印书馆出版的《新学制高中本国史教科书》，系鄙人所编。出版之后，征诸各方面的评论，似乎以为尚属可用。唯间有嫌其太深的。鄙人自行覆视，似乎过深之处，尚不甚多。唯（1）该书系用文言；（2）叙述力求揭举纲要，其详则留待教师的指示和学生的参考，因此，措语较为浑括；而读之遂觉其过深。所以前书的嫌深，在内容一方面，关系尚少；在文字一方面，关系转觉其较多。所以此次编纂，改用白话；叙述亦力求其具体，少作概括之辞。无论教师或学生，使用起来，该都较前书为便利。

白话的易于了解，全在其（1）语调和（2）述说的顺序，都较文言为接近。至于名词，倒是无甚关系的。况且名词是万不能译作白话的。所以此篇都一仍其旧。至于语句，似乎可以随便些。然亦有含义繁复，勉强改译，必至失真的。——如第三编第六章注中所引汉刺史所奉六条诏书是。——又有须就其原文加以考释的。——第二编中所引经子，此例特多。——此等处若教师能明白讲解，学生能细心体会，原亦无甚难解。况且此等用语，自己读史时，亦总是要遇到的。在高中时期，亦应有相当的训练。所以此编亦一仍其旧。——此等皆有删节，无改易。必不得已，宁可再下解释。此外还有一种，是历史中特别精彩，或足以振起精神的文字，间引一二，以助读者的兴味。——如第三编第十一章所引《史记·平准书》，第三十六章所引司马光疏语，第四十七章所引《明实录》是。

鄙人对于中国史分期的意见，具见前书例言中。此次教育部所定《教材大纲》，分期之法，和鄙意无大出入。故即遵照编纂，以期划一。至于每一时期之中，又可分为数小期，则其意见，具见第一编第四章中，兹不赘述。

本书编纂，虽系自古至今，依着时间的顺序排列。然使用之时，即先授第四、五编——近世史、现代史——亦无不可。因为近世和现代的事，和眼前的生活，较为切近；学生容易了解，亦容易有兴味。固然，史事系逐步发展，读后世史，必须溯其源于古，乃能真实了解。然必先觉有兴味，乃能引起其探求之心。而读古代史时，得后世史事，以资比较，亦更容易了解。——因为古史多是残缺不全的，而带神话、传说等性质亦较多。

"一部《十七史》，从何说起"，昔人早有此感慨。何况今日，史实愈繁，——一因史实的累积，一因观点的不同，而史料增加。——中等学生，又非专门研究之家。要在仅少时间中，探源于既往，以说明现在；所举示的，既不能失之繁芜，又不能过于漏略；既不能失之艰深，又不能过于肤浅，这是谈何容易的事？无论何人，编纂起来，恐亦不敢自信，何况如鄙人的浅学。兹编所注重：(1)为一时代中重要之事——如汉之外戚、宦官，唐之藩镇。——(2)则其事对于现在社会，仍有直接影响的——如明、清两代的制度。——叙述均较详。其余则较略。无甚关系之事，或径从删削，以免头绪纷繁之病。——其有不能不叙及以备始末的，则存之于注。

史事叙述，最宜忠实。有等事，逐细叙来，似嫌琐屑，然一经改作概括之语，便不免于失真。本书于此等处，宁任其稍繁，不敢以意改易。但亦有宜避其过繁，以节省学者的脑力的。——以最经济的方法，俾（bǐ）学者得最精要的知识，原系教授目的之一。——如第三编第二十二章，引《唐书·地理志》所载贾耽所记入四夷之路，其中重要的地名，都用原名而释以今地；其较不重要的，则但以今地名示其路线的概略，即其一例。

讲历史是离不开考据的。考据无论如何精确，总只是考据，不能径作为事实，这是原则。但亦有例外。如佛教的输入，断不能将宗教家的传说，即认为事实，后人考据的结果，其势不能不采。——第三编第十章。——这看似例外，其实此等传说，不能认为事实，亦正是史学上的公例。但鄙人于此等处，必格外谨慎。所采取的，必系前人的成说，大略为众所共认的；决不羼（chàn）以自己的意见。——且必著明其如何考据而得，俾学者并可略知考据的方法。

考据宜避琐碎，这不是对专门家说的话。专门家的考据，正以愈琐碎而愈见其精详。——因为有许多大事，系联结小事而成；又有许多大关系，是因小节目而见的，但这亦不是对中学生说的话。教授中学生的材料，若过于琐碎，他不知其在全局中的关系，就不免游骑无归，变为徒费脑力了，而且易入于歧途。此篇于此等考据，概不阑入。所采取的，都是能发明历史上重要事实的真相；或则贯串许多事实，示人以重要概念的。——如顾亭林先生的《日知录》，赵瓯（ōu）北先生的《陔馀（gāi yú）丛考》等，所采较多。

对于考据问题，一个人的意见，往往前后不同，这是无可如何的事。此书的编纂，距离编新学制高中教科书时，将近十年了。鄙人的意见，自亦不能全无改变。如汉族由来，鄙人昔日主张西来之说，今则对于此说，亦不敢相信。又如伏羲氏，鄙人昔亦认为游牧时代的君主，今则以为黄帝居河北，系游牧之族；羲、农之族居河南，自渔猎径进于耕稼，并未经过游牧的阶级。又如尧、舜、禹的禅让，昔日认为绝无其事，今则对此的意见，较为缓和。此等处，一一都将旧说改正。自信今是而昨非。但亦不知今之果是乎？非乎？唯有仰望大雅弘达的教正而已。

编教科书，自不宜羼入议论。但此亦只指空论或偏激穿凿之谈。至于正确的理论，成为读史的常识的，则不徒不在禁例，并宜为相当的输入。又利用历史以激发人民的爱国心等等，亦为有失忠实之道。但此亦以与史实不合者为限。至于陈古可以鉴今，读了某种史实，自然会感动愤发的，自亦不在此例。又贯串前后，指示史事的原因结果，及其变迁之所以然的，则看似议论，实系疏通证明的性质，其不能强指为主观，自更无待于言了。本书从表面上看，似乎有发议论之处，实皆谨守此三例，所以自信为尚无臆(yì)逞之弊。

历史的有年代，犹地理的有经纬线。必一见纪年，即能知其事在时间上的位置，方为有用。准此以谈，旧日用君主年号纪年之法，其不能适用，自然无待于言，前编新学制教科书时，系用民国纪元；辛亥以前，均用逆计。此法，年代的先后，固亦可一见而知；唯逆计太多，亦总觉其不便。此编径用公元，以便用世界史互相对照。——中国历史纪年，是否应径用公元，自亦成为一问题。但就目前的情形而论，则似乎此法较为便利，所以本编用之。好在教科书本应时时改良，并不是有永久性质的。

历史、地理两科，关系极密。治历史的人，必先明白地文地理；次则历代的政治区划，亦宜知其大概；然后任举一地名，大略知其在何处，即能知其有何等关系。关于前者，宜在地理科中致力。后者宜时时翻阅历史地图。本书第一编第三章，所举历代政治区划的大概，自信尚属简要。一时固不必强记，如能用作纲领，参考他种书籍，多和读史地图，对读几过，似于读史不无裨（bì）益。

吾国书籍，向分经、史、子、集四部，这原不过大概的分类。何况今日，史学上的观点，和从前不同，一切书籍，都应用平等的眼光，认作史材。编历史的人，所引据的不能限于史部，自更无待于言。兹编引据之例，即系如此。所引的书，自信都较为可信；引据的方法，自信亦尚谨严。教者如能善为启示，并可使学生略知判别书籍及引用书籍的方法。

读史地图、年表、系谱，都是读史者当备的书，所以本书中不再附入。偶或附入，则是普通图谱所不具；或则读课文时必须对照的。有时径以此代叙述。改求简明，亦以养成读图谱的能力。

第一编　绪　论

第一章　历史的定义和价值

历史是怎样一种学问？究竟有什么用处？

从前的人，常说历史是“前车之鉴”，以为“不知来，视诸往”。前人所做的事情而得，我可奉以为法；所做的事情而失，我可引以为戒。这话粗听似乎有理，细想却就不然。世界是进化的，后来的事情，绝不能和以前的事情一样。病情已变而仍服陈方，岂唯无效，更恐不免加重。我们初和西洋人接触，一切交涉就都是坐此而失败的。

又有人说：历史是“据事直书”，使人知所“歆（xīn）惧”的。因为所做的事情而好，就可以“流芳百世”；所做的事情而坏，就不免“遗臭万年”。然而昏愚的人，未必知道顾惜名誉；强悍的人，就索性连名誉也不顾。况且事情的真相，是很难知道的。稍微重要的事情，众所周知的，就不过是其表面；其内幕，是永不能与人以共见的。又且事情愈大，则观察愈难。断没有一个人，能周知其全局。若说作史的人，能知其事之真相，而据以直书，那就非愚则诬了。又有一种议论：以为历史是讲褒贬、寓劝惩，以维持社会的正义的。其失亦与此同。

凡讲学问，必须知道学和术的区别。学是求明白事情的真相的，术则是措置事情的法子。把旧话说起来，就是“明体”和“达用”。历史是求明白社会的真相的。什么是社会的真相呢？原来不论什么事情，都各有其所以然。我，为什么成为这样的一个我？这绝非偶然的事。我生在怎样的家庭中？受过什么教育？共些什么朋友？做些什么事情？这都与我有关系。合这各方面的总和，才陶铸成这样的一个我。个人如此，国家社会亦然。各地方有各地方的风俗；各种人有各种人的气质；中国人的性质，既不同于欧洲；欧洲人的性质，又不同于日本；凡此，都绝非偶然的事。所以要明白一件事情，必须追溯到既往；现在是绝不能解释现在的。而所谓既往，就是历史。

所以从前的人说："史也者，记事者也。"这话自然不错。然而细想起来，却又有毛病。因为事情多着呢！一天的新闻纸，已经看不胜看了。然而所记的，不过是社会上所有的事的千万分之一。现在的历史，又不过是新闻纸的千万分之一。然则历史能记着什么事情呢？须知道：社会上的事情，固然记不胜记，却也不必尽记。我所以成其为我，自然和从前的事情，是有关系的；从前和我有关系的事情，都是使我成其为我的。我何尝都记得？然而我亦并未自忘其为我。然则社会已往的事情，亦用不着尽记；只须记得"使社会成为现在的社会的事情"，就够了。然则从前的历史，所记的事，能否尽合这个标准呢？

怕不能吧？因为往往有一件事，欲求知其所以然而不可得了。一事如此，而况社会的全体？然则从前历史的毛病，又是出在哪里呢？

我可一言以蔽之，说：其病，是由于不知社会的重要。唯不知社会的重要，所以专注重于特殊的人物和特殊的事情。如专描写英雄，记述政治和战役之类。殊不知特殊的事情，总是发生在普通社会上的。有怎样的社会，才发生怎样的事情；而这事情既发生之后，又要影响到社会，而使之政变。特殊的人物和社会的关系，亦是如此。所以不论什么人、什么事，都得求其原因于社会，察其对于社会的结果。否则一切都成空中楼阁了。

从前的人，不知道注意于社会，这也无怪其然。因为社会的变迁，是无迹象可见的。正和太阳影子的移动，无一息之停，人却永远不会觉得一样。于是寻常的人，就发生一种误解。以为古今许多大人物，所做的事业不同，而其所根据的社会则一样。像演剧一般，剧情屡变，演员屡换，而舞台则总是相同。于是以为现在艰难的时局，只要有古代的某某出来，一定能措置裕如（处理事情从容不迫），甚而以为只要用某某的方法，就可以措置裕如。遂至执陈方以药新病。殊不知道舞台是死的，社会是活物。

所以现在的研究历史，方法和前人不同。现在的研究，是要重常人，重常事的。因为社会，正是在这里头变迁的。常人所做的常事是风化，特殊的人所做特殊的事是山崩。不知道风化，当然不会知道山崩。若明白了风化，则山崩只是当然的结果。

一切可以说明社会变迁的事都取它；一切事，都要把它来说明社会的变迁。社会的变迁，就是进化。所以：

“历史者，所以说明社会进化的过程者也。”

历史的定义既明，历史的价值，亦即在此。

第二章 我国民族的形成

民族和种族不同。种族论肤色，论骨骼。其同异一望可知，然历时稍久，就可以渐趋混合。民族则论语言，论信仰，论风俗。虽然无形可见，然而其为力甚大。同者虽分而必求合，异者虽合而必求分。所以一个伟大的民族，其形成甚难；而民族的大小和民族性的坚强与否，可以决定国家的盛衰。

一国的民族，不宜过于单纯，亦不宜过于复杂。过于复杂，则统治为难。过于单纯，则停滞不进。我们中国，过去之中，曾吸合许多异族。因为时时和异族接触，所以能互相淬砺（cuì lì；比喻刻苦磨炼。），采人之长，以补我之短；开化虽早，而光景常新。又因固有的文化，极其优越，所以其同化力甚大。虽屡经改变，而仍不失其本来。经过极长久的时间，养成极坚强的民族性，而形成极伟大的民族。

各民族的起源发达，以及互相接触、渐次同化，自然要待后文才能详论。现在且先作一个鸟瞰（瞰：音 kàn；鸟瞰：事物的概括描写。）。

中华最初建国的主人翁，自然是汉族。汉族是从什么地方，迁徙到中国来的呢？现在还不甚明白。[①] 既入中国以后，则是从黄河流域，向长江流域、粤江流域，渐次发展的。古代的三苗国，所君临的，是九黎之族，而其国君，则是姜姓。[②] 这大约是汉族开拓长江流域最早的。到春秋时代的楚，而益形进化。同时，沿海一带，有一种断发文身的人，古人称之为越。[3] 吴、越的先世，都和此族人杂居。后来秦开广东、广西、福建为郡县，所取的，亦是此族人之地。西南一带有濮（pú）族。[4] 西北一带有氐（dī）、羌（qiāng）。西南的开拓，从战国时的楚起，至汉开西南夷而告成。西北一带的开拓，是秦国的功劳。战国时，秦西并羌戎，南取巴、蜀，而现今的甘肃和四川，都大略开辟。

在黄河流域，仍有山戎和猃狁（xiǎn yǔn），和汉族杂居。猃狁，亦称为胡，就是后世的匈奴。山戎，大约是东胡之祖。战国时代，黄河流域，和热、察、绥之地，都已开辟。此两族在塞外的，西为匈奴，东为东胡。东胡为匈奴所破，又分为乌桓（huán）和鲜卑。胡、羯（jié）、[5] 鲜卑、氐、羌，汉时有一部分入居中国。短时间不能同化，遂酿成五胡之乱。经过两晋南北朝，才泯然无迹。

隋唐以后，北方新兴的民族为突厥。回纥（hé），现在通称为回族。[6] 西南方新兴的民族为吐蕃（bō），现在通称为藏族。东北则满族肇兴（*初兴*），金、元、清三代，都是满族的分支。于是现在的蒙古高原，本为回族所据者，变为蒙古人的根据地，回族则转入新疆。西南一带，苗、越、濮诸族的地方，亦日益开辟。

总而言之：中华的立国，是以汉族为中心。或以政治的力量，统治他族；或以文化的力量，感化他族。即或有时，汉族的政治势力不竟，暂为他族所征服，而以其文化程度之高，异族亦必遵从其治法。经过若干时间，即仍与汉族相同化。现在满、蒙、回、藏和西南诸族，虽未能和汉族完全同化，而亦不相冲突。虽然各族都有其语文，而在政治上、社交上，通用最广的，自然是汉语和汉文。宗教则佛教盛行于蒙、藏，回教盛行于回族。满族和西南诸族，亦各有其固有的信仰。汉族则最尊崇孔子。孔子之教，注重于人伦日用之间，以至治国平天下的方略，不具迷信的色彩。所以数千年来，各种宗教在中国杂然并行，而从没有争教之祸。我国民族的能团结，确不是偶然的。

注释

①见第二编第一章。

②《书经·尧典》:“窜三苗于三危。”《释文》引马(融)王(肃)云:“国名也。缙云氏之后为诸侯，盖饕餮(tāo tiè)也。”《吕刑正义》:“韦昭曰:三苗，炎帝之后，诸侯共工也。”《淮南子·修务训》注:“三苗，盖谓帝鸿氏之裔子浑敦，少昊氏之裔子穷奇，缙(jìn)云氏之裔子饕餮。三族之苗裔，故谓之三苗。”案三族苗裔之说，似因字面附会。但即如所言，亦仍有缙云氏的苗裔在内,《史记·五帝本纪》集解引贾逵说:“缙云氏，姜姓也。炎帝之苗裔。”与韦昭、马融说都合。唯韦昭又谓为共工，似与《书经》的流共工窜三苗分举相背。然《国语·周语》太子晋说:“共之从孙四岳佐禹。”“称四岳国，命为侯伯，赐姓曰姜，氏曰有吕。”韦昭《注》引贾逵说，亦以共工为炎帝之后，姜姓。则三苗为姜姓之国，是无疑义的。《礼记·缁(zī)衣》正义引《吕刑》郑(玄)《注》:“苗民，谓九黎之君也。”黎，后世作俚，亦作里。《后汉书·南蛮传》:“建武十二年，九真徼外蛮里张游，率其种人，慕化内属，封为归汉里君。”《注》:“里，蛮之别号，今呼为俚人。”

③就是现在的马来人，参看第十一章。

④现在的猓猡(luǒ luó)。参看第三编第七章。

⑤匈奴的别种。居于上党武乡羯室，因以为号(在今山西辽县)。

⑥此族人，现在中国通称为回，欧洲人则通称为突厥，即今译的土耳其。见《元史译文证补》卷二十七中。其本名实当称丁令，见第三编第二十一章。

第三章 中国疆域的沿革

普通人往往有一种误解：以为历史上所谓东洋，系指亚洲而言；西洋系指欧洲而言。其实河川、湖泊，本不足为地理上的界线。乌拉山虽长而甚低，高加索山虽峻而甚短，亦不能限制人类的交通。所以历史上东西洋的界限，是亚洲中央的葱岭（帕米尔高原，中国古代称葱岭，古丝绸之路在此经过。），而不是欧、亚两洲的界线。葱岭以东的国家，和葱岭以西的国家在历史上俨然成为两个集团；而中国则是历史上东洋的主人翁。

葱岭以东之地，在地势上可分为四区：

（一）中国本部　包括有黄河、长江、粤江三大流域。

（二）蒙古新疆高原　以阿尔泰山系和昆仑山系的北干，和海藏高原、中国本部及西伯利亚分界。中间包括一大沙漠。

（三）青海西藏高原　是亚洲中央山岭蟠（pán）结之地。包括前后藏、青海、西康。

（四）关东三省　以昆仑北干延长的内兴安岭和蒙古高原分界。在地理上，实当包括清朝咸丰年间割给俄国之地，而以阿尔泰延长的雅布诺威、斯塔诺威和西伯利亚分界。

四区之中，最先发达的，自然是中国本部。古代疆域的记载，最早的是《禹贡》。《禹贡》所载，是否禹时的情形？颇可研究。即使承认它是的，亦只是当时声教所至，而不是实力所及。论实力所及，则西周以前，汉族的重要根据地，大抵在黄河流域。至春秋时，楚与吴、越渐强；战国时，巴、蜀为秦所并，而长江流域始大发达。秦取今两广和安南之地，置桂林、南海、象郡，福建之地置闽中郡，而南岭以南，始入中国版图。

其对北方，则战国时，魏有上郡；赵有云中、雁门、代郡；燕开上谷、渔阳、右北平、辽西、辽东五郡，[1]而热、察、绥和辽宁省之地，亦入中国版图。其漠北和新疆省，是汉时才征服的。但此等地方，未能拓为郡县，因国威的张弛，而时有赢缩（进退）。

青海，汉时为羌人所据。西藏和中国，无甚交涉。唐时，吐蕃强盛，而其交涉始繁。元初征服其地，行政上隶属于宣政院。

总而言之：汉唐盛时，均能包括今之蒙古、新疆。至西藏之属于中国，则系元、清时代之事。但当秦开南越时，我国即已包有后印度半岛的一部。至汉时，并以朝鲜半岛的北部为郡县。唐以后，此两半岛均独立为国，我国迄未能恢复。[2]中国疆域的赢缩，大略如此。

至于政治区划：则据《禹贡》所载，大约今河北、山西，是古代的冀州。山东省分为青、兖（yǎn）二州。江苏、安徽的淮水流域是徐州，江以南为扬州。河南和湖北的一部是豫州。自此南包括湖南是荆州。四川是梁州。陕、甘，是雍州。秦时，此等地方，和战国时新开之地，分为三十六郡。而桂林、南海、象、闽中四郡在其外。汉时十三部：大略古代的冀州，析而为幽、冀、并三州。关中属司隶校尉。甘肃称凉州。荆、扬、青、徐、兖、豫，疆域略与古同。四川称益州，两广称交州。唐时，今河北省为河北道。山西省为河东道。陕西省为关内道。甘肃、宁夏为陇右道。山东、河南为河南道。江苏、安徽的江以北为淮南道。其江以南及湖南、江西、浙江、福建为江南道。湖北和湖南、四川、陕西的一部分为山南道。四川之大部分为剑南道。两广为岭南道。后来区划又较详，而宋代的分路，大略沿之。元代疆域最广，始创行省之制。现在的河北、山西、直隶于中书省。河南、山东及江苏、安徽的北部、湖北省的大部分为河南省。江苏、安徽的南部和浙江、福建为江浙省。江西和广东为江西省。湖北的一小部分和湖南、广西为湖广省。云南、四川，疆域略和现在相像。陕西包括现在甘肃的大部分，而宁夏和甘肃西北境，别为甘肃省。辽宁为辽阳省。明清两代的区划，略和现代相近。不过明代陕、甘、苏、皖、湘、鄂都不分，所以清代所谓十八省者，在明代只有十五。清代将中国本部，分成十八省。新疆和关东三省，则系末年始改省制的。其时共得行省二十二。其西康、热河、察哈尔、绥远、宁夏、青海，则到民国，才改为省制的。

注释

①上郡，今陕西绥德县。后入于秦。云中，今山西大同县。雁门，今山西右玉县。代郡，今山西代县。上谷，今河北怀来县。渔阳，今河北密云县。右北平，今河北卢龙县。辽西，今河北抚宁县（汉时的阳乐县。《水经·濡（rú）水注》："阳乐，故燕地，辽西郡治。秦始皇二十二年置。"）。辽东，今辽宁辽阳县。

②明成祖曾一恢复安南，宣宗仍弃之。见第三编第四十三章。

第四章　本国史时期的划分

历史事实，前后相衔。强欲分之，本如“抽刀断流，不可得断”。但是为明了变迁大势起见，把历史划分作几个时期，也是史家常用的法子。

中国的历史，当分几期，这是显而易见的。三代以前，我国还是个列国并立的世界，当划为一期。自秦以后，便入于统一的时代了。自此，直至近世和欧人接触以前，内部的治化，虽时有变迁；对外的形势，并时有涨缩；然而大体上，总是保守其闭关独立之旧约。这个当划为一期。从中欧交通以后，至民国成立之前，其间年代，虽远较前两期为短；然这是世运的进行，加我以一个新刺戟（jǐ），使之脱离闭关自守之策，进而列于世界列国之林的，亦当划为一时期。民国成立，至今不过二十二年。却是我国改良旧治化，适应新环境的开始。一切都有更始的精神。以后无穷的希望，都将于此植其基。其当另划为一期，更不待言。

所以自大体言之，我国的历史，可划分为上古、中古、近世、现代四个时期。这是大概的划分。若更求其详，则每一时期中，亦可更分几个小阶段。

在上古期中，巢、燧（suì）、羲、农，略见开化的迹象。自黄帝御宇，东征西讨，疆域大拓。自此称为天子的，其世系都有可考。虽然实际还是列国并立，然已有一个众所认为共主的，这是政治情势的一个转变。东周以后，我民族从各方面分歧发展。地丑德齐（比喻彼此条件一样）之国渐多，王朝不复能号令天下。号令之权，移于“狎（xiá）主齐盟”的霸主。战国时代，霸主的会盟征伐，又不能维系人心了。诸侯各务力征，互相兼并，到底从七国并而为一国。杂居的异族，亦于此竞争剧烈之秋，为我所攘斥（驱除），所同化。隆古社会的组织，至此时代，亦起剧烈的变迁。学术思想，在这时代，亦大为发达，而放万丈的光焰，遂成上古史的末期。

中古史中：秦汉两代，因内国的统一而转而对外。于是有秦皇汉武的开边（用武力开拓疆土）。因封建制度的铲除，而前此层累的等级渐次平夷；而君权亦因此扩张。实际上，则因疆域的广大，而政治日趋于疏阔；人民在政治上的自由，日以增加；而社会亦因此而更无统制。竞争既息，人心渐入于宁静。而学术思想，亦由分裂而入于统一。这是第一期。因两汉的开拓，而有异族入居塞内的结果。因疆域广大，乱民蜂起之时，中央政府不能镇压，而地方政府之权不得不加重，于是有后汉末年的州郡握兵，而成三国的分裂。晋代统一未久，又有五胡乱华之祸。卒致分裂为南北朝。直至隋代统一，而其局面乃打破。这是第二期。隋唐之世，从积久战乱之余，骤见统一，民生稍获苏息（恢复），国力遂复见充实。对外的武功，回复到秦汉时代的样子。这是第三期。唐中叶以后，军人握权，又入于分裂时代。其结果，则政治上的反动，为宋代的中央集权。而以国力疲敝之政，异族侵入，莫之能御，遂有辽、金、元的相继侵入。明代虽暂告恢复，亦未能十分振作，而清室又相继而来。这是第四期。

近世这一期，是我们现在，直接承其余绪，而受其影响的。清朝虽亦是异族，然其对于中国的了解，较胡元为深。其治法，遵依中国习惯之处，亦较胡元为多。因其能遵依中国的习惯，而利用中国的国力，所以当其盛世，武功文治，亦有可观。假使世界而还是中古时期的样子，则我们现在，把这客帝驱除之后，就更无问题了。然而闭关的好梦，已成过去了。欧风美风，相逼而来，再不容我们的鼾睡。自五口通商以后，而门户洞开，而藩属丧失，外人的势力，深入内地。甚至划为势力范围，创作瓜分之论；又继之以均势之说。中国乃处于列强侵略之下，而转冀幸其互相猜忌，维持均势，以偷旦夕之安。经济的侵略，其深刻，既为前此所无；思想的变动，其剧烈，亦非前此所有。于是狂风横雨，日逼于国外，而轩然大波，遂起于国中了。所以近世史可分为两个小期。西力业已东渐，我国还冥然罔觉（罔：音 wǎng；冥然罔觉：愚昧无知。），政治上，社会上，一切保守其旧样子，为前一期。外力深入，不容我不感觉，不容我不起变化，为后一期。五口通商，就是这前后两期的界线。

现代史是我们受了刺激而起反应的时代。时间虽短，亦可以分作两期。革命之初，徒浮慕（表面上仰慕）共和的美名，一切事都不彻底，所以酿成二十年来的扰乱。自孙中山先生，确定三民主义、五权宪法，为我民族奋斗、国家求治的方针。对内则铲除军阀，以求政治的清明。对外则联合被压迫民族，废除不平等条约，以期国际关系的转变。虽然革命尚未成功，然而曙光已经发现了。所以国民政府的成立，亦当在现代史上，划一个新纪元。

以上只是指示一个大势，以下再举史实以证明之。

第二编　上古史

第一章　我国民族的起源

我国现在，所吸合的民族甚多，而追溯皇古之世，则其为立国之主的，实在是汉族。汉族是从什么地方，迁徙到中国来的呢？这个在现在，还是待解决的问题。从前有一派人，相信西来之说。他们说：据《周官·大宗伯》和《典瑞》的郑注：古代的祭地祇（qí），有昆仑之神和神州之神的区别。神州是中国人现居之地，[①]则昆仑必是中国人的故乡了。昆仑在什么地方呢？《史记·大宛（yuān）列传》说："汉使穷河源，河源出于阗（tián）。""天子案古图书，名河所出山曰昆仑。"这所指，是现在于阗河上源之山。所以有人说：汉族本居中央亚细亚高原，从现在新疆到甘肃的路，入中国本部的。然而郑注原出纬书（汉代附会儒家经义的一类书，主要宣扬神学迷信，但也记述了一些天文、历法等方面的知识。）。纬书起于西汉之末，不尽可信。河源实出青海，不出新疆。指于阗河源为黄河之源，本系汉使之误；汉武帝乃即仍其误，而以古代黄河上源的山名，为于阗河上源的山名，其说之不足信，实在是显而易见的。汉族由来，诸说之中，西来说较强；各种西来说之中，引昆仑为证的，较为有力；而其不足信如此，其他更不必论了。民族最古的事迹，往往史籍无征。我国开化最早，又无他国的史籍，可供参考。掘地考古之业，则现在方始萌芽。所以汉族由来的问题，实在还未到解决的机会。与其武断，无宁阙疑（把疑难问题留着，不做主观推论。）了。[②]

现在所能考究的，只是汉族既入中国后的情形。古书所载，类乎神话的史迹很多，现在也还没有深切的研究。其开化迹象，确有可征的，当推三皇五帝。三皇五帝，异说亦颇多。似乎《尚书大传》燧（suì）人、伏羲、神农为三皇，《史记·五帝本纪》黄帝、颛顼（zhuān xū）、帝喾（kù）、尧、舜为五帝之说，较为可信。[③] 燧人、伏羲皆风姓。神农姜姓。黄帝姬姓。燧人氏，郑注《易纬通卦验》，说他亦称人皇。而《春秋命历序》说：人皇出旸（yáng）谷，分九河。[④] 伏羲氏都陈。神农氏都陈徙鲁。黄帝邑于涿（zhuō）鹿之阿（ē），[⑤] 据地理看来，似乎风姓、姜姓的部落在河南，姬姓则在河北。燧人氏，《韩非子》说他，因"民食果蓏（luǒ，草本植物的果实。）蜯（bàng，同"蚌"，生活在淡水里的一种软体动物。）蛤（gé，软体动物，栖浅海沙中，肉可食。），腥臊多害肠胃"，乃发明钻木取火之法，教民熟食。[⑥] 这明是搜集和渔猎时代的酋长。伏羲氏，亦作庖犧（páo xī）氏。昔人释为"能驯伏牺牲（牲畜）"，又释为"能取犧牲，以充庖厨（菜肴）"，以为是游牧时代的酋长。然而"伏羲"二字，实在是"下伏而化之"之意，见于《尚书大传》。[⑦] 其事迹，则《易·系辞》明言其做网罟（gǔ，鱼网。）而事佃（tián，打猎。）渔。其为渔猎时代的酋长，亦似无疑义。从前的人，都说人类的经济，是从渔猎进而为游牧，游牧进而为耕农。其实亦不尽然。人类经济的进化，实因其所居之地而异。大抵草原之地，多从渔猎进入游牧；山林川泽之地，则从渔猎进为耕农。

神农氏，亦称烈山氏。"烈山"二字，似即《孟子》"益烈山泽而焚之"的烈山，[⑧] 为今人所谓"伐栽农业"。则我国民族居河南的，似乎并没经过游牧的阶级，乃从渔猎径进于耕农。黄帝，《史记》言其"迁徙往来无常处，以师兵为营卫”，这确是游牧部落的样子。涿鹿附近，地势亦很平坦，而适宜于游牧的。我国民族居河北的，大约是以游牧为业。游牧之民，强悍善战；农耕之民，则爱尚平和；所以阪（bǎn）泉涿鹿之役，炎族遂非黄族之敌了。[9]

阪泉涿鹿，昔人多以为两役。然《史记·五帝本纪》，多同《大戴礼记》的《五帝德》《帝系姓》两篇，而《大戴礼记》只有黄帝和炎帝战于阪泉之文，更无与蚩（chī）尤战于涿鹿之事。而且蚩尤和三苗，昔人都以为是九黎之君。[10]而三苗和炎帝，同是姜姓。又阪泉、涿鹿，说者多以为一地。[11]所以有人怀疑这两役就是一役；蚩尤、炎帝，亦即一人。这个亦未可断定。然而无论如何，总是姜姓和姬姓的争战。经过此次战役而后，姬姓的部落就大为得势。颛顼、帝喾、尧、舜，称为共主的，莫非黄帝的子孙了。[12]

我国历史，确实的纪年，起于共和。共和元年，在民国纪元前两千七百五十二年，公元前八百四十一年。自此以上，据《汉书·律历志》所推，周代尚有一百九十二年，殷代六百二十九年，夏代四百三十二年。尧、舜两代，据《史记·五帝本纪》，尧九十八年，舜三十九年。如此，唐尧元年，在民国纪元前四千一百四十二年，公元前两千二百三十一年；三皇之世，距今当在五千年左右了。

注释

①《史记·孟子荀卿列传》载邹衍之说：“以为儒者所谓中国者，于天下，乃八十一分居其一分耳。中国名曰赤县神州。赤县神州内，自有九州，禹之序九州是也，不得为州数。中国外如赤县神州者九，乃所谓九州也。于是有裨海环之，人民禽兽，莫能相通者。如一区中者，乃为一州。如此者九，乃有大瀛（yíng）海环其外，天地之际焉。”衍说虽荒唐，然中国名为赤县神

州，则其名自非杜撰。《淮南子·地形训》，叙九州之名，其一亦为神州。

②论汉族由来的，以蒋智由的《中国人种考》搜采为最博。近人蒙文通所撰《古史甄微》，则立说甚精。如喜研究，可以参看。

③三皇异说有四：（一）司马贞《补三皇本纪》：天地初立，有天皇氏，兄弟十二人，立各一万八千岁。地皇十一人，亦各万八千岁。人皇兄弟九人，分长九州。凡一百五十世，合四万五千六百年。原注："出《河图》及《三五历》。"《河图》纬书。《三五历》乃徐整所著，亦据纬书立说。（二）《白虎通》正说用《尚书大传》。又列或说，以伏羲、神农、祝融为三皇。（三）《礼记·曲礼正义》引郑玄注《中候敕省图》：引《运斗枢》，以伏羲、女娲、神农，为三皇。（四）《史记·秦始皇本纪》：丞相绾（wǎn）等议帝号，说："臣等谨与博士议曰：古有天皇，有地皇，有泰皇。泰皇最贵。"《索隐》说："天皇，地皇之下，即云泰皇，当人皇也。"伏生系秦博士之一。《大传》说："燧人以火纪，火太阳，故托燧皇于天。伏羲以人事纪，故托羲皇于人。神农悉地力，种谷蔬，故托农皇于地。"则第四说与《大传》同。《补三皇本纪》述女娲事，说"当其末年，诸侯有共工氏，与祝融战，不胜而怒，乃头触不周山，天柱折，地维缺，女娲氏乃炼五色石以补天"云云。上言祝融，下言女娲，则祝融、女娲系一人。第二第三，亦即一说。五帝异说，唯郑玄谓德合五帝座星的，即可称帝，于黄帝、颛顼之间，增入一少昊。见《曲礼正义》。

④参看《古史甄微》六。

⑤旸谷见《书·尧典》。古文说以为即今之成山，今文说谓在辽西。可看孙星衍《尚书今古文注疏》。九河，即后来禹所疏的九河，为黄河下流。陈即春秋时的陈，鲁即春秋时的鲁，见第九章。此等都系以后世的地名述古事的。涿鹿，山名。服虔说在涿郡，就是现在河北的涿县。别一说在上谷，则是汉朝的涿鹿县，今为县，属察哈尔。此说恐因汉朝的县名而附会，不如服虔说的可信。

⑥《五蠹(dù)篇》。

⑦“羲”“化”两字古同韵。

⑧亦作厉山,“厉”“烈”同音,《括地志》以为即春秋时的厉国,地在今湖北随县,恐亦因同音而附会,不甚可信。

⑨《史记·五帝本纪》:“轩辕之时,神农氏世衰。诸侯相侵伐,暴虐百姓,而神农弗能征。于是轩辕乃习用干戈,以征不享。诸侯咸来宾从。而蚩尤氏最为暴,莫能伐。炎帝欲侵陵诸侯,诸侯咸归轩辕。轩辕乃修德振兵……以与炎帝,战于阪泉之野。三战然后得其志。蚩尤作乱,不用帝命。于是黄帝乃征师诸侯,与蚩尤战于涿鹿之野,遂禽杀蚩尤。”既说神农氏世衰,又说炎帝欲侵陵诸侯,未免矛盾。所以有人疑以蚩尤、炎帝,即是一人。

⑩《书经·吕刑》释文引马融说:“蚩尤,少昊之末九黎君名。”《战国策·秦策》高诱注同。参看第一编第二章。

⑪《史记集解》引皇甫谧(mì),谓阪泉在上谷。又引张晏,谓涿鹿在上谷。《正义》引《晋太康地理志》,又谓涿鹿城东一里有阪泉。案以涿鹿为在上谷,固不足信,然诸说都谓涿鹿阪泉,都在一地,则必古说如此,后人乃将汉代涿鹿县附近的水,附会为阪泉。

⑫据《史记·五帝本纪》和《大戴礼记·帝系姓》,五帝的系图如下。其间代数,或不足信,说颛顼以后,都出于黄帝,大约是不诬的。因为古代天子、诸侯、卿、大夫的世系,都有专记他的史官,即《周官》小史之职。

黄帝 {
玄嚣(少昊)——蟜(jiǎo)极——帝喾——尧
昌意——帝颛顼 {
穷蝉——敬康——句望——蟜牛——瞽叟——舜
鲧(gǔn)——禹
}
}

第二章　太古的文化和社会

太古的社会，情形毕竟如何？古书所载，有说得极文明的，亦有说得极野蛮的。说得极野蛮的，如《管子》的《君臣篇》等是。[①]说得极文明的，则如《礼记·礼运篇》孔子论大同之语是。二说果孰是？我说都是也，都有所据。

人类的天性，本来是爱好和平的。唯生活不足，则不能无争。而生活所资，食为尤亟（jí）。所以社会生计的舒蹙（cù，紧迫、困窘。），可以其取得食物的方法定之。搜集和渔猎时代，食物均苦不足。游牧时代，生活虽稍宽裕，而其人性好杀伐，往往以侵掠为事。只有农业时代，生计宽裕；而其所做的事业，又极和平，所以能产生较高的文化。

古代的农业社会，大约是各各独立，彼此之间，不甚相往来的。老子所说："郅（zhì，最、极。）治之极，邻国相望，鸡狗之声相闻，民各甘其食，美其服，安其俗，乐其业，至老死不相往来。"所想象的，就是此等社会。[②]唯其如此，故其内部的组织，极为安和。孔子所谓："不独亲其亲，不独子其子，使老有所终；壮有所用；幼有所长；鳏（guān，无妻或丧妻的男人。）寡孤独废疾者，皆有所养。男有分，女有归。货恶其弃于地也，不必藏于己；力恶其不出于身也，不必为己。"所慨慕的，也就是此等社会。内部的组织，既然安和如此，其相互之间，自然没有斗争。这就是孔子所谓“谋闭而不兴，盗窃乱贼而不作”，这就是所谓“大同”。假使人类的社会，都能如此，人口增加了，交通便利了，徐徐地扩大联合起来，再谋合理的组织，岂不是个黄金世界？而无如其不能。有爱平和的，就有爱侵掠的。相遇之时，就免不了战斗。战斗既起，则有征服人的，有被征服于人的。征服者掌握政权，不事生产，成为治人而食于人的阶级。被征服的，则反之而成为食人而治于人的阶级。而前此合理的组织，就渐次破坏了。合理的组织既变，则无复为公众服务，而同时亦即受公众保障的精神。人人各营其私，而贫富亦分等级。自由平等之风，渐成往事了。人与人之间，时起冲突，乃不得不靠礼乐刑政等来调和、来维持。社会风气，遂日趋浇薄（社会风气浮薄）了。先秦诸子，所以慨叹末俗，怀想古初，都是以此等变迁，为其背景。然而去古未远，古代的良法美意，究竟还破坏未尽。社会的风气，也还未十分浇漓（漓：音 lí；浇漓：意思同“浇薄”。）。在上者，亦未至十分骄侈。虽不能无待于刑政，而刑政也还能修明。这便是孔子所谓小康。大约孔子所慨想的大同之世，总在神农以前；而阶级之治，则起于黄帝以后。《商君书·画策篇》说：“神农之世，男耕而食，妇织而衣。刑政不用而治，甲兵不起而王。神农既没，以强胜弱，以众暴寡。故黄帝作为君臣上下之义，父子兄弟之礼，夫妇妃匹（指婚配之事）之合。内行刀锯，外用甲兵。”可见炎黄之为治，是迥然不同的。而二者之不同，却给我们以农耕之民好平和，游牧之民好战斗的暗示。

以上所说，是社会组织的变迁。至于物质文明，则总是逐渐进步的。《礼运篇》说：

> 昔者先王未有宫室，冬则居营窟，夏则居橧（zēng，橧状的物体。）巢。未有火化，食草木之实，鸟兽之肉；饮其血，茹其毛。未

有麻丝，衣其羽皮。后圣有作，然后修火之利。范金合土，以为台榭（榭：音 xiè；台榭：泛指楼台等建筑物。）、宫室、牖（yǒu）户（牖：音 yǒu；牖户：窗与门，借指屋舍。）。以炮（páo，古烹饪法的一种，用烂泥等裹物而烧烤。）以燔（fán，烤肉使熟。），以烹以炙。

这是说衣食住进化的情形。大约从生食进化到熟食，在燧人之世。我国的房屋，是以土木二者合成的。土工源于穴居，木工则源于巢居。构木为巢，据《韩非子》说，是在有巢氏之世。[3] 其人似尚在黄帝以前。至于能建造栋宇，则大约已在五帝之世。所以《易·系辞传》把"上古穴居而野处，后世圣人易之以宫室"，叙在黄帝、尧、舜之后了。《易·系辞传》又说："黄帝、尧、舜，垂衣裳而天下治。"《周易正义》说："以前衣皮，其制短小。今衣丝麻布帛；所作衣裳，其制长大，故云垂衣裳。"这就是《礼运》所说以麻丝易羽皮之事。此外，《易·系辞传》所说后世圣人所做的事，还有："刳（kū，剖凿，使其中空。）木为舟，剡（yǎn，刮、削。）木为楫（jí）"、"服牛乘马，引重致远"、"重门击柝（重：音 chóng；柝：音 tuò，打更用的梆子；重门击柝：设置重重门户，并派更夫巡夜；指严加戒备，以防不测。），以待暴客"、"断木为杵，掘地为臼（舂米的器具）"、"弦木为弧（木弓），剡木为矢（箭）"以及"古之葬者，厚衣之以薪，葬之中野，不封不树，后世圣人易之以棺椁（guǒ）"、"上古结绳而治，后世圣人易之以书契"各项。这后世圣人，或说即蒙上黄帝、尧、舜而言，或说不然，现亦无从断定。但这许多事物的进化，大略都在五帝之世，则似乎可信的。

注释

①《君臣篇下》："古者未有君臣上下之别，未有夫妇妃匹之合。兽处群

居，以力相征。于是智者诈愚；强者凌弱；老幼孤独，不得其所。”

②此数语，见《史记·货殖列传》。其见于今《老子书》的，辞小异而意大同。因取简明，故引《史记》。果真邻国相望，鸡犬之声相闻，岂有不相往来之理？老子所说，原系想象之谈，但亦有古代的事实，以为之背景。古代此等社会，大抵因交通不便；又其时人口稀少，各部落相去较远，所以不相往来的。《管子·侈靡（chǐ mí）篇》说：“佶（kù，同‘喾 kù’）尧之时，牛马之牧不相及，人民之俗不相知，不出百里而来（疑当作‘求’）足。”可以和老子之言相证。

③亦见《五蠹（dù）篇》。

第三章　唐虞的政治

孔子删《书》，断自唐虞，所以这时代史料的流传，又较黄帝、颛顼、帝喾三代为详备。

尧、舜都是黄帝之后，其都城则在太原[①]。太原与涿鹿均在冀州之域，可见其亦系河北民族。但唐虞时代的文化似较黄帝时为高。《尧典》载尧分命羲和四子，居于四方，观察日月星辰，以定历法，“敬授民时”，可见其时，业以农业为重，和黄帝的迁徙往来无常处，大不相同了。这时代，有两件大事，足资研究。一为尧、舜、禹的禅让，一为禹的治水。

据《尚书》及《史记》，则尧在位七十载，年老倦勤，欲让位于四岳。四岳辞让。尧命博举贵戚知疏远隐匿的人。于是众人共以虞舜告尧。尧乃妻之以二女，以观其内；使九男事之，以观其外。又试以司徒之职。知其贤，乃命其摄政，而卒授之以天下。尧崩，三年之丧毕，舜避尧之子丹朱于南河之南。[②]诸侯朝觐（jìn）讼狱（诉讼）的，都不之丹朱而之舜；讴歌的，亦不讴歌丹朱而讴歌舜。舜才回到尧的旧都，即天子位。当尧之时，有洪水之患。尧问于众。众共举鲧（gǔn），尧使鲧治之。九年而功弗成。及舜摄政，乃殛（jí，杀死。）鲧而用其子禹。禹乃先巡行四方，审定高山大川的形势。然后导江、淮、河、济而注之海。百姓乃得安居。九州亦均来贡。当时辅佐舜诸人，以禹之功为最大。舜乃荐禹于天。舜崩之后，禹亦让避舜之子商均。诸侯亦皆去商均而朝禹，禹乃即天子位。儒家所传，尧、舜、禹禅让和禹治水的事，大略如此。

禅让一事，昔人即有怀疑的，如《史通》的《疑古篇》是。此篇所据，尚系《竹书纪年》等不甚可靠之书。然可信的古书，说尧、舜、禹的传授，不免有争夺之嫌的，亦非无有。[③]他家之说，尚不足以服儒家之心。更就儒家所传之说考之。如《孟子》《尚书大传》和《史记》，都说尧使九男事舜。而《吕氏春秋·去私》《求人》两篇，则说尧有十子。《庄子·盗跖（zhí）篇》，又说尧杀长子。据俞正燮（xiè）所考证，则尧被杀的长子名奡（ào），就是《论语·宪问篇》所谓荡舟而不得其死，《书经·皋陶（gāo yáo）谟（mó）篇》所谓“朋淫于家，用殄（tiǎn）厥世”的。又《书经·尧典》，说舜“流共工于幽州，放驩（huān）兜于崇山，窜三苗于三危，殛鲧于羽山，四罪而天下咸服”。而据宋翔凤所考证，则共工、驩兜和鲧，在尧时实皆居四岳之职。[④]此等岂不可骇。然此尚不过略举；若要一一列举，其可疑的还不止此。儒家所传的话，几千年来，虽然即认为事实，而近人却要怀疑，亦无怪其然了。然古代的天子，究不如后世的尊严。君位继承之法，亦尚未确定。让国之事，即至东周之世，亦非无之。[⑤]必执舜、禹之所为和后世的篡夺无异，亦未必遂是。要之读书当各随其时的事实解之，不必执定成见，亦不必强以异时代的事情相比附。尧、舜、禹的禅让，具体的事实如何，因为书缺有间，已难质言。昔人说：“五帝宫天下，三王家天下。”我们读史，但知道这时代有一种既非父子，亦非兄弟，而限于同族的相袭法就是了。

治水之事，详见于《尚书》的《禹贡篇》。此篇所述，是否当时之事，亦颇可疑。但当时确有水患，而禹有治水之功，则是无可疑的。《尸子》说当时水患的情形，是"龙门未开，吕梁未凿，河出孟门之上，[6]江淮流通，四海溟涬（míng xìng，水势无边际貌。）"。则其患，实遍及于今日的江、河流域。禹的治水，大约以四渎（渎：音dú；四渎：古代对中国"长江"、"黄河"、"淮河"、"济水"的合称。）为主。凡小水皆使入大水，而大水则导之入海。未治之前，"草木畅茂，禽兽繁殖"；"民无所定，下者为巢，上者为营窟"。治水成功，则"人得平土而居之"。佐禹的益、稷，又"烈山泽而焚之"；"教民稼穑（sè，收割谷物，亦泛指耕作。），树艺五谷"，人民就渐得安居乐业了。[7]

舜所命之官，见于《尚书》的，[8]有司空、后稷、司徒、士、共工、朕虞、秩宗、典乐、纳言等。又有四岳、十二牧。四岳，据《郑注》，是掌四方诸侯的。十二牧，则因当时分天下为十二州，命其各主一州之事。《书经》又述当时巡守之制：则天子五年一巡守。二月东巡守，至于东岳之下，朝见东方的诸侯。五月南巡守，至于南岳；八月西巡守，至于西岳；十一月北巡守，至于北岳；其礼皆同。其间四年，则四方诸侯，分朝京师。此所述，是否当时之事？若当时确有此制，则其所谓四岳者，是否是后世所说的泰山、衡山、华山、恒山，亦都足资研究。但当时，确有天子诸侯的等级；而尧、舜、禹等为若干诸侯所认为共主，则似无可疑。当时的政治，似颇注重于教化。除契为司徒，是掌教之官外，据《礼记·王制》所述，则有虞氏有上庠（xiáng，古代指学校。）、下庠，夏后氏有东胶、西胶；一以养国老，一以养庶老。古人之教，最重孝弟（tì，同"悌"，敬爱兄长。）。养老，正是所以孝弟，而化其犷悍之气的。我国的刑法，最古的是五刑，即墨（刺刻面额，染以黑色，作为惩罚的标记。）、劓（yì，古代割鼻子的一种酷刑。）、剕（fèi，古代把脚砍掉的酷刑。）、宫、大辟（死刑）。据《书经·吕刑》，则其法始于苗民，[9]

而尧采用之。而据《尧典》所载，则又以流宥（yòu）五刑；鞭作官刑，朴作教刑；金作赎刑。后世所用的刑法，此时都已启其端倪了。

注释

①今山西太原县。尧都太原，系汉太原郡晋阳县，见《汉书·地理志》。后人以为在平阳（今山西临汾县），误。

②黄河在今山、陕两省之间，古人谓之西河。自此折而东行，谓之南河。更折向东北，则谓之东河。

③如《韩非子·外储说》、《忠孝》、《淮南子·齐俗训》等。

④《癸（guǐ）巳类稿·羑证》、《尚书略说·四岳》。

⑤较早的，如伯夷、叔齐、吴泰伯。在春秋以后的，如鲁隐公、宋宣公（《春秋》隐公三年），曹公子喜时（同上成公十六年），吴季札（同上襄公二十九年），邾（zhū）娄叔术（同上昭公三十一年），楚公子启（同上哀公八年）。

⑥龙门山，在今陕西韩城县、山西河津县之间。其脉至山西离石县东北为吕梁山。孟门山，在山西吉县西，陕西宜川县东北。

⑦皆见《孟子·滕文公篇》。

⑧《舜典》。此篇实系《尧典》，今本分其后半，而伪撰篇首二十八字，以为《舜典》。

⑨三苗国君，见第一编第二章。

第四章 夏代的政教

夏为三代之一，其治法，大约在春秋战国之世，还未全行湮（yān）灭。在当时，孔子是用周道，墨子是用夏政的。[①]我们读《墨子》的《天志》《明鬼》，可以想见夏代的迷信，较后世为深。读《墨子》的《尚同》，可以想见夏代的专制，较后世为甚。读《墨子》的《兼爱》，可知夏代的风气，较后世为质朴。读《墨子》的《节用》《节葬》和《非乐》，可知夏代的生活程度，较后世为低，而亦较后世为节俭。墨子之学，《汉书·艺文志》谓其出于清庙之守。清庙即明堂，为一切政令所自出，读《礼记·月令》一篇，可以知其大概。[②]盖古代生活程度尚低，全国之内只有一所讲究的房屋，名为明堂。[③]天子即居其中，所以就是后世的宫殿。祭祀祖宗亦于其中，所以就是后世的宗庙。古代的学校，本来带有宗教色彩的；当时天子典学，亦在这一所房屋之内，所以又是学校。一切机关，并未分设，凡百事件，都在此中商量，所以于一切政教，无所不包。明堂行政的要义，在于顺时行令。一年之中，某月当行某令，某月不可行某令，都一一规定，按照办理，像学校中的校历一般。如其当行而不行，不当行而行，则天降灾异以示罚。《月令》诸书的所述，大概如此。此等政治制度，和当时的宗教思想，很有连带的关系。我们读《书经》的《洪范》，知道五行之说，是源于夏代的。什么叫作五行呢？便是“一曰水，二曰火，三曰木，四曰金，五曰土”。[4] 盖古人分物质为五类，以为一切物，莫非这五种原质所组成。而又将四时的功能，比附（相关联）木火金水四种原质的作用；土则为四时生物之功所凭借。知识幼稚的时代，以为凡事必有一个神以主之。于是造为青、赤、黄、白、黑五帝，以主地上化育之功；而昊天上帝，则居于北辰之中，无所事事。[5] 此等思想，现在看起来，固然可笑。然而明堂月令，实在是一个行政的好规模，尤其得重视农业的意思。所以孔子还主张“行夏之时”。[6]

我们看明堂月令，传自夏代；孔子又说：“禹卑宫室而尽力乎沟洫（洫：音 xù；沟洫：田间水道，借指农田水利。）。”可见夏代的农业，已甚发达。然其收税之法，却不甚高明。孟子说：“夏后氏五十而贡。”又引龙子的话说：“贡者，校数岁之中以为常。”[7] 这就是以数年收获的平均数，定一年收税的标准。如此，丰年可以多取，而仍少取，百姓未必知道储蓄；凶年不能足额，而亦非足额不可，百姓就大吃其苦了。这想是法制初定之时，没有经验，所以未能尽善。

学校制度：孟子说：“夏曰校，殷曰序，周曰庠；学则三代共之，皆所以明人伦也。”[8] 案古代的学校，分大学小学两级。孟子所说的校、序、庠是小学，学是大学。古代的教育，以陶冶德行为主。“序者，射也”，是行乡射礼之地；“庠者，养也”，是行乡饮酒礼之地，都是所以明礼让、示秩序的。然则校之所教，其大致亦可推知了。至于学，则“春秋教以礼乐，冬夏教以诗书”。[9] 颇疑亦和宗教有深切的关系。礼乐都是祀神所用，诗是乐的歌辞，书是教中古典。古代所以尊师重道，极其诚敬，亦因其为教中尊宿之故。

夏代凡传十七主；据后人所推算，其历四百余年，[10]而其事迹可考的很少。《史记》说禹有天下后，荐皋（háo）陶于天，拟授之以位，而皋陶卒，乃举益，授之政。禹之子启贤，诸侯不归益而归启，启遂即天子位。《韩非子》又说：禹阳授益以天下，而实以启人为吏。禹崩，启与其人攻益而夺之位。⑪ 古无信史，诸子百家的话，都不免杂以主观。我们只观于此，而知传子之法，至此时渐次确定罢了。启之子太康，为有穷后羿所篡。《史记》但言其失国，而不言其失之之由。《伪古文尚书》谓由太康好略，殊不足据。⑫ 据《楚辞》及《墨子》，则由启沉溺于音乐，以致于此。⑬ 其事实的经过，略见《左氏》襄公四年和哀公元年。据其说：则太康失国之后，后羿自鉏（xú）迁于穷石，因夏民以代夏政。羿好田猎，又为其臣寒浞（zhuó）所杀。时太康传弟仲康，至仲康之子相，为寒浞所灭。并灭其同姓之国斟灌、斟寻氏。帝相的皇后，名字唤作缗（mín），方娠，逃归其母家有仍。生子，名少康，后来逃到虞国。虞国的国君，封之于纶。有田一成，有众一旅。夏的遗臣靡，从有鬲（gé）氏，收斟灌、斟寻的余众，以灭浞而立少康。并灭寒浞的二子于过、戈。鉏与穷石，《杜注》都不言其地。⑭ 其释寒国，则谓在今山东潍县。斟灌在山东寿光，斟寻亦在潍县。虞在河南虞城。纶但云虞邑。⑮ 有鬲氏在山东德县。过在山东掖（yè）县。戈在宋、郑之间。其释地，似乎不尽可据。案《左氏》哀公六年引《夏书》，说："惟彼陶唐，帅彼天常，有此冀方。今失其行，乱其纪纲，乃灭而亡。"似指太康失国之事。又定公四年，祝佗说唐叔"封于夏虚"。唐叔所封，是尧的旧都，所以晋国初号为唐而又称之为夏虚，可以见禹之所居，仍系尧之旧都。穷石虽不可考，该距夏都不远，所以能因夏民以代夏政。夏人此时，当退居河南。少康虽灭寒浞，似亦并未迁回河北，所以汤灭桀（jié）时，夏之都在阳城了。⑯

注释

①墨子学于孔子而不悦，弃周道而用夏政，见《淮南子·要略》。案此节所论，可参看拙撰《先秦学术概论》下编第五章。

②《吕氏春秋·十二纪》、《淮南子·时则训》，与《月令》略同。

③阮元说，见《揅(yán)经室集》。

④五行的次序，《书经·洪范正义》说："水最微为一，火渐著为二，木形实为三，金体固为四，土质大为五。"

⑤东方青帝灵威仰，主春生。南方赤帝赤熛(biāo)怒，主夏长。西方白帝白招拒，主秋成。北方黑帝叶光纪，主冬藏。中央黄帝含枢纽，寄王四季。昊天上帝称耀魄宝。见《礼记·郊特牲》正义。

⑥《论语·先进》。案行夏之时，即是说：一国的政令，应得照《月令》等书所定的办理，并非但争以建寅之月为岁首，然岁首必须建寅，仍因注重农业之故。

⑦《滕文公上篇》。

⑧同上。

⑨《礼记·文王世子》。

⑩见第一章。

⑪《外储说》。

⑫《五子之歌》。

⑬《离骚》。《非乐》。

⑭《水经注》：大河故渎，西流，经平原鬲县故城西，故有穷后羿国也。鬲县，今山东德县，案如《杜注》及《水经注》等所释，则羿(yì)自山东西代夏，夏一方面的有鬲氏等，即代羿而据山东一带，简直是易地而处了。所以不尽可信。

⑮《续汉书·郡国志》。梁国虞县有纶城，少康邑。

⑯见下章。

第五章 商代的政教

商代是兴于西方的。其始祖名契(xiè)，封于商，即今陕西的商县。传十四世而至成汤。《史记》说：自契至于成汤，八迁。汤始居亳(bó)，从先王居。八迁的事实和地点现在不大明了。其比较可靠的：《世本》说契居于蕃；其子昭明，居于砥石，迁于商。《左氏》襄公九年，说昭明子相土，居于商丘。蕃在今陕西华县附近。[①]砥石不可考。商丘，即春秋时的卫国，系今河南濮阳县。殷人禘(dì，古代帝王或诸侯在始祖庙里对祖先的一种盛大祭祀。)喾而郊冥，祖契而宗汤。[②]帝喾冢(zhǒng)在濮阳，[③]都邑亦当相去不远。唯冥居地无考。汤所从的先王，如其是喾或契，则其所居之亳，该在商或商丘附近了。

这是汤初居之亳，至于后来，其都邑容有迁徙。汤征伐的次序，据《史记》、《诗经》、《孟子》，[④]是首伐葛，次伐韦、顾，次伐昆吾，遂伐桀。《孟子》谓汤居亳，与葛为邻。后儒释葛，谓即汉宁陵县的葛乡，地属今河南宁陵县。[⑤]因谓汤居亳之亳，必即汉代的薄县，为今河南商丘、夏邑、永城三县之地。葛究在宁陵与否，殊无确据。韦是今河南的滑县，顾是今山东的范县，亦不过因其地有韦城、顾城而言之，未敢决其信否。唯昆吾初居濮阳，后迁旧许，见于《左氏》昭公十二年和哀公十七年，较为可信。桀都阳城，见于《世本》，[⑥]其说亦当不诬。旧许，即今河南的许昌。阳城，在今河南登封县。《史记》说：桀败于有娀之虚，奔于鸣条。有娀之虚不可考。鸣条则当在南巢附近。南巢，即今安徽的巢县，桀放于此而死。然则汤当是兴于陕西或豫北，向豫南及山东、安徽发展的。

商代传三十一世，王天下六百余年。其制度特异的，为其王位继承之法。商代的继承法，似乎是长兄死后，以次传其同母弟；同母弟既尽，则还立其长兄之子。所以《春秋繁露》说：主天者法商而王，立嗣与子，笃母弟。主地者法夏而王，立嗣与孙，笃世子。[7]我们观此，知商代的习惯，与夏不同，而周朝则与夏相近。又商代之法，"君薨(hōng)，百官总已，以听于冢宰(周官名，为六卿之首，亦称太宰。)，三年"。所以古书说"高宗谅闇(ān，缄默不语。)，三年不言"。[8]观此，则商代的君权，似不十分完全，而受有相当的限制。

此外，商代事迹可考见的，只有其都邑的屡迁。至其治乱兴衰，《史记》虽语焉不详，亦说得一个大概。今节录如下：

【太甲】修德，诸侯咸归殷，百姓以宁。

【雍己】殷道衰，诸侯或不至。

【太戊】殷复兴，诸侯归之。

【仲丁】迁于敖。[9]

【河亶(dǎn)甲】居相。[10]殷复衰。

【祖乙】迁于邢。[11]殷复兴。

【阳甲】自仲丁以来，废适而更立诸弟子，弟子或争，相代立，比九世乱，诸侯莫朝。

【盘庚】涉河南，治亳。[12]殷道复兴，诸侯来朝。

【小辛】殷复衰。

【武丁】修政行德，天下成欢，殷道复兴。

【帝甲】淫乱，殷复衰。

【武乙】去亳，居河北。[13]

【帝乙】殷益衰。

帝乙的儿子，就是纣了。

公元一八九八、一八九九年间，河南安阳县北的小屯，曾发现龟甲兽骨。有的刻有文字。考古的人，谓其地即《史记·项羽本纪》所谓殷墟，或者是武乙所都。据以研究商代史事和制度的颇多，著书立说的亦不少。但骨甲中杂有伪品，[14]研究亦未充分，所以其所得之说，尚未能据为定论。殷代政教，见于书传，确然可信的，则古书中屡说殷质而周文。可见其时的风气，尚较周代为质朴；一切物质文明的发达，亦尚不及周朝。又商人治地之法，名为助法。是把田分别公私。公田所入归公；私田所入，则全归私人所有。但借人民之力，以助耕公田，而不复税其私田，故名为助，这确较夏代的贡法（贡赋之法，土贡和赋税。），进步多了。

注释

①《水经注》："渭水东经峦都城北，故蕃邑，殷契之所居。《世本》曰：契居蕃。阚骃（kàn yīn）曰：蕃在郑西。"案郑初封之时，在今陕西华县。

②《礼记·祭法》。

③《史记·五帝本纪》集解引《皇览》。

④《殷本纪》，《商颂·玄鸟》，《滕文公下》。

⑤《汉书·地理志》注引孟康之说。

⑥《汉书·地理志》注引。

⑦《三代改制质文篇》。《史记·殷本纪》载，汤的太子太丁早卒，立其弟外丙、仲壬。仲壬死，还立太丁之子太甲。又祖辛死，立其弟沃甲。沃甲死，还立祖辛之子祖丁。

⑧《论语·宪问》。

⑨《书序》作“嚣(áo)”。在今河南荥(xíng)泽县，见《史记正义》引《括地志》。

⑩今河南内黄县，亦见《括地志》。

⑪《书序》作“耿”。《史记正义》引皇甫谧，谓为河东皮氏县的耿乡，在今山西河津县，《通典》谓在邢州，今河北邢台县。

⑫此亳为今河南偃师县，见《书经·盘庚疏》引郑玄说。案《史记》谓盘庚复成汤的故居，则汤亦曾居于偃师。

⑬似即安阳县北的殷墟，见《史记·项羽本纪》集解引应劭说。

⑭见中央研究院历史语言研究所报告。案前此说骨甲中有伪品的，亦颇有其人，但未得确实证据。至中央研究院派员调查，则作伪者确有其人，且有姓名。然则现在研究的人，所根据的材料，都未必确实。将来非将此项骨甲，重做一番分别真伪的工作不可。故本书于近人据骨甲研究所得之说，都未敢采用。

第六章　周初的政治

周代，因其国都的迁徙，而分为西周和东周。东周时代的历史，和西周时代，判然不同。在西周，还同夏、殷一样；所可考的，只有当时所谓天子之国的史事。到东周时代，则各方面的大国，事迹都有可考，而天子之国，反若在无足重轻之列。这是世运变迁，各地方均逐渐发达之故。现在且先说西周。

周代是兴于现在的陕西的。其始祖后稷（姬弃），封于邰（tái）。[①]传若干世至不窋（zhú），失官，窜于戎狄之间。再传至公刘，复修后稷之业，居于豳（bīn）。[②]九传至古公亶父，复为戎狄所逼，徙岐（qí）山下。[③]《史记》说："古公贬戎狄之俗，营筑城郭宫室，而邑别居之。"又"作五官有司"。可见周朝崎岖戎狄之间，不为所同化，而反能开化戎狄了。周代的王业，实起于亶（dàn）父，所以后来追尊为太王。太王有三子：长泰伯，次仲雍，因太王欲立季子季历，逃之荆蛮。太王遂立季历，传同至其子昌，是为周文王。文王之时，周益强盛。西伐犬戎、密须。东败耆（qí），又伐邘（yú）、伐崇侯虎。作丰邑，自岐下徙都之。[④]时荆、梁、雍、豫、徐、扬六州，都归文王。[⑤]文王崩，子武王立。观兵至孟津。[⑥]复归。后二年，乃灭纣。武王灭纣时，周朝对东方的权力，似乎还不甚完全。所以仍以纣地封其子武庚，而三分其畿（jī，古代称靠近国都的地方。)内之地，使自己的兄弟管叔、蔡叔、霍叔监之。武王崩，成王幼，武王弟周公摄政。三监和武庚俱叛。淮夷、徐戎，并起应之。周公东征，定武庚和三叔。又使子鲁公伯禽平淮夷徐戎。[7] 营洛邑为东都。[8] 周朝在东方的势力，就逐渐巩固了。

成王之后，传子康王，史称“成、康之际，天下安宁，刑措四十余年不用”。这所谓天下，大约实仅指周畿内的地方。孟子说：“文王之治岐也，耕者九一，仕者世禄，关市讥而不征(讥：稽查，查看；指在关卡、市场等处只稽查而不征税。)，泽梁无禁(任何人在湖泊捕鱼都不禁止)，罪人不孥(孥：音 nú，妻与子女的统称；指治罪止于本人，不累及妻和子女。)。老而无妻曰鳏，老而无夫曰寡，老而无子曰独，幼而无父曰孤，文王发政施仁，必先斯四者。”[9] 第二章说大同时代的制度，到小康时代，多少还能保存。依孟子所说，则文王的治岐：实能(一)维持井田制度；(二)山泽之地，还作为公有；(三)商人并不收税；(四)而其分配，也还有论需要而不专论报酬的意思。成、康时代，果能保守这个规模，自然能刑罚清简，称为治世了。然而时移世易，社会的组织，暗中改变，此等制度，遂暗中逐渐破坏；而在上的政治，亦不能长保其清明；社会的情形，遂觉其每况愈下了。所以孔子论小康之治，至成王、周公而告终；而《史记》亦说昭王以后，王道微缺。

《史记》说：“昭王南巡守，不返，卒于江上。”其卒不赴告，讳之也。”[10] 案春秋时，齐桓公伐楚，管仲曾以“昭王南征而不复”责问楚人。[11]《左氏》杜注说：此时汉非楚境，所以楚不受罪。然据宋翔凤所考，则楚之初封，实在丹、淅二水之间。[12] 是役盖伐楚而败。周初化行江、汉的威风，[13] 至此就倒了。昭王崩，子穆王立。史称王室复宁。然又称穆王征犬戎，得四白狼、四白鹿以归，自是荒服者不至，则其对于西戎的威风亦渐倒。穆王之后，再传而至懿(yì)王。懿王之时，史称“王室遂衰，诗人作刺”。懿王三传而至厉王，以暴虐侈傲，为国人所谤。王得卫巫，使之监谤，“以告则杀之”。国人不能堪。三年，遂相与畔，袭王。王奔于彘（zhì），[14]卿士周、召二公，当国行政，谓之共和。凡十四年。厉王死，乃立其子宣王。宣王立，侧身修行，号为中兴。然传子幽王，又以宠爱褒姒（bāo sì）故，废申后及太子宜臼。申侯和犬戎伐周，弑王于骊山下。[15]诸侯共立宜臼，是为平王，东迁于洛。案周室之兴，本因和戎狄竞争而致。自穆王以后，似乎目以陵夷。再加以西南的中国，与之合力，两路夹攻，就不免于灭亡了。平王借前此所营的东都而仅存，然而号令不复能行于列国；而列国中强盛的亦渐多，遂成为“政由方伯”的局面。

注释

①今陕西武功县。

②今陕西邠（bīn）县。

③今陕西岐山县。

④《汉书·地理志》：安定阴密县，“《诗》密人国”，今甘肃灵台县；耆，今《尚书》作“黎”。《说文》作“𨜒（lí）”，云“上党东北”。汉上党，今山西晋城县；《史记集解》：徐广曰：“邘（hán）城，在野王县西北。”野王，今河南沁阳县；崇就是丰。《说文》作“酆（fēng）”，云“在京兆杜陵西南”。案武王又作“镐（hào）”。丰、镐，都在今陕西鄠（hù）县界内。

⑤见《诗谱》。

⑥今河南孟县南。

⑦都曲阜，今山东曲阜县。

⑧今河南洛阳县。

⑨《梁惠王下》。

⑩此事又见《吕氏春秋·季夏纪》。又《史记·齐太公世家》集解引服虔,《索隐》引宋忠,以及《左氏正义》所引旧说,都说昭王溺于汉水。《史记·周本纪》独作"卒于江上",乃因汉亦南方之水,南方之水,古人有时用"江"字为其通称,所以未曾仔细分别,不可拘泥。

⑪《左氏》僖(xī)公四年。

⑫《过庭录·楚鬻(yù)熊居丹阳武王徙郢(yǐng)考》。

⑬《诗·国风·汝坟序》。

⑭今山西霍县。

⑮申国,今河南南阳县。骊山,在今陕西临潼县。

第七章　古代的封建制度

东周时代，政治的重心，既然不在天子而在列国，则欲知其时的政治，非兼知其时列国的情形不可。而欲知列国的情形，又非先知古代的封建制度不可。

封建制度，当分两层说：古代交通不便，一水一山之隔，其人即不相往来。当此之时，即有强大的部落，亦不过能征服他部落，使之服从于我，来朝或进贡而已。这可称为封建制度的前期。后来强大之国，更强大了；交通亦渐方便，征服他国后，可以废其酋长，而改封我的子弟、亲戚、功臣、故旧。则所谓共主的权力更强；而各国之间，关系亦日密。这可称为封建制度的后期。从前期到后期，亦是政治的一个进化。“众建亲戚，以为屏藩（屏风和藩篱，比喻周围的疆土，这里是保护，捍蔽的意思。）”的制度，莫盛于周代。要明白周代的封建制度，又不可不先明白其宗法。

社会的组织，本是起于女系的。所以在文字上，“女”“生”两字，合成一个“姓”字。后来女权渐次坠落，男权日益伸张。权力财产，都以男子为主体，有表明其系统的必要。[①] 于是乎姓之外又有所谓氏。所以姓是起于女系，氏是起于男系的。[②] 再后来，婚姻的关系，亦论男系而不论女系，于是姓亦改而从男。一族的始祖的姓，即为其子孙的姓，百世而不改。如后稷姓姬，凡后稷的子孙都姓姬之类。是之谓正姓。氏则可随时改变。如鲁桓公系鲁国之君，即以鲁为氏，而其三个儿子，则为孟孙氏、叔孙氏、季孙氏之类。是之谓庶姓。[3]正姓所以表示系统，庶姓则表示这系统内的分支。宗法与封建，是相辅而行的。凡受封的人，除其嫡长子世袭其位外，其次子以下，都别为大宗，大宗的嫡长子，为大宗宗子。其次子以下，则别为小宗。小宗宗子，直接受大宗宗子的统辖。小宗宗人，则直接受小宗宗子的统辖，间接受大宗宗子的统辖。凡受统辖的人，同时亦得蒙其收恤。小宗宗人，受小宗宗子的统辖和收恤，都以五世为限。大宗宗子则不然。凡同出一祖之后，无不当受其统辖，可蒙其收恤。所以有一大宗宗子，即同出一祖的人，都能团结而不涣散。故其组织极为坚强而悠久。[4]此制为什么必与封建并行呢？因为必如此，然后大宗宗子，都是有土之君，才有力量以收恤其族人；而一族中人，都与宗子共生息于此封土之上，自必同心翼卫其宗子。而各受封之人之间，亦借此以保存其联络。因为受封的人，在其所封之地固为大宗，若回到其本国，则仍为小宗。如季氏，在其封地为大宗，对于鲁国的君，则为小宗；周公在鲁为大宗，对周朝则为小宗是。所以《诗经》说：“君之宗之。”而公山不狃（niǔ，）称鲁国为宗国。[5]这可见君臣之间，仍有宗族的关系。

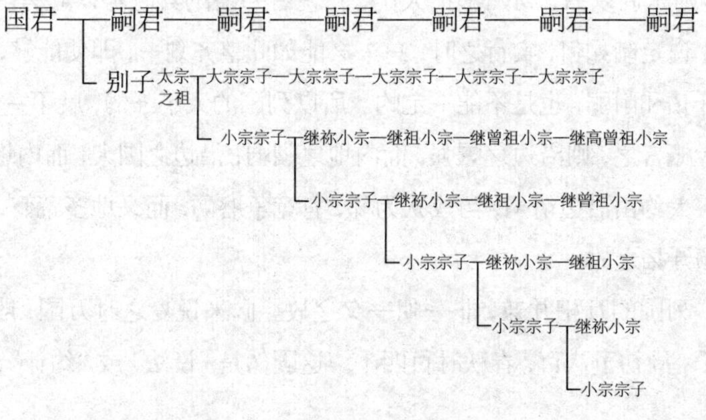

不论宗或族的组织，[6]都由古代亲亲之情，限于血统相同，或血统上有关系的人之故。而封建制度，则是一族征服他族之后，分据其地，而食其赋入，而治理其人的办法。一族的人，分据各处，则可以互相藩卫（捍卫），而别族的人，不易将他推翻。这种精神，要算周代发挥得最为充足。武王克商，封兄弟之国十五，同姓之国四十。[7]还有齐、楚等国，或是亲戚，或是功臣故旧。当初原是一族的人，分据各方，以对抗异族，以压制被征服之人。然而数传之后，各国之君，相互之间的关系，已渐疏远；更数传，即同于路人了。而各国的权利，又不能无冲突。于是争斗遂起于国与国之间。这还是说始封之君，彼此本有关系的，若其并无关系，则其争斗的剧烈，自更无待于言了。所以封建制度不废，兵争终无由而息。但是封建制度之废，亦必要待到一定的机运的。

区别诸侯尊卑的是爵，而封地之大小，即因爵而异。《白虎通义》说：周爵五等，殷爵三等，[8]而地则同为三等。地的大小，今文说：公侯皆方百里，伯七十里，子男五十里；不能五十里者，不达于天子，附于诸侯，曰附庸。[9]古文说：公方五百里，侯四百里，伯三百里，子二百里，男一百里。[10]大约今文家所说，是西周以前的旧制。古文家所说，则东周以后，列国都扩大了，立说者乃斟酌其时势以立言。但无论立说定制如何，实行之时，总未必能如此整齐划一；即使能够，后来的开拓和削弱，也是不能一定的。所以列国的大小强弱，就不一致了。就大概言之，则沿边之国强，而内地之国弱；沿边之国大，而内地之国小。大约由沿边诸国，与戎狄为邻，有竞争磨砺；而又地多荒僻，易于占领开拓之故。

列国的互相并兼，非一朝一夕之故。向来说夏之时万国，殷之时三千，周初千八百，春秋时百四十。这固然是“设法”或“约计”之辞，未必是实数。[11]然而国之由多而少，则是不诬的。以一强遇众弱，可以恣意并吞。若两强相遇，或以一强遇次强，则并吞非旦夕间事，于是互争雄长，而有所谓霸主。小国都被并吞，或仅保存其名号，而实际则等于属地。次国听命于大国，大国则争为霸主。春秋时代的情形，便是如此。到战国时，则次国亦无以自立，大国各以存亡相搏，遂渐趋于统一了。

注释

①今录拙撰《中国宗族制度小史》数语如下，以资参考："生计渐裕，则私产渐多。人之情，莫不私其子。父有财产，恒思传之于其子。于是欲知财产之谁属，必先知其父为何人。又古代职业，恒父子相继，而其贵贱即因之。酋长之子，所以继为酋长者，以其为酋长之子也。奴隶之子，所以仍为奴隶者，以其为奴隶之子也。然则欲知其人之贵贱，亦必知其父为何人矣。于是表明父为何人之名兴，而氏立矣。故姓之兴，所以表血统；氏之兴，则所以表权力财产等系统者也。"

②见《通志·氏族略》。

③《礼记·大传》注疏。

④同上。

⑤《左氏》哀公八年。

⑥族有两种：一是兼论女系的，是汉代今文家所说的九族。父族四：（一）父之姓。（二）父女昆弟适人者及其子。（三）身女昆弟适人者及其子。（四）身女子适人者及其子。母族三：（一）母之父母。（二）母之昆弟。（三）母之女昆弟。妻族二：（一）妻之父。（二）妻之母。古文家以上自高祖，下至玄孙为九族，则专论男系了。见《诗经·王风·葛藟（lěi）》正义引《五经异义》。大约今文家之说，乃较早时代之事；古文家所说，则为时较晚。

⑦《左氏》昭公二十八年。《史记·汉兴以来诸侯年表》:“武王、成、康，所封数百，而同姓五十五”，说与此合。

⑧合子男从伯。

⑨《礼记·王制》,《孟子·万章下》。

⑩《周官·职方氏》。

⑪“设法”，见《周官·礼记》郑注，谓假设平正之例。禹会诸侯于塗(tú)山，执玉帛者万国，见《左氏》。又《礼记·王制》:“凡四海之内，九州。州方千里。州建百里三十，七十里之国六十，五十里之国百有二十，凡二百一十国。天子之县内，方百里之国九，七十里之国二十有一，五十里之国六十有三，凡九十三国。九州，千七百七十三国。”郑康成说：禹之时，中国方万里。末年只剩了三千里。殷汤即因之，分为九州，建千七百七十三国。案方万里有万国，则方三千里，当然是三千国了。千七百七十三，举成数便是千八百，这是这几句话的根源，其实是附会无据的。因其见于柳宗元的《封建论》，而这篇文章，为大家所熟诵，所以引用他的人很多。百四十国，是根据《春秋》及《左氏》，统计所得之数。

第八章　我国民族的滋大

封建时代的战争看似非常残酷，然而和我国民族的发展，很有关系。

古代交通不便，一水一山之隔，其人即不相往来。一个中央政府，鞭长莫及。所以非将同族的人，一起一起的，分布到各处，令其人自为战，无从收拓殖（拓荒移民）之功。这许多分封出去的人，可以说是我国民族的拓殖使，亦可以说是我国文化的宣传队。只要看东周之世，各方面封建的国，都逐渐强盛起来，就可以见得我国民族滋大的情形了。

【齐】是太公望之后。周初封于营丘，在今山东昌乐县。后来迁徙到临淄，就是现在的临淄县。《史记·货殖列传》说：齐初封之时，“地潟（xì）卤，人民寡。太公乃劝女工，通鱼盐，极技巧”。于是“齐冠带衣履天下”，“海岱之间，敛袂（袂：音 mèi；敛袂：整理衣袖；表示尊敬。）而往朝焉”。这是东方的大国。

【晋】晋是成王母弟叔虞之后，初封于太原，即唐尧的旧都。后来迁徙到新旧绛。旧绛是今山西省的冀城，新绛则今山西省的闻喜县，现在山西省的大部分是晋国所开拓的。兼有河南北的一部分。

【秦】秦嬴姓，初封于秦，地在今甘肃天水县。不过是个附庸之国，因和西戎竞争，渐次强大。平王东迁后，西都畿内之地，不能顾及。秦襄公力战破戎。周人始命为诸侯。至秦文公，遂尽复周朝的旧地。把岐以东献之周。周朝仍不能有。穆公之世，秦遂东境至河。①

【楚】楚国是芈（mǐ）姓，受封的唤作鬻（yù）熊。居丹阳。已见前。鬻融之后，数传至熊绎，迁居荆山。在今湖北的南漳县。五传至熊渠，甚得江、汉间民和。熊渠立其三子：一为句亶王，居今江陵。一为鄂王，在今武昌。一为越章王，就是后来的豫章，在今安徽的当涂县。长江中流，全为其所征服了。又十一传至文王，迁都江陵，谓之郢（yǐng）。据江域的沃土，转和北方争衡。今河南省的南部，亦为其所慑服。

齐、晋、秦、楚，是春秋时最大之国。其强盛较晚，而其命运亦较短的，则有吴、越二国。吴是泰伯之后，周得天下，因而封之。越则夏少康之后。因为禹南巡守，奔于会稽（kuài jī），少康封庶子无余（shé）于此，以奉禹祀。吴居今江苏的吴县；越居今浙江的绍兴县。其初，都是和断发文身的越族杂居的。久之，乃渐次强盛。吴的地方，到今安徽的中部。越则并有现在江西的大部。②

以上诸国，都可称为一等国。此外还有：

【鲁】周公之后，封于曲阜，已见前。

【卫】武王弟康叔，封于朝（zhāo）歌。地在今河南的淇县。春秋时，为狄所破，迁于楚丘。在今河南的滑县。

【曹】武王弟叔振铎（duó），封于陶丘。现今山东的定陶县。

【宋】微子启，纣庶兄，武庚亡后，封于商丘。现在河南的商丘县。

【郑】周宣王之弟友，封于郑。本在今陕西的华县。后来东迁今河南郑县之地，谓之新郑。

【陈】陈胡公，舜之后。封于宛丘。现在河南的淮阳县。

【蔡】蔡叔度之子胡，封于蔡。如今河南的上蔡县。后来曾迁徙到新蔡。最后又迁于州来，则在今安徽的寿县了。

【许】姜姓，舜臣伯夷之后。封于许，今河南许昌县。后来迁于叶，今河南叶县。又迁于夷，今安徽亳县。又迁于析，今河南内乡县。

此诸国虽不能和齐、晋、秦、楚等国比较，然而地方亦数百里。大的有后世一两府，小的亦有数县之地。和初封时的百里、七十里、五十里，极大不过后世一县的，大不相同了。这便是逐渐开拓的成迹。《春秋》之法，“诸侯用夷礼则夷之，进于中国则中国之”。可见当时列国，亦间有杂用夷礼的。然而从大体上论起来，如鲁、卫等国，本居当时所谓中国之地者勿论。即如秦、楚、吴、越等本与异族杂居，在春秋初期，还不免视为夷狄的，到后来，也都彬彬然，进于冠裳之列了。这又可见我国文化的扩张。所谓民族，本以文化的相同，为最要的条件。我国文化的扩张，便是我国民族的滋大。

注释

①《史记·六国年表》。

②《史记·越世家》索隐。战国时，永（今湖南零陵县）、郴（chēn，今湖南郴县）、潭（今湖南长沙县）、鄂（今湖北武昌县）、岳（今湖南岳阳县）、江（今江西九江县）、洪（今江西南昌县）、饶（今江西鄱阳县），并属楚。袁（今江西宜春县）、吉（今江西吉安县）、虔（今江西赣县）、抚（今江西临川县）、歙（shè）（今安徽歙县）、宣（今安徽宣城县），并属越。

第九章　春秋的霸业

从公元前七二二年起至前四八一年止，凡二百四十二年。这其间，孔子因鲁史修《春秋》，后人遂称为春秋时代。

春秋时代，王室已不能号令天下。列国内部有什么问题，以及相互之间有什么争端，都由霸主出来声罪致讨，或调停其事。霸主为会盟征伐之主，往往能申明约束，使诸侯遵守。列国对于霸主，也有朝贡等礼节；霸主虽有此威力，仍未能“更姓改物”。所以对于周天子，表面上仍甚尊重。王室有难，霸主往往能出来“勤王（君王有难，臣下起兵救援君王。）”。文化程度较低的民族，为文明诸国之患，霸主也要出来设法。所以“尊王攘夷”，为霸主的重要事业。所谓霸主，在表面上，亦受天子的锡命（天子有所赐予的诏命）。论实际，则由其兵力强盛，为诸侯所畏；又有相当的信义，为诸侯所服而然。

首出的霸主为齐桓公。其创霸，在前六七九年。这时候，河北省里的山戎，为北燕之患。[①] 河南北间的狄人，又连灭邢、卫两国。[②] 齐桓公都兴兵救之。其时楚渐强盛，陈、蔡等国都受其威胁，即郑亦生动摇。齐桓公乃合诸侯以伐楚，与楚盟于召陵。[③] 孔子说：“桓公九合诸侯，不以兵车。”[④] 可见其确有相当的信义，为诸侯所归向了。

齐桓公死后，宋襄公出来，主持会盟。然国小，力不足。前六三八年，和楚人战于泓，[5]为楚所败，伤股而卒。虽亦列为五霸之一，实在是有名无实的。

宋襄公死后，楚人的势力大张。适会晋文公出亡返国。用急激的手段，训练其民，骤臻（zhēn，达到。）强盛。前六三二年，败楚于城濮，[6]称霸。

同时秦穆公，初本与晋和好。晋文公的返国，多得其力。后来与晋围郑，听郑人的游说，不但撤兵而退，反还留兵代郑戍守。晋文公死后，穆公又听戍将的话，遣孟明等潜师袭郑，为郑人所觉，无功而还。晋襄公又邀击之于崤（xiáo），[7]"匹马只轮无返者"。秦穆公仍用孟明，兴师报怨，又为晋人所败。穆公犹用孟明，增修德政。到底把晋国打败。遂霸西戎，辟地千里。亦列为五霸之一。

然而秦国的威权，只限于今陕、甘境内。其在东方，还是晋、楚两国，争为雄长。晋襄公死后，子灵公无道，势渐陷于不振。而楚国的庄王日强。前五九七年，败晋师于邲（bì），[8]称霸。庄王死后，子共王，与晋厉公战于鄢（yān）陵，[9]为晋所败。然厉公旋亦被弑。当时的形势，鲁、卫、曹、宋等国，多服于晋；陈、蔡及许，则服于楚；而郑为二国争点。厉王死后，共王仍与晋争郑。直至前五六二年，而郑乃服于晋。晋悼公称为后霸。前五四六年，宋大夫向戍，为弭（mǐ）兵之盟，请"晋、楚之从交相见"。于是晋、楚的兵争，作一结束，而吴、越继起。

吴本僻处蛮夷，服从于楚的。后来楚国的大夫巫臣，因事奔晋，为晋谋通吴以桡（náo，削弱。）楚。于是巫臣于前五八四年适（到）吴，教以射御战陈之法。吴遂骤强。时时与楚争斗。自今江苏的镇江，上至安徽的巢县，水陆时有战事，楚人不利时多。弭（mǐ）兵盟后，楚灵王因此大会北方的诸侯。向来服从于晋之国，都去奔走朝会于楚，表面上看似极盛。然而灵王实是暴虐奢侈的，遂致酿成内乱，被弑。平王定乱自立，又因信谗之故，国势不振。前五六年，楚相囊瓦，因求贿之故，辱唐、蔡二国之君。[10]蔡侯求援于晋，无效，遂转而求援于吴。吴王阖（hé）庐乘之，攻楚，入其都城。楚昭王逃到随国。[11]幸赖其臣申包胥，求救于秦，杀败吴兵，昭王乃得复国。阖庐虽破楚，伐越却不利。败于槜（zuì）李，[12]受伤而死。子夫差立，兴兵伐越，败之于夫椒。[13]越王勾（gōu）践，栖于会稽之山以请成，夫差许之。勾践归，卧薪尝胆，以谋报复。而夫差遽（jù）骄侈，北伐齐、鲁，与晋争长于黄池。[14]前四七三年，遂为越所灭。勾践北会齐、晋于徐州，[15]称为霸王。然越虽灭吴，不能正江淮之土，其地皆入于楚，所以仍和北方的大局无关。其被灭于楚，在前三三四年，虽已是入战国后一百四十七年，然而其国，则久在无足重轻之列了。宇内的强国，仍是晋、楚、齐、秦。而晋分为韩、赵、魏三国。河北的燕亦日强。天下遂分为战国七。史称为战国时代。

注释

①召公奭（shì）之后，封于蓟。今河北、北平市周时别有姞（jí）姓之国，封于今河南之汲县，所以《春秋》称召公奭之后为北燕。后来姞姓之燕先亡，遂通称北燕为燕，而称姞姓之燕则加一"南"字以别之。

②邢国，在今河北邢台县。为狄灭之后，迁于夷仪，今山东聊城县。

③今河南郾城县。

④《论语·宪问》。

⑤水名，在今河南柘（zhè）城县。

⑥今山东城濮县。

⑦山名，在今河南永宁县。

⑧今河南郑县。

⑨今河南鄢陵县。

⑩唐国，在今湖北随县西北。

⑪今湖北随县。

⑫今浙江嘉兴县。

⑬今江苏吴县西洞庭山。

⑭今河南封邱县。

⑮今山东滕县。

第十章　战国的七雄

战国七雄，谁都知道以秦为最强。然而当其初年，实以秦为最弱。秦处关中，本杂戎狄之俗，其文化和生活程度，都较东方诸国为低。而战国初年，秦又时有内乱，魏人因之，攻夺其河西之地；而且北有上郡。[①]现在陕西南部的汉中，则本属于楚。对于江、河两流域，秦人都并无出路。前三六〇年，已是入战国后一百十八年了。秦孝公即位，用商鞅，定变法之令，一其民于农战，秦遂骤强。前三四〇年，秦人出兵攻魏，取河西。魏弃安邑，徙都大梁。[②]秦人又取上郡。于是关中之地，始全为秦人所有。

秦国的民风，本较六国为强悍，而其风气亦较质朴。秦国的政令，又较六国为严肃。所以秦兵一出，而六国都不能敌。于是苏秦说六国之君，合纵以摈（bìn，排斥。）秦。然六国心力不齐，纵约不久即解散。张仪又说六国连衡（战国时期的外交策略，出自"诸子百家"中的纵横家，与"合纵"对应，现在也用来泛指结盟。）以事秦。然秦人并吞之心，未必以六国服从为满足；而六国亦不能一致到底；六国相互之间，更不能无争战；所以横约的不能持久，亦与纵约同。

秦人灭六国，其出兵的路共有三条：一出函谷关，劫韩包周，[③]此即今日自陕西出潼关到洛阳，而亦即周武王观兵孟津的路。一渡蒲津，北定太原，南攻上党，[④]此即文王戡（**kān，用武力平定叛乱。**）耆（**叛乱造反的人**）之路。一出武关，取南阳，又出汉中，取巴蜀，沿江汉而下，三道并会于湖北以攻楚。文王当日，化行江、汉，亦就是这一条路。

秦既破魏，取河西，后又灭蜀。[⑤]蜀是天府之国，其人民虽稍弱，而地方则极富饶，于秦人的经济，大有裨益。于是秦人的东方经略开始。前三一三年，秦人败楚，取汉中。前三一一年，攻韩，拔（**夺取军事上的据点**）宜阳。[⑥]前二八〇年，秦又伐楚取黔中。[⑦]于是江、汉两流域，秦人皆据上游之势。前二七五年，白起遂伐楚。取鄢、邓、西陵。明年，又伐楚。拔郢，烧夷陵。楚东北徙都陈。后又徙都寿春[⑧]。前二六〇年，秦伐韩，拔野王。上党路绝，降赵，秦败赵军于长平，坑降卒四十万。[⑨]遂拔上党，北定太原。于是韩、赵、魏三国，都在秦人控制之下。前二五七年，秦遂围赵都邯郸。[⑩] 当这六国都岌岌待亡之时，列国虽发兵以救赵，然多畏秦兵之强，不敢进。幸得魏公子无忌，窃其君之兵符，夺魏将晋鄙之军以救赵，击败秦兵于邯郸下。赵国乃得苟延残喘。

然而六国的命运，终于不能久持。前二五六年，久已无声无臭的周朝，其末主赧（nǎn）王，忽而谋合诸侯攻秦。秦人出兵攻周，周人不能抵抗。赧王只得跑到秦国，尽献其地，周室于是灭亡。[⑪]前二三一年，秦人灭韩。前二二八年，灭赵。这时候，赵人已拓境至代。[⑫]于是赵公子嘉自立为代王，与燕合兵军上谷。[⑬]燕太子丹使荆轲入秦，谋刺秦王，不克。秦大发兵围燕。燕王奔辽东。[⑭]前二二五年，秦灭魏。前二二三年，灭楚。明年，大发兵攻辽东，灭燕。还灭代。又明年，自燕南袭齐，灭之。于是六国尽亡。其春秋时代较小的国：则许先灭于郑。郑亡于韩。曹灭于宋。宋在战国时，其王偃曾一强盛，然不久即灭于齐。陈、蔡及鲁，则均亡于楚。唯卫国最后亡。直到秦二世元年，即前二〇九年，才迁其君而绝其祀。然而偌大一个中国，区区一卫算得什么？所以当民国纪元前二一三二年，即公元前二二一年，秦始皇灭齐之岁，史家就算他是中国一统。

注释

①见第一编第三章。

②安邑，今山西安邑县。大梁，今河南开封县。

③函谷关，在河南灵宝县西南。秦时之关，在谷之东口。今之潼关，则在谷之西口。韩都新郑，就是春秋时郑国的都城。

④蒲津，黄河津名，在今陕西朝邑县、山西永济县之间。上党，今山西晋城县。

⑤今四川成都县。

⑥今河南宜阳县。

⑦今湖南沅（yuán）陵县。

⑧鄢即鄢陵。邓，今河南邓县。西陵，今湖北东湖县。夷陵，在东湖，为楚先王坟墓所在。寿春，今安徽寿县。

⑨野王，今河南沁阳县。长平，今山西高平县。

⑩邯郸，今河北邯郸县。

⑪洛阳，有两城：西为王城，东为成周。周敬王自王城徙居成周。考王封弟揭于王城，谓之西周君。揭孙惠公，复自封其少子班于巩（今河南巩县），谓之东周君。赧王入秦之时，西周君随亡。东周君又七年，才为秦所灭。

⑫、⑬、⑭见第一编第三章。

第十一章　中原文化的广播和疆域的拓展

中国为什么会成为东方的大国？这个，与其说是兵力的盛强，还不如说是文化的优越。

神州大陆之上，古代杂居的异族多着呢！为什么，我国民族，终成为神州大陆的主人翁？原来初民的开化，受地理的影响最大。古代文明的中心，是黄河流域。黄河流域之北，便是蒙古高原。地味较瘠薄，气候亦较寒冷。其民久滞于游牧的境界，不能发生高度的文明。黄河流域之南，便是长江流域。其地味过于腴（yú）沃，气候亦太温暖，其人受天惠太觉优厚，于人事未免有所不尽。[①] 而且平原较小，在古代，沿泽沮洳（jù rù，低湿。）之地又特多，交通亦不十分便利。只有黄河流域，气候寒暖适中；地味不过腴，亦不过瘠。懒惰便不能生存；而只要你肯勤劳，亦不怕自然界对你没有酬报，而且平原广大，易于指挥统驭。所以较高的文明，较大的国家，都发生于此；而成为古代文化的中心。

从以前各章所述，伏羲、神农是在今山东的西部、河南的东部的。黄帝、尧、舜，则在今河北、山西的中部。夏朝是从山西迁徙到河南的西部的。商、周两朝，都起于陕西的中部。商朝沿着黄河东进。周朝亦自长安跨据洛阳。所以从泰岱以西，太原、涿鹿以南，丰、镐以东，阳城以北，这黄河流域的中游，便是古代所谓中原之地。我国文化，即以此为中心，而广播于四方。而疆域亦即随之而拓展。今以汉族以外各种民族做纲领，述其开化的次第，便可见得中原文化的广播和疆域拓展的情形。

古代汉族以外的民族，最强悍的，要算獯鬻（xūn yù），亦称猃狁（xiǎn yǔn），就是后世的匈奴，与汉族杂居于黄河流域。自黄帝以至周朝，历代都和他有交涉。因其地居北方，所以古书上多称为狄。到春秋时，狄人还很强盛。后又分为赤狄、白狄，大抵为秦、晋二国所征服。[②]战国时，秦、赵、燕三国，各筑长城以防之。魏有河西、上郡，赵有云中、雁门、代郡，秦有陇西、北地，以与戎界边。[③]此诸郡以内，就都成为中国之地了。

次之则是山戎和涉貉（wèi mò）。[④]其居地，大约在今河北、辽宁、热河三省之交。从燕开五郡[⑤]而我国的文化，广播于东北。辽宁和热河，大体都入中国的版图。

再次之则是氐、羌。这两族很为接近。大约羌中最进化的一支为氐，居今嘉陵江流域，就是古所谓巴。[⑥]其余，则蔓延于四川和甘肃一带。秦人开拓今甘肃之地，直到渭水上源。在甘肃境内的羌人，就大都逃到湟（huáng）水流域。[⑦]

南方的种族，大别为三：一是后世的苗族，古人称之为黎。[⑧]古代的三苗，便是君临此族的。此族的根据地，是洞庭流系。战国时，楚国开辟到湖南，[⑨]这一族，也渐次开化。一是现在的马来人，古人称之为越，亦作粤。此族的居地，在亚洲沿海及地理上，称为亚洲大陆真沿边的南洋群岛。此族在古代，有断发文身和食人的风俗。在历史上，我国古代沿海一带，大抵都有此俗的，所以知其为同族。其在江苏、浙江的，因吴、越的兴起而开化。在福建、两广的，则直到秦并天下后才开辟。[10]山东半岛的莱夷和淮水流域的淮夷、徐戎，大约亦属此族。[11]莱夷灭于齐。淮夷至秦有天下后，才悉散为人户。[12]一为濮，就是现在的猓猡（guō luó）。此族古代分布之地，亦到今楚、豫之交。所以韦昭《国语注》说：濮是南阳之国。[13]杜预《左氏释例》，则谓其在建宁郡之南。[14]自楚国强后，大抵都为所征服。战国时，楚国的庄蹻（jiǎo），又循牂牁（zāng kē）江而上，直到滇国，[15]都以兵威略属楚。因巴、黔中为秦所夺，归路断绝，[16]即以其众王滇。

我国古代文化的广播和疆域的拓展，大略如此。古代交通多乘车；即战阵，亦以车战为主力。战国以后，则骑马的渐多；战阵上，亦渐用骑兵和步兵。这因古代交通，只及于平地，而战国时，开拓渐及于山地之故。当时汉族多居平地，所谓夷、蛮、戎、狄，则多居山地。开拓渐及于山地，即是杂居的异族和我国民族同化的证据。[17]

注释

①《汉书·地理志》说：楚国的风俗，"呰窳（zǐ yǔ）而无积聚，不忧冻饿，亦无千金之家"，还有这种意思。

②赤狄种类凡六：曰东山皋落氏，在今山西昔阳县。曰廧咎如（qiáng gāo rú），在今山西乐平县。曰潞氏，在今山西潞城县。曰甲氏，在今河北鸡泽县。曰留吁，在今山西屯留县。曰铎辰，在今山西长治县。白狄种类凡三：曰鲜虞，即战国时的中山，在今河北定县。曰肥，在今河北藁（gǎo）城县。曰鼓，在今河北晋县。又白狄多居河西，所以晋国使吕相绝秦，说："白狄及君同州。"（据顾栋高《春秋大事表》）

③见第一编第三章。陇西，今甘肃狄道县。北地，今甘肃宁县。

④此族或单称"涉"，或单称"貉"，或连称"涉貉"。涉，亦作"秽"，作"薉（huì）"。貉亦作"貊（mò）"。

⑤见第一编第三章。

⑥汉时的板楯(dùn)蛮，可参看《后汉书》本传。

⑦《后汉书·羌传》说：秦国兵临渭首，羌人乃逃到河、湟流域。

⑧见第一章。

⑨见第八章。

⑩见第一编第三章。

⑪《左氏》僖公十九年说：宋襄公"使邾文公用鄫(zēng)子于次睢(suī)之社，欲以属东夷"，可见当时的东夷，亦有食人之俗。

⑫见《后汉书·东夷传》。

⑬《郑语》。

⑭《左氏》文公十八年《正义》引。建宁，今湖北石首县。

⑮滇，今云南昆明县。

⑯见第十章。

⑰参看《日知录》"骑"、"驿"两条。

第十二章　春秋战国的学术思想

我国的学术思想，起源是很早的。然其大为发达，则在春秋战国之世。因为西周以前，贵族平民的阶级，较为森严。平民都胼手胝足（胼：音 pián；胝：音 zhī；都指老茧；胼手胝足：手脚上磨出老茧，形容经常地辛勤劳动。），从事于生产，没有余闲，去讲求学问。即有少数天才高的人，偶有发明，而没有徒党（门徒、党羽。）为之授受传播，一再传后，也就湮没不彰了。所以学术为贵族所专有。贵族之中，尤其是居官任职的，各有其特别的经验，所以能各成为一家之学。东周以后，封建政体，渐次破坏。居官任职的贵族，多有失其官守，降为平民的。于是在官之学，一变而为私家之学。亦因时势艰难，仁人君子，都想有所建明，以救时之弊。而其时社会阶级，渐次动摇；人民能从事于学问的亦渐多。于是一个大师，往往聚徒至于千百；而学术之兴，遂如风起云涌了。[①]

先秦学术，司马迁《史记·太史公自序》载其父谈之论，分为阴阳、儒、墨、名、法、道德六家。[②]《汉书·艺文志》，益以纵横家、杂家、农家、小说家，是为诸子十家。其中除去小说家，谓之九流。[③]《汉志》推原其始，以为都出于王官。此外兵书分权谋、形势、阴阳、技巧四家；数术分天文、历谱、五行、蓍龟（蓍：音 shī，草本植物，全草可入药，茎、叶可制香料；蓍龟：古人以蓍草与龟甲占卜凶吉，因以指占卜。）、杂占、形法六家；以及方技略之医经、经方二家，推原其始，亦都是王官之一守，[4]为古代专门之学。其与诸子各别为略，大约因校书者异其人之故。

诸家的学术，当分两方面观之：其一，古代本有一种和宗教混合的哲学。其宇宙观和人生观，为各家所同本。如阴阳五行，以及万物之原质为气等思想。其二则在社会及政治方面，自大同时代，降至小康，再降而入于乱世，[5]都有很大的变迁。所以仁人君子，各思出其所学以救世。[6]其中最有关系的，要推儒、墨、道、法四家。大抵儒家是想先恢复小康之治的，所以以尧、舜、三代为法。道家则主张径复大同之治，所以要返璞归真。法家可分法、术两方面：[7]法所以整齐其民，术则所以监督当时的政治家，使其不能以私废公的。墨家舍周而法夏。夏代生活程度较低，迷信亦较甚。其时代去古未远，人与人间的竞争，不如后世之烈。所以墨子主张贵俭，兼爱；而以天志、明鬼为耸动社会的手段。[8]此外，名家是专谈名理的。虽然去实用较远，然必先正名，乃能综核名实，所以"名""法"二字，往往连称。农家，《汉志》谓其"欲使君臣并耕，悖上下之序"，所指乃《孟子》书所载的许行。[9]大约是欲以古代农业共产的小社会为法的。其宗旨，与道家颇为相近。纵横家只谈外交，则与兵家同为一节之用了。

阴阳家者流，似乎脱不了迷信的色彩。然而此派是出于古代司天之官的。所以《汉志》说"敬授民时"是其所长。古代《明堂月令》之书，规定一年行政的顺序和禁忌，和国计民生很有关系，[10]不能因其理论牵涉迷信，就一笔抹杀的。诸子中的阴阳家和数术略诸家，关系极密。数术略诸家，似亦不离迷信。然《汉志》说形法家的内容，是"形人及六畜骨法之度数，器物之形容，以求其声气贵贱吉凶。犹律有长短，而各征于声，非有鬼神，数自然也”。其思想，可谓近乎唯物论。设使此派而兴盛，中国的物质之学，必且渐次昌明。惜乎其应声很少，这一派思想就渐渐地消沉了。

古代的学问，都是所谓专门之学。凡专门之学，对于某一方面，必然研究得很深。对于别一方面，即不免有轻视或忽略之弊。[11] 此由当时各种学问初兴，传播未广之故。只有杂家，《汉志》称其“兼名、法，合儒、墨”，却颇近于后世的通学。

诸家的学问，都出于官守。只有小说家，《汉志》称为“街谈巷语，道听途说者所造”，似乎是民间流传之说。今其书已尽亡。唯据《太平御览》引《风俗通》，[12] 则“城门失火，殃及池鱼”之说，实出于小说家中的《百家》。则其性质，亦可想见了。

注释

①先秦诸子之学，《汉书·艺文志》以为其原出于王官，《淮南子·要略》则以为起于救时之弊。鄙意以为必兼二说，而后其义乃全。可参看拙撰《先秦学术概论》上编第四章。

②道德，《汉志》但称道家。

③见《后汉书·张衡传》注及《刘子·九流篇》。

④儒家出于司徒之官。道家出于史官。阴阳家出于羲和之官。法家出于理官。名家出于礼官。墨家出于清庙之官。纵横家出于行人之官。杂家出于议官。农家出于农稷之官。兵家出于司马。数术出于明堂羲和、史卜之职。方技略又有房中、神仙两家。《汉志》云：皆生生之具，王官之一守。

⑤参看第二章、第十四章。

⑥参看拙撰《先秦学术概论》上编第二、第三章。

⑦见《韩非子·定法编》。

⑧参看第四章。

⑨《滕文公上》。

⑩见第四章。

⑪此层论者都不甚注意，实缘中国人崇古的积习太深之故。今节录拙撰《先秦学术概论》一节于此，以资参考："先秦之学纯，后世之学驳。凡先秦之学，皆后世所谓专门；而后世所谓通学，则先秦无之也。此何以故？曰：凡学皆各有所明，故亦各有其用。因人之性质而有所偏主，固势不能无；即入主出奴，亦事所恒有。然此必深奥难明之理，介于两可之间者为然。若他家之学，明明适用于某时某地，证据确凿者，则即门户之见极深之士，亦不能作一笔抹杀之谈。此群言淆乱，所以虽事不能免，而是非卒亦未尝无准也。唯此亦必各种学问，并行于世者已久；治学之士，于各种学问，皆能有所见闻而后可。若学问尚未广布；欲从事于学者，非事一师，即无由得之；而所谓师者，大抵专主一家之说；则为之弟子者，自亦趋于姝暖矣。先秦之世，学术盖尚未广布，故治学者大抵专主一家。墨守之风既成，则即有兼治数家者，亦必取其一而弃其余。墨子学于孔子而不说，遂明目张胆而非儒；陈相见许行而大说，则尽弃其所受诸陈良之学，皆是物也。此杂家所以仅兼采众家，而遂足自成为一家也。若在后世，则杂家遍天下矣。"(上编第五章)

⑫卷六六八。

第十三章　春秋战国的政制改革

春秋战国时代，政治制度，亦有很大的变迁。

古代说天子是感天而生的，迷信的色彩很重。[①] 到春秋战国时，儒家就有立君所以为民，民贵君轻诸说。怕旧说的势力，一时不能打倒，则又创“天视自我民视，天听自我民听”等说，以与之调和。[②] 实在替平民革命，大张其目。使汉以后起平民而为天子的，得一个理论上的根据。而亦替现代的共和政体，种了一个远因。

因世运的渐趋统一，而郡县的制度，渐次萌芽。古代的郡县，是不相统属的。大约在腹里繁华之地的，则称为县；在边远之地的，则称为郡。[③] 所以郡，大概是辖境广，而且有兵备的。后来因图控制的方便，就以郡统县了。从春秋以来，小国被灭的，大都成为大国的一县。乡大夫采地发达的，亦成为县。[④] 古代官制，内诸侯与外诸侯，在爵禄两点，全然相同；所异的，只是一世袭，一不世袭。[⑤] 改封建为郡县，其初不过是将外诸侯改为内诸侯而已。所以能将外诸侯改为内诸侯，则因交通便利；各地方的风气，渐次相同；一个中央政府，可以指挥统率之故。所以封建郡县的递嬗（shàn，更替。），纯是世运的变迁，并非可以强为的。

内官则今文家说：三公，九卿，二十七大夫，八十一元士。三公之职，为司马、司徒、司空。九卿以下都无说。古文家则以太师、太傅、太保为三公，少师、少傅、少保为三孤，皆坐而论道，无职事。冢宰、司徒、宗伯、司马、司寇、司空为六卿，分管全国的政事。[6]其地方区划，则《周礼》以五家为比，比有长。五比为闾（lǘ，古代二十五家为一闾。），闾有胥（古代的小官）。四闾为族，族有师。五族为党，党有正。五党为州，州有长。五州为乡，乡有大夫。[7]其编制以五起数，和军制相应。《尚书大传》说："古八家而为邻，三邻而为朋，三朋而为里，五里而为邑（旧指县），十邑而为都，十都而为师，州十有二师。"其编制以八起数，和井田之制相合。大约前者是行于乡，而后者是行于野的。参看兵制自明。

古代的兵制：今古文说，都以五人为伍，五伍为两，四两为卒，五卒为旅，五旅为师。唯今文说以师为一军；天子六师，方伯二师，诸侯一师。[8]古文家则以五师为军；王六军，大国三军，次国二军，小国一军。[9]其出赋：则今文家谓十井出兵车一乘。公侯封方百里，凡千乘。伯四百九十乘。子男二百五十乘。[10]古文家据《司马法》，而《司马法》又有两说：一说以井十为通，通为匹马，三十家。士一人，徒二人。通十为成，成十为终，终十为同，递加十倍。又一说，以四井为邑，四邑为邱，有戎马一匹，牛三头，四邱为甸，[11]有戎马四匹，兵车一乘，牛十二头，甲士三人，步卒七十二人。一同百里，提封万井（古代以一里为一井，万井即一万平方里。），除山川、沈斥（沈：音 chén；沈斥：水田。）、城郭、邑居、园囿（囿：音 yòu；园囿：有鸟兽的园林。）、术路（大道），定出赋的六千四百井，有戎马四百匹，兵车百乘。这是乡大夫采地大的。诸侯大的一封，三百六十里；天子畿方千里，亦递加十倍。[12]古文之说，兵数远较今文之说为多，大约其出较晚。然六军之数，还不过七万五千人。到战国时，则坑降、斩级，动至数万，甚且至数十万，固然也有虚数，然战争规模之大，远过春秋以前，则必是事实，不能否认的。这骤增的兵数，果何自而来？原来古代的人民，并不是通国皆兵的。所以齐有士乡和工商之乡；而楚国的兵制，也说“荆尸而举，商农工贾，不败其业”。正式的军队，只是国都附近的人。⑬其余的人，虽非不能当兵，不过保卫本地方，如后世的乡兵而止。战国时代，大约此等人都加入正式军队之中，所以其数骤增了。⑭战争固然残酷，然而这却是我国真正实行举国皆兵的时代。

古代阶级森严，大夫以上，都是世官。《王制》说：命乡论秀士，升诸司徒，曰选士。司徒论选士之秀者，而升诸学，曰俊士。既升于学，则称造士。大乐正论造士之秀者，而升诸司马，曰进士。司马辨别其才能之所长，以告于王，而授之官。周官则六乡六遂之官，都有教民以德行道艺之责。三年大比，则兴其贤者，能者于王。此即所谓“乡举里选”。乡人的进用，大概不是没有的事；然其用之，不过至士而止。立贤无方之事，实际是很少的。⑮到战国时代，贵族阶级，日益腐败。竞争剧烈，需才孔亟（很紧急）。而其时学术发达，民间有才能的人亦日多。封建制度既破，士之无以为生，从事于游谈的亦日众。于是名公卿争以养士为务；而士亦多有于立谈之间取卿相的，遂开汉初布衣将相之局。⑯

我国的有成文法，亦由来颇早。其见于古书的，如夏之《禹刑》，商之《汤刑》，周之《九刑》都是。⑰西周以前，刑法率取秘密主义。至春秋时，则郑铸《刑书》，晋作《刑鼎》，渐开公布刑法之端了。⑱战国时，李悝（kuī）为魏文侯相，撰次（编纂）（诸国法，为《法经》六篇。商君取之以相秦。汉朝亦沿用他。从此以后，我国的法律，就连绵不断了。⑲

注释

①《诗·生民》正义引《五经异义》:“《诗》,齐、鲁、韩,《春秋公羊》说圣人皆无父,感父而生。”案《生民》郑笺(jiān)说:姜嫄(yuán)履大人迹而生后稷,《玄鸟》郑笺说:简狄吞玄鸟卵而生契,即是其说。《郑笺》是兼采《韩诗》说的。

②《孟子·万章上》、《尽心下》。

③参看《日知录》卷二十二“郡县”条集释。

④如楚之陈、蔡、不羹(gēng),晋之十家九县等,见《左氏》昭公五年。

⑤《王制》:“天子之县内诸侯,禄也。外诸侯,嗣也。”

⑥今文说见《王制》,古《周礼》说见《五经异义》,《伪古文尚书·周官篇》本之。

⑦遂则为邻长、里宰、酇(zàn)长、鄙师、县正、遂大夫。

⑧《白虎通·三军篇》。《公羊》隐公五年《解诂(gǔ)》。

⑨《周官》司马序官。

⑩《公羊》宣公十五年、昭公元年《解诂》。

⑪“甸”读为“乘”。

⑫前说郑注《周官》小司徒引之。后一说郑注《论语》“道千乘之国”引文,见《小司徒疏》。《汉书·刑法志》,亦取后说。

⑬见江永《群经补义》(《春秋》)。

⑭《左传》,鞍之战,“齐侯见保者曰:勉之,齐师败矣”。可见正式的军队虽败,守境之兵自在。《战国策》:苏秦说齐宣王,说:“韩、魏战而胜秦,则兵半折,四境不守。”可见守境之兵,都调赴前敌了。

⑮见俞正燮(xiè)《癸巳类稿·乡兴贤能论》。

⑯《廿(niàn)二史劄(zhá)记》,有《汉初布衣将相之局》一条,可参看。

⑰《左氏》昭公六年。

⑱《左氏》昭公六年、二十九年。

⑲见《晋书·刑法志》。

第十四章　上古的社会

从上古以至春秋战国，社会组织的变迁，尤其巨大。

孔子所说的大同时代，大约是极其平等，毫无阶级的。至各部落相遇，而有战争，于是生出征服者和被征服者的阶级。其最显著的，就是国人（居住在大邑内的人）和野人（农民住在田野小邑，称为野人。）的区别。古代有许多权利，如询国危、询国迁、询立君等，都是国人享的。[①] 而厉王监谤，道路以目，出来反抗的，也是国人。至于野人，则“逝将去汝，适彼乐土”，[②] 不过有仁政则歌功颂德，遇虐政则散之四方而已。观此，便知其一为征服之族，一为被征服之族。古代的田制，是国以内行畦（qí）田之制，国以外行井田之制的。[③] 可见国在山险之地。而兵亦都在国都附近。[④] 此可想见隆古之时，国人征服野人，就山险之处，择要屯驻，而使被征服之族，居于四面平夷之地，从事耕农。这是最早发生的一个阶级。

岁月渐深，武力把持的局面，渐成过去，政治的势力，渐渐抬头，而阶级的关系一变。原来征服者和被征服者之间，虽有阶级，而同一征服者之中，亦仍有阶级。这是接近政权与否的关系。古代国人和野人的区别，大约如契丹时代的部族和汉人。同一征服者之中，执掌政权和不执掌政权者的关系，则如部族之民之于耶律、萧氏等。岁月渐深，政治上的贵族平民，区别日渐显著；从前征服者和被征服者的畛域（畛：音 zhěn；畛域：界限，范围。），转觉渐次化除。这一因政权的扩大，而执掌政权的人，威力亦渐次增加。一则年深月久，征服者和被征服者的仇恨，日渐淡忘；而经济上平和的联系，日益密接。又人口增殖，国人必有移居于野的；而畛域渐化，野人亦必有移居于国的；居处既相接近，婚姻可以互通，久而久之，两者的区别，就驯致（逐渐达到）不能认识了。这是阶级制度的一个转变。然而其关系，总还不及经济上的关系、力量来得更大。

古代各个独立的小社会，其经济，都是自给自足的。此时的生产，都是为着消费而生产，不是为着交易而生产。此等社会，其事务的分配，必有极严密的组织。然而历时既久，交通日便，商业日兴，则社会的组织，亦就因之而改变。因为人，总是想得利的；总是想以最小的劳费，获得最大的报酬的。各个小社会，各个独立生产，以供给自己的消费，这在获利的分量上言，原是不经济的事。所以从交易渐兴，人就自然觉得：有许多向来自造的东西，可以不造而求之于外；造得很少的东西，可以多造而用作交易的手段。至此，则此等小社会从前事务的分配，不复合理。若要坚持它，便足为这时代得到更大的利益的障碍。人总是想得利的；总是想以最少的劳费，得到最大的报酬的。于是旧时的组织，遂逐渐破坏于无形之中。于是人的劳动，非复为社会而劳动；其生活，亦不受社会的保障。而人是不能各个独立而生活的，“一人之身，而百工之所为备”，[⑤] 离居不相待则穷。[⑥] 于是以交易为合作，而商业遂日益兴盛。然此等合作，系在各个人自谋私利之下，以利己之条件行之的。实际虽兼利他人，目的是只为自己。有可损人以自利之处，当然非所顾虑。而在此等不自觉的条件之下合作，人人所得的利益，当然不会一致的。而人是没有资本，不会劳动的，在分配的过程中，有资本的人，自然获得较有利的条件。于是商业资本，日渐抬头。人既不能回到武力劫夺的世界，而总要维持一种和平的关系，则在此关系之下，能占有多量财富的，在社会上，自然占有较大的势力。于是贵贱阶级之外，又生出一种贫富的阶级。而其实际的势力，且凌驾乎贵贱阶级之上。这是阶级制度的又一转变。

我们试看：古代的工业，都是国家设立专官，择人民所不能自造的器具，造之以供民用。[7] 商业则大者皆行于国外。[8] 其在国内，则不过“求垄断而登之”的贱丈夫，并不能谋大利。[9] 而到晚周时代，则有“用贫求富，农不如工，工不如商”之谚。[10]前此“市廛而不税（廛：音 chán，市中的店铺；市廛而不税：商人做生意不用交税。），关讥而不征”。[11] 可见其对于商人，尽力招徕（lái）。至此，则必“凶荒札丧（zhá sàng，因疫病死亡。），市乃无征而作布”。[12] 便可见此时的工商事业和前此大不相同了。

同时因在上者的日益淫侈，剥削人民益甚，于是有孟子所说“慢其经界”的“暴君污吏”。[13] 亦因人口增殖，耕地渐感不足，不得不将田间的水道陆道，填没开垦，这就是所谓开阡陌。[14] 于是井田制度破坏，而分地不均。古代作为公有的山泽，至此，亦被私人所占。经营种树、畜牧、开矿、煮盐等业，[15] 而地权之不平均更甚。

地权不平均了，资本跋扈（bá hù）了。一方面，有旧贵族的暴虐；一方面，有新兴富者阶级的豪奢。贫民则“常衣牛马之衣，食犬彘（zhì）之食”。[16] 遂成为一悬而不决的社会问题。

货币的发达，是大有助于商业资本，而亦是大有影响于社会经济的。于此亦得说其大略。我国最早用作交易中之物，大约是贝，次之则是皮。这是渔猎和畜牧时代所用。至农耕时代，则最贵重的，是金属的耕具或刀；而布帛米谷等，亦用为交易之具。后来用社会上所最贵的铜，依贝的形式，铸造起来，而以一种农器之名名之，则为钱。至于珠、玉、金、银等，则因其为上流社会的人所贵重，间亦用以交易。大概是行于远处，用以与豪富的人交换的。《史记·平准书》说："大公为周立圜法（圜：音 yuán；圜法：指币制。）。黄金方寸而重一斤。钱圜函方，轻重以铢（zhū，古代重量单位，二十四铢等于旧制一两。）。布帛广二尺二寸为幅（布的宽度），长四丈为匹。"可见黄金、铜钱、布帛三者，是社会上最通行的货币。然而别种东西，亦未尝不用。秦并天下，黄金的重量，改以镒（yì，古代重量单位，合二十两，一说二十四两。）计。铜钱的形式，仍同周朝，而改其重为半两。珠、玉、龟、贝、银、锡等，国家都不认为货币，然亦"随时而轻重无常"。三代以前，货币制度的转变，大略如此。

注释

①《周官·小司寇》。

②《诗经·硕鼠》。

③《孟子·滕文公上》：孟子对滕文公欲行井田之间，"请野，九一而助。国中，什一使自赋。卿以下，必有圭田，圭田五十亩"。案圭田就是畦田。畦田是地形既不方正，而又高低不等的。古代算法中，算此等不平正的面积的法子，就谓之畦田法。

④参看上章。

⑤《孟子·滕文公上》。

⑥《荀子·富国》。

⑦《考工记》："粤无镈（bó），燕无函，秦无庐，胡无弓车。粤之无镈也，非无镈也，夫人而能为镈也。燕之无函也，非无函也，夫人而能为函也。秦之无庐也，非无庐也，夫人而能为庐也。胡之无弓车也，非无弓车也，夫

人而能为弓车也。"《注》:"此四国者,不置是工也。言其丈夫人人皆能作是器,不须国工。"

⑧所以古代的商人,才智独高,如郑弦高等,至能矫君命以纾国难,即因其周历四方,闻见广博之故。《左氏》昭公十六年:郑子产对晋国的韩宣子说:"昔我先君桓公,与商人皆出自周,庸次比耦(ǒu),以艾杀此地,斩之蓬蒿藜(lí)藋而共处之。"迁国之初,要带着一个商人走,就因为新造之邦,必需之品,或有缺乏,要借商人以求之于外之故。

⑨《孟子·滕文公下》。

⑩《史记·货殖列传》。

⑪《孟子·梁惠王上》,《礼记·王制》。

⑫《周官·司关》。

⑬《孟子·滕文公上》。

⑭朱子《开阡陌辨》。

⑮《货殖列传》所载诸人便是。

⑯董仲舒的话,见《汉书·食货志》。

第三编　中古史

第一章 秦之统一及其政策

谁都知道：统一是始于秦的。其实统一是逐渐进行的。看前编第七章所述，就可知道了。然而统一的完成，确在前二二一年，即秦王政的二十六年。积世渴望的统一，到此告成，措置上，自然该有一番新气象。

秦王政统一之后，他所行的第一事，便是改定有天下者之号，称为皇帝。命为制，令为诏。而且说古代的谥（shì），是："子议父，臣议君也，甚无谓，朕弗取焉。"于是除去谥法（评定谥号的法则；上古有号无谥，周初始制谥法，至秦废。），自称为始皇帝。后世则以数计，如二世、三世等。

郡县之制，早推行于春秋战国之世，已见前编。始皇并天下后，索性加以整齐，定为以郡统县之制。分天下为三十六郡。每郡都置守、尉、监三种官。①

始皇又收天下之兵器，都聚之于咸阳。②把它销掉，铸作钟鐻（鐻：音jù；钟鐻：一种悬钟的格架，上有猛兽为饰。）和十二个金人。③

当时有个仆射（射：音yè；仆射：古代的一种官名。）周青臣，恭维始皇的功德。又有个博士淳于越，说他是面谀（当面恭维）。说郡县制度，不及封建制度。始皇下其议。丞相李斯，因此说："诸生不师今而学古，以非当世，惑乱黔（qián）首。"又说："人闻令下，则各以其学议之。""如此弗禁，则主势降乎上，党与成乎下。"于是拟定一个烧书的办法，是：

（一）史官非秦记皆烧之。

（二）非博士官所职，天下有敢藏《诗》《书》、百家语者，悉诣守尉杂烧之。

（三）有敢偶语诗书弃市。以古非今者族。吏见知不举者与同罪。令下三十日不烧，黥（qíng，古代在人脸上刺字并涂墨之刑。）为城旦（古代刑罚名，一种筑城四年的劳役。）。

（四）所不去者，医药、卜筮（shì）、种树之书。若有欲学——法令——以吏为师。④

焚书的理由，早见《管子·法禁》和《韩非子·问辩》两篇。这是法家向来的主张。始皇、李斯，不过实行它罢了。法家此等主张，在后世看来，自然是极愚笨。然而在古代，本来是"政教合一，官师不分"的。⑤"尊私学而相与非法教"，不过是东周以后的事。始皇、李斯此举，也不过想恢复古代的状况罢了。

至于坑儒，则纯然另是一回事。此事的起因，由于始皇相信神仙，招致了一班方士，替他炼奇药；带着童男女入海求神仙。后来有个方士卢生和什么侯生，私议始皇，因而逃去。始皇大怒，说："吾收天下书不中用者尽去之。悉召文学、方术士，欲以致太平，求奇药。如今毫无效验，反而诽谤我。"于是派御史去按问（查究审问）。诸生互相告引。因而被坑的，遂有四百六十余人。这件事虽然暴虐，却和学术思想，是了无干系的。

还有一件事，则和学术界关系略大。我国文字的起源，已见前编

第二章。汉代许慎作《说文解字序》，把汉以前的文字，分作五种：古文、大篆、小篆、隶书、草书。[⑥] 他把周宣王以前的文字，总称为古文。说周宣王时，太史籀（zhòu）作大篆十五篇，与古文或异。又说："七国之世，言语异声，文字异形。秦并天下，丞相李斯，乃奏同之，罢其不与秦文合者。李斯作《仓颉（jié）篇》，中车府令赵高作《爰（yuán）历篇》，太史令胡毋（wú）敬作《博学篇》。皆取史籀大篆，或颇省改。"这是小篆。又说：此时"官狱职务繁，初有隶书，以趋约易，而古文由此绝矣。"案七国之世，所谓言语异声，大约是各处方言音读之不同。至于文字异形，则一者是字形的变迁。二者，此时事务日繁，学术发达，旧有之字，不足于用，自然要另造新字。所造的字，自然彼此不相关会了。[⑦] 秦朝的同文字，是大体以史籀的大篆为标准，而废六国新造的字。这件事，恐亦未必能办到十分。然而六国的文字，多少总受些影响。所谓"古文由此绝"，这"古文"两字，实在是连六国文字不与秦文合的部分，都包括在内的。汉兴以后，通用隶书。秦朝所存留的字，因为史籀、李斯、赵高、胡毋敬等所作字书还在，所以还可考查。此等已废的文字，却无人再去留意。所以至汉时，所谓古文，便非尽人所能通晓了。[⑧]

当始皇之世，是统一之初，六国的遗民，本来不服。而此时也无治统一之世的经验。不知天下安定，在于多数人有以自乐其生；以为只要一味高压，就可以为所欲为了。于是专用严刑峻法。而又南并南越；北攘匈奴，筑长城。[⑨] 还要大营宫室，岁岁巡游。人民既困于赋役，又迫于威刑，乱源早已潜伏。不过畏惧始皇的威严，莫敢先发罢了。前二一〇年，始皇东游，还至平原津而病。崩于沙丘。[⑩] 始皇长子扶苏，因谏坑儒生，被谪（zhé，封建时代特指官吏降职，调往边外地。），监蒙恬军于上郡。少子胡亥和始皇叫他教胡亥决狱的赵高从行。于是赵高为胡亥游说李斯，矫诏，杀扶苏和蒙恬。秘丧，还至咸阳，即位。是为二世皇帝。而揭竿斩木之祸，便随之而起了。

注释

①守，便是汉时的太守；尉，便是汉时的都尉，都是汉景帝改名的。见《汉书·百官公卿表》。守是一郡的长官，尉是佐守与武职甲卒的，亦见《百官公卿表》。虽然如此，调兵统率之权，仍在于守。汉世也是如此。监是皇帝派出去监察郡守的御史。其制度，大约源于古代的三监。《礼记·王制》：“天子使其大夫为三监，监于方伯之国，国三人。”武王克殷，封纣子武庚，而使其弟管叔、蔡叔、霍叔为三监，所行的便是此制。此时乃以之施于郡守。可见郡县封建两制，逐渐蜕变之迹。大夫之爵，本低于列国之君。所以汉时刺史之秩，还低于太守。参看第六章。

②秦都，今陕西咸阳县。

③古以铜为兵器，这金人就是铜人。汉以前单言金的，大概都指铜。今之所谓金，则称黄金。

④徐广说：“一无‘法令’二字。”后人因谓秦人并不禁民间之学；“以吏为师”的吏，即是博士。案此说恐非。因为上文李斯之奏，明说“士则学习法律辟禁”。“法令”两字，疑是注语，徐广所谓一本者脱去。

⑤此说甚长。读章学诚《文史通义》，自可知之。

⑥许序于隶书草书，都不言谁造，其说最通。文字逐渐变迁，原说不出什么人创造什么体的。隶书之始，《汉志》云：“施之于徒隶。”卫恒《四体书势》云：“令隶人佐书，因称隶字。”不过书写不工的篆书而已。草书：《书势》亦云：“不知作者姓名。”张怀瓘（guàn）《书断》，引《史》、《汉》楚怀王使屈原造作宪令，“草藁（gǎo）未上”；董仲舒欲言灾异，“草藁未上”，谓其原由于起草，其说最通，详见拙撰《中国文字变迁考》第四、第五章。

⑦详见《中国文字变迁考》第三章。

⑧可参看王国维《汉代古文考》。

⑨参看第七章。

⑩平原津，在今山东德县境。沙丘，在今河北邢台县境。

第二章　秦汉之际

秦二世的元年，便是公元前二〇九年，戍卒陈胜、吴广，因为遣戍渔阳，自度失期当死，起兵于蕲（qí）。[①]北取陈。胜自立为楚王。于是六国之后，闻风俱起。

魏人张耳、陈余，立赵后歇为赵王。

周市立魏公子咎为魏王。

燕人韩广，自立为楚王。

齐王族田儋（dān），自立为齐王。

时二世葬始皇于骊山，[②]工程极其浩大。工作的有七十万人。二世听了赵高的话，把李斯杀掉。以为山东盗是无能为的。后来陈胜的先锋兵打到戏。[③]才大惊，赦骊山徒，命少府章邯，带着出去征讨。这时候，秦朝政事虽乱，兵力还强。山东乌合之众，自然不能抵敌。于是陈胜、吴广，先后败死。章邯北击魏。魏王咎自杀。齐王儋救魏，亦败死。

先是楚将项燕之子梁和其兄子籍，起兵于吴。沛人刘邦，亦起兵于沛。[④]项梁渡江后，因居鄛（cháo）人范增的游说，立楚怀王之后心于盱眙（xū yí），仍称为楚怀王。[⑤]项梁引兵而北，其初连胜两仗。后来亦为章邯所袭杀。于是章邯以为楚地兵不足忧，北围赵王于巨鹿。[⑥]

楚怀王派宋义、项籍、范增北救赵，刘邦西入关。宋义至安阳，[7]逗留四十六日不进。项籍矫怀王命杀之。引兵北渡河，大破秦兵于巨鹿下。章邯因赵高的猜疑，就投降了项籍。先是韩人张良，因其先五世相韩，尝散家财，募死士，狙击秦始皇于博浪沙中，[8]想为韩报仇。及项梁起兵，张良游说他，劝他立韩国的公子成为韩王。刘邦因张良以略韩地，遂入武关。[9]赵高弑二世，立公子婴，想和诸侯讲和，保守关中，仍恢复其列国时代之旧。子婴又刺杀赵高。而刘邦的兵，已到霸上了。[10]子婴只得投降。秦朝就此灭亡。时为公元前二〇六年。

项籍既降章邯，引兵入关。刘邦业已先入，遣兵将关把守了。项籍大怒，把他打破。这时候，项籍兵四十万，在鸿门[11]。"刘邦兵十万，在霸上。项籍要打刘邦。其族人项伯，和张良要好，到刘邦军中，劝良同走。刘邦因此，请项伯向项籍解释；自已又亲去谢罪。一场风波，才算消弭（消除）。

这时候，封建思想，还未破除。亡秦之后，自然没有推一个人做皇帝之理。于是便要分封。当封的，自然是前此六国之后和亡秦有功之人。而分封之权，自然是出于众诸侯的会议，能操纵这会议的，自然是当时实力最强的人。于是项籍便和诸侯王，议定分封的人，如下：

项籍	西楚霸王	王梁、楚地九郡。都彭城（今江苏铜山县）	
刘邦	汉王	王巴、蜀、汉中，都南郑（今陕西南郑县）	
章邯	雍王	王咸阳以西。都废丘（今陕西兴平县）	以下三人，为秦降将。项籍未入关即封之，当时称为三秦

司马欣	塞王	王咸阳以东，至河。都栎阳（今陕西临潼县）	
董翳（yì）	翟王	王上郡，都高奴（今陕西肤施县）	
魏王豹	西魏王	王河东，都平阳（今山西临汾县）	魏王咎的兄弟。咎死后，奔楚，楚立为魏王。此时徙西魏。汉王出关，豹降汉，汉复立为魏王。豹叛汉与楚，为韩信所虏
韩王成	韩王	都阳翟（今河南禹县）	旋为楚所杀，立故吴令郑昌为韩王
申阳	河南王	都洛阳	张耳嬖（bì）人
司马卬（qióng）	殷王	殷王故墟，都朝歌（今河南淇县）	赵将
赵王歇	代王	都代（今河北蔚县）	秦兵围巨鹿时，张耳在城内，陈余在城外。围解后，张耳怨陈余不救，责让他。陈余发怒，将印交张耳，自去渔猎。因此未从诸侯入关，不得为王，因所居南皮（今河北南皮县），封之三县。余怒。会田荣叛楚。余请兵于荣，击破张耳。耳奔汉。余迎赵王歇还赵。歇封余为代王，留为赵相。后张耳与韩信破赵。赵王歇被擒，余被杀
张耳	常山王	赵王。都襄国（今河北邢台县）	
英布	九江（tīng）王	都六（lù）（今安徽六安县）	楚将。后叛楚降汉
吴芮	衡山王	都邾（邾：音 zhū；都邾：今湖北黄冈县）	秦鄱阳令起兵，从诸侯入关
共敖	临江王	都江陵（今湖北江陵县）	义帝柱国。子尉，为汉所虏
燕王广	辽东王	都无终（今河北蓟县）	为臧荼所杀
臧荼	燕王	都蓟（今河北北平县）	燕将。汉高祖得天下后，谋反，被杀

齐王市	胶东王	都即墨（今山东即墨县）	田儋（dān）的儿子。儋死后，其兄弟荣，立他做齐王。至是，徙胶东。荣发兵距杀田都，留市于齐。市逃往胶东。田荣怒，发兵追杀市。时彭城有众万余人，在巨野（今山东巨野县），无所属。荣与以将军印，使击杀济北王安。荣遂并王三齐（齐、胶东、济北）。后为项羽所杀。田荣的兄弟横，又立田荣的儿子广。为汉韩信所虏。横逃入海岛。汉高祖定天下后，召之，未至洛阳，自杀
田都	齐王	都临淄（zī）（今山东临淄县）	齐将
田安	济北王	都博阳（今山东泰安县）	齐王建（战国时最后的齐王）孙

当楚怀王遣将时，曾说：先入关中者王之。照这句话，此时当王关中者为刘邦。然而项籍受章邯之降时，已将秦地分王邯等三人了。这大约是所以抚慰降将之心，减少其抵抗力的。其时刘邦的能先入关，原是意想不到的事。这时候不便反悔。于是说：（一）怀王不能主约；（二）巴、蜀、汉中，亦是关中之地，就把刘邦封为汉王。这也不能说不是一种解释。然而龙争虎斗之际，只要有辞可借，便要借口的，哪管得合理不合理？

项籍尊楚怀王为义帝，而自称霸王。照春秋战国的习惯，天子原是不管事的；管理诸侯之权，在于霸主。这时候，天下有变，自然责在项籍。于是因田荣的反叛，出兵征讨。汉王乘机便说：项籍分封不平。以韩信为大将，北定三秦，又破韩、河南、西魏、殷四国。并塞、翟、韩、殷、魏之兵五十六万人东伐楚。居然攻入楚国的都城，项籍闻之，以精兵三万人，从胡陵还击。[12]大破汉兵。汉王脱身逃走。然而汉王有萧何，守关中以给军食。坚守荥（yíng）阳、成皋以距楚。[13]而使韩信北定赵、代，转而东南破齐。而项籍的后方，为彭越所扰乱，兵少食尽。相持数年，楚兵势渐绌（chù，不足。）。乃与汉约，以鸿沟为界，[14]中分天下。汉王背约追楚。同项籍于垓（gāi）下。项籍突围而走。至乌江，自刎死。于是天下又统一了。时为公元前二〇二年。

注释

①今安徽宿县。

②见第二编第六章。

③在今陕西临潼县东北。

④今江苏沛县。

⑤居鄛，今安徽巢县。盱眙，今安徽盱眙县。战国时，楚国的怀王，和齐国交好。秦国人妒忌他，叫张仪去骗他，如肯绝齐，便送他商於（yú）之地六百里（在今河南淅川县西）。楚怀王信了他，与齐绝交。秦国人却不给地。怀王大怒，发兵伐秦大败。后来秦国人又诱他去会盟，把他拘执起来，要求割地，怀王不肯，便死在秦国。楚国人很哀伤他。所以此时以死者之谥，为生者之号，以鼓动民心。古人本有生时立号的。如《史记·殷本纪》说："汤曰：吾甚武，号曰武王。"是；又如周朝的成王，汉朝人亦有以为成字是生号的。

⑥今河北平乡县。

⑦今山东曹县。

⑧在今河南阳武县东南。

⑨在今陕西商县。

⑩今陕西长安县东。

⑪在今陕西临潼县。

⑫今山东鱼台县。

⑬荥阳，今河南荥泽县。成皋，今河南汜水县。

⑭自荥阳下引河东南，以通宋、郑、陈、蔡、曹、卫，与济、汝、淮、泗会。见《史记·河渠书》。垓下，今安徽灵璧县。乌江，江津名。在今安徽和县南。

第三章　前汉的政治

前汉凡二百十年，在政治上，可以分作四期：

第一期：高祖初定天下。这时候，还沿着封建思想，有功之臣，与高祖同定天下的，其势不得不封。而心上又猜忌他。于是高祖听娄敬的话，徙都关中，想借形胜以自固。又大封同姓之国，以为屏藩。这时候，异姓王者八国，除长沙外，多旋就灭亡。同姓王者九国，都跨郡三四，连城数十，遂成为异日的乱源。[①]高祖开国之后，是外任宗室，内任外戚的。所以吕后在其时，很有威权。高祖死后，惠帝柔弱，政权遂入于吕后之手。先是高祖刑白马与诸侯盟说："非刘氏而王者，天下共击之。"惠帝死后，吕后临朝，就分封诸吕。又使吕禄、吕产，统带守卫京城和宫城的南北军。吕后死后，齐哀王起兵于外。诸吕使灌婴击之。灌婴阴与齐王联合，顿兵不进。汉朝的大臣，因此劝诸吕罢兵就国，诸吕犹豫不决。而太尉周勃，乘隙突入北军，和齐王的兄弟朱虚侯章等，攻杀诸吕。杀掉太后所立的少帝和常山王弘，而迎立文帝。[②]于是汉初握权的外戚打倒；而晨星寥落的功臣，自此以后也逐渐凋零。特殊势力，只有因私天下之心所封建的宗室了。

当汉初，承春秋战国以来五百余年的长期战争；加以秦代的暴虐，秦、汉之际的扰乱，天下所渴望的，是休养生息。而休养生息之治，只有清静不扰的政策，最为相宜。汉初已有这个趋势。文、景二代的政治，尤能应这要求。所以社会上顿呈富庶之象。这时候，内而诸侯之尾大不掉，外而匈奴之时来侵犯，都是个亟待解决的问题。文帝也一味姑息，明知吴王濞（bì）有反谋，却赐之几杖以安之。匈奴屡次入寇，也只是发兵防之而已。到后来，封建的问题，到底因吴楚七国之乱而解决。[3]而对外的问题，则直留待武帝时。至于制民之产和振兴文化，则文、景二代，更其谦让未遑了。[4]要而言之：这一期，是以休养生息为主。可称西汉政治的第二期。

第三期是武帝。武帝是个雄才大略之主，很想内兴文治，外耀武功。于是立五经博士，表章六艺（礼、乐、射、御、书、数），罢黜百家。[5]又北伐匈奴，西通西域，南平闽越、南越，东北并朝鲜，西南开西南夷。[6]一时武功文治，赫然可观。然而武帝也和秦始皇一样，信方士，营宫室，又时出巡幸。财用不足，乃用孔僅（jǐn）、桑弘羊等言利之臣；又用张汤等酷吏，遂致民愁盗起，几乎酿成大乱。末年虽然追悔，天下元气，业已大受其伤了。武帝的太子据，因"巫蛊之祸"而死。晚年，婕妤（jié yú）赵氏，生昭帝，武帝恐身后嗣君年少，母后专权，杀婕妤，然后立昭帝为太子。武帝崩，昭帝立。霍光、上官桀等同受遗诏辅政。武帝长子燕王旦和上官桀、桑弘羊等谋反，为霍光所杀。昭帝崩，无子。霍光迎立武帝孙昌邑王贺。百日，废之。迎立戾太子孙病已，是为宣帝。[7]当霍光秉政时，颇务轻徭薄赋，与民休息。宣帝少居民间，知民疾苦。即位后，留心于刑狱及吏治，亦称治安。自武帝末年至此，憔悴的人民，又算稍获休息。这是西汉政治的第三期。自元帝以后，则君主逐渐愚懦，更兼之短祚（祚：音 zuò；短祚：皇帝在位年限很短。），外戚的威权日张，遂入于第四期了。

汉代去古未远，宗法社会的思想，深入人心。人所视为可靠的，非宗室则外戚。汉初宗室，势力太大，致酿成吴、楚七国之乱。乱后，宗室的势力，遂被打倒，而外戚则势焰大张。元帝本是个柔仁好儒的人，然而暗于听受，宦官弘恭、石显专权，威权渐陷于不振。成帝很荒淫，委政于外家王氏。王凤、王音、王商、王根，相继为相，遂肇篡窃之势。哀帝夺王氏之权，然所任的，亦不过外家丁氏和其祖母之族傅氏。哀帝死后，成帝的母亲，召用王莽。王莽本是抱负大志，想得位以行其所抱负的。于是弑平帝，立孺子婴，莽居摄践祚。旋又称假皇帝。而西汉之天下，遂移于新室了。时为公元八年。

注释

①异姓王者，为楚王韩信，梁王彭越，赵王张敖（张耳的儿子），韩王信，淮南王英布，燕王臧荼、卢绾，长沙王吴芮。同姓王者：齐王肥，淮南王长，燕王建，赵王如意，梁王恢，代王恒，淮阳王友，都是高祖的儿子。楚王交，是高祖的兄弟。吴王濞，是高祖的兄子。其事迹大略如下：韩信平齐后，自立为齐王，高祖不得已，因而封之，项籍灭后，徙封之于楚。又用陈平计，伪游云梦。韩信来谒（yè）见，便把他捉起来，带到长安，封为淮阴侯。后为吕后所杀。韩信徙王楚后，以齐封悼惠王肥。吕后时，分其地，封吕召为吕王，刘泽为琅邪（yá）王（虽是汉朝的宗室，却是吕后一党）。又分其城阳郡，为鲁元公主（吕后女，下嫁张敖）的汤沐邑。悼惠王传子哀王襄。吕后死后，其弟朱虚侯章、东牟侯兴居，都在长安。希望他哥哥做皇帝，差人去叫他起兵。当时汉朝大臣，本许封朱虚侯为赵王，东牟侯为梁王。文帝即位后，封朱虚侯为城阳王，东牟侯为济北王。城阳王不久就死了。济北王以谋反伏诛。哀王襄传子文王则。文王无子。文帝分其地，封悼惠王子六人。将闾为齐王，志为济北王，辟（bì）光为济南王，贤为菑（zī）川王，卬为胶西王，雄渠为胶东王。后来济南、菑川、胶西、胶东四国，都与于吴、楚七国之乱。韩

信徙封楚王被执后，分其地，以封高祖的从父兄荆王贾和高祖的兄弟楚元王交。英布反时，贾为所杀，交传其孙戊和吴王濞造反。彭越，当汉高祖追项籍时，封为梁王。天下定后，说有人告他造反，把他废掉，徙之于蜀。路上遇见吕后，把他带到洛阳，去见高祖。说："彭王北士，今徙之蜀，是养虎自诒（yí）患。"于是再叫人告他造反，把他杀掉。而封子恢为梁王，友为淮阳王。韩王信，是六国时韩国之后。高祖使他击灭郑昌，封为韩王。天下定后，徙治晋阳（今山西太原县）。信自请徙治马邑（今山西马邑县），以御匈奴。许之。后叛降匈奴，为汉兵所击斩。淮南王英布，以反败死。以其地封淮南厉王长。文帝时，以骄恣诛死。英布败后，又封濞为吴王，为七国之乱的主谋。赵王张敖，是张耳的儿子，尚吕后女鲁元公主。高祖过赵，箕（jī）踞嫚（màn）骂。赵相贯高怒，谋弑高祖。事觉，敖被废。以封戚夫人子如意，戚夫人为高祖所幸，吕后深恶之。高祖死后，母子皆被杀。先后徙淮阳王友、梁王恢为赵王，又皆杀之。以封其侄儿子吕禄。文帝即位后，封如意之子遂为赵王。与于吴、楚七国之乱。燕王臧荼，以反被灭。改立卢绾。卢绾是汉高祖最要好的朋友。后以代相陈豨（xī）反，卢绾派入匈奴的使者，有和陈豨的儿子通谋的嫌疑，事觉后，卢绾逃入匈奴而死。以燕封灵王建。建死后，吕后杀其子，以燕地封自己的侄孙吕通。文帝即位后，徙琅邪王泽王燕。

②少帝是惠帝后宫美人子。吕后使惠帝后张氏（鲁元公主的女儿），杀其母，养以为子。惠帝死后，立之。少帝年长，知其事，口出怨言，为吕后所废。立常山王弘。常山王，汉大臣说他非孝惠子，是吕后诈名他人子。然此说，《史记》上明说其为诸大臣的阴谋，恐未必可信。

③汉初诸侯，封地太大，又其体制甚崇。国中有内史以治民，中尉以掌武职，丞相以统众官。一切设官，都同汉朝一样。汉朝只替他置一个丞相，其余悉由他自己用人。七国乱后，乃令诸侯不得治民补吏。改其丞相为相。

余官亦多所减省。后来又省内史，令相治民，和郡太守一样；中尉和郡尉一样。于是郡与国名异而实同。当文帝时，贾谊即建“众建诸侯而少其力”之策，文帝未能行。武帝时，主父偃请令诸侯得以国土，分封其子弟。于是贾谊之说实现。汉代的封建，就名存实亡了。

④参看第四章。

⑤参看第九章。

⑥参看第七章。

⑦就是太子据，谥为戾。

第四章 新莽的改制

当秦汉之世，实有一从东周以降，悬而未决的社会问题。制民之产，在古代的政治家，本视为第一要事。“先富后教”，“有恒产而后有恒心”，民生问题不解决，政治和教化，都是无从说起的。汉代的政治家，还深知此义。“治天下不如安天下，安天下不如与天下安”，乃后世经验多了，知道“天下大器”，不可轻动，才有此等姑息的话。汉代的人，是无此思想的。多数的人，对于社会现状，都觉得痛心疾首。那么，改革之成否，虽不可知；而改革之事，则终不可免，那是势所必然了。然则汉代的社会，究竟是何情状呢？

当时的富者阶级，大略有二：（一）是大地主。董仲舒说他“田连阡陌；又颛川泽之利，管山林之饶”，而贫者则“无立锥之地”。（二）是大工商家。[①] 晁错说他“男不耕耘，女不蚕织，衣必文采（“采”同“彩”；衣必文采：穿衣服必定穿得很奢华。），食必粱肉（以黄粱为饭，以肉为肴。）”，“因其富厚，交通王侯，力过吏势”。因以兼并农人。封建势力，未曾刬（chǎn，同“铲”。）除，商业资本，又已兴起。胼手胝足的小民，自然只好“衣牛马之衣，食犬彘之食”了。

汉世救正之法，是减轻农民的租税，至于三十而取一。[②] 然而私家的田租，却十取其五。所以荀悦说：“公家之惠，优于三代，豪强之暴，酷于亡秦。”武帝时，董仲舒尝提出“限民名田”之法，即是替占田的人，立一个最大的限制，不许超过。武帝未能行。哀帝时，师丹辅政。一切规制，业已拟定，又为贵戚所阻。至于法律上，贱视商人，如“贾人不得衣丝乘车”；“市井之子孙不得为宦吏”等，于其经济势力，不能丝毫有所减削。武帝时，桑弘羊建盐铁官卖和均输之法，名以困富商大贾，然实不过罗掘（比喻用一切办法筹措或搜索财物）之策，反以害民。其于社会政策，自更去之逾远了。③

到新莽时，才起一个晴天霹雳。新莽的政策，是：

更名天下田曰王田，奴婢曰私属。皆不得卖买。男口不盈八，而田过一井的，分余田与九族乡党。

立五均（古代管理市场物价的官）司市（掌管市场的治教政刑、量度禁令等）泉府（掌管国家税收、收购市上的滞销物资等）。百姓以采矿、渔猎、畜牧、纺织、补缝为业，和工匠、巫医、卜祝（专管占卜、祭祀的人。）、商贾等，都自占所为，除其本，计其利，以十一分之一为贡。司市以四时仲月（指每季的第二个月，即农历二、五、八、十一月。），定物平价。周于民用而不售的东西，均宜照本价买进。物价腾贵（物价飞涨），超过平价一钱时，即照平价卖出。百姓丧祭之费无所出的，泉府把工商之贡借给他，不取利息。如借以治产业的，则计其盈利，取息一分。

立六管之制。把盐、酒、铁、山泽（山野）、赊贷、钱布铜冶六种事业，收归官办。

新莽的制度：平均地权；把事业之大者都收归国营。虽然未能变交易为分配，然而于生产者、贩卖者、消费者三方面，亦思有以剂其平，使其都不吃亏，亦都无所牟大利。果能办到，岂非极好的事？然而国家有多大的资本，可以操纵市场？有多细密严肃的行政，可以办这些事，而不至于有弊？这却是很大的疑问。而新莽是迷信立法的。他以为“制定则天下自平”。于是但“锐思于制作”，而不省目前之务。如此大改革，即使十分严密监督，还不能保其无弊，何况不甚措意呢？于是吏缘为奸，所办的事，目的都没有达到，而弊窦（弊病、弊端。）反因之而百出。新莽后来，也知道行不通了。有几种办法，只得自己取消。然而事已无及了。

新莽尤其失计的，是破坏货币制度。原来汉代钱法屡变，其最后民信用的，便是五铢钱。钱法金、银、龟、贝杂用，原是经济幼稚时代的事，秦时，业已进它到专用金属。[4]汉世虽云黄金和铜钱并用，然而金价太贵，和平民不发生关系；为全社会流通之主的，自然还是铜钱。所以铜钱，便是当时经济社会的命脉。而新莽却把五铢钱废掉。更作金、银、龟、贝、钱、布，共有五物，六名，二十八品行之。[5]于是“农桑失业，食货俱废”。大乱之势，就无可遏止了。

新莽的大毛病，在于迂阔（思想行为不切实际事理）。其用兵也是如此。新室的末年，所在盗起。其初原不过迫于苛政，苟图救死。然而新政府的改革，既已不谅于人民，则转而思念旧政府，亦是群众应有的心理。于是刘氏的子孙，特别可以做号召之具。当时新市、平林之兵，[6]有汉宗室刘玄在内，号为更始将军。而后汉光武帝，亦起兵舂（chōng）陵，[7]与之合。诸将共立更始为帝，北据宛。[8]新莽发四十万大兵去打他。军无纪律，又无良将，大败于昆阳。[9]威声一挫，响应汉兵者蜂起，新室遂不能镇壁。更始派兵两支：北攻洛阳、西攻武关。长安中兵亦起。新莽遂为所杀。时为公元二三年。更始先已移都洛阳，至是又移都长安。此时人心思治，对于新兴的政府，属望很深。而新市、平林诸将，始终不脱强盗行径，更始则为所挟制，不能有为。光武帝别为一军，出定河北。以河内为根据地，即帝位于鄗(hào)。[10]这时候，拥兵劫掠的人，到处都是。而山东赤眉之众最盛。公元二五年，赤眉以食尽入关。更始为其所杀，洛阳降光武，光武移都之。光武遣将击破赤眉，赤眉东走。光武自勒大兵，降之宜阳，于是最大的流寇戡定。然而纷纷割据的尚多，其中较大的：如汉中的延岑，黎邱的秦丰，夷陵的田戎，睢(suī)阳的刘永，[11]亦都遣兵或亲身打定。只有陇西的隗(wěi)嚣，颇得士心。成都的公孙述，习于吏事，二人稍有规模。光武久在兵间，厌苦战事，颇想暂时置之度外，而二人复互相联结，意图摇动中原。于是三四、三六两年，先后遣兵把他灭掉。河西的窦融，则不烦兵力而自归，天下又算平定了。

注释

①汉时通称为商人，然实有工业家在内。因为其时制造和贩卖不分，所以通称为商人。如煮盐、制铁的人便是。

②参看第六章。

③桑弘羊不是不学无术的人，其行盐铁、均输等法，在理论上亦很有根据。所根据的，便是管子等一派学说。看《盐铁论》便知。

④见第二编第十四章。

⑤钱货六品，银货二品，龟货四品，贝货五品，布货十品，其黄金另为一品，在此之外。

⑥新市之兵，本出于当阳的绿林山。后来分为两支：一支向南郡(今湖北江陵县)的，号为下江兵。一支向南阳的，号为新市兵。平林系随县乡名。

⑦今湖北枣阳县。

⑧南阳郡治。

⑨今河南叶县。

⑩今河北高邑县。

⑪黎邱，今湖北宜城县。夷陵，今湖北东湖县。睢阳，今河南商丘县。

第五章　后汉的政治

莽末之乱，其经过约二十年。虽然不算很久，然而蔓延的范围很广，扰乱的情形，也十分厉害。所以民生的凋敝，更甚于秦汉之间。光武帝平定天下后，亦是以安静为治。内之则减官省事，外之则拒绝西域的朝贡，免得敝中国，以事四夷。而又退功臣，进文吏，留心于政治。所以海内日渐康宁。明、章两代，也能继承他的治法。这三朝，称为后汉的治世。

后汉的政治，坏于外戚宦官的专权；而外戚的专权，起于和帝之世。先是章帝皇后窦氏无子，贵人宋氏生子庆，立为太子。梁氏生子肇，窦后养为己子，后诬杀二贵人，废庆为清和王，而肇立为太子。章帝崩，肇立，是为和帝，太后临朝。后兄宪为大将军，专权骄恣。和帝既长，和宦官郑众谋杀之。是为后汉皇帝，与宦官谋诛外戚之始。和帝崩，殇帝立，生才百余日，明年，又崩。太后邓氏，迎立安帝，临朝凡十五年。邓太后崩后，安帝自用其皇后之兄阎显。又宠信诸中常侍和乳母王圣等。阎皇后无子，后宫李氏生顺帝，立为太子，阎皇后谮（zèn，诬陷。）废之。安帝崩，阎后迎立北乡侯，未逾年薨；宦者孙程等迎立顺帝，杀阎显，迁阎后于离宫。顺帝用后父梁商为大将军。商死后，子冀继之，专恣较前此之外戚为更甚。顺帝崩后，子冲帝立，一年而崩。冀与太后定策禁中，迎立质帝。质帝虽年少，而知目冀为“跋扈将军”，遂为冀所弑，迎立桓帝。桓帝和宦官单（shàn）超等合谋，把梁冀杀掉，于是后汉外戚专权之局终，而宦官专横。

外戚宦官，更迭把持，朝政自然很腐败。因此而引起羌乱，因此而激成党祸。

羌人本住在湟水流域，后来弃湟水，西依鲜水、盐池。[①] 莽末，乘乱内侵。光武、明、章、和四代，屡次发兵，把他打破。然而降羌散处内地的很多，郡县豪右，都要侵凌役使他。安帝时，羌遂反叛。降羌本是个小寇，造反时，连兵器都没有。然而当时带兵的人，都观望不战。凉州一方面的长官，则争着迁徙到内地，置百姓于不顾；或则强迫迁徙，于是羌寇转盛。至于东寇三辅，[②] 南略益州，汉兵仅能保守洛阳附近而已。而兵费的侵渔（侵夺，从中侵吞牟利。），又极厉害。安帝时，用兵十余年，兵费至二百四十亿，才算勉强平定。顺帝时，羌乱又起，兵费又至八十余亿。直到桓帝，任用段颎（jiǒng），尽情诛剿，又经过好几年，才算平定。然而汉朝的元气，则自此而大伤了。

党祸起于后汉的士好立名，初则造作名目，互相标榜，进而诽议公卿，裁量执政。这时候，游学极盛，太学诸生，至三万余人，恰好做了横议的大本营。当时宦官兄弟姻亲（因婚姻关系而产生的亲属），布满州郡，尽情惩治，自然是人情之所欲，而亦是立名的一个机会。于是宦官与名士，势成水火。桓帝也是相信宦官的，宦官遂诬他们结连党羽，诽议朝政，一概加以逮治。后因后父窦武，替他们解释，才放归田里，然而还禁锢终身。桓帝崩，无子，窦后和窦武，定策禁中，迎立灵帝。年方十二，太后临朝。窦武为大将军，陈蕃为太傅，谋诛宦官曹节、王甫等，不克，反为所杀。于是党狱复兴，诸名士身受其害；和因其逃亡追捕，而人民因之受祸的更多。善类遭殃，天下丧气。灵帝年长，尤其相信宦官。又喜欢“私稸（xù，积蓄。）”卖官、厚敛，无所不为。于是民穷财尽，而黄巾之祸又起。

黄巾的首领，是巨鹿张角，借符水治病以惑众。[3]其徒党，遍于青、徐、幽、冀、荆、扬、兖、豫八州。角遂谋为乱。暗中署置其众，为三十六方。约于公元一八四年举事，未及期而事泄，角遂驰敕诸方，一时俱起。虽然乌合之众，旋即打平。然自此盗贼群起，都以黄巾为号，郡县莫能捕治。于是听刘焉的话，改刺史为州牧，外官的威权渐重，又伏下一个乱源。[4]

而中央又适有变故，以授之隙。灵帝皇后何氏，生废帝。美人王氏，生献帝。灵帝意欲废嫡立庶，未及行而病笃，把这事，属托宦官蹇硕。时何皇后之兄进为大将军。灵帝崩后蹇（jiǎn）硕意欲诱杀何进而立献帝。何进知之，拥兵不朝。蹇硕无如之何。于是废帝立，而蹇硕亦被杀。何进因欲尽诛宦官，太后不肯。进乃谋召外兵，以迫胁太后，宦官知事急，诱进入宫，把他杀掉。进官属袁绍等，遂举兵攻杀宦官，正当大乱之际，而凉州将董卓适至，京城中大权，遂落其手。董卓既握大权，废废帝而立献帝。袁绍奔山东，号召州郡，起兵讨卓，推绍为盟主。董卓劫献帝奔长安。山东州郡，并无讨贼的决心，各据地盘，互相吞并。而董卓暴虐过甚，为司徒王允和其部将吕布所杀。卓将李傕（jué）、郭汜（fàn），起兵为卓报仇，攻破长安，王允被杀。吕布奔东方。后来傕、汜二人，又自相攻击。献帝崎岖逃到洛阳，空虚不能自立。其时曹操据兖州，颇有兵力。乃召操入洛阳以自卫。操既至，迁帝都许。[5]于是大权尽归曹氏，献帝仅拥虚名而已。而纷纷割据的人多，曹操亦一时不能平定，遂终成为三国鼎立之局。

注释

①湟水，今大通河。鲜水，今青海。盐池，今青海西南盐池。

②汉初，本以内史治京师。后分为左右。武帝改右内史为京兆尹，左为左冯翊（píng yì），又改主爵都尉为右扶风。使治内史右地，谓之三辅。后汉虽都洛阳，以其为陵庙所在，不改其号。

③参看第十章。

④参看第六章。

⑤今河南许昌县。

第六章　两汉的制度

“汉治”是后世所号为近古的。这因其时代早，在政治制度和社会风俗上，都有沿袭古人之处。

在官制上，汉代的宰相，权力颇大，体制亦尊，这是和后世不同的。宰相初称丞相，或称相国。后来今文经说盛行，乃将丞相改为司徒；又把掌武事的太尉，改为司马；为丞相副贰的御史大夫，改为司空，并称相职。其中央政府分掌众务的九卿，则分属于三公。[①]外官，仍沿秦郡县之制。但不置监御史。[②]由丞相遣史分察州，谓之刺史。刺史不是地方官，但奉诏六条察州。[③]其人位卑而权重，故多能自备，而亦无专擅之患，这实是一种善制。汉代去古未远，人民自治的规制，尚未尽废。其民以百家为一里，里有魁（首领）。十里为一亭，亭有长。十亭为一乡，乡有三老，掌教化；啬（sè）夫，职听讼，收赋税；游徼，主徼循，禁贼盗。此等名目，后世固亦多有。然多成为具文。汉世则视之甚尊。高帝时，尝择乡三老一人，置以为县三老。与县令、丞、尉，可以以事相教。而啬夫等亦很有德化流行，为人民所畏服的。这亦与后世显然不同。[④]

汉代的学校，起源于武帝时。其时未立校舍，亦未设教官。但为太常的属官博士，置弟子员五十人。后来递有增加。到平帝时，王莽辅政，才大建校舍。然未久即乱，故其成绩无闻。

后汉则天下甫定，即营建太学，明、章二代，尤极崇儒重道。虽以顺帝的陵夷，还能增修黉舍（黉：音 hóng；黉舍：校舍，亦借指学校。）。所以其时游学者极盛。然"章句渐疏，专以浮华相尚"，遂至酿成党锢之祸。大约其时学校中，研究学问的人少，借此通声气的人多。所以董昭也说"国士不以孝弟清修为首，乃以趋势游利为先"。于是学术的授受，转在私家。学校以外的大师，著录动至千万，远非前汉所及了。[5]

选举则其途颇多。博士和博士弟子而外，又有任子（因父兄的功绩，得保任授予官职。），有吏道，有辟举（征召荐举）。其天子特诏，标明科目，令公卿郡国荐举的，是后世制科的先声。[6]又州察秀才，郡举孝廉，则是后世科目的先声。[7]又有所谓赀选（赀：音 zī，同"资"；赀选：本指西汉时，除有市籍的商人外，凡向政府缴纳一定资财的，可到京师长安等候政府选用，后凡出钱捐官都称"赀选"。）的。汉初限赀十算以上乃得官，此尚出于求吏廉之意，和现在的保证金相像。晁错说文帝，令民入粟拜爵，其益亦止于买复。[8]不及买复者，并不过一虚名。到武帝时，民得入财为郎，吏得入谷补官，这就同后世的捐纳无以异了。

汉朝的赋税，可分为三种：一是田租，就是古时的税，是取得很轻的。汉初十五而税一。文帝时，因行晁错入粟拜爵之令，到处都有积蓄，于是全免百姓的田租。到景帝二年，才令百姓出定额的一半。于是变为三十而税一了。后汉初，因天下未定，曾行什一之税，后来仍恢复到老样子。一是算赋，亦称口赋，又称口钱。这是古时的赋。人民从十五岁到五十六岁，每人每年，出钱一百二十个，以治库兵车马。从七岁到十四岁，每人出钱二十个，以食天子。武帝又加三个钱，以补车骑马。这一笔税，在现在看起来，似乎很轻，然而汉代钱价贵，人民的负担，实在很重。所以武帝令人民提早，生子三岁，即出口钱（亦称口赋，即通常说的人头税。），人民就有生子不举的。一是力役。照汉朝法律，年纪到二十三岁，就要傅之“畴官”。景帝又提早三年，令人民二十始傅。止外山川、园池、市肆，租税的收入，自天子以至封君汤沐邑，都把它算作私奉养。这是古者与民共之山泽，和廛而不税的商业，到此都变作人君的私收入了。这大约自战国时代，相沿下来的。又武帝因用度不足，尝官卖盐铁，又榷酒酤（榷：音 què；酤：音 gū；榷酒酤：管制酒业取得酒利的措施。），算缗钱（缗：音 mín；缗钱：西汉初年所行税法之一，对商人、手工业者、高利贷者和车船所征的赋税。），行均输之法。后来酒酤到昭帝时豁免。盐铁官卖，则元帝时一罢即复。后汉无盐铁之税。章帝曾一行之，因不洽舆论，和帝即位，即以先帝遗意罢免。

兵制：西汉所行的，仍是战国时代通国皆兵的遗制。人民到二十三岁，就要服兵役；到五十六岁才免。郡国看其地形，有轻车、骑士、材官、楼船等兵。由尉佐郡守，于秋后讲肄（肄：音 yì；讲肄：讲论肄习。）都试（汉代一种讲武习兵的考试制度）。其戍边之责，亦由全国人民公任之。在法律上，人人有戍边三日之责，是为“卒更”。武帝以后，用兵多了，因为免得骚动平民，于是多用“谪发”（贬谪并发配）。而国土既大，人人戍边三日，亦事不可行。于是有出钱三百入官，由官给已去的人，叫他留戍一年的谓之“过更”。其穷人愿意得雇钱，依次当去的人，出钱给他，使他留戍，每月两千个钱，则谓之“践更”。后汉光武，罢郡国都尉，并职太守。都试之事，自此而废。虽然一时有清静之效，然而历代相传的民兵制度，就自此而废了。

刑法，汉代沿自秦朝，很为严酷。文帝时，因太仓令淳于意，犯罪当刑。其女缇（tí）萦，随至长安，上书愿没入为官婢，以赎父刑罪。文帝怜悲其意，乃下诏为除肉刑（指废除当时的黥、劓、断左右趾等几种肉刑）。然而汉代司法界的黑暗，实不但刑罚的严酷，而是法律的混乱。秦代的法律，本即李悝（kuī）所定的《法经》六篇。汉高帝入关，把它废掉，只留三章。[9]天下平定之后，又把它恢复过来。然而这本是陈旧之物，不足于用。于是汉代递有增益，其数目，共至六十篇。而又有所谓“令”及“比”，以致后人所为的“章句”，断罪都可“由用”。文繁而无条理系统，奸吏遂因缘为市，“所欲活则传生议，所欲陷则与死比”。宣帝留心刑狱，涿郡太守郑昌曾劝他删定律令。后来也屡有此议，亦曾下诏实行，然而迄未能收效。

注释

①太常（掌宗庙礼仪），光禄勋（掌宫殿掖门户），卫尉（掌宫门卫屯兵），司马所部。太仆（掌舆马），廷尉（掌刑辟），大鸿胪（lú）（掌归义蛮夷），司徒所部。宗正（掌亲属），大司农（掌谷货），少府（掌山海池泽之税，以给供养），司空所部。

②见第一章注1。

③（一）强宗豪右，田宅逾制，以强凌弱，以众暴寡。（二）两千石不奉诏书，倍公向私，旁诏牟利，侵渔百姓，聚敛为奸。（三）两千石不恤疑狱，风厉杀人，怒则任刑，喜则任赏。烦扰刻暴，剥削黎元，为百姓所疾。山崩石裂，妖祥讹言。（四）两千石选署不平，苟阿所爱，蔽贤宠顽。（五）两千石子弟，怙（hù）倚荣势，请托所监。（六）两千石违公下比，阿附豪强。通行货赂，割损政令。所察以此六条为限，在六条之外者不察。可参看《日知录·部刺史》、《六条之外不察》两条。

④参看《日知录·乡亭之职》条。

⑤如张兴、牟长、蔡元、楼望、宋登、魏应、丁先、姜肱（gōng）、曹曾、

杨伦、杜抚、张元等，均见《后汉书》。

⑥如贤良方正、勇猛知兵法等。

⑦参看第二十三章。

⑧汉爵二十级，其第九级为五大夫，可以“复不事”。

⑨《法经》集类为篇，结事为章，见《晋书·刑法志》载陈群《魏律》序。汉高祖入关，和父老约：“法三章耳。杀人者死，伤人及盗者抵罪。”谓六篇之法，只留此三章，其余一概作废。说见《困学纪闻》。

第七章　秦汉的武功

秦汉之世，是我国对内统一的时代，亦是我国向外拓展的时代。中国本部的统一，完成于此时。历代开拓的规模，亦自此时定下。所以秦汉的武功，是一个亟须研究的问题。

中国的北方，紧接蒙古高原。蒙古高原，是一个大草原，最适于游牧民族居住；而游牧民族，性好侵略，所以历代都以防御北族为要务。三代以前，匈奴和汉族，杂居黄河流域。蒙古高原，大约无甚大民族。至秦朝初年，而匈奴以河南为根据地。[①] 秦始皇命蒙恬把他赶掉，把河南收进来。筑长城，自临洮（táo）至辽东，[②] 延袤（袤：音 mào；延袤：绵延伸展。）万余里。这长城，大约是因山川自然之势，将从前秦、赵、燕诸国所筑的长城，连接起来的。其路线，全与现今的长城不同。[③] 就形势推测，大约现在的热、察、绥、辽宁等省，都当包括在内。秦末大乱，戍边的都自行离开。于是匈奴复入居河南。这时候，匈奴出了个人杰，便是冒顿（mò dú）单于（chán yú）。北方游牧种族，东有东胡，西有月氐（zhī），都给匈奴所击破。匈奴又北服丁令等国。[④] 其疆域，直达今西伯利亚南部。而因月氐的遁走，汉文帝时，匈奴又征服西域。于是长城以北，引弓之民，都归匈奴所制驭，俨然和中国南北对立了。汉高祖征伐匈奴，被围于平城，[⑤] 七日乃解。后来用娄敬的计策，以宗室女为单于阏氏（yàn zhī），和他和亲。这是中国历代，以结婚姻为和亲政策之始。吕后及文、景二代，都守着和亲政策。匈奴入寇，不过发兵防之而已。到武帝，才任用卫青、霍去病等，出兵征讨。先收河南之地，置朔方郡。[6] 后来又屡次出兵，渡越沙漠去攻击。匈奴自此遂弱，然而还未肯称臣。到宣帝时，匈奴内乱，五单于争立，其呼韩邪（yé）单于，才入朝于汉。和呼韩邪争斗的郅支单于，逃到康居，[7] 为汉西域副校尉陈汤，矫制发诸国兵所攻杀。时为公元前三六年。前汉和匈奴的竞争，到此算告一段落。呼韩邪降汉后，起初对汉很恭顺。王莽时，因外交政策失宜，匈奴复叛。其时中国正值内乱，无人能去抵御，北边遂大受其害。后汉光武时，匈奴又内乱，分为南北。其南单于降汉，入居西河美稷。[8] 和帝时，大将军窦宪，出兵大破北匈奴于金微山。[9] 自此匈奴西走，辗转入于欧洲，为欧洲人种大迁移的引线。而南匈奴则成为晋时五胡之一。

历史上所用“西域”二字，其范围广狭，时有不同。其最初，则系指今天山南路。所谓“南北有大山；中央有河；东则接汉，阸（è）以玉门、阳关，[10] 西则限以葱岭”也。汉时，分为小国三十六，其种有塞，有氐羌。大抵塞种多居国（指定居之部族或国家），氐羌多行国（游牧的国家）。从河西四郡开后，[11] 而汉与西域交通之孔道始开。其当南北两道的楼兰、车师，[12] 先给中国所征服。后来汉武帝又出兵，远征大宛，[13] 于是西域诸国，皆震恐愿臣。前六〇年，汉遂置西域都护，并护南北两道。后来又置戊己校尉，[14] 屯田车师。莽末，西域反叛。匈奴乘机，威服北道。而莎车王贤，[15] 亦称霸南道。诸小国都叩玉门关，请遣子入侍，仰求中国保护。光武帝恐劳费中国，不许。明帝时，班超以三十六人，往使西域。因诸国之兵，定诸国之乱，到底克服西域，复属于汉。直至后汉末年才绝。

羌人的居地，遍于今陇、蜀、西康、青海之境；而其居河、湟之间的，最为强悍。汉武帝时，把他打破，置护羌校尉统领他。王莽时，以其地置西海郡。莽末，乘隙内侵。后汉时，屡次发兵讨破他。至和帝时，遂复置西海郡，并夹河开列屯田，以绝其患。此后降羌散居内地的，虽然复起为患，然而河、湟之域，则已入中国的版图了。

东胡，大约是古代的山戎。汉初居地，在满、蒙之间。自为匈奴所破，乃遁保乌桓、鲜卑二山。[16]汉武帝招致乌桓，令处上谷，右北平、渔阳、辽西、辽东五郡塞外，助汉捍御匈奴。虽亦时有小寇，大体上总是臣服中国的。鲜卑居乌桓之北，后汉时，北匈奴西徙后，其地及余众，均为鲜卑所有，因此其势大张。其大人檀石槐，辖境之广，竟与匈奴盛时相仿佛。然檀石槐死后，缺乏统一的共主，声势复衰。乌桓的部落，亦颇有强盛的。后汉末年，都和袁绍相联结。袁氏败后，曹操大破之于柳城。[17]自此乌桓之名，不复见于史，[18]而鲜卑至晋时，亦为五胡之一。

朝鲜是殷时箕子之后。其初封地难考，大约自燕开辽东西后，遂居今朝鲜境内。和中国以浿（pèi）水为界。[19]秦时，侵夺其地，国界在浿水以东。汉初复还旧境。其时燕人卫满走出塞，请居秦所侵浿水以东之地。朝鲜王许之。满遂发兵袭灭朝鲜。传子至孙右渠，以公元前一〇八年，为汉武帝所灭。以其地为四郡。[20]其南之马韩、弁（biàn）韩、辰韩，总称为三韩，亦都臣服于汉。朝鲜虽系箕子之后，然其人民则多系貉（mò）族。貉族尚有居辽东之北的。汉武帝时，其君南闾等来降，曾以其地置苍海郡，数年而罢。后汉时，今农安地方，有扶余国来通贡。大约就是南闾之族。扶余至西晋时，才为鲜卑慕容氏所灭。而其众在半岛内的，却建立高句丽（gāo gōu lí）、百济两国。扶余之东，又有肃慎，地在今松花江流域。这就是满族之祖。大约亦是燕开五郡时，逼逐到此的。[21]后汉时称为挹（yì）娄。因为臣服扶余，和中国无大交涉。

南方一带，秦时所开的桂林、南海、象郡，秦亡时，龙川令赵佗，据之自立，是为南越。而勾践之后无诸及摇（yáo），亦以率兵助诸侯灭秦故，汉初封无诸为闽摇王，摇为东瓯王。[22]武帝时，闽越和东瓯相攻击，武帝发兵灭闽越，徙东瓯于江、淮间，乘势遂灭南越。所谓西南夷，则当分为两派：夜郎、滇及邛都等，为今之倮㑩。椎结，耕田，有邑聚。其嶲（xī）、昆明及徙、筰（zuó）都、冉駹（máng）、白马等，则均系氐羌。武帝亦皆辟其地为郡县。[23]

注释

①今河套。

②临洮，今甘肃岷县。秦长城起乐浪郡遂城县，见《晋书·地理志》。

③今之长城，大抵是明代所筑，见《明史·兵志》。

④此丁令在北海附近。《汉书·苏武传》："武居北海上，丁令盗其牛羊。"北海，今贝加尔湖。

⑤今山西大同县。

⑥在今鄂尔多斯。

⑦在今伊犁以西，西至里海，北抵咸海附近。

⑧汉县。故城在今鄂尔多斯左翼中旗。

⑨今阿尔泰山。

⑩在今甘肃敦煌县西。

⑪本匈奴地。其浑邪王杀休屠王降汉。汉乃辟为酒泉（今甘肃高台县）、武威（今甘肃武威县）、张掖（yè今甘肃张掖县）、敦煌（今甘肃敦煌县）四郡。

⑫楼兰之地，今已沦为沙漠。车师，今新疆吐鲁番县。

⑬今俄领中央亚细亚之地，在康居之南。

⑭戊校尉和己校尉系两官。后汉但置戊校尉。

⑮今新疆莎车县。

⑯在今蒙古东部兴安岭山脉中。

⑰汉县，今热河陵源县。

⑱唯《唐书·四夷传》有一极小部落名乌桓。

⑲今大同江。

⑳乐浪郡，今黄海平安两道地。临屯郡，今汉江以北之地。玄菟（tú）郡，今咸镜南道。真番郡，地跨鸭绿江。（据朝鲜金于霖《韩国小史》）

㉑《左氏》说武王克商，肃慎燕亳吾北土也。其时之肃慎，当在北燕附近。

㉒闽越，今福建闽侯县。东瓯，今浙江永嘉县。

㉓《史记》："西南夷君长以什数，夜郎最大。其西，靡莫之属以什数，滇最大。自滇以北，君长以什数，邛都最大。此皆椎（chuí）结，耕田，有邑聚。其外，西自同师以东北至楪（yè）榆（今洱海），名为嶲、昆明。皆编发，随畜迁徙，毋常处，毋君长，地方可数千里。自嶲以东北，君长以什数，徙、筰都最大。自筰以东北，君长以什数，冉駹最大。其俗或土著，或移徙。自冉駹以东北，君长以什数，白马最大。皆氐类也。"案夜郎、滇及邛都，在今金沙江、黔江流域，徙、筰都、冉駹、白马，沿岷山峨眉之脉，分布于岷江、嘉陵江之上源，及岷江、大渡河之间。嶲、昆明则沿横断山脉，分布于澜沧、金沙二江之间。夜郎，今贵州桐梓县，武帝以为牂牁（gě）郡。滇，今云南昆明县，武帝以为益州郡。邛都，今四川西昌县，武帝以为越嶲（zī）郡。筰都，今四川汉源县，武帝以为沈黎郡。冉駹，今四川茂县，武帝以为汶（mín）山郡。白马，今甘肃成县，武帝以为武都郡。其澜沧江以西，今之保山县，则为哀牢夷，属于越族。后汉明帝时，才开辟为永昌郡。

第八章　两汉对外的交通

中国人是以闭关自守著闻的。世界打成一片，是近代西洋人的事业。然则中国人的能力，不及西人了。然而闭关自守，是从政治言之。至于国民，初未尝有此倾向。其未能将世界打成一片，则因前此未尝有近代的利器；又其社会组织，与今不同，所以彼此交通，不能像现代的密接。至于中国人活动的能力，则是非常之强的。如其不信，请看中国对外的交通。

中国对外的交通，由来很早。但古代，书缺有间（泛指古书残缺已有多年），所以只得从两汉时代说起。两汉时代的对外交通，又当分为海陆两道。

亚洲中央的帕米尔高原，是东西洋历史的界线。自此以东，为东方人种活动的范围。自此以西，为西方人种活动的范围。而天山和印度固斯山以北，地平形坦，实为两种人接触之地。当汉时，西方人种，踪迹最东的，为乌孙，与月氏俱居祁连山北。自此以西，今伊犁河流域为塞种。又其西为大宛。其西北为康居。大宛之西，妫（guī）水流域为大夏。又其西为安息。更西为条支。在亚洲之西北部的为奄（yǎn）蔡。自此以西，便是欧洲的罗马，当时所谓大秦了。[①] 汉通西域，是因月氏人引起的。汉初，月氏为匈奴所破，西走夺居塞种之地。后来乌孙又借兵匈奴，攻破月氏。于是月氏西南走击服大夏。汉武帝想和月氏共攻匈奴，于公元前一二二年，遣张骞往使。是时河西未辟，骞取道匈奴，为其所留。久之，才逃到大宛。大宛为发译传导，经康居以至大月氏。大月氏已得沃土，殊无报仇之心。张骞因此不得要领而归。然而中国和西域的交通，却自此开始了。当张骞在大夏时，曾见邛竹杖和蜀布，问他从哪里来的，大夏人说：是本国贾人，往市之身毒。[②]于是张骞说："大夏在中国的西南一万二千里，而身毒在大夏的东南数千里，该去蜀不远了。"乃遣使从蜀去寻觅身毒。北出的为氐、筰，南出的为嶲、昆明所阻，目的没有达到。然而传闻嶲、昆明之西千余里，有乘象之国，名曰滇越。"蜀贾奸出物者或至焉。"这滇越，该是今缅甸之地。然则中印间陆路的交通，在汉代虽然阻塞，而商人和后印度半岛，则早有往还了。自汉通西域以后，亚洲诸国，都有直接的交往。唯欧洲的大秦，则尚系得诸传闻。后汉时，班超既定西域，遣部将甘英往使。甘英到条支，临大海欲渡。安息西界船人对他说："海水大，往来逢善风，三月乃得渡。若遇迟风，亦有二岁者。入海人皆赍（lài，赠送。）三岁粮。海中善使人思土恋慕，数有死亡者。"英乃不渡而还。[③]公元一六六年，大秦王安敦，[④]遣使自日南徼外献象牙、犀角、玳瑁。《后汉书》说：这是大秦通中国之始。二二六年，又有大秦贾人，来到交趾。交趾太守吴邈（miǎo），遣使送诣孙权。事见《梁书·诸夷传》。中、欧陆路相接，而其初通，却走海道。"水性使人通，山性使人塞"，也可见一斑了。

海道的贸易，则盛于交广一带。西洋史上，说在汉代日南、交趾之地，是东西洋贸易中枢。[⑤]案《史记·货殖列传》说："番禺为珠玑、玳瑁、果、布之凑。"番禺，便是现在广东的首府。这些，都是后来通商的商品。然在广州的贸易，也很发达了。《汉书·地理志》说："自日南障塞，徐闻、合浦船行，可五月，有都元国。又船行，可四月，有邑卢没国。又船行，可二十余日，有谌（chén）离国。步行，可十余日，有夫甘都卢国。自夫甘都卢国船行，可二月余，有黄支国。自武帝以来，皆献见，有译长，属黄门。与应募者俱入海，市明珠、璧流离、奇石、异物。……黄支之南，有已程不国。汉之译使，自此还矣。”徐闻、合浦，都是现在广东的县。其余国名，不可悉考。而黄支，或云即西印度的建志补罗。[6]若然，则中、印的交通，在陆路虽然阻塞，而在海道，又久有使译往还了。又《山海经》一书，昔人视为荒唐之言。据近来的研究，则其中实含有古代的外国地理。此书所载山川之名，皆及其所祀之神，大约是方士之书。[7]其兼载海外诸国，则因当时方士，都喜入海求神仙，所以有此记录。虽所记不甚真确，然实非子虚乌有之谈。据近来的研究，《山海经》所载的扶桑，便是现在的库页岛。三神山指日本。君子国指朝鲜。白民系在朝鲜境内的虾夷。黑齿则黑龙江以南的鱼皮鞑子。又有背明国，则在今堪察加半岛至白令海峡之间。果然则古代对东北，航线所至，也不可谓之近了。[8]

交通既启，彼此的文明，自然有互相灌输的。《汉书·西域传》说：当时的西域人，本来不大会制铁，铁器的制造，都是中国人教他们的。这件事，于西域的开发，当大有关系。在中国一方面，则葡萄、苜蓿（mù xu，俗称金花菜，是一种多年生开花植物，主要作为牧草和绿肥作物。）、安石榴等，[9]都自外国输入。又木棉来自南洋，后世称为吉贝或古贝，在古时则称为橦（tóng）。《蜀都赋》“布有橦华”，[10]就是此物。《史记·货殖列传》所谓“珠玑、玳瑁、果、布”之布，也想必就是棉织品了。又《说文》：“珋（liú），石之有光者璧珋也，出西胡中。”此即《汉书》的“璧流离”。初系矿物，后来才变为制造品。[11]此等物，于中国的工业，也颇有关系。至于佛教的输入，则其关系之大，更无待于言了。

注释

①马其顿亚历山大王死后，其部将塞留哥(Seleucus)据叙利亚(Syria)之地自立，是为条支。后来其东方又分裂而为帕提亚(Pathia)、巴克特亚(Bactria)两国，是为安息和大夏。大夏之东，亦是希腊人所分布，西域人称为Ionian，就是Yavana的转音，是为大宛。康居，即Sogdiana；奄蔡，即Aorsi，亦称阿兰(Alani)；塞种，即今译之塞米的族，或作山米(Semites)；乌孙，《汉书》注言其"青眼赤须，状类猕猴"，或谓其形状甚似德意志人。见《元史译文证补》卷二十七。《汉书·西域传》："自宛以西，至安息，虽颇异言，然大同，自相晓知也。其人皆深目高鼻，多须髯。"可见当时西域诸国，大抵系高加索种。

②即印度。

③所拟取的，为渡红海入欧洲的路，亦见《元史译文证补》。

④ Marcus Aurelius，生于公元一二一年，没于一八〇年。

⑤日本桑原骘(zhi)藏《东洋史要》中古期第四篇第四章。

⑥ Kancipura，名见《大唐西域记》。

⑦详见拙撰《先秦学术概论》下编第九章。

⑧详见冯承钧译《中国史乘中未详诸国考证》。

⑨葡萄(Vitis Vinifera)，苜蓿(Medicago Sativa)，安石榴(Punica Granatum)。

⑩注："橦花柔毳(cuì)，可绩为布。"

⑪段《注》："师古曰：此盖自然之物……今俗所用，皆销冶石汁，加以众药，灌而为之。"

第九章　两汉的学术

不论什么事情，都有创业和守成的时代。创业时代，诸家并起，竞向前途，开辟新路径；到守成时代，就只是咀嚼、消化前人所已发明的东西了。两汉时代的学术，正是如此。

当战国时代，百家并起，而秦是用商鞅而强国，用李斯而得天下的；秦始皇又力主任法为治；这时候，法家之学，自然盛行。楚、汉纷争之时，纵横家颇为活跃。然而天下已定，其技即无所用之。不久，也就渐即消沉了。在汉初，最急切的要求，便是休养生息，黄老清净无为之学，当然要见重于时。所以虽有一个叔孙通，制朝仪，定法律，然而只是个庙堂上的事，至于政治主义，则自萧何、曹参，以至文帝、景帝，都是一贯的。

但是在汉初，还有一个振兴教化、改良风俗的要求。这种要求，也是君臣上下，同感其必要的。汉人教化的手段，一种是设立庠序（指古代的地方学校，后也泛称学校或教育事业。），改善民间的风俗。一种便是改正朔，易服色等。[①]前者始终未能实行。后者则未免迂而不切于务，而且行起来多所劳费。所以汉文帝等，都谦让未遑（遑：音huáng；谦让未遑：汉语成语，谦让都来不及，指不好意思接受别人的推崇。）。武帝是个好大喜功之主，什么兴辟雍（东汉以后，历代皆有辟雍，作为尊儒学、行典礼的场所。）、行巡守（天子出行，视察邦国州郡。)、封禅(指中国古代帝王在太平盛世或天降祥瑞之时的祭祀天地的大型典礼)等,在他都是不惮劳费的。于是儒家之学,就于此时兴起了。②

自秦人焚书以来,博士一官,在朝廷上,始终是学问家的根据地。武帝既听董仲舒的话,表章六艺,罢黜百家。又听公孙弘的话,专为通五经的博士置弟子。于是在教育、选举两途,儒家都占了优胜的位置。天下总是为学问而学问的人少,为利禄而学问的人多。于是"一经说至百万言,大师众至千余人",儒家之学遂臻于极盛了。

汉代儒家之学,后来又分为两派:便是所谓今古文,为学术界上聚讼的一个问题。何谓今古文者?今文便是秦以后通行的隶书,古文则指前此的篆书。古人学问,多由口耳相传,不必皆有书本。汉初经师,亦系如此。及其著之竹帛,自然即用当时通行的文字。这本是自然之理,无待于言,也不必别立名目的。然而后来,又有一派人,说前此经师所传的书有阙误。问其何以知之?他说:别有古书为据。古书自然是用古字写的。人家称这一派为古文家,就称前此的经师为今文家。所以今文之名,是古文既兴之后才有的。话虽如此说,然而古文家自称多得到的书,现在都没有了。其所传的经,文字和今文家所传,相异者极少,且多与意义无关。③所以今古文的异同,实不在文字上而在经说上。所谓经说,则今文家大略相一致;而古文则诸家之中,自有违异的。大约今文家所守的,是先师相传之说;古文家则由逐渐研究所得,所以如此。

西汉最早的经师,便是《史记·儒林传》所列八家,这都是今文。东汉分为十四博士。其中《春秋》的《穀梁》是古文。④《易经》的京氏,也有古文的嫌疑。其余亦都是今文。古文家说《书》有逸十六篇,但绝无师说,所以马融、郑玄等注《书经》,亦只以伏生所传二十八篇

- 《史记·儒林传》所列八家
  - 《诗》
    - 鲁…申培公
    - 齐…辕固生
    - 燕…韩太傅
  - 《书》…济南伏生
  - 《礼》…鲁高堂生
  - 《易》…菑川田生
  - 《春秋》
    - 齐鲁…胡毋生
    - 赵…董仲舒

- 东汉十四博士
  - 《诗》
    - 鲁
    - 齐
    - 韩
  - 《书》
    - 欧阳
    - 大夏侯
    - 小夏侯
  - 《礼》
    - 大戴
    - 小戴
  - 《易》
    - 施
    - 孟
    - 梁丘
    - 京
  - 春秋
    - 公羊
      - 严
      - 颜
    - 穀（gǔ）梁

为限。而逸十六篇，今亦已亡。礼有《逸礼》三十九篇，今亦无存。《春秋》有《左氏》，未得立。今古文之学，本来各守师传，不相掺杂。到后汉末年，郑玄出来，遍注群经。虽大体偏于古学，而于今古文无所专主，都是本于己意，择善而从。适会汉末之乱，学校废绝，经学衰歇。前此专门之家多亡。郑说几于独行。三国时，出了一个与郑玄争名的王肃。其学糅杂（róu zá，混杂。）今古，亦与郑同。而又喜造伪书。造作《伪古文尚书》和《伪孔安国传》《孔子家语》《孔丛子》等，[5]托于孔子之言以自重。于是今古文之别混淆。后人欲借其分别，以考见古代学术真相的，不得不重劳考证；而分别真伪，也成为一个问题。

学术之兴替，总是因于时势的。在汉代，儒学虽然独盛，然而在后汉时，贵戚专权，政治腐败，实有讲“督责之术”的必要。所以像王符、仲长统、崔实等一班人，其思想颇近于法家。后来魏武帝、诸葛亮，也都是用法家之学致治的。在思想上，则有王充，著《论衡》一书，极能破除迷信和驳斥世俗的议论，却不专谈政治。这是其所研究的对象有异。至其论事的精神，则仍是法家综核名实的方法，不过推而广之，及于政治以外罢了。

在汉代，史学亦颇称发达。古代史官所记，可分为记事、记言两体。现今所传的《尚书》是记言体，《春秋》是记事体。又有一种《帝系》及《世本》，专记天子、诸侯、卿大夫的世系的，这大约是《周官·小史》所职。《左氏》《国语》，大约是《尚书》的支流余裔。此外便是私家的记录和民间的传说了。在当时，是只有国别史，而没有世界史；只有片段的记载，而没有贯穿古今的通史的。孔子因《鲁史》修《春秋》，兼及各国的事，似乎有世界史的规模，然而仍只限于一时代。到汉时，司马谈、迁父子，才合古今的史料，而著成《太史公书》。[6]这才是包括古今的、全国的历史。在当日，即可称为世界史了。《太史公书》，分本纪、世家、列传、书、表五体。后人去其世家，而改书之名为志，所以称此体的历史，为“表志纪传体”。班固便是用此体以修《汉书》的。但其所载，以前汉一朝为限，于是“通史体”变为“断代体”了。兼详制度和一人的始末，自以表志纪传体为佳；而通览一时代的大势，则实以编年体为便。所以后汉末年，又有荀悦，因班固之书而作《汉纪》。从此以后，编年和表志纪传两体，颇有并称正史的趋势。⑦

文学在古代本是韵文（讲究韵律的文学体裁，用韵律格式写成的文章。）先发达的。春秋战国时，可称为散文发达的时代。秦及汉初，还继续着这个趋势。其时如贾、晁、董、司马、匡、刘等，都以散文见长。司马相如、东方朔、枚皋等，则别擅长于词赋。西汉末年，做文章的，渐求句调的整齐，词类的美丽，遂开东汉以后骈文（骈：音 pián；骈文：因其字句皆成对偶而得名，与散文相对称。）的先声。诗则古代三百篇，本可入乐。汉代雅乐渐亡，而吟诵的声调亦变。于是四言改为五言。而武帝立新声乐府，采赵、代、秦、楚之讴（民歌），命李延年协其律，司马相如等为之词。其后文学家亦有按其音调，制成作品的，于是又开出乐府一体。

注释

①可看《汉书·礼志》。

②近人谓历代君主的崇重儒学，是取其尊君抑臣，为便于专制起见，此说实系误缪（miù）的。汉代的崇儒，自因当时要振兴教化，而教化之事，唯有儒家最为擅长之故。可参看拙撰《白话本国史》第二编第八章第六节和近人钱穆的《国学概论》。

③今古文文字之异，备见《仪礼郑注》中。大体不过古文“位”作“立”，“仪”作“义”，“义”作“谊”等，于意义无甚关系。其有关系的，如《古文尚

书》"今予其敷心腹肾肠","心腹肾肠"今文作"优贤扬历"等,是极少的。

④旧皆以为今文,最近崔适始辨明其为古文。见其所著《春秋复始》。

⑤见丁晏《尚书余论》。

⑥此为此书之专名。《史记》二字,乃当时史籍的通称,犹今人言历史。《太史公书》,为《史记》中之最早出者,故后遂冒其总名。

⑦可看《史通·古今正史篇》。

第十章　佛教和道教

在中国社会上，向来儒、释、道并称为三教。儒本是一种学术，因在上者竭力提倡，信从者众，才略带宗教的权威。道则是方士的变相。后来虽模仿佛教，实非其本来面目。二者都可说是中国所固有，只有佛教是外来的。

佛教的输入，据《魏书·释老志》，可分为三期：(一)匈奴浑邪王之降，中国得其金人，为佛教流通之渐。(二)哀帝元寿元年，即公元之二年，博士弟子秦景宪，受大月氏使伊存口授浮屠经。(三)后汉明帝，梦见金人，以问群臣。傅毅以佛对。于是遣郎中蔡愔(yīn)和秦景宪使西域，带着两个和尚和佛教的经典东来。乃建寺于洛阳，名之为白马。案金人乃西域人所奉祀的天神，不必定是佛像。博士弟子，从一外国使者口受经典，也是无甚关系的。帝王遣使迎奉，归而建寺，其关系却重大了。所以向来都说汉明帝时，佛法始入中国。然而楚王英乃明帝之兄。《后汉书》已说其为浮屠斋戒祭祀。明帝永平八年，即公元六五年，诏天下死罪，皆入缣(jiān)赎，英亦遣使奉缣诣国相。诏报曰："楚王诵黄老之微言，尚浮屠之仁慈，洁斋三日，与神为誓，何嫌何疑，当有悔吝。其还赎，以助伊蒲塞，桑门之盛馔。"[①] 当明帝时，楚王业已如此信奉，其输入，必远在明帝以前。梁启超《佛教之初输入》，[②]

考得明帝梦见金人之说，出于王浮的《老子化胡经》，浮乃一妖妄道士，其说殊不足信。然则佛教之输入，恐尚较耶稣纪元时为早。大约中国和西域有交通之后，佛教随时有输入的可能。但在现在，还没有正确的史实可考罢了。[3]这时候，输入的佛教，大约连小乘（佛教中较保守的一个小宗派）都够不上。所以和当时所谓黄老者，关系很密。黄老，本亦是一种学术之称。指黄帝、老子而言，[4]即九流中道家之学。但此时的黄老，则并非如此。《后汉书·陈愍（mǐn）王宠传》，说国相师迁，追奏前相魏愔（yīn），与宠共祭天神，希冀非幸，罪至不道。而魏愔则奏与"王共祭黄老君，求长生福而已，无他冀幸（希冀）"。此所谓黄老君，正是楚王英所奉的黄老。又《桓帝纪》：延熹九年，[5]祠黄老于濯（zhuó）龙宫。而《襄楷传》载楷上书桓帝，说"闻宫中立黄老、浮屠之祠"，则桓帝亦是二者并奉的。再看《皇甫嵩传》，说张角奉祠黄老道。《三国志·张鲁传注》引《典略》，说张修之法，略与张角同。又说张修使人为奸令祭酒，主以《老子》五千文使都习。则此时所谓黄老，其内容如何，就可想而知了。

黄老为什么会变成一种迷信，而且和浮屠（亦作"浮图"，佛教语，梵语 Buddha 的音译。）发生关系呢？原来张角、张修之徒，本是方士（古代自称能访仙炼丹以求长生不老的人）的流亚（同一类的人或物）。所谓方士，起源甚早。当战国时，齐威、宣，燕昭王，已经迷信他。后来秦始皇、汉武帝，迷信更甚。方士的宗旨，在求长生，而其说则托之黄帝。这个读《史记·封禅书》、《汉书·郊祀志》可见。不死本是人之所欲，所以"世主皆甘心焉"。然而天下事真只是真，假只是假。求三神山、炼奇药，安有效验可睹？到后来，汉武帝也明白了，喟（kuì）然而叹曰："世安有神仙。"至此，《史记》所谓"怪迂之士"、"阿谀苟合"之技，就无所用之了。乃一转而蛊惑愚民。这是后来张角、张修等一派。其余波，则蔓延于诸侯王之间，楚王和陈王所信奉的，大约就是他了。秦皇、汉武的求神仙，劳费很大，断不是诸侯之国，所能供给得起的；人民更不必论了。于是将寻三神山、筑宫馆、炼奇药等事，一概置诸不提。[6]而专致力于祠祭。在民间，则并此而不必，而所求者，不过五斗米。神仙家，《汉志》本和医经、经方，同列于方技。不死之药，虽是骗人，医学大概是有些懂得的。于是更加上一个符水治病。当社会骚扰，人心不安定之时，其诱惑之力，自然"匪夷所思"了。

佛教初输入时，或只输入其仪式，而未曾输入其教义；或更与西域别种宗教夹杂，迷信的色彩很深。所以两者的混合，甚为容易。

然则为什么要拉着一个老子呢？这大约是因黄帝而波及的。黄帝这个人，在历史上，是个很大的偶像。不论什么事，都依托他。然而黄帝是没有书的。依托之既久，或者因宗教的仪式上，须有词以资讽诵；或者在教义上，须有古人之言，以资附会。因"黄""老"两字，向来连称；而黄老之学，向来算作一家言的，劝迷信黄帝的人，诵习《老子》，他一定易于领受。这是张修所以使人诵习《五千文》的理由。楚王英诵黄老之微言，所诵者，恐亦不外乎此。"久假而不归，恶知其非有？"当初因黄帝而及老子，意虽但在于利用其词，以资讽诵，但习之久，难保自己亦要受其感化。况且至魏晋之际，玄学盛行，《老子》变为社会上的流行品。所谓方士，虽然有一派像葛洪等，依然专心于修炼、符咒、服食，不讲哲理；又有一派如孙恩等，专事煽惑愚民，不谈学问。然而总有一派，和士大夫接近，要想略借哲理，以自文饰的。其所依附，自然仍以《老子》为最便。于是所谓老子，遂渐渐地取得两种资格：一是九流中道家之学的巨子。一是所谓儒、释、道三教中道教的教主。然而其在南方，总还不过是一个古代的哲学家；教主的资格，总还不十分完满。直到公元第四世纪中，魏太武帝因崔浩之言，把寇谦之迎接到洛阳，请他升坛作法，替他布告天下，然后所谓道教，真个成为一种宗教，而与儒、释鼎足而三了。这怕是秦汉时的方士，始愿不及此的。

注释

①伊蒲塞，即优婆塞；桑门，即“沙门”的异译。

②见《梁任公近著》第一辑。

③梁氏疑佛教当自南方输入，然亦并无确据。可参看《学衡杂志》柳诒徵《梁氏佛教史评》。

④《论衡·自然篇》：“黄者，黄帝也；老者，老子也。”

⑤公元一六六年。

⑥炼药亦所费甚多，读《抱朴子》可见。

第十一章　两汉的社会

汉承秦之后，秦代则是紧接着战国的。战国时代，封建的势力，破坏未尽；而商业资本，又已抬头，在前编第十四章中，业已说过了。在汉时，还是继续着这个趋势。

《史记·平准书》上，说汉武帝时的富庶，是：

> 非遇水旱之灾，民则家给人足，都鄙（京城和边邑，借指全国。）廪庾（lǐn yǔ，粮仓。）皆满，而府库余货财。京师之钱，累巨万，贯朽（穿钱的绳子朽断，形容积钱多而经久不用。）而不可校。大仓之粟，陈陈相因（指皇仓之粮逐年增加，陈粮上压陈粮；后多比喻沿袭老一套，无创造革新。），充溢露积于外，至腐败而不可食。众庶街巷有马，阡陌之间成群。乘字牝（zì pìn，母马。）者，摈而不得聚会。守闾阎（里巷内外的门，借指贫民。）者食粱肉；为吏者长子孙；居官者以为姓号；故人人自爱而重犯法，先行谊而绌耻辱焉。

富庶如此，宜乎人人自乐其生了。然而又说："网疏而民富，役财骄溢，或至兼并。"果真家给人足，谁能兼并人？又谁愿受人的兼并？可见当时的富庶，只是财富总量有所增加，而其分配的不平均如故。所以汉代的人，提起当时的民生来，都是疾首蹙额。

这样严重的社会问题，悬而待决，卒至酿成新莽时的变乱，已见前第四章。莽末乱后，地权或可暂时平均。因为有许多大地主，业已丧失其土地了。[①] 然而经济的组织不改，总是不转瞬便要恢复故态的。所以仲长统的《昌言》上又说：

> 井田之变，豪人货殖（商人），馆舍布于州郡，田亩连于方国。
>
> 豪人之室，连栋数百。膏（肥沃）田满野。奴婢千群，徒附万计。船车贾贩，周于四方。废居积贮，满于都城。

可见土地和资本，都为少数人所占有了。我们观此，才知道后汉末年的大乱，政治而外，别有其深刻的原因。

汉去封建之世近，加以经济上的不平等，所以奴婢之数极多，奴婢有官有私。官奴婢是犯罪没入的。私奴婢则因贫而卖买。当时两者之数皆甚多。卓王孙、程郑，都是以此起家的。所以《史记·货殖列传》说："童手指千"，则比千乘之家。甚而政府亦因以为利。如晁错劝文帝募民入丁奴婢赎罪及输奴婢以拜爵。武帝募民入奴，得以终身复；为郎者增秩。又遣宫治郡国算缗之狱，得民奴婢，以千万数。前后汉之间，天下大乱，人民穷困，奴婢之数，更因之而增多。光武帝一朝，用极严的命令去免除它。[②] 然而奴婢的原因不除去，究能收效几何，也是很可疑惑的。

因去封建之世近，所以宗法和阶级的思想，很为浓厚。大概汉代家庭中，父权很重。在伦理上，则很有以一"孝"字，包括一切的观念。汉儒说孔子"志在《春秋》，行在《孝经》"，在诸经之传中，对于《孝经》和《论语》，[③] 特别看重，就是这个道理。在政治上，则对于地方官吏，还沿袭封建时代对于诸侯的观念。服官州郡的，称其官署为本朝。长官死，僚属都为之持服。曹操、张超的争执，在我们看来，不过是军阀的相争；而臧洪因袁绍不肯救张超，至于举兵相抗，终以身殉，当时的人，都同声称为义士。然而汉朝人也有汉朝人的好处。因其去古近，所以有封建时代之士，一种慷慨之风。和后世的人，唯利是视，全都化成汉人所谓商贾者不同。汉代之士，让爵让产的极多，这便是封建时代，轻财仗义的美德。其人大抵重名而轻利，好为奇节高行。后汉时代的党锢，便是因此酿成的。至于武士，尤有慷慨殉国之风。司马相如说：当时北边的武士，“闻烽举燧燔”，都“摄弓而驰，荷戈而走，流汗相属，惟恐居后”。这或许是激励巴蜀人，过当的话，然而当时的武士，奋不顾身的气概，确是有的。我们只要看前汉的李广，恂恂得士；终身无他嗜好，只以较射赴敌为乐；到垂老，还慷慨，愿身当单于。其孙李陵，更能“事亲孝，与士信，临财廉，取与义。分别有让，恭俭下人。常思奋不顾身，以徇国家之急”。司马迁说他有“国士之风”，真个不愧。他手下的士卒五千，能以步行绝漠，亦是从古所无之事。这都由于这些“荆楚勇士，奇材剑客”，素质佳良而然。可见当时不论南北人民，都有尚武的风气，所以后汉时，班超能以三十六人，立功绝域。一个英雄的显名，总借无数无名英雄的衬托。我们观于汉代的往事，真不能不神往了。

因武士的风气还在，所以游侠也特盛。游侠，大约是封建时代的“士”。封建制度破坏后，士之性质近乎文的则为儒，近乎武的则为侠。孔子设教，大约是就儒之社会，加以感化；墨子设教，则就侠的徒党，加以改良。所以古人以儒墨并称，亦以儒侠对举。④墨者的教义，是舍身救世，以自苦为极的。这种教义，固然很好，然而绝非大多数人所能行。所以距墨子稍远，而其风即衰息。《游侠列传》所谓侠者，则“已诺必诚；不爱其躯，以赴士之阨困；既已存亡死生矣，而不矜（自夸）其能，羞伐（自夸）其德”，仍恢复其武士的气概。然而生活总是最紧要的问题。此等武士，在生产上，总是落伍的，既已连群结党，成为一种势力，自不免要借此以谋生活。于是就有司马迁所谓“盗跖之居民间者”。仁侠之风渐衰，政治上就不免要加以惩艾（惩治）；人民对它，亦不免有恶感。而后起的侠者，就不免渐渐地软化了。⑤

注释

①荀悦说井田之制，不宜于人众之时。土地布列在豪强，卒而革之，并有怨心，则生纷乱。若高祖初定天下，光武中兴之后，人众稀少，立之易矣。可见当时土地无主的很多。

②均见《后汉书·本纪》。

③汉时除五经之外，其余后世所称为经的，都称为传。非专门治经的人，都把《孝经》、《论语》教他。便专门治经的人，亦多从此两书而入。

④参看第二编第十二章。

⑤读《汉书·郑当时传》可见。

第十二章　三国的鼎立

柳宗元说汉代“有叛国而无叛郡”，这是因为郡的区域太小了，其势不足以反抗中央。到后汉末年，把刺史改成州牧，所据的地方，大过现在的一省，其情形就大不相同了。

当曹操主持中央政府，把汉献帝迁到许都时，天下正是纷纷割据。举其最大的，便有：

袁绍　　据幽、并、青、冀四州。

袁术　　据寿春。

刘表　　据荆州。

刘焉　　据益州。

刘备　　据徐州。

张鲁　　据汉中。

马腾、韩遂　　据凉州。

公孙度　　据辽东。

当时还有个本无根据地的吕布，从长安逃向东方去，投奔刘备。刘备收容了他。吕布却乘刘备与袁术兵争之时，袭其后方，而取徐州。刘备投奔曹操，操表备为豫州牧。和他合兵，攻杀吕布。袁术在寿春，站不住了，谋走河北，曹操使刘备邀击之于山阳，[1] 袁术兵败还走，未几而死。刘备和外戚董承密谋，推翻曹操，曹操又把他打败。

这时候，曹操的大敌，实在是袁绍。雄据河北，其声势和实力，都在曹操之上。公元二〇〇年，袁、曹之兵，遇于官渡。[②]相持许久，曹操毕竟把袁绍打败。袁绍因此惭愤而死。其子谭、尚，互相攻击，都为曹操所灭。二〇八年，操遂南征荆州。

这时候，在北方屡次失败的刘备，亦在荆州，依托刘表。而长江下流，则为孙权所据。孙权的父亲名坚，是汉朝的长沙太守。当山东州郡起兵讨董卓时，孙坚也发兵北上。后来受袁术的指使，去攻刘表，为表军所射杀。其子孙策，依托袁术，长大之后，袁术把孙坚的部曲（古代军队编制单位，借指军队。）还他，他就渡江而南，把汉朝的扬州打定。孙策死后，传位于孙权。曹操的兵，还未到荆州，刘表已先死了。刘表的长子刘琦，因避后母之忌，出守江夏。[③]其少子刘琮（cóng），以襄阳降操。[④]刘备南走江陵。曹操发轻骑追之，一日一夜行三百里，及之于当阳长坂（bǎn）。[⑤]刘备败走江夏。于是诸葛亮建策，求救于孙权。孙权手下，周瑜、鲁肃等，也主张结合刘备，以拒曹操。于是孙、刘合兵，大破操兵于赤壁。[⑥]曹操引兵北还，而南方之形势始强。

然而当时的刘备，还是并无根据之地。荆州地方，依当时的诸侯法，则当属于刘琦。[⑦]而琦不能有，事实上，刘备和孙权，都屯兵其间。孙权一方面，身当前敌的周瑜，要“徙备置吴”，挟着关羽、张飞等去攻战。刘备一方面，未始不想全吞荆州，而又不敢和孙权翻脸。于是先攻下荆州的南部，就是现在的湖南地方。不久，周瑜死了，继其任者为鲁肃。鲁肃是主张以欢好结刘备的。孙、刘两家的猜忌，暂时和缓。

当诸葛亮未出草庐时，刘备去访问他，他便主张兼取荆、益二州，以为图天下之本。这时候，荆州还未能完全到手；而且“荆土荒残，人物凋敝”，虽是用兵形胜之地，而实苦于饷源之无所出。于是益州天府之国，刘备就不能不生心了。公元二一四年，刘备乘刘璋的暗弱（懦弱而不明事理），[8]取了益州。其明年，曹操亦平定汉中。二一八年，刘备攻汉中，又取之。一时形势，颇为顺利。当刘备西入益州时，孙权便想同他争荆州。结果，两家和解，把荆州平分。刘备既定汉中，命关羽出兵攻拔襄阳，又围樊城，[9]败于禁等兵，威声大振。而孙权使吕蒙袭取江陵。关羽还走，为权所杀。吴、蜀因此失和。这事在二一九年。

其明年，曹操死了。子丕，废汉献帝自立，是为魏文帝。又明年，刘备称帝于蜀，是为蜀汉昭烈帝。二二九年，孙权亦称帝，自武昌迁都建业，[10]是为吴大帝。

昭烈帝称帝之后，即自将伐吴。吴将陆逊，大败之于猇（xiāo）亭。昭烈帝走至永安，惭愤而死。[11]子后主禅立，诸葛亮辅政。诸葛亮是个绝世的奇才，内修政治，用法治的精神，把个益州，治得事事妥帖。所以能以一州之地，先平南方之乱，次出师北伐，和中原相抗衡。诸葛亮死后，蒋琬、费祎（yī）继之，还能够蒙业而安。费祎死后，姜维继之，屡出兵伐魏，无甚成绩，而民心颇怨。后主昏愚，宠信宦官黄皓，政治亦渐坏，其势就难于支持了。

魏文帝貌似明白，而其实不免于猜忌轻率。当曹操为魏王时，文帝与其弟陈思王植，争为世子，嫌隙甚深。所以即位之后，薄待诸王。把他们限制国中，有同拘禁。文帝死后，子明帝立。性极奢侈，魏事益坏。时诸葛亮连年北伐，明帝尝使司马懿去拒敌他。又使懿讨平辽东。于是司马氏的权势，渐次养成。明帝死后，养子齐王芳立。司马懿和曹爽同受遗诏辅政。曹爽独揽大权。司马懿称疾不出。后来乘曹爽奉齐王去谒（yè）陵，司马懿突然而起，关闭城门。到底把曹爽废杀了，独揽大权。司马懿死后，子司马师继之。把齐王芳废掉，而立高贵乡公髦(máo)。司马师死后，其弟司马昭又继之。这时候，司马氏篡魏之势已成。魏因抵御吴、蜀，东南、西北两方面，都驻有兵马。西北的兵，本来是司马懿所统。东南方面，则别是一系。于是王凌、毌(guàn)丘俭、诸葛诞，三次起兵讨司马氏，都不克。公元二六三年，司马昭遣钟会、邓艾，两道伐蜀，灭之。二六五年，司马昭死，子炎立，就篡魏而自立了。

吴大帝在位颇久，然而其末年，政治已颇紊乱。大帝死后，废帝亮立。诸葛恪辅政，颇有意北图中原。一出无功，旋(不久)为孙峻所杀。孙峻死后，其弟孙琳继之。废废帝，立其弟景帝。景帝把孙琳杀掉。然亦无甚作为。景帝死后，太子皓立。荒淫无道。是时只靠一个陆抗，守着荆州，以抵御北方。陆抗死后，吴国的形势就大非。晋武帝命羊祜(hù)镇襄阳，王濬(jùn)镇益州以图吴。羊祜死后，代以杜预。公元二八〇年，荆益之兵，两道并进，势如破竹，而吴遂灭亡。

注释

①今江苏淮安县。

②城名，在今河南中牟县北。

③今湖北黄冈县。

④今湖北襄阳县。

⑤在今湖北当阳县。

⑥山名，在今湖北嘉鱼县。

⑦俗有借荆州之说，谓荆州是孙权借给刘备的，这句话毫无根据。《廿二史劄(zhā)记》有论此事的一条，可看。诸侯法，谓当时割据的人，大家所以承认的习惯。

⑧刘焉的儿子。

⑨在襄阳对岸。

⑩现在的首都。

⑪猇亭，在今湖北宜都县西。永安，宫名，在今四川奉节县。

第十三章　晋的统一和内乱

从董卓进长安起，到晋武帝平吴止，共经过九十二年的战乱，真是渴望太平的时候了。当时致乱之源，由于州郡握兵。所以晋武帝既定天下，便命去州郡的兵，刺史专于督察，恢复汉朝的样子。

然而这时候，致乱之源，乃别有所在。其一，两汉之世，归化中国的异族很多，都住在塞内。当时所谓五胡者，便是：

【匈奴】遍于并（bīng）州境内，即今之山西省。

【羯】匈奴的别种，居于上党武乡羯室，因以为名。[①]

【鲜卑】遍布辽东西和今热、察、绥之境。

【氐】本居武都。魏武帝徙之关中。这时候，遍于扶风、始平、京兆之境。[②]

【羌】这是段颎（jiǒng）诛夷之余。在冯翊（yì）、北地、新平、安定一带。[③]

当时郭钦、江统等，都请徙之塞外。塞外的异族，同亦未尝不足为患，然而究竟有个隔限，和“掩不备之人，收散野之积”者不同，而武帝不能同。

其二，晋代鉴于魏朝的薄待宗室，以致为自己所篡，于是大封同姓。汉代的诸王，是不再干预政治的。晋朝则可以“入秉机衡（指机要的官署或职位），出作岳牧（泛称封疆大吏）”，在政治上的势力尤大。

晋武帝平吴之后，耽于宴安（安逸享受），凡事都不作久长之计。其子惠帝，近于低能。即位之初，武帝后父杨骏辅政。惠帝后贾氏和楚王玮（wěi）合谋，把杨骏杀掉。而使汝南王亮和太保卫瓘（guàn）同听政。后来又和楚王合谋，把汝南王杀掉。后又杀掉楚王。旋弑杨太后。太子遹（yù），非贾后所生，后亦废而杀之。总宿卫的赵王伦，因人心不服，勒兵弑后，废惠帝而自立。于是齐王冏、成都王颖、河间王颙（yóng），举兵讨乱。[4] 右卫将军王舆，把赵王杀掉，迎接惠帝复位。齐王入洛专政。河间王和长沙王乂（yì）合谋，[5] 使乂攻杀齐王。又和成都王合兵，把长沙王攻杀。

如此，京师大乱，而胜利卒归于外兵。州郡握兵，从汉以来，已成习惯。晋武虽有去州郡兵权之命，而人心尚未丕变。一旦天下有乱，旧路自然是易于重走的。于是东海王越[6] 合幽、并二州之兵，把成都、河间两王都打败。遂弑惠帝，而立其弟怀帝。

同族相争，胜利又卒归于异族。五胡之中，本以匈奴为最强；其所处，又是腹心之地；亦最有民族自负之心。于是前赵刘渊，先自立于平阳。[7] 时东方大乱，许多盗贼，都去归附他。其势遂大盛。东方群盗之中，羯人石勒，尤为强悍。东海王自率大兵去打他。兵到现在的项城，死了。其兵为石勒追击所败，洛阳遂成坐困之势。公元三一〇年，刘渊的族子刘曜（yào），打破洛阳，怀帝被虏。三一二年，弑之。惠帝弟愍（mǐn）帝，立于长安。三一六年，又为刘曜所攻破，明年，被弑。而西晋亡。

于是琅玡王睿，从下邳（pī）徙治建康，[8] 即皇帝位，是为东晋元帝。这时候，北方只有幽州都督王浚，并州刺史刘琨（kūn），崎岖和胡羯相持，也终于不能自立。北方遂全入混乱的状态。

然而南方亦非遂太平无事。当时中央解纽（喻国家纲纪废弛），各地方都靠州郡的兵，来保境安民，自然外权复重。新兴的建康政府，自然不易令行禁止。元帝的首务，便在收上流的实权。元帝的立国江东，是很靠江东的世家名士，所谓“人望”者，帮他的忙的。而王导和其从兄王敦，尤为出力。于是王导内典（主管）机要，王敦出督荆州[8]。敦有才略，居然把荆州的权力，收归一人。然而中央就和王敦起了猜忌。其结果，王敦举兵东下。元帝所预先布置防他的兵，无一路不败，被王敦打入京城。元帝忧愤而崩。幸而王敦不久也死了。明帝才把他的党羽讨平。明帝颇为英武，可惜在位只有三年。明帝死后，子成帝年幼，太后庾（yǔ）氏临朝。后兄庾亮执政。历阳内史苏峻，[9]和庾亮不平，举兵造反，打进京城。庾亮出奔。幸得镇寻阳的温峤（qiáo），[10]深明大义，协同荆州的陶侃，把他打平。陶侃死后，庾亮和庾冰，相继出镇荆州。庾翼在内为宰相。这时候，内外之权，都在庾氏手里，暂无问题。康帝时，庾翼移镇襄阳，庾冰代之镇夏口。庾冰死后，庾翼又还镇夏口，而使其子方之镇襄阳。庾翼不久就死了。临终之际，表请以自己的儿子爰之继任。宰相何充不听，而以桓温代之。于是上流之权，又入于桓温之手。

注释

①在今山西辽县。

②扶风，今陕西泾阳县。始平，今陕西兴平县。京兆，今陕西长安县。

③冯翊，今陕西大荔县。北地，今陕西耀县。新平，今陕西邠县。安定，今甘肃镇原县。

④楚王玮，武帝第五子。汝南王亮，宣帝（司马懿）第四子。赵王伦，宣帝第九子。齐王冏，景帝（师）子攸之子，时镇许昌。成都王颖，武帝第十六子，时镇邺。河间王颙，宣帝弟安平王孚之孙，时镇关中。

⑤武帝第六子。

⑥宣帝弟高密王泰之子。

⑦今山西临汾县。

⑧即建业。因愍帝名“业”，避讳改。

⑨今安徽和县。

⑩今江西九江县。

第十四章　边徼民族和汉族的同化

凡事总有相当的代价。两汉时代，异民族入居中国的多了，把许多种族和文化不同的人民，融合为一，自非旦夕间事；且总不免有若干的冲突。五胡之乱，就是我民族融合异族的代价。

晋时，北方割据之国，共有十六之多。然而其中有关大势的，也不过地处中原的几国。我们现在，简单些，把它分做五个时代。

第一，前、后赵对立时代。

第二，后赵独盛时代。

第三，前燕、前秦对立时代。

第四，前秦独盛时代。

第五，后燕、后秦对立时代。

第五个时代之后，汉族曾经恢复黄河之南，且曾一度占领关中，而惜乎其不能久。未几，北方遂全入于拓跋魏，变成南北两朝了。这是后话，现在且从前、后赵对立时说起。

刘渊自立后，石勒表面上是他的臣子。可是东方的事，刘渊并顾不到。所以五胡扰乱之初，便径称为前、后赵对立时代。刘渊的儿子刘和懦弱，刘聪荒淫。族子刘曜（yào），较有本领。刘聪被弑后，曜遂立国长安。公元三二九年之战，曜为石勒所擒，前赵就此灭亡。

石勒从子虎，淫暴无人理。在位时，虽西攻前凉，东攻前燕，兵力颇称强盛。然而死后，内乱即作。虎养子冉闵，本是汉人。尽杀虎诸子，而且大诛胡羯，自称皇帝。然而不久，便为前燕所攻杀。

前燕以辽东、西和热河为根据，其势颇盛。然当其侵入中原之际，即其开始衰颓之时。其兵力，只到邺都附近。于是河南和关中，都成为空虚之地。氐酋苻（fú）健，西据关中，羌酋姚襄，则借降晋为名，阴图自立。晋朝这时候，中央和上流，仍相猜忌。时桓温灭前蜀，威名日盛。中央乃引用名士殷浩以敌之。公元三五三年，浩出兵北伐，以姚襄为先锋。反为其所邀击，大败。桓温因此，奏请废浩。中央不得已，从之。温出兵击斩姚襄，而伐秦、伐燕都不利。于是先行废立之事以立威。[1]意图篡位，为谢安、王坦之所持，不果。桓温死后，其兄弟桓冲，把荆州让出，南方又算暂安。然已无暇北伐，而前秦遂独盛了。

前秦主苻坚，用王猛为相，修明政治，国富兵强。公元三七一年，灭前燕，又灭前凉，破拓跋氏。[2]三八三年，大发兵攻晋。谢玄、谢石等大败之于淝（féi）水。苻坚知道当时北方，民族错杂，不能专任自己人的。所以对于归降各民族，表面上都一视同仁。把他的酋长，留在都城之中；而使氐人分镇四方，以实行其监视和驻防的政策。然而民族间的界限，终非旦夕所可破除。苻坚败后，诸族复纷纷自立。而后燕、后秦二国最大，仍恢复到前燕、前秦对立的样子。

南方自桓温死后，上下流相持的形势，暂时缓和。而孝武帝委政于其弟琅玡王道子，旋又相猜忌，使王恭镇京口，[3]殷仲堪镇江陵以防之。这时候，京口的北府兵强了，然而其实权都在刘牢之手里。仲堪亦不会带兵的，一切事，都委任南郡相杨佺期。道子则嗜酒昏愚，事都决于其世子元显。孝武帝死后，子安帝立。王恭、殷仲堪连兵而反。

元显使人游说刘牢之，倒戈袭杀王恭。而上流之兵已逼，刘牢之不肯再替他出力抵御。于是无可如何，以杨佺期为雍州刺史，桓玄为江州刺史。桓玄是桓温的小儿子。因为桓温在荆州久了，其僚属将士，都归向他。他虽闲住在荆州，其势力，反出于现任官吏之上。所以殷仲堪不得不用他。这时候，既有地盘，殷仲堪、杨佺期，自然非其敌手。先后为其所并。于是上流的权势，又集于桓玄一身。公元四〇二年，荆州大饥。元显乘机出兵，想把桓玄解决。然而所靠的不过一个刘牢之，而刘牢之又倒戈，元显就失败，和其父道子，都被杀。桓玄入建康。明年，竟废安帝而自立。

这时候，荆州之兵力，实已非北府之敌。所以桓玄得志之后，便夺去刘牢之的兵权。牢之谋反抗，不成，自杀。而北府兵的势力，实在并未消灭。公元四〇四年，北府兵中旧人，刘裕、刘毅、孟昶（chǎng）、何无忌、诸葛长民等起兵讨桓玄。桓玄的兵，到处皆败。逃至江陵，被杀。安帝复位。刘裕入中央政府，主持大权。于是积年以来，朝廷为荆州所挟持的形势一变。然而军人到底是要互相吞并的。于是相互间之问题，不在北府兵和荆州系，而在北府兵里同时并起的几个人。

这时候，后燕因为后魏所破，分为南北，形势已弱。后秦也因受夏国的攻击，日以不振。四〇九年，刘裕出兵，把南燕灭掉。先是妖人孙恩，为乱于江、浙沿海，为刘裕所讨破。赴水（投水自尽）死。其余党卢循、徐道覆，于桓玄时据有广州和始兴。④至是，乘机出湘、赣北伐。直下长江，兵势甚盛。何无忌为其所杀。刘毅亦为所败。刘裕撤兵还救，又把他打平。于是翦除（翦：音 jiǎn；翦除：消灭。）异己者，刘毅、诸葛长民和晋宗室司马休之等。⑤公元四一七年，大发兵灭后秦。此时正值后魏道武帝中衰之际，坐视而不能救。凉州诸国，都惴惴待晋兵之至。而裕以急于图篡，南还，长安遂为夏所陷。裕登城北望，流涕而已。公元四一九年，裕受晋禅，是为宋武帝。后三年而卒。自刘裕南还后，不复能经略北方。而北魏自太武帝即位后，复强盛。北方诸国，尽为所并。天下遂分为南北朝。

五胡十六国的事情，是很繁杂的。以上只提挈（挈：音 qiè；提挈：揭示要领。）得一个大纲，现在补列一张简表于下，请诸位参看。

国名	民族	都邑	始末大略（与正文参看，正文已有的不复述）
前赵（初称汉，刘曜改称赵），公元三〇四至三二九年	匈奴	刘渊自立于左国城（今山西离石县东北），后迁平阳。刘曜居长安	南匈奴呼厨泉单于，因先世系汉甥，改姓刘氏。曹操以呼厨泉部众强盛，留之于邺（今河南临漳县），而分其部众为五。其中左部最强。晋时，刘渊为其部帅。乘八王之乱，还并州自立。刘渊子和，为其弟聪所弑。聪荒淫。传子粲（càn），为其臣靳准所弑。石勒自襄国（今河北邢台县），刘曜自长安，俱勒兵讨准。准奔刘曜，为曜所杀。曜自立于长安。曜为石勒所擒。了熙奔上邽（guī）（今陕西南郑县），为石虎所追杀。前赵亡
后赵，公元三一九至三五一年	羯	石勒初居襄国，后徙邺	石勒初为群盗，归降刘渊，然实非渊所能制。后尽并东方，仍称臣于前赵。刘曜时，勒始自立。勒子弘，为勒从孙虎所弑。虎诸子均为虎养子冉闵所杀。复姓，自称魏帝，为慕容儁（jùn）所灭。事在三五一年
前燕，公元三三七至三七〇年	鲜卑	鲜卑慕容氏，本居棘城（今热河朝阳县），后迁于辽东。至慕容廆（wěi）又迁居徒河的青山（在今辽宁锦县境）。又迁居大棘城（在今辽宁义县），慕容皝（huàng）迁居龙城（今朝阳县），灭冉闵后，居邺	慕容廆，本晋国的平州刺史。传子皝，始称燕王。皝传子儁，灭冉闵。是年，儁亦卒。子暐（wěi）年幼，慕容恪辅政。恪死后，慕容评继之。时燕宗室慕容垂最有威名，评忌之。垂奔前秦。前燕遂衰。为前秦所灭

国名	民族	都邑	始末大略（与正文参看，正文已有的不复述）
前秦，公元三五一至三九四年	氐	长安	苻洪，本略阳氐酋。初降刘曜，后降后赵。后赵徙之于东方。后赵亡后，洪居枋（fāng）头城（在今河南濬县）。击擒赵将麻秋。旋为秋所鸩杀。子健，杀秋，西入关。健子生，为苻坚所弑（坚父名雄，也是苻洪的儿子）。淝水败后，坚奔五将山（在今陕西岐山县），为后秦姚苌（cháng）所擒杀。坚子丕，自立晋阳，为慕容永所败而死（慕容永，亦前燕同族。时自立于长子，即今山西长子县。后为后燕所灭。不在十六国之列）。坚族子登，又自立于南安（今甘肃平凉县）。三九四年，为姚兴所杀。子崇，奔湟中，为西秦乞伏乾归所杀，前秦亡
后秦，公元三九四至四一七年。	羌	长安	后秦本南安赤亭羌（在今甘肃陇西县）。其酋姚弋（yì）仲，亦降后赵。迁于东方。后赵亡时，弋仲亦死。子襄南降晋。实怀二心，为桓温所败，奔关中，为前秦所杀。弟苌以众降秦，淝水败后，苌自立。传子兴，灭前秦。兴传子泓，为刘裕所灭。时在公元四一七年
后燕，公元三八四至四〇九年	鲜卑	慕容垂居中山（今河北定县）。子宝奔龙城	慕容垂，淝水战后自立。传子宝。三九六年，魏人南伐，大败，奔龙城。被弑。少子盛，定乱自立。因刑罚严峻，又被弑。弟熙立。淫暴。四〇九年，为其将冯跋所篡
南燕，公元三九八至四一〇年	鲜卑	广固（今山东益都县西）	慕容德，是慕容皝的小儿子，魏人南伐时，脱离后燕自立。传子超，为刘裕所灭
北燕，公元四〇九至四三六年	汉族	龙城	冯跋篡后燕自立。传子宏，为后魏所灭。时在四三六年
夏，公元四〇七至四三一年	匈奴	统万（今陕西怀远县）	匈奴铁弗氏，本居新兴。其酋长刘虎，和拓跋氏相攻。虎孙卫辰，引前秦兵灭拓跋氏，后魏道武帝强，卫辰为其所灭。子勃勃，奔后秦。姚兴使守北方。勃勃以四〇年自立，改姓赫连，后取长安。勃勃死后，子昌立，为魏太武帝所破，奔上邽死。弟定，自立于平凉。四三一年，吐谷浑人执之送魏，夏亡

国名	民族	都邑	始末大略（与正文参看，正文已有的不复述）
西秦．公元三八四至四三一年	鲜卑	乞伏国仁，居勇士川（在今甘肃金县）。乾归徙苑川（在今甘肃靖远县）	本陇西鲜卑，属前秦。淝水战后，其酋乞伏国仁自立，传弟乾归。降后秦，后复逃归。乾归传了炽磐，炽磐传子暮末，为赫连定所杀，时在四三〇年
成（李寿时改称汉。史家亦称为蜀），公元三〇四至三四七年	氐	成都	本清江流域的廪君蛮，汉末，徙汉中，曹操平张鲁，迁于略阳。晋初，关中氐齐万年反。其酋长李特将流民入蜀，三〇六年，特子雄据成都，又并汉中，三传至特孙寿，荒淫。寿子势，三四七年，为桓温所灭
前凉，公元三一七至三七六年	汉族		张轨，晋凉州刺史。晋乱，遂保据凉州。轨及子实，皆事晋，守臣节。实传弟茂，刘曜来攻，始力屈称藩。六传至天锡，三七六年，为前秦所灭
后凉，公元三八六至四〇三年	氐		吕光，亦略阳氐人。苻坚时，为龙骧（xiāng）将军。为坚平西域，兵还，直前秦分裂，遂自立。四〇三年，其子隆，降于后秦
北凉，公元四〇七至四三九年	匈奴	张掖	沮渠蒙逊，以三九七年叛后凉。初推太守段业为主，后杀之，自立。传子牧犍（jiān），四三九年，为后魏所灭
西凉，公元四〇〇至四二七年	汉族	初据敦煌，后迁酒泉	李暠（hào）本段业所署沙州刺史。业死后，据敦煌自立，传子歆，四二七年，为北凉所灭
南凉，公元三九七至四一四年	鲜卑	本居乐郡（今甘肃碾伯县），后徙姑臧	姓秃发氏，与后魏同出。其酋秃发乌孤，以三九七年自立。传弟利鹿孤及傉（nù）檀，四一四年，为西秦所灭

注释

①废简文帝，立废帝。

②《魏书》说：初居北方，后南迁大泽，厥土昏冥沮洳（rù）；再迁乃至匈奴故地，似乎自西伯利亚的冻土带，南迁到旷野带，再南迁到今外蒙古的。晋初，其部落居今归绥北边的盛乐。其酋长猗（yī）卢，助晋并州刺史刘琨，抵御铁弗氏。刘琨请于朝，把陉（xíng）北之地赏他，封他为代王（陉岭，今山西代县雁门山）。后来什翼犍又徙居云中。这时候，什翼犍年老，秦兵来，

不能御，逃到阴山之北。秦兵退后，才回来，为其子实君所弑。秦人闻信，再回兵攻代，杀实君，以其地分属刘卫辰和卫辰的宗人库仁。库仁是拓跋氏的外孙，所以什翼犍的孙珪，幼时反受其保护。长大后，奔贺兰部，渐次吞并诸部。以三八六年，自立。是为后魏道武帝。

③今江苏丹徒县。

④始兴，今广东曲江县。

⑤刘毅时为荆州刺史。诸葛长民为豫州刺史。司马休之，晋宗室，继刘毅为荆州刺史。

第十五章　南北朝的对峙

从公元三〇四年，前赵自立起，到四三九年，北凉灭亡止，共经过一百三十六年。扰乱中国的五胡，很快多和汉族同化了。只有拓跋氏，其起最晚，其入中原也最后，所以又和汉族相持了一百四十年。

此时的南方，虽经宋武帝一度削平异己，然而分争之际，外兵不能遽(jù)去，人心的积习(长久以来而形成的习惯)未除。而宋武帝以后，为君主的，又没像武帝一般强有力的人物。所以仍是内外相持，坐视北方有机会而不能乘，甚至反给北方以机会。恢复中原，遂尔终成虚语。

当刘宋开国之时，南朝的疆域，还包括今山东、河南之境。宋武帝死后，魏人乘丧南伐。取青、兖、司、豫四州。其时正值徐羡之、傅亮、谢晦等，废少帝而立文帝。文帝立后和檀道济合谋，讨除羡之等。后又并杀道济。忙于内乱，无暇对外。而自檀道济死后，功臣宿将亦垂尽。于是四三〇、四五〇年两次北伐都失败。魏太武帝反自将南伐，至于瓜步。[①] 所过郡邑，赤地无余。南北朝时，北强南弱的情势，实始于此。

宋文帝后，孝武帝和明帝，都猜忌宗室，大加屠戮。明帝嗣子幼弱，召镇淮阴的萧道成入卫，[②] 朝权遂为所窃。内而中书令袁粲(càn)，外而荆州都督沈攸之，起兵讨他，都不克。公元四七九年，道成篡宋自立，是为齐高帝。齐高帝和子武帝，在位都不久。武帝子郁林王荒淫，为高帝兄子明帝所篡。明帝亦猜忌，尽杀高、武二帝子孙。传子东昏侯，荒淫更甚于郁林王，而好杀亦同于明帝。公元五〇二年，而齐为梁武帝所篡。[3] 梁武帝总算是个文武全才。虽其晚年迷信佛法，刑政废弛，致酿成侯景之乱，然而其早年，政治总算是清明的。于是南方暂见康宁，而北方又起扰乱。

北魏当太武帝时，南侵宋，北伐柔然、高车，[4] 国势最盛。孝文帝以四九三年，迁都洛阳，大革旧俗。这在鲜卑人，要算一个进化而和汉族同化的好机会。然而国势反自此衰颓。一因鲜卑一时不能学得汉族的好处，而反流于奢侈。二则魏都平城，本靠武力立国，于其附近设置六镇。[5] 简拔亲贤，为其统帅。而将士选拔，亦极优异。南迁以后，不能如旧。六镇旧人，因此愤怒逃亡。魏人又恐兵力衰颓，加以制止。于是尽皆怨叛。倚以立国的武力，反做了扰乱秩序的东西。不戢（jí）自焚，后魏就不能支持了。

公元四七四年，后魏孝明帝立，太后胡氏执政。侈无度。府库累世之积，不数年而扫地无余。于是苛政大兴。中原之民，亦群起为乱。明帝年渐长，不直其母所为。而为其所制，无可如何。这时候，北方有个部落酋长，唤作尔朱荣，起兵讨平六镇之乱。明帝遂召他入清君侧。后又传诏止住他。太后大惧。把明帝杀掉。尔朱荣借此为名，举兵入洛，杀掉胡太后，而立孝庄帝，自居晋阳，遥制朝权。尔朱荣极善用兵。中原反乱的人，都给他打平。篡谋日急。孝庄帝诱他入朝，手刃把他杀掉。尔朱荣的侄儿子兆，举兵弑帝。自此朝权仍为尔朱氏所握；而各方镇，也都是尔朱氏的人；其势如日中天。然而尔朱氏暴虐不得人心。公元五三二年，高欢起兵信都。韩陵一战，[6] 尔朱氏心力不齐，大败。遂为高欢所扑灭。高欢所立的孝武帝，又和高欢不睦。高欢仍袭尔朱氏的故智，身居晋阳，孝武帝阴结贺拔岳图他。以岳为关中大行台。高欢使秦州刺史侯莫陈悦，把贺拔岳杀掉。夏州刺史宇文泰起兵诛悦，[7]孝武帝即以泰继岳之任。公元五三四年，孝武帝发兵讨高欢。高欢亦自晋阳发兵南下。两军夹河而陈。孝武帝不敢战，逃到关中。旋为宇文泰所弑。自此高欢、宇文泰，各立一君，而魏遂分为东西。

东西魏分裂后，高欢、宇文泰，争战十余年，各不得逞，而其祸乃中于梁。这时候，梁武帝在位岁久，政治废弛。诸子诸孙，各刺（cì）大郡，都有据地自雄之心。而兵力亦不足用。南朝当宋明帝时，尽失徐、兖、青、冀四州及淮北之地。齐明帝时，又失沔（miǎn）北五郡。东昏侯时，又失淮南。梁武帝时，虽恢复合肥、寿春，而又失义阳三关。[8]用兵迄不得利。北方乱时，梁遣陈庆之送魏宗室北海王颢（hào）归国。庆之兵锋甚锐，直抵洛阳。然而孤军无援，元颢仍为尔朱荣所破。公元五四七年，高欢死。其专制河南之将侯景，举地来降。梁武帝遣子渊明，前往救援，不克。渊明为魏所虏。侯景亦兵溃来奔。袭寿阳而据之。[9]梁人不能制。五四九年，侯景反。渡江，围台城。[10]救兵虽多，都心力不齐，不能进。台城遂为所陷。梁武帝忧愤而崩。子简文帝立，为侯景所制。这时候，梁武帝的子孙，如湘东王绎、河东王誉、岳阳王詧（chá）等，[11]都拥兵相争，坐视台城之危而不救。而其形势，以湘东王为最强。侯景西上，至巴陵，[12]为湘东王将王僧辩所败。勇将多死。遂弑简文帝而自立。湘东王乃即位于江陵，是为元帝。遣王僧辩和陈霸先讨平侯景。而成都的武陵王纪称帝，攻元帝。元帝求救于西魏。西魏袭陷成都。纪遂兵败而死。元帝和西魏，又有违言。公元五五四年，西魏兵攻江陵。王僧辩、陈霸先的兵，都在东方，不及救援。江陵遂陷。元帝为魏兵所杀。西魏立岳阳王詧于江陵，使之称帝，而对魏则称臣，是为西梁。王僧辩、陈霸先立元帝的少子于建康，是为敬帝。是时，东魏已为北齐所篡。又发兵送渊明南归。王僧辩迎战，不胜。就迎接他来，废敬帝而立之。南朝险些儿全做北朝的附庸。幸而陈霸先袭杀王僧辩，复立敬帝。北齐举兵来攻，给他苦战打败。南朝才算勉强自立。公元五五七年，陈霸先废敬帝自立，是为陈武帝。三年而崩。兄子文帝立。这时候，南方承丧乱之后，国力凋弊。国内尚有许多反侧的人，要一一讨定。再也无暇顾及北方。而北方的东西魏，亦先后于五五〇、五五七年，为齐、周所篡。

北齐文宣、武成二帝，均极荒淫。末主纬，奢纵更甚。而北周武帝，颇能励精图治。公元五七七年，齐遂为周所灭。灭齐的明年，周武帝死，子宣帝立。亦极荒淫。在位二年，传位于子静帝。宣帝死后，后父杨坚辅政。大权尽入其手。起兵攻他的都不胜，五八一年，坚废静帝自立。是为隋文帝。时南方为陈后主叔宝，亦极荒淫，五八八年，为隋所灭。西梁已于前两年被废。自晋元帝立国江东至此，凡二百七十三年，而天下复归于统一。

注释

①镇名，在今江苏六合县。

②今江苏淮阴县。

③时梁武帝的哥哥萧懿镇历阳。梁武帝刺雍州。东昏侯的兄弟宝融刺荆州。东昏侯先杀掉萧懿，又下命给荆州，叫他杀掉梁武帝。宝融本是个小孩，其长史萧颖胄（zhòu）和武帝合谋起兵。立宝融为皇帝（和帝）。武帝为先锋东下。东昏侯为其下所弑。和帝遂禅位于梁。

④参看第二十一章。

⑤武川，今绥远武川县。抚冥，在武川东。怀朔，在今绥远五原县。怀

荒，在今大同东北，察哈尔境内。柔玄，在察哈尔兴和县。御夷，在察哈尔沽（gū）源县。

⑥信都，今河北冀县。韩陵，山名，在今河南安阳县东北。

⑦秦州，今甘肃天水县。夏州，今陕西横山县。

⑧沔（miǎn）北五郡，为义阳（今河南南阳县），新野（今河南新野县），南乡（今南阳西南），北襄城（今河南方城县东），西汝南，北义阳，同治舞阴（今河南泌阳县北）。义阳三关，为平靖、黄土、武阳，皆在今河南信阳县南。

⑨即寿春。

⑩建康宫城。

⑪河东王在湘州（今长沙），岳阳王在襄阳。

⑫今湖南岳阳县。

第十六章　魏晋南北朝的制度

制度是随事实而变迁的。思想是事实的产物，而亦是事实之母。在某种环境之下，一定要生出某种思想。既有这种思想，一时虽未必实现，而积之久，总是要现于实的。此等情形，看魏、晋、南北朝的制度，很可明白。

秦、汉时代的宰相，并非天子私人。所以其位甚尊，其权亦重。君权日见发达，则相权必渐见侵削。所以自东汉以后，实权渐移于尚书。曹魏以后，中书又较尚书为亲近。宋文帝以后，门下亦成为亲近之职。两汉时代的宰相，则不过人臣篡弑时所历的阶级而已。平时不复设立。这是内官的变迁。其外官，则自后汉末年以后，州郡握兵之习，迄未能除。东晋以后，疆域日蹙，而喜欢侨置（六朝时南北分裂，战乱频仍，诸朝遇有州郡沦陷敌手，则往往暂借别地重置，仍用其旧名，称为“侨置”。）州郡。于是州的疆域，日渐缩小，浸（逐渐）至与郡无异。而掌握兵权的人，所指挥的区域，不容不大，于是有以一人而都督数州或十数州军事的。其实际，仍与以前的州牧无异，或且过之。自东晋至南朝之末，中央的权力总不能十分完整，就由于此。

选举制度，亦起了一个极大的变迁。我国古来，本行乡举里选之制。士之德行、才能，都以乡评为准。风气诚朴之世，自然议论能一秉至公。两汉时，实已不能如此了。然而人之观念上，总还以为士之贤否，须取决于乡评。后汉末，“士流播迁，详覆无所”。于是曹魏的吏部尚书陈群，就于各州置大中正，各郡置中正。令其品评本地的人物，分为九等，而尚书据以选用。品评人物，本是件难事。德已不免于伪为，才则更非临事不能见。而况中正亦未必定有衡鉴之才。甚至有（一）趋势，（二）畏祸，（三）私报恩仇等事。其结果，遂至“惟能论其阀阅（功勋、功绩），非复辨其贤愚”。于是“上品无寒门，下品无贵族”。以上所论的，是举上之事。至于铨选（铨：音 quán；铨选：选才授官。），则汉世本来权在相府。后来因其弊颇多，而实权渐移于尚书。魏、晋以后，大抵吏曹尚书操选用之权。这时候，仍以全权委之。有衡鉴之才的人，很可以量才委任。然而天下总是徇私和幸进的人多，秉公和廉退的人少。所以到后来，不得不渐趋重于资格。资格用人，起于后魏的崔亮。亮创停年格，选用的先后，专以停解月日为断。这本因为当时军人竞选，所以如此的。北齐文襄帝操选权时，已经把它废掉。然而自唐以后，又渐趋重于这一途，就是为此。①

兵制则自东晋以后，恃以御敌的，都是州郡之兵。固亦有时收折冲御侮之效。然而总不免有外重内轻之弊。甚而至于御侮则不足，作乱则有余。北方五胡割据，大抵用其本族之民为兵，而使汉人从事生产。② 到周、齐之时，五胡的本族，渐趋凋落；又其战争剧烈，而财政竭蹶（jué，枯竭。）；还有所谓府兵之制。籍民为兵，蠲（juān，免除。）其租调，令刺史以农隙教练。每府一郎将主之。分属二十四军，领军的谓之开府。一大将军统两开府，一柱国统两大将，共为六军。隋、唐兵制，都是沿袭它的。

魏晋时代的制度，最可纪念的，便是刑法。汉时法律之紊乱，已见第六章。从前汉宣帝时起，至后汉末年止，屡说修改，迄未有成。至魏时，才命陈群、刘邵等删定，共为十八篇。晋武帝还嫌其科网太密，再命贾充等删定，共为二十篇。于公元二六八年，[3] 大赦天下行之。这便是有名的《晋律》。宋、齐、梁、陈四朝，虽略有损益，大体都沿用它。就北朝的法律，亦是以此为依据，不过略杂以鲜卑之法而已。[4] 自唐至清，大体上亦无甚改变。总而言之，自采用西洋法律以前，我国的法律，迄无大改变。我国的法律，渊源固然很古，而其成为条理系统的编纂，则实自《晋律》始。所以说这是我国法制史上最可纪念的事。

至于租税，则当时颇有杂税。如北朝的酒坊、盐井、关市（古代指设在交通要道的集市，后来专指设在边境同外族或外国通商的市场。）邸店（邸：音 dǐ；邸店：供客商堆货、交易、寓居的行栈的旧称。），南朝之卖买田宅牛马及津市（渡口的集市）等。[5] 然而这些都不甚重要。其最有关系的，还是田税和户税。而这时候的田税和户税，与民生是很有关系的。所以留待第十八章中讲述。

注释

①参看第二十三章。

②参看第十八章高欢告汉人和鲜卑人的话。

③泰始三年。

④如《晋律》，部民杀长官，父母杀子，都同凡论。魏以后，律便不然。见章炳麟《太炎文录·五朝法律索隐》。

⑤都见《隋书·食货志》。

第十七章　魏晋南北朝的文化

从两汉到魏、晋，是中国文化的一个转关。其要点，在破除古代的迷信，而从事于哲理的研究。

两汉时代的迷信，并非下等社会才然，即上流社会，也是如此。试看当时政治上，遇天灾而修省，或省策免之公等，都略有几分诚意和后世视为虚文的不同。[①] 在学术上，则阴阳五行之说，盛极一时。以致有所谓谶（chèn）纬者出。东汉之世，竟以纬为内学，经为外学。便可知其时古代遗传的思想，还遍满于社会上了。乃到魏朝的正始年间，而哲理研究之风渐盛。[②] 至于晋初，风流弥盛。此时知名之士，如王弼、何晏、王衍（yǎn）、乐广等，或以谈论见长，或以著述见称。所研究的，大抵是哲理上的问题。其所宗之书，则为《易经》和《老子》、《庄子》等。这固然，由于当时的时势，有以激成人的颓废思想，而使之趋于玄虚。然而在大体上，亦可说是两汉人拘守前人成说的反动。汉代的今文家言，虽多存微言大义，亦不过搬演孔门的成说，并不能独出心裁。古文家好谈名物、训诂（诂：音 gǔ；训诂：对古书字句作解释。），更不免流于琐碎。而自谶纬之说既兴，两派之士，又都不免受其影响，有入于妖妄之势。又其时之人，拘守礼法太甚。礼是古代规范人之行为的。时异势殊，行为之规范，就当有异，而还强执着古代具体的条件，自不免激起人心的反感。所以激烈的人，就有“礼岂为我辈设”等议论了。虽然这一班人，蔑弃礼法，不免有过甚的地方。而终日清谈，遗弃世务，亦是社会衰颓的一个朕兆。然而以学术思想论，毕竟不能不谓为高尚的。魏晋时代的玄学，在我国学术思想界中，终当占一重要的位置。

这时候的人最重要的思想，是贵“道”而贱“迹”。迹便是事实，而道则是原理。拘守事实，不能算得古人之意。必能明于其原理而应用之，才可谓之善学古人。这正是泥古太过的反响。

其时的儒学，虽还保守相当的领域，而亦为此派思想所侵入。当魏晋之世，今文之学，渐已失传，盛行的是古文之学。古文之学，虽亦有其师法，然而其原始，本是不重师说，而注重自由研究的。自由研究之风既开，其后必至变本而加厉。所以自郑玄、王肃，糅杂今古文后，又有杜预、范宁等，不守成说，自出心裁的学派。[3] 至于王弼（bì）的《易注》、何晏的《论语集解》等，兼采玄言，则为魏晋时之哲学思想，侵入经学领域的。南北朝时，南方的经学，这两派都盛行。北方还守着汉人之说，然至隋并天下后，而北方的经学，反为南方所征服。郑玄的《易注》废，而王弼的《易注》行。马、郑的《尚书》废，而伪古文《尚书》行。服虔的《左氏》废，而杜预注的《左氏》大行了。

颓废的人生观，是这时代人的一个大病。如王羲之作《兰亭集序》，说：“修短随化，终期于尽。古人云：死生亦大矣，岂不痛哉？”这一类灰心绝望，贪生怖死的话，到处都是。此时国势的所以不振，社会的所以无活气，这实在是一个大原因。而这时代的人，所以崇尚文辞，则亦由于此。隋朝的李谔（è）说：“自魏之三祖，[4] 崇尚文辞。竞骋浮华，遂成风俗。江左齐、梁，其弊弥甚。”可见崇尚文辞的风气，是起于魏、晋之世的。魏、晋之世，为什么要崇尚文辞呢？我们看魏文帝说：

"年寿有时而尽，荣乐止乎其身。二者必至之期，未若文章之无穷。"就可以知其所由来了。人之年寿有尽；神仙等求长生之术，又不可恃，则不免侥幸于"没世不可知之名"。而文辞原是美术之一，爱好文辞，也不免有些"及时行乐"的意思。所以这时候的文学，多带颓废的色彩。从东汉以后，骈文渐兴，不过是(一)句调渐趋整齐；(二)用字务求美丽，尚未大离其本。至齐梁以后，则"隶事"日益繁复；字句愈趋雕琢。始而辞胜其意，浸至不能达意了。于是有文笔之分。然笔不过参用俗语。其语调仍是整齐啴缓(chǎn huǎn，柔和舒缓。)，和自然的语言，相去很远的，仍不能十分适用。又古人文字，不甚讲调平仄。齐、梁以后，则渐重四声。于是诗和文都生出律体。[5]虽然音调谐和，而雄壮朴实之气，则远逊古人了。此亦是其时的人，注意于修饰的一证。

文字本所以代语言。我国的文字，则因其构造的特殊，而亦成为美术之一。古代文字，意近图画，本有美的意味。秦时，官、狱务繁，改用隶书，这是专为应用起见。然而后来又渐求其美观。于是又有"挑法"的隶书，谓之八分。汉之末世，章程书兴，即今所谓正书；[6]而草书亦分章草和狂草两种。前者字字分离。后者则一笔不断。草书离正书太远了，乃又有行书，以供藁草之用。凡此种种，无一不求其美化。其风气起于后汉，而极盛于晋代。东晋的右军将军王羲之，即是擅名当世，而后人称其"善隶书，为古今之冠"的。然南朝的帖，虽为后人所宝贵，而北朝的碑，朴茂遒逸，至近世，亦很为书家所推重。

注释

①参看《廿二史劄记》"汉儒言灾异"条。

②正始是魏废帝的年号。从公元二四〇至二四八年。清谈的风气，实起于此时。玄学之兴，亦以此时为嚆(hāo)矢。可看《日知录》"正始"条。

③以前讲《左氏》的，都借用《公》、《穀(gǔ)》两家的条例，到杜预，才就《左氏》自立条例，和《公》、《穀》脱离。范宁注《穀梁》，则于三传都不相信，都有驳难之辞，注其书而驳其书，是前此所少有的。

④武帝、文帝、明帝。

⑤凡调平仄的，都可谓之律体，不限于诗赋等有韵之文。如以唐、宋之四六，较六朝之骈文，则六朝之骈文，为骈文中之古体；唐、宋之四六，即为骈文中之律体。

⑥挑法亦谓之"波磔(zhé)"。秦隶本无波磔，西汉的隶书，还系如此，章程书即是承此种无波磔的隶书而变的。在当日，章程书为应用之作，八分为美术作品。但到后来，章程书又变为美术品了。详见拙撰《中国文字变迁考》第四章。

第十八章　魏晋南北朝的社会

魏、晋、南北朝，是一个长期战乱的世界。其时的民生，自然是很为困苦的。然而其中，也有几件可以特别注意的事情。

其一是两汉人均田的思想，至此而实行。汉代的人，本都有个恢复井田或限名田的思想，然终未能实行。及王莽行之，而反以致弊。于是当时的人，又有一种议论：以为井田之制，当于大乱之后，人民稀少，土田无主之时行之。[①] 天下事，大家无此思想则已。如其有之，而又为多数人所公认，成为一种有力的舆论，则终必有一次试行的机会。晋武帝的户调式，便是实行此种理想的，其制：男女年十六至六十为正丁（国家的主要劳动人口，有交纳租、庸、调和服兵役及各种杂役的义务。）。十三至十五，六十一至六十五为次丁（承担部分赋役的未成年或老年的男女）。男子一人，占地七十亩，女子三十亩。其外：丁男课田（征收田赋）五十亩，丁女三十亩。次丁男半之，女则不课。丁男之户，岁输（缴纳）绢三匹，绵三斤。女及次丁男为户者半输。令天下的人，依年龄属性之别，而各有同等之田，因之而输同等之税。其于平均地权之意，可谓能极意规划了。然而井田制之难行，不难在授人以田，而难在夺人之田。无论如何大乱，土田总不会完全无主的。夺有主之田，而畀（bì，给与）之他人，必为人情所不愿，而其法遂难推行。所以北魏孝文帝的均田令，又有桑田、露田之别。桑田为世业，露田则受之于官，而亦还之于官。案《孟子》说“五亩之宅，树之以桑”，则此所谓桑田，疑即是宅田；或者是久经垦熟，世代相传的田，人情必不肯轻弃，所以听其私有。而其余则归之于公。这亦可谓善于调和了。晋武定户调式后，天下不久即乱，究竟曾否实行，很成疑问。便是魏孝文的均田令，曾实行至如何程度，亦很难说。然而以制度论，则确为平均地权的一种良法了。

其二是自古相沿的阶级，这时代，因环境的适宜，又有发达之势。社会有所谓士庶，其根源，大约是古代的贵族和平民。古代的贵族，其世系都有史官替他记录。[②] 所以家世不至于无考，而士庶亦不至于混淆。自封建制度破坏，国破家亡之际，此等记录，未必更能保存。加以秦人灭学，诸侯史记，被他一把火烧尽。[③] 于是秦、汉以来，公侯子孙，就都“失其本系”了。汉朝是兴于平民的。其用人，亦不论门第。自古相沿的阶级，到此本可铲除。然而政治上一时的设施，拗不过社会上自古相传的观念。向来称为贵族的，还是受人尊敬；称为平民的，还不免受人轻蔑，这又是势所必然。两汉时代的社会，大约便系如此，此乃当时习为固然，而又极普遍的现象，所以没人提起。[④] 汉末丧乱，士流播迁（迁徙、流离）。离其本土者渐多。其在本土，人人知其为贵族，用不着特别提起。到播迁之后，就不然了。这时代的人，所以于氏族之外，尤重郡望，职此之由。而五胡之族，颇多冒用汉姓的。中国士大夫，耻血统与异族相混淆，而要自行标举，自然也是一个理由。再加以九品中正的制度，为之辅助。士庶的阶级，自然要划若鸿沟了。

区别士庶，当以魏、晋、南北朝为最严。不但“婚姻不相通，朊仕（朊：音 wǔ；朊仕：高官厚禄。）不相假”，甚至“一起居动作之微，而亦不相偕偶”。看《陔（gāi）馀丛考》“六朝重氏族”一条可知。但是当时的士族，已有利庶族之富和他们结婚、通谱的。[⑤] 隋、唐以后，此风弥甚。如此，则血统淆混，士庶之别，根本动摇。所以在隋、唐之世，门阀制度，虽尚保存，其惰力性。一到五代之世，就崩溃无余了。[6]魏晋南北朝，正是门阀制度如日中天的时代。此时的贵族，大抵安坐无所事事。立功立事，都出于庶族中人，而贵族中亦很少砥砺名节，与国同休戚的。富贵我所固有，朝代更易，而其高官厚禄，依然不改。社会不以为非，其人亦不自以为耻。这真是阶级制度的极弊。[7]

这时候，是个异族得势的时代。汉族为所压服，自然不免有种种不平等的事。而社会上的媚外，亦遂成为风气。这真是闻之而痛心的。《颜氏家训》说："齐朝一士夫，尝谓吾曰：我有一儿，年已十七，颇晓书疏。教其鲜卑语及弹琵琶，稍欲通解。以此伏事公卿，无不宠爱。"我们看《隋书·经籍志》，所载学鲜卑语的书籍很多，便知这样的，绝不是一两个人。这是士大夫。至于小民，则史称高欢善调和汉人和鲜卑。他对鲜卑说："汉人是汝奴。夫为汝耕，妇为汝织，输汝粟帛，令汝温饱。汝何为陵之？"又对汉人说："鲜卑是汝作客。得汝一斛（hú，中国旧时量器名，亦是容量单位，一斛本为十斗，后来改为五斗。）粟、一匹绢，为汝击贼，令汝安宁。汝何为疾之？"一为武士，一为农奴，此时北方汉人所处的地位，就可想而知了。但是两汉以前，北方的文化，本高于南方；富力亦然。自孙吴至陈，金陵为帝王都者三百六十年。五胡乱后，北方衣冠之族，纷纷南渡。南方的文化，遂日以增高。浸至驾北方而上之，而富力亦然。试看隋唐以后，江淮成为全国财富之区。自隋至清，帝都所在，恒借江淮的转漕（漕：音 cáo；转漕：转运粮饷，古时陆运称"转"，水运称"漕"。）以自给，就可明白了。这也是中国社会的一大转变。

注释

①见第十一章注①。

②《周官》小史之职。

③《史记·六国年表序》:“秦既得意,烧天下诗书。诸侯史记尤甚。诗书所以复见者,多藏人家,而史记独藏周室,以故灭。”人家的“人”字,疑当作“民”,乃唐人避太宗讳所改。“周室”二字,乃举偏概全,兼包当时各侯国言,并非专指周室。当时史籍系官书,民间没有副本,所以一烧即尽。

④以上一段,请参看《唐书》柳芳论氏族之语,自可明白。见《唐书》本传。

⑤参看《日知录》“通谱”,《廿二史劄记》“财昏”。

⑥《通志·氏族略》说:五代“取士不问家世,婚姻不问阀阅”。

⑦参看《廿二史劄记》“江左世族无功臣”、“江左诸帝皆出庶族”、“南朝多以寒人掌机要”。

第十九章　隋之统一与政治

从南北朝至隋，可以算我国历史上一个由乱入治之世。但是其为治不久。

论起隋文帝的为人来，也可以算一个英明的君主。他的勤于政治和其持身的节俭，尤其是数一数二。所以承南北朝丧乱之后，取民未尝有所增加，对于杂税等，反还有所减免。而其时府库极为充实。重要的去处，仓储亦极丰盈。其国富，古今少可比拟的。[①]

但是隋文帝有个毛病，便是他的性质，失之于严酷和猜忌。所以他的对付臣下，是要运用手腕的。而其驭民，则偏于任法。因此其所任用的人，如杨素、苏威等，非才知之士，则苟免之徒，并无立朝侃侃，与国同休戚的。而人民也没有感恩的观念。他又偏信皇后独孤氏，废太子勇而立炀（yáng）帝。荒淫暴虐，兼而有之。而隋遂不免于二世而亡，与嬴秦同其运命了。

南北朝以后，荒淫暴虐的君主颇多。其性质，有近乎文的，如南朝的陈后主是。亦有近乎武的，则如北朝的齐文宣是。这大约和当时异族的得势，不无关系；而南朝的君主，多出身微贱，也是其中的一个原因。当隋及初唐之世，此等风气还未尽除。如隋炀帝，便是属于前一种的。如唐太宗的太子承乾，则是属于后一种的。

炀帝即位之后，即以洛阳为东都。他先开通济渠，引榖（gǔ）、洛二水，通于黄河，又自河入汴，自汴入淮，以接淮南的邗（hán）沟。[2]又开江南河，从京口到余杭，[3]长八百里。他坐了龙舟，往来于洛阳、江都之间。又开永济渠，引沁水，南达黄河，北通涿郡。[4]又开驰道，从大行到并州，由榆林以达于蓟。[5]开运河，治驰道（**古代供君王行驶车马的道路，泛指供车马驰行的大道。**），看似便利交通之事。然而其动机，非以利民，而由于纵欲；而其工程，又非由顾募，而出于役使。如此，人民就未蒙其利，而先受其害了。

当南北朝末年，突厥强盛。周、秦二国，恐其为敌人之援，都和他结婚姻；而且还厚加赠遗，以买其欢心。然而突厥益骄，边患仍不能绝。隋文帝劳师动众，又运用外交手腕，才把它克服下来。突厥的启民可汗，算是称臣于隋。又从慕容氏侵入中原之后，辽东空虚，为高句丽所据。至隋时不能恢复。这确是中国的一个大损失。[6]为炀帝计。对于突厥，仍应当恩威并用，防其叛乱之萌。对于高句丽，则应先充实国力，军事上也要有缜密的计划，方可谋恢复国土。至于西域诸胡，则本和中国无大关系。他们大抵为通商而来。在两利的条件下，不失怀柔远人之意就好了。而炀帝动于侈心。任用裴矩，招致西域诸胡。沿途盛行供帐。甚至有意使人在路旁设了饮食之肆，邀请胡人饮食，不取其钱，说中国物力丰富，向来如此的。胡人中愚笨的，都惊叹，以为中国真是天上。其狡黠（xiá）的，见中国也有穷人，便指问店主人道：你这白吃的饮食，为什么不请请他们？店中人无以为答。如此，花了许多钱，反给人家笑话。他又引诱西突厥，叫他献地数千里。设立西海、河源、鄯（shàn）善、且（jū）末四郡。[7]谪罪人以戍之。这些都是荒凉之地，要内地转输物品去供给他。于是西方先困。他又发大兵去征伐高句丽。第一次在六一一年，大败于萨水。[8]六一三、六一四年，又两次兴兵，高句丽仅貌为请降。而这三次，征兵运饷，却骚动天下。当他全盛时，曾巡行北方。幸突厥始毕可汗衙帐，始毕可汗极其恭顺。到六一五年再往，始毕可汗便瞧他不起。把他围在雁门。[9] 靠内地的救兵来了，才算解围。明年，炀帝又坐着龙船到江都。这时候，天下已乱，他遂无心北归。后来又想移都江南，而从行的都是关中人，心上很不愿意。宇文化及等乘机煽惑。炀帝遂于六一八年为化及等所弑。

隋末，首起创乱的，是杨素的儿子玄感。炀帝再征高句丽时，他在黎阳督运，[10] 就举兵造反。当时李密劝他：直遏炀帝的归路。次之则先取关中，以立自己的根基。玄感都不能听，而顿兵于东都之下，遂致失败。后来群盗蜂起，李密和河南的强盗翟让合伙。旋把他杀掉，自成一军。据兴洛、回洛诸仓，[11]“招致饥民，至者数十万，声势很盛。在河北，则群盗之中，窦建德最有雄略。而隋炀帝所遣的将王世充，则据东都，和李密相持。唐高祖李渊，本是隋朝的太原留守。以其次子世民——即后来的唐太宗——的计策，于六一七年，起兵先取长安，次平河西、陇右。[12] 刘武周据马邑，以宋金刚为将，南陷并州，亦给唐兵打败。李密为王世充所败，降唐，旋又借招抚为名，出关想图再举，为唐人伏兵所杀。秦王世民攻王世充，窦建德来救，世民留兵围城，引兵迎击于虎牢，[13] 大破之。擒建德，世充亦降。建德将刘黑闼（tà），两次反叛，亦给唐兵打平。长江中流，梁朝之后萧铣（xiǎn），称帝于江陵，地盘颇大。唐朝亦派兵把他灭掉。其下流：陈稜（léng）、李子通、沈法兴等，纷纷割据。后皆并于杜伏威。[14] 而伏威降唐。割据北边的：有高开道、苑君璋、梁师都等。[15] 大都靠突厥为声援。然天下定后，突厥亦不能拥护他。遂次第为唐所平定。这时候，已在太宗的初年了。[16]

注释

①见《文献通考》。

②今淮南运河。

③今浙江余杭县。

④今河北涿县。

⑤今河北蓟县。

⑥参看第二十一章。

⑦西海郡在青海附近。河源当在青海西南。鄯善、且末，皆汉西域国名，这两郡，该在今敦煌之西。

⑧今大宁江。

⑨今山西代县。

⑩今河南濬（xùn）县。

⑪兴洛仓，即洛口仓，在今河南巩县东南。回洛仓，在今河南孟津县东。

⑫据河西的为李仁轨。据陇右的为薛举，传子仁杲，被灭。

⑬在今河南汜（sì）水县。

⑭陈稜据江都，李子通据海稜（今江苏泰县），后南徙余杭。沈法兴据毗（pí）陵（今江苏武进县）。稜与法兴，皆为子通所破。子通为伏威所擒。

⑮高开道据渔阳（今河北怀来县）。苑君璋，刘武周将。武周死后，据马邑。梁师都据朔方（今陕西怀远县）。

⑯梁师都被杀，在公元六二八年，为太宗贞观二年。

第二十章　唐的开国及其盛世

汉与唐，同称中国的盛世，汉之治称文、景，唐之治，则称贞观与开元。

唐高祖的得国，本是靠秦王世民之力。太子建成和齐王元吉忌他，彼此结党互争。而高祖晚年，颇惑于嬖（bì，宠幸。）妾近习。这竞争倘使扩大了，也许可以演成干戈，人民重受其祸。幸而唐高祖封世民于东方之说，未曾实行。玄武门之变，解决迅速，建成、元吉都为世民所杀。高祖亦传位于太宗。于是历史上遂见到所谓贞观之治。

太宗是三代下令主。他长于用兵；又勤于听政，明于知人，勇于从谏。在位时，任房玄龄、杜如晦为相，魏徵（zhēng）为谏官，都是著名的贤臣。所以其武功、文治，都有可观。参看第二十一、二十三两章自明。

太宗死后，高宗即位，初年任用旧臣，遵守太宗治法，所以永徽之治，史称其媲美贞观。中年后，宠信武才人，废王皇后，立为皇后。国戚旧臣，如长孙无忌、褚遂良等，都遭贬斥。高宗因苦（为某事所苦）风眩，委政武后，后遂为其所制，唐朝的衰颓，就自此开始了。高宗死后，武后废中宗而立豫王旦。——就是后来的睿宗。——公元六九〇年，又把他废掉，自称则天皇帝。改国号为周。中宗初废时，幽禁于房陵。[①] 后来因狄仁杰的谏劝，才还之于洛阳，代睿宗为皇嗣。七〇五年，宰相张柬(jiǎn)之等，乘武后病卧，阴结宿卫将士，迎接中宗复位。

武后以一女主，而易姓革命，这是旷古未有之事，自然要疑心人家暗算她。于是：

(一)大杀唐宗室，又大开告密之门，任用酷吏周兴、来俊臣、索元礼等，用严刑峻法，以劫制天下。

(二)一方面又滥施爵禄，以收拾人心。虽然其用人颇有不测的恩威，进用速而黜退亦速，然而幸进之门既开，仕途遂不免于淆杂。

(三)武后虽有过人之才，然而并无意于为治，所用多属佞(nìng)媚之臣。其嬖宠，如薛怀义、张昌宗、张易之等，无不骄奢淫逸。武后亦造明堂，作天枢，所费无艺，民不堪命。

(四)一面骄奢淫逸，一面又要尽心防制国内，自然无暇对外。于是突厥、契丹蹂躏河北。发数十万大兵而不能御。吐蕃强盛，两边也时告紧急。②

这都是武后革命，及于政治上的恶影响。中宗是身受武后幽废的，论理，当一反其所为，而将武后时之恶势力，铲除净尽。而以武后之才，把持天下二十余年，亦终于失败，则即有野心的人，亦当引以为鉴。然而天下事，每有出于情理之外的。中宗复位之后，即唯皇后韦氏之言是听，任其妄作妄为，不加禁止。而韦后，亦忘却自己是和中宗同受武后幽禁，几遭不测的，反与上官婕妤，俱通于武后之侄武三思。于是武氏的势力复盛。张柬之等反都遭贬谪而死，韦后、上官婕妤、韦后的女儿安乐公主等，都骄奢淫逸，卖官鬻爵。政治的浊乱，更甚武后之时。公元七一〇年，中宗竟为韦后所弑。玄宗起兵定乱。奉其父睿宗为皇帝。睿宗立玄宗为太子。时韦后及安乐公主已死，唯武后女太平公主仍在。公主当武后时，即多与秘谋，后来中宗复辟，及玄宗讨韦后之乱，又皆参与其事。属尊而势力大，在朝的人，都有些怕她，附和她的亦很多。公主惮玄宗英明，竭力谋危储位，睿宗又不能英断。其时情势甚险。幸而玄宗亦有辅翼的人，到底把她除去。而睿宗亦遂传位于玄宗。这是公元七一二年的事。当睿宗在位时，贵戚大臣的奢侈，二氏营造的兴盛，还是同武、韦时一样。而从中宗时，韦后和上官婕妤、太平、安乐公主等，都可以斜封（非朝廷正命封授）墨敕（由皇帝亲笔书写，不经外廷盖印而直接下达的命令。）授官。仕途的混杂，尤其不可思议。直到玄宗即位，任姚崇为宰相，才把它澄除掉。玄宗初相姚崇，后相宋璟（jǐng）。崇有救时之才，璟则品性方刚，凡事持正。崇、璟之后，又相张九龄，亦是以风骨著闻的。武、韦以后的弊政，到此大都铲除。自高宗中叶以后，失坠的国威，到此也算再振。这个于下一章中叙述。从贞观到开元，虽然中经武、韦之乱，然而又有开元的中兴，总算是唐之盛世。自天宝以后，则又另是一番局面了。

注释

①今湖北竹山县。

②参看第二十一章。

第二十一章　隋唐的武功

隋、唐两代的武功，是互相继续的。隋朝的武功，虽不如唐朝之盛，然而是唐朝开拓的先声。其规模，较汉代尤为广远。这也是世运进步，交通日益发达的缘故。

中国历代的大敌是北狄。隋、唐时代，自然也是如此。后汉时，匈奴败亡，鲜卑继续据其地，已见第七章。两晋时，鲜卑纷纷侵入中国，于是丁令入居漠北。丁令，便是今日的回族。[①]异译称敕勒，亦作铁勒，中国人称为高车。当拓跋魏在塞外时，今热、察、绥境诸部落，殆悉为所并。只有热河境内的奚、契丹，未全随之入中国。[②]又有一个部落，称为柔然的，则始终与之为敌。从魏孝文迁都以前，北魏根本之地，实在平城。所以其防御北族，较侵略中国，更为重要。太武帝之世，曾屡出兵击破柔然。柔然败后，逃至漠北，收服铁勒之众，其势复盛。太武帝又出兵征讨，把他打败。这时候，铁勒之众，降者甚多。太武帝都把他迁徙到漠南。柔然遂不能与魏抗。这是公元四百二三十年间的事。东西魏分立后，柔然复强。然其势不能久。至公元五五二年，遂为突厥所破。突厥也是回族，兴于金山的。[③]既破柔然之后，又西破呎(yè)哒。尽服西域诸国。其最西的可萨部，直抵亚洲西界，与罗马为邻，东方则尽服漠南北诸族。其疆域之广，远过汉时的匈奴。

然而突厥声势虽盛，其组织却不甚坚凝。各小可汗的势力，都和大可汗相仿佛。隋文帝于是运用外交手腕，先构其西方的达头可汗和其大可汗沙钵（bō）略构兵。突厥由是分为东西。后又诱其东方的突利可汗，妻以宗女。其大可汗都蓝怒，攻突利。突利逃到中国。隋处之于夏、胜二州之间，[④] 赐号曰启民可汗。都蓝死后，启民因隋援，尽有其众。于是突厥一时臣服于隋。隋末大乱，华人多往依突厥。突厥复盛。控弦（拉弓、持弓，借指士兵。）之士至百万。北边的群雄，无不称臣奉贡。便唐高祖初起时，也是如此。[⑤] 天下定后，还很敷衍他。而突厥贪得无厌，仍岁侵边，甚至一岁三四入。太宗仍运用外交手腕，离间其突利可汗。[⑥] 而是时突厥的大可汗颉（xié）利政衰，北边诸部多叛。又连遭荒歉。公元六三〇年，颉利遂为太宗所擒。突厥或走西域，或降薛延陀，而来降的尚十余万。太宗初用温彦博之言，处之河南。后来又徙之河北。这时候，薛延陀继据漠北。公元六四四年，又为太宗所灭。回纥（hé）继居其地。率先铁勒诸部，尊中国的天子为天可汗。突厥的遗众，也曾屡次反叛，然都不成大患。到六八二年，骨咄禄自称可汗，中国就不能平定。骨咄禄死后，弟默啜继之。尽复颉利以前旧地，大举入攻河北，破州县数十。武后兴大兵数十万御之而不胜。直到公元七四四年，玄宗才乘其内乱，出兵直抵其庭，把它灭掉。至于西突厥，则是公元六五七年，高宗乘内乱，把它灭掉的。西突厥在当时，本是亚洲西方唯一的大国。西突厥灭亡后，诸国皆震恐来朝，中国所设的都督府州，遂西至波斯。

葱岭以东，汉时十六国之地，后来互相吞并，其兴亡不尽可考。唐时，高昌、焉耆、龟兹（qiū cí）、于阗（tián）、疏勒较大，太宗于高昌、焉耆、龟兹三国，都用过兵。其余小国，则皆不烦兵力而服。

青海本羌地。晋时，为鲜卑吐谷浑所据。至后藏，则为今藏族兴起之地。其族之北据于阗，[⑦] 臣服葱岭以西，和波斯兵争的为哌（yàn）

哒，为突厥所灭。而印度阿利安人，又有一支入藏，居于雅鲁藏布江流域，是为吐蕃王室之祖。[8]吐蕃至唐时始强。太宗时，因求尚主不得，入寇松州。[9]太宗遣将击破之。然仍妻以宗女文成公主。公主好佛，是为吐蕃人受佛教感化之始。至今还尊为圣母。弃宗弄赞尚主后，对中国极其恭顺。死后，其大臣钦陵、赞婆等专国，才猾起夏来。东灭吐谷浑，西破西域四镇。[10]高宗、武后时，与之战争，屡次失败。武后时，王孝杰恢复四镇之地，吐蕃对西域一方面，稍受牵制，而中宗时，又畀以河西九曲之地。“由是河洮之间，受祸尤烈。直到玄宗时，才把它恢复过来。

印度和中国，虽久有宗教和商业上的关系，至于国交上的关系，则很少的。唐时，有个和尚，法名唤作玄奘，即是后来被尊为三藏法师的，因求法至印度。这时候，印度乌苌（cháng）国的尸罗逸多二世在位。遣使入贡。太宗又遣王玄策报使。玄策至其国，适值尸罗逸多薨逝，其臣阿罗那顺篡立。发兵拒击玄策。玄策走吐蕃西鄙，发吐蕃、泥婆罗[11]两国的兵，把他打败，擒阿罗那顺送阙下。这要算中国对西南，兵威所至最远的一次了。

东北一带，雄据辽东的是高句丽。在今热河境内的是奚、契丹。在松花江流域的，则是靺鞨（mò hé）。中国对东北，国威的涨缩，要看辽东西的充实与否。自汉至晋初，辽东西比较充实。所以高句丽等，不能跋扈。慕容氏侵入中国后，辽东空虚，遂至为其所据。辽西亦受侵掠。热河境内的契丹，且不能免；吉林境内的靺鞨，其折而入之，自更不必说了。隋朝东征的失败，同由炀帝不善用兵；亦由东北空虚，军行数千里，大敌不能猝克，而中国又不能顿兵与之久持的原故。唐太宗亦蹈其覆辙。六四四年之役，自将而往，未能大克，而损失颇巨。直到高宗时，因其内乱，才于六六三、六六八两年，先后把百济和高句丽灭掉。于是分其地置都督府州，而设安东都护府于平壤以统之。中国的疆域，才恢复两汉时代之旧。然新罗人既阴嗾（sǒu）丽、济余众叛唐，而因之以略唐地。而武后时，契丹反叛，因此牵动了入居营州境内的靺鞨。其酋长大祚荣，逃至吉林境内。武后遣兵追击，不胜。大氏遂自立为国。尽并今吉、黑两省，以及俄领阿穆尔、东海滨省，暨朝鲜半岛北部之地。[12]是为渤海。于是安东都护，内徙辽东，唐朝对东北的威灵，就失坠了。但是新罗、渤海，对中国都尚恭顺。其文化，也都是模仿中国的。而日本，亦于是时，年年遣使通唐，其一切制度，亦皆学自中国。中国对东北的政治势力，虽不十分充分，其声教所及，则不可谓之不远了。

注释

①此族现在中国人统称为回，欧洲人则通称为突厥。见《元史译文证补》卷二十七中，其实突厥、回纥，都是分部之名，不是全族的总称。

②其分支入中国的为宇文氏。

③今阿尔泰山。

④胜州，在今鄂尔多斯左翼后旗。

⑤高祖亦尝称臣，《唐书》他处皆讳之。唯《突厥传》载太宗灭颉利时，有“往国家初定，太上皇以百姓故，奉突厥，诡而臣之”之语，微露其消息。

⑥突厥统东方的，均称突利可汗。

⑦其实“呎哒”二字，即系“于阗”的异译。

⑧见《蒙古源流考》。

⑨今四川松潘县。

⑩龟兹、于阗、焉耆、疏勒。

⑪今廓（kuò）尔喀。

⑫渤海五京：上京龙泉府，在今吉林敦化县附近。中京显德府，在吉林东南。东京龙原府，在海参崴（wǎi）附近。南京南海府，在朝鲜成兴。西京鸭绿府，在辽宁辑安县。其都城忽汗城，临忽汗海，即今吉林镜泊。

第二十二章　隋唐的对外交通

交通是随世运而进步的，而世运亦随交通而进步，二者是互为因果的。两汉对外的交通，已见第八章。隋、唐时代，国威之盛，不减汉时；而世运又经三百余年的进步，交通的发达，自更无待于言了。

语云："水性使人通，山性使人塞。"观于中、欧陆路相接，而其交通之始，反自海道而来，已可知之。魏晋而后，海道的交通，更形发达。据阿拉伯人《古旅行记》，则公元一世纪后半，西亚细亚海船，始达交趾。其时实在后汉的初叶。及中叶，大秦的使节和商人，大概都是由此而来的。至第三世纪中叶，则中国商船，渐次西向，由广州而达槟榔屿。第四世纪至锡兰，第五世纪至亚丁。终至在波斯及美索不达迷亚，独占商权。至第七世纪之末，阿拉伯人才代之而兴。[①] 然则自东晋中叶，至唐武后之时，我国的商权，在亚洲可称独步了。

还有一惊人之事，则中国在当时，似已与西半球有交通。古书上说东方有个扶桑国，其道里及位置，很难征实。而《南史·四夷传》，载公元四九九年，其国有沙门慧深，来至荆州。述其风俗制度，多与中国相似。而贵人称对卢，与高句丽，同婚姻之先，婿往女家门外做屋，晨夕洒扫，颇似新罗人风俗。然则扶桑似是朝鲜半岛的民族，浮海而东的。慧深说其国在大汉东两万里，而大汉国在文身国东五千余里，文身国在倭东北七千余里，核其道里，其当在美洲无疑。所以有人说：扶桑就是现在墨西哥之地。但亦有人说：古书所载道里，多不足据，从种种方面看来，扶桑实是现今的库页岛。[2] 这两说，我们姑且悬而不断。但亦还有一个证据，足证中国人之曾至西半球。法显《佛国记》载其到印度求法之后，自锡兰东归，行三日而遇大风，十三日到一岛。又九十余日而至耶婆提。自耶婆提东北行，一月余，遇黑风暴雨。凡七十余日，折西北行，十二日而抵长广郡。[3] 近人章炳麟《法显发见西半球说》，说耶婆提就是南美洲的耶科陁（tuó）尔，法显实在是初陷入太平洋中而至此。至此之后，不知地体浑圆，仍向东方求经，又被黑风吹入大西洋中。超过了山东海岸，再折回来的。其计算方向日程，似乎很合。法显的东归，在东晋义熙十二年，即公元四一六年。其到美洲，较哥仑布要早一千零七十七年，其环游地球较麦哲伦要早一千一百零三年了。

唐中叶后，阿拉伯海运既兴，中国沿海，往来仍极繁盛。据唐李肇《国史补》，则安南、广州，每年皆有海船前来，《国史补》所记，多系开元、长庆百余年间之事。然则八九世纪间，外国海舶，必已来交、广无疑。所以当八世纪之初，我国在广州，业已设有市舶司。[4] 而据《唐书·田神功传》，则七六〇年，神功兵在扬州大掠，大食、波斯贾胡，死者数千。又八三四年，文宗诏书，曾命岭南、福建、扬州，存问蕃客，不得加重税率。[5] 则今江苏、福建之境，也有外国商人踪迹了。

陆路的交通，历代亦迄未尝绝。试看南北朝时，币制紊乱，内地多以谷帛代用，独岭南以金银为市，而河西亦用西域金银钱，[6] 便可知当时对西域贸易之盛。所以隋世设官，陆路有互市监。炀帝招致诸国，来者颇多。当时裴矩曾撰有《西域图记》，惜乎今已不传。而史官记录，亦多无存，以致《隋书》的《西域传》，语焉不详罢了。隋时通西域的路有三：北道出伊吾，过铁勒、突厥之地，而至拂菻（lǐn）。[7] 中道出葱岭，经昭武九姓诸国[⑧]而至波斯，南道度葱岭至北印度。唐时，陆路交通，益形恢廓，《唐书·地理志》载贾耽所记入四夷之路，最要者有七：其中第一、第三、第四、第五、第六都是陆路。除第三夏州塞外通大同、云中道，全在今日邦域之内；第五自安西入西域道，与隋时入西域之路略同外。又有：第一，营州入安东道。自今热河境，东经辽东至平壤，南至鸭绿江，北至渤海。第四，中受降城入回鹘（hú）道。自今绥远境内黄河北岸的中受降城起，渡沙漠，至色楞格河流域。再北逾蒙古和西伯利亚的界山，而至贝加尔湖。[⑨]东北经呼伦湖，[⑩]而通兴安岭两侧的室韦。第六，安南通天竺道。自安南经现今的云南至永昌。[⑪]分为南北两道。均经缅甸境入印度。而安南又别有一路，过占城真腊[⑫]而至海口，与第七广州通海之道接。其第二自登州[⑬]海行入高丽、渤海道，至鸭绿江口，亦分歧为二：由陆路通渤海、新罗。第一道自平壤南至鸭绿江，也是与此道接的。

陆路的交通，道路的修治既难，资粮的供给又不易。所以大陆交通的发达，转在海洋交通之后。唐时，国威遐畅（远扬），于这两点，亦颇费经营。《唐书·回纥传》说：太宗时，铁勒诸部来降，请于回纥、突厥部治大涂，号参天至尊道，于是诏碛（qì）南鹈鹕（pì tī）泉之阳，[⑭]置过邮六十八所，具群马、湩（dòng，以乳酿成的酒。）、肉，以待使客。《吐蕃传》亦说：当时轮台、[⑮]伊吾屯田，禾菽（菽：音 shū；禾菽：谷类和豆类。）相望。虽然为物力所限，此等局面不能持久，然而一时则往来之便，确有可观。中外文化的能互相接触，也无怪其然了。

注释

①据梁启超《世界史上广东之位置》。

②见冯承钧译《中国史乘中未详诸国考证》。

③今山东即墨县。

④《唐书·柳泽传》，载开元中泽弹劾市舶使周庆立之事。据《册府元龟》卷五百四十六，泽以开元二年为岭南监选史。其弹劾庆立，当在是年（冯攸译《唐宋元时代中西通商史》本文一考证一）。

⑤《全唐文》卷七十五。

⑥见《隋书·食货志》。

⑦伊吾，新疆哈密县。拂菻，即东罗马。

⑧昭武九姓，为康、安、曹、石、米、何、史、火寻、戊地九国，皆在葱岭以西，今俄属中亚之地。

⑨贝加尔湖，在东部西伯利亚，古之北海。

⑩《唐书》名俱轮泊。

⑪今云南保山县。

⑫占城，今安南的广和城。真腊，今柬埔寨。

⑬今山东蓬莱县。

⑭在中受降城北五百余里。

⑮今新疆轮台县。

第二十三章　隋唐的制度

隋唐的制度，大略是将魏、晋、南北朝的制度，加以整理而成的。但自唐中叶以后，因事实的变迁，而制度亦有改变。

自魏、晋以后，平时不设宰相，而尚书、中书和门下，迭起而操宰相之权。隋改中书为内史。唐初复旧。以三省长官为宰相。[①]中书取旨，门下封驳（驳正臣下奏章违误，封还皇帝失宜诏令。），尚书承而行之。其后多不除人，但就他官加一个同平章事，或同中书门下三品的名目。而中书门下之事，实亦合议于政事堂，并非真截然分立的。尚书，历代都分曹治事（分科办事；曹：古代分科办事的官署。）。至隋才设六部，[②]以总诸曹。自唐以后，都沿其制。御史一官，至唐而威权渐重。[③]所属有三院：台院，侍御史属焉；殿院，殿中御史属焉；监院，监察御史属焉。御史弹劾，本来只据风闻。唐贞观中，才于台中置东西二狱。自此御史台渐受辞讼，侵及司法的权限。专制之世，君主威权无限。和君主接近的人，便为权之所在。而君主又每好于正式机关之外，另行委任接近之人。唐朝的学士，本只是个文学侍从之官；翰林尤其是杂流待诏之所，[④]并不是学士。但是后来，渐有以学士而居翰林中的。初代中书舍人掌文诰。后来就竟代宰相，参与密谋。这也和魏晋以后的中书门下，如出一辙。外官则因东晋以来，州的区域缩小，至隋世，遂并州郡为一级。唐代因之，而于其上更置“监司之官”。[⑤]这颇能恢复汉代的旧规。但中叶以后，节度握权，诸使名目，尽为所兼；而支郡亦受其压制，尽失其职，不复能与朝廷直接。名为两级，实在仍是三级制了。

两汉行今文经说，只有一大学。晋武帝时，古文经之说既行，才别设国子学。自此历代或国子大学并置，或但设国子学。至隋，国子始自为一监，不隶太常。唐有国子学、太学、四门学、律学、书学、算学六学，都隶国子监。但其学生，多以皇亲、皇太后亲、皇后亲和大臣子弟，分占其额，不尽是平民进的。⑥从东汉以后，学校已不是学问的重心，只是进取之阶，选举上之一途而已。

选举制度，隋唐时有一大变迁。隋炀帝始设进士科，而其制不详。唐时则设科甚多，其常行的为明经、进士两科。明经试帖经、墨义，⑦进士试诗赋。一则但责记诵，失之固陋。一又专务辞藻，失之浮华。然所考试的东西，虽不足取，而以考试之法论，则确是选举制度的一大进步。原来隋唐时的科举，原即两汉以来的郡国选举。前此无正式考试之法，则举者不免徇私。士有才德而官不之举，亦属无可如何。唐制，则士可投牒（牒：音dié；投牒：呈递文辞。）自列；州县就加考试，送至京师，而试之于礼部；则举否之权，不全操于州县长官；而毫无应试本领的人，也就不敢滥竽充数了。此外唐朝还有一种标明科目，令臣下荐举的，谓之制科。是所以待非常之才的。⑧其选官，则文选属于吏部，武选属于兵部。吏部于六品以下的官，都始集而“试”，观其书判；已试而“铨”，察其身言；已铨而“注”，乃询其便利而“拟”。唐初铨选，仍有衡鉴人才之意。裴光庭始创循资格，以限年蹑级为事，又专以资格用人了。汉世郡县之佐，都由其长官自辟。所辟的大都是本地人。历代都沿其制。隋文帝才尽废之，别置品官，悉由吏部除授。这两事，都是防弊之意多，求才之意少。然而仕宦既成为利禄之途，其势亦不得不如此。

兵制：隋、唐两朝，都是沿袭后周的。而唐朝的府兵，制度尤为详备。其制：全国设折冲府（唐代府兵制基层组织军府的名称）六百三十四，而在关内的二百六十一。每府各置折冲都尉，而以左右果毅都尉为之副。上府千二百人，中府千人，下府八百。诸府皆分隶于卫。平时耕以自养。战时召集。临时命将统率。师还，则将上所佩印，兵各归其府。颇得兵农合一之意。但是练兵是所以对外的。承平无事之时，当然不免废弛。所以高宗、武后之世，其法业已渐坏，至于不能给宿卫（古时指在宫禁中值宿，担任警卫的人。）。宰相张说，乃请代以募兵，谓之彍骑（彍：音 guō；彍骑：唐代宿卫兵名称。）。如此，边庭上的兵，自然也不能仰给于府兵，而不免别有所谓藩镇之兵了。唐初戍边的兵，大者称军；小者或称守提，或称城，或称镇，都有使而总之以道。道有大总管。后来改称大都督。高宗以后，都督带使持节的，则谓之节度使。玄宗时，于沿边设十节度经略使。其兵多强。而内地守备空虚，遂酿成安史之乱。安史乱后，则藩镇遍于内地。到底不可收拾，而酿成五代的分裂了。

隋、唐的法律，大体也不过沿袭前朝。而刑罚种类等级，则至隋时又一进步。自汉文帝除肉刑而代以髡（kūn，古代剃去男子头发的一种刑罚。）笞。髡法过轻，而略无惩创。笞法过重，而至于死亡。后乃去笞而独用髡。减死罪一等，即止于髡钳（剃去头发，用铁圈束颈。），进髡钳一等，即入于死罪。轻重失宜，莫此为甚。从隋唐以后，才制笞、杖、徒、流、死五刑。其中又各分等级。⑨自此以后，刑罚轻重得宜，前此复肉刑的议论，就无人提起了。又隋以前的法律，只有刑法，到唐朝，则又有所谓《六典》。此书是仿照《周礼》，以六部为大纲而编纂的。一切国家大政，都具其中，俨然是一部完备的行政法典。后来明清的《会典》，都是渊源于此的。[10]

注释

①中书令，侍中，尚书令。太宗曾做过尚书令。后来臣下莫敢当，乃废之，而以左右仆射为长官。

②吏、户、礼、兵、刑、工。

③以大夫为长官。

④如医卜、绘画、弈棋等技术之士。

⑤使名屡有改易，最后称观察使。

⑥国子学和太学里，都没有平民。

⑦帖经、墨义的格式，见《文献通考》卷二十九、卷三十。其意，则帖经乃责人熟诵经文，墨义则责人熟诵疏注。

⑧参看第六章。

⑨笞刑五等：自十至五十。杖刑五等：自六十至一百。徒刑五等：自一年至三年，每等加半年。流刑三等：二千里，二千五百里，三千里。死刑二等：绞、斩。

⑩行政法典，各国都没有完整的，只有中国，《周官经》一书，便有此意，至唐《六典》而规模大具。见日本织田万《清国行政法》第一编第一章第二节。

第二十四章　隋唐的学术和文艺

隋、唐承南北朝之后，在思想界，佛学的发达，可谓臻于极盛。这个留待下章再讲。而儒家的辟佛（斥佛教、驳佛理），亦起于此时。首创其说者为韩愈。宋人辟佛的，颇乐道其说。经学：自魏、晋以后，两汉专门的授受，渐次失传，于是有义疏之学。在南北朝时，颇为发达。然其说甚繁杂，于是又有官纂的动机，其事至唐代而告成。便是太宗敕修，至高宗时再加订定而颁行的《五经正义》。唐人经学本不盛，治经的，大多数是为应明经举起见。既有官颁之本，其他遂置诸不问了，于是义疏之学亦衰。唯啖（dàn）助、赵匡的治《春秋》，于“三传”都不相信，而自以其意求之于经文，则实为宋人经学的先声。

自汉以后，作史的最重表志纪传和编年两体，已见第九章。而表志纪传一体，尤为侧重。又新朝对于旧朝，往往搜集其史料，勒成一书，亦若成为通例。唐朝自亦不能外此。唯前此作史的，大抵是私家之业，即或奉诏编撰，亦必其人是素来有志于此，或从事于此的。唐时所修晋、宋、齐、梁、陈、魏、周、齐之史，都系合众撰成。自此以后，“集众纂修”，遂沿为成例。旧时论史学的，都说众纂之书，不如独撰。在精神方面，固然如此，然后世史料日繁，搜集编排，都非私人之力所及，亦是不得不然的。又众纂之书，亦自有其好处。因为从前的正史，包蕴宏富，一人于各种学问，不能兼通，非合众力不可。《晋书》的纪传，虽无足观，而其志则甚为史学家所称许，即其明证。唐代的史学，还有可特别记述的。其一专讲典章经制的，[1]前此没有，至唐而有杜佑的《通典》。其二前此注意于史法的很少，至唐而有刘知幾（jī）的《史通》。

与其说隋、唐是学术思想发达的时代，不如说隋、唐是文艺发达的时代。散文和韵文，在其时都有很大的变化。从齐梁以后，文字日趋于绮靡（华丽、浮艳），以致不能达意，已见第十七章。在此种情势之下，欲谋改革，有三条路可走：其一是废弃文言，专用白话。唐代禅家的语录，以及民间通行的通俗小说，[2]就是从此路进行的。此法在从前尚文之世，不免嫌其鄙陋。而且同旧日的文章，骤然相隔太远，其势亦觉不便。所以不能专行。其二则以古文之不浮靡者为法。如后周时代，诏令奏议，都模拟三代是。此法专模仿古人的形式，实亦不能达意；而优孟衣冠，更觉可笑。所以亦不可行。第三条路，则是用古人作文的义法，来运用今人的语言。如此，既不病其鄙陋，而又便于达意。文学的改革，到此就可算成功了。唐时，韩愈、柳宗元等人所走的，就是这一条路。[3]此项运动，可说起于南北朝的末年，经过隋代，至唐而告成功的。此项新文体虽兴，但旧时通行的文体，仍不能废。中国文字，自此就显分骈散两途了。后人以此等文体，与魏晋以来对举，则谓之散文。做这一派文字的人，自谓取法于古；则又自称为古文。

韵文之体，总是随音乐而变化的。汉代的乐府，从东晋以后，音节又渐渐失传了。隋唐音乐，分为三种：一为雅乐，就是所谓古乐。仅用之于朝庙典礼。一为清乐，就是汉代的乐府和长江流域的歌词，存于南朝的，隋平陈之后，立清商署以总之。其中在唐代仍可歌唱的，只有绝句。只有外国输入的燕乐，流行极盛。[4]依其调而制作，则为词，遂于韵文中别辟新体。但是唐代最发达的，不是词而是诗。诗是汉朝以来，久已成为吟诵之物。大抵韵文的起源，必由于口中自然的歌调——歌谣。而其体制的恢廓，辞藻的富丽，则必待文人为之，而后能发挥尽致。在唐代，正是这个时候了。其时除五言古诗，沿袭前人体制外，自汉以来的乐府，则又变化而成歌行。自齐、梁以来，渐渐发生的律体，亦至此而告大成。⑤这是体制的变化，其内容：则前此的诗，都是注重于比兴。唐人则兼长叙事。其中最有力的人物，就是杜甫。他所作的诗，能把当时政治上的事实和社会上的情形，一一写出，所以后人称为诗史。其后韩愈、元稹（zhěn）、白居易等，也是很长于叙事的。唐诗，旧说有初、盛、中、晚之分，虽没有截然的区别，也可代表其变化的大概。大抵初唐浑融，盛唐博大，中唐清俊，晚唐稍流于纤巧，然亦是各有特色的。宋朝人的诗，非不清新，然而比之唐人，就觉其伧父（伧：音 cāng；粗鄙；伧父：泛指粗俗、鄙贱之人。）气了。

书法，唐人擅长的也很多。大抵承两晋、南北朝之流，而在画学上，则唐代颇有新开创。古代绘画，最重人物。别的东西，都不过人物的布景。后来分歧发达，才各自成为一科。而山水一科，尤为画家才力所萃。唐时王维和李思训，号称南北两派之祖。南派神韵高超，北派勾勒深显。宋元明清的画家，都不能出其范围。⑥其擅长人物的，如吴道子等，亦盛为后世所推重。又有杨惠之，善于塑像。最近，在江苏吴县、昆山间的甪（lù）直镇，曾发现其作品。现已由当地郑重保存了。

注释

①马端临《文献通考序》说："《诗》、《书》、《春秋》之后，惟太史公号称良史，作为纪、传、书、表。纪传，以述理乱兴衰，八书以述典章经制。"这两种现象，是中国史学家所最注重的。

②《敦煌石室书录》，有《唐太宗入冥记》、《伍子胥故事》等书。

③韩愈字退之，柳宗元字子厚，两人所作为《昌黎集》、《河东集》。

④唐以前后新声为清乐，合番部乐为燕乐，番部乐如高昌、龟兹等乐皆是。

⑤唐有五言律诗、七言律诗及五七排律各体。

⑥此说起于明代的莫是龙，见所著《宝颜堂画说》。董其昌的《画眼》因之。所谓南北，并非指作画的人的籍贯；只是说自唐以后的山水画，有这两派作风。大抵宗北派的，专门画家居多；宗南派的，则文人为多。

第二十五章　佛教的分宗和新教的输入

中国的文明，在各方面都颇充实的，唯在宗教方面，则颇为空虚。此由中国人注重于实际的问题，而不甚措意于玄想之故。信教既不甚笃，则凡无害于秩序和善良风俗的，都可以听其流行。所以在政治上、社会上，都没有排斥异教的倾向。而各种宗教，在中国都有推行的机会。

其中最发达的，自然要推佛教。佛教初输入时，大约都是小乘。公元四〇一年，鸠摩罗什入长安，大乘经论，才次第流传，佛教遂放万丈的光焰。

佛教中典籍甚多。大概分之，则佛所说为经；其所定僧、尼、居士等当守的戒条为律；菩萨所说为论。[①] 佛教中亦分派别，是之谓宗。各宗各有其所主的经、论。虽然殊途同归，而亦各有其独到之处。自晋至唐，佛教的分宗，凡得十余。[②] 其中发挥哲理最透彻的，要推华严、法相、天台三宗，是为教下三家。禅宗不立文字，直指心源，谓之教外别传。净土一宗，弘扬念佛，普接利钝，在社会上流行最广。

中国的佛教，有一特色，便是大乘（佛教的派别）的发达。大乘是佛灭后六百年，才兴于印度的。其时已在汉世。至唐中叶，而婆罗门教复兴。佛教在印度，日渐衰颓，所以大乘在印度的盛行，不过六七百年之谱。其余诸国，不能接受大乘教义，更不必论了。独在中国，则隋唐之间，小乘几于绝迹，而且诸宗远祖，虽在印度，其发挥精透，则实在我国。华严和禅宗皆然。天台宗则本为智者大师所独创，这又可见我国民采取融化他国文化的能力了。

佛教而外，外国宗教输入的，还有几种：

一为祆（xiān）教（Mezdeisme）。即火教，亦称胡天。此教为波斯的国教。系苏鲁支（Zoroaster）所创。[③] 立善恶二元，以光明代表净和善，黑暗代表秽与恶。所以崇拜火和太阳。南北朝时，其教渐传至葱岭以东。因而流入中国。北朝的君主，颇有崇信它的。唐时，大食盛强。波斯和中亚细亚，都为所占。祆教徒颇遭虐待，多移徙而东，其流行中国亦渐盛。

二为摩尼教（Manicheisme）。此教原出火教。为巴比伦人摩尼（Mani）所创。事在公元二二四年，亦为波斯所尊信。六九四年，波斯拂多诞，始持经典来朝。七一九年，吐火罗国又献解天文人大慕阇。据近来的考究，都是摩尼教中人。[④] 七三二年，玄宗诏加禁断。[⑤] 然回纥人信奉其教。安史乱后，回纥人在中国得势。摩尼教复随之而入，传布及于江淮。文宗时，回纥为黠戛斯所破。武宗乃于八四五年，更加禁止。武宗这一次所禁，是并及于佛教的。但是佛教在中国，根底（dǐ，基础。）深厚，所以宣宗即位之后，禁令旋即取消。摩尼教却不能复旧了。然南宋时，其教仍未尽绝。其人自称为明教。教外之人，则谓之吃菜事魔。其教徒不肉食，崇尚节俭，又必互相辅助，所以致富的颇多。[⑥]

三为景教。是基督教中乃司脱利安（Nestorius）一派。因为创立新说，为同教所不容，谪居于小亚细亚。波斯人颇信从它。渐次流行于中亚细亚。公元六三八年，波斯阿罗本（Olopen）赍（jī，带着。）其经典来长安。太宗许其建立波斯寺。七四五年，玄宗因波斯已为伊斯兰教徒所据，而景教原出大秦，乃改波斯寺为大秦寺。[7] 七八一年，寺僧景净，建立《大秦景教流行中国碑》，于明末出土。于基督教初入中国的情形，颇足以资考证。

四为伊斯兰教（Islam）。此教今日通称为回教，乃因回纥人信奉之而然，其实非其本名。此教当唐末，才流行到天山南路。其时适回纥为黠戛斯所破，遁逃至此，渐次信从其教。至元时，西域和天山南路的回族，多入中国，其教遂随之而流行。然其初来，则实从海道。何乔远《闽书》卷七，述其历史，谓吗喊叭德[8]门徒，有大贤四人。唐武德中来朝，遂传教中国。一在广州，一在扬州，其三在泉州云云。其说虽不尽足据。然回教的初至，当随大食人从海道而来，则似无疑义了。

注释

①经、律、论总称为三藏。

②今据梁启超《论中国学术思想变迁的大势》中《佛学时代》一章，刊一表如下：梁书系据日本人所撰《佛教各宗纲领》等抄撮（摘录）而成的。

宗名	开祖	印度远祖	初起时	中盛时	后衰时
成实	鸠摩罗什	诃梨跋摩	五世纪初	五六世纪	八世纪中
三论	嘉祥大师	龙树、提婆	同上	同上	同上
涅槃	昙无识	世亲	同上	五世纪	六世纪中归天台
律	南山律师	昙无德	六世纪初	七世纪中	十三世纪末
地论	光统律师	世亲	同上	五世纪后半	七世纪后归华严

宗名	开祖	印度远祖	初起时	中盛时	后衰时
净土	善导大师	马鸣、龙树、世亲	同上	七至十七世纪中	十七世纪中叶后
禅	达摩大师	马鸣、龙树、提婆、世亲	同上	同上	同上
俱舍	真谛三藏	世亲	六世纪中	八世纪中	九世纪后半
摄论	同上	无著、世亲	同上	六世纪末	七世纪后归法相
天台	智者大师		六世纪末	七世纪初	九世纪后半
华严	杜顺大师	马鸣、坚慧、龙树	同上	七世纪末	同上
法相	慈恩大师	无著、世亲	七世纪中	八世纪中	同上
真言	不空三藏	龙树、龙智	八世纪初	同上	同上

以上十三宗，除涅槃、地论、摄论三家，归并他宗外，其余十宗，俱舍、成实为小乘，余皆大乘。其中华严、天台、禅宗，印度皆无之。俱舍、三论，印度有而不盛。成实宗则印度创之而未行。

③名见《佛祖统纪》卷三十九及五十四。

④拂多诞、戈提鄂（Gauthiot）谓即古波斯语之Jur-sta-dan，译言知教义者。慕阇、戈提鄂谓即古波斯语之Moge，译言师。见冯承钧译《摩尼教流行中国考》。

⑤见《通典》卷四十。

⑥见陈垣《火祆教入中国考》。

⑦见《唐会要》卷四十九。

⑧即回教教主（Mahomet），《唐书》作摩诃末。

第二十六章　中外文化的接触

“文化”两字，寻常人对于它，往往有一种误解，以为是什么崇高美妙的东西。其实文化只是生活的方式。各国民所处的境界不同，其生活方式自然不同，文化也因之有异了。人类是富于模仿性的，见他人的事物和自己不同，自会从而仿效。而彼此的文化，遂可以互相灌输。

中国是文明古国；尤其在东洋，是独一无二的文明之国，其文化能够裨益他人的，自然很多，然而他人能裨益我的地方，亦复不少。

在东方，朝鲜半岛的北部，本来是中国的郡县，后来虽离我而独立，可是其民族，久经我国的教导启发。所以高句丽、百济，在四夷之中，要算和我最为相像。[①] 简直可说是我国文化的分支。而此文化，复经半岛而输入日本。日本初知中国文字，由百济博士王仁所传，其知有蚕织，则由归化人弓月君所传。这两人，据说都是中国人之后，[②] 这大约是东晋时代的事。至南北朝时，日本也自通中国，求缝工、织工。隋时，其使小野妹子，始带着留学生来。唐时，其国历朝都遣使通唐，带来的留学生尤多。归国后，大革政治，一切都取法于我。从此以后，日本遂亦进为文明之国。朝鲜是我的高第弟子，日本都是我的再传弟子了。

其在南方，则后印度半岛的一部分，自唐以前，亦是我国的郡县。

所以华化亦以此为根据，而输入南洋一带。其中如澜沧江下流的扶南，其知着衣服，实由我国使者的教导。[3] 又如马来半岛的盘盘、投和，其设官的制度，颇和中国相像。大约是效法交州诸郡县的。[4] 后印度半岛，其文化以得诸印度者为多，然而传诸我国者，亦不是没有了。

西南方及西方，有自古开化的印度和西亚及欧洲诸国，和东南两方榛榛狉（pī）狉的不同。所以在文化方面，颇能彼此互有裨益。其裨益于我最大的，自然要推印度。佛教不必说了。我国人知有字母之法，亦是梵僧传来的。[5] 此外建筑，则因佛教的输入，而有寺塔。南北朝、隋、唐，崇宏壮丽的建筑不少。绘画则因佛教的输入，而有佛画。雕刻之艺，亦因之而进步。其中最伟大的，如北魏文成帝时的武州石窟及宣武帝时的伊阙佛像，[6] 当时虽稍劳费，至今仍为伟观。在日常生活上，则木棉的种植和棉布的织造，虽不知道究竟从哪一方面输入，然而世界各国的植棉，印度要算很早。我国即非直接从印度输入，亦必间接从印度输入的。而蔗糖的制法，亦系唐太宗时，取之于印度的摩揭陀国。[7] 西域文化，影响于我最大的，要算音乐。自南北朝时，开始流行，至隋时，分乐为雅俗二部。俗部中又分九部，其中除清乐、文康，为中国旧乐及高丽之乐，来自东方外，其余六部，都出自西域。[8] 唐太宗平高昌，又益之以高昌乐，共为十部。自古相传的百戏，亦杂有西域的成分。其中最著称的，如胡旋女、泼寒胡等都是。[9] 西域各国输入的异物，大抵仅足以广见闻，无裨实用。唯琉璃一物，于我国的工业，颇有关系。此物夙为我国所珍贵。北魏太武帝时，[10] 大月氏商人，来到中国，自言能造。于是采矿山中，令其制造。《北史》说："自此琉璃价贱，中土不复珍之。"[11] 可见所造不少。其后不知如何，其法又失传，隋时，又尝招致其人于广东，意图仿造，结果未能成功。然因此采取其法而施之于陶器，而唐以后的瓷器，遂大放其光焰。[12] 这可称所求在此，其效在彼了。西方人得之于我的，则最大的为蚕织。此物在西方，本来最为贵重。罗马时代，谓与黄金，同重同价。安息所以要阻碍中国、罗马，不便交通，就在独占丝市之利；而罗马所以拼命要通中国，也是如此。直至公元五五〇年，才由波斯人将蚕种携归君士坦丁。欧洲人自此，始渐知蚕织之事。

北俗最称犷悍，而其生活程度亦最低，似无能裨益于我。然而我国的日常生活，亦有因之而改变的。我国古代的衣服，本是上衣而下裳（cháng）。深衣则连衣裳而一之。脚上所着的，则是革或麻、丝所制的履或草屦（jù）。坐则都是席地。魏晋以后，礼服改用袍衫，便服则尚裙襦（rú，短衣、短袄。）。要没有短衣而着袴的。靴则更无其物。虽亦渐坐于床，然仍是跪坐。而隋唐以后，袴褶之服，通行渐广。着靴的亦日多。这实是从胡服而渐变。坐则多据胡床，亦和前此的床榻不同了。[13] 这是说北族的文化，被我来取的。至于我国的文化，影响于北族，那更指不胜屈。凡历史所谓去腥膻（shān）之习、袭上国之法，无一不是弃其旧俗而自同于我的。如渤海便是一个最好的例证。其事既多，自无从一一列举了。

注释

①《后汉书·东夷传》："东夷率皆土著。喜饮酒歌舞。或冠弁衣锦。器用俎（zǔ）豆。所谓中国礼失，求之四夷者也。"案貉族居本近塞，其文化受诸中国的很多，参看第二编第十一章。

②据彼国史籍，谓王仁为汉高祖之后，弓月君为秦始皇长子扶苏之后。

③见《南史·扶南传》。

④《唐书·南蛮传》。盘盘在外的官称都延，犹中国刺史也。投和，官有朝请、将军、功曹、主簿、赞理、赞府，分州郡县三等。州有参军，郡有金

威将军，县有城，有局，长官得选僚属自助。

⑤《通志·七音略序》。

⑥武州山，在山西大同县西。伊阙，在河南洛阳县。

⑦见《唐书》本传。

⑧西凉、龟兹、天竺、康国、疏勒、安国。

⑨胡旋女，白居易《新乐府》中有一首咏之。泼寒胡，见《唐书·武平一传》。

⑩公元四二四至四五一年。

⑪见《北史》本传。

⑫见梁启超《世界史上广东之位置》。

⑬历代衣服的变迁，可看任大椿《深衣释例》。

第二十七章　唐中叶以后的政局

军人跋扈，是紊乱政治的根本，而亦是引起外患的原因。唐中叶后，却内外俱坐此弊。

其原因，起于武力的偏重。唐自府兵制坏，而玄宗置十节度、经略使以备边。[①] 于是边兵重而内地的守备空虚，遂成尾大不掉之势。其时，东北和西北两边，兵力尤重。而安禄山又以一胡人而兼范阳、平卢两镇，遂有潜谋不轨之心。玄宗在位岁久，倦于政事。初用李林甫为相，任其蔽聪塞明。继又因宠杨贵妃之故，而用杨国忠。国忠是和禄山不合的，又以事激之使反。公元七五五年，禄山遂反于范阳。禄山既反，不一月而河北皆陷。进陷河南，遂入潼关。玄宗奔蜀。至马嵬（wéi），[②] 兵变，迫玄宗杀贵妃和国忠。而父老都请留太子讨贼。玄宗许之。太子即位于灵武，[③] 是为肃宗。禄山本一军人，并无大略。其部下尤多粗才。既入长安，日唯置酒高会，贪求子女玉帛，更无进取之意。所以玄宗得以从容入蜀，而肃宗西北行，亦无追迫之患。禄山旋又为其子庆绪所杀，贼将多不听命令，其势益衰。于是朔方节度使郭子仪，以兵至行在。先出兵平河东，次借用回纥和西域的兵，收复两京。[④] 遂合九节度的兵，围安庆绪于邺。其时官军不置统帅，号令不一，军心懈怠。而贼将史思明，既降复叛。自范阳发兵南下。官军大败。思明杀安庆绪，复陷东京。旋进陷河阳、怀州。[⑤] 唐命李光弼统兵，与之相持。思明旋亦为其子朝义所杀。七六二年，肃宗崩，代宗立。朝义诱回纥入寇。代宗命蕃将仆固怀恩，[6]往见其可汗，与之约和。即借其兵以讨朝义。才算把它打平。然而唐室自此就不能复振了。其原因：

（一）回纥自此大为骄横。又吐蕃乘隙，尽陷河西、陇右。自玄宗时，南诏并六诏为一，[7]后亦叛中国，与吐蕃合。边患日棘。

（二）史朝义败亡时，仆固怀恩实为大将。怀恩意欲养寇自重，贼将投降的，都不肯彻底解决，而就授以官。于是昭义、成德、天雄、卢龙、平卢诸镇，[8]各据土地，擅赋税，拥兵自固。唐朝一方面，亦藩镇遍于内地，跋扈不听命令的很多；甚至有与安、史遗孽互相影响的。

然而根本的大患，还不在此。从来遭直艰难之会，最紧要的是中枢。中枢果能振作，不论如何难局，总可设法收拾的。而唐自中叶以后，其君又溺于宦侍。肃宗既信任李辅国，代宗又信任程元振。遂至吐蕃的兵，打入京城。代宗逃到陕州。[9]洮西的神策军，自安史乱后，驻扎于此。吐蕃兵退后，宦官鱼朝恩，即以这一支兵，护卫代宗回京城。[10]于是神策军渐与禁军齿，[11]变成天子的亲兵了。

代宗死后，德宗继立。颇思振作。其时昭义已为天雄所并，卢龙对朝廷亦恭顺，而成德、天雄、平卢，联兵拒命，山南东道亦叛。[12]德宗命神策及河东兵与卢龙合攻三镇，淮西兵讨平山南。[13]而卢龙及淮西复叛，发泾原兵东讨。[14]过京师，以不得赏赐，作乱。奉朱泚（cǐ）为主。德宗奔奉天，[15]为泚所围攻。赖浑瑊（jiān）力战，又得河中节度使李怀光入援，[16]围乃解。怀光恶宰相卢杞，欲面陈其奸，为杞所阻，又反。德宗再奔梁州。[17]于时叛者四起，而朝廷的兵力、财力，都很薄弱。不得已，乃听陆贽（zhì）的话，赦其余诸人的罪，专讨朱泚。幸赖李晟忠勇，得以收复京城。又得马燧，打平河中。然而其余诸镇，就只好置诸不问了。而德宗回銮以后，鉴于人心的反复，遂至文武朝臣，一概不信，而专信宦官。命其主管神策军。而神策军的饷赐，又最优厚，诸军多自愿隶属。其数遂骤增至十五万。宦官得此凭借，遂起而干涉朝政。唐朝的中央政府，就更无振作之望了。

德宗崩后，子顺宗立。顺宗为太子时，即深恶宦官。及即位，用东宫旧臣王叔文等，要想除去宦官。而所谋不成，顺宗以疾传位于宪宗，叔文等多贬谪而死。宪宗任用裴度，讨平淮西、河北三镇，[18]亦都听命，实为唐事一大转机。宪宗被弑。穆宗即位。因宰相措置失宜，三镇复叛。用兵不克。只得赦其罪而罢兵。自此河北三镇，终唐之世，不能复取了。穆宗之后，传敬宗以至文宗。初用宋申锡为相，继又不次擢（zhuó，提拔、提升。）用李训、郑注，谋诛宦官，都不克。甘露之变以后，[19]帝遂为宦官所制，抑郁而崩。武宗立，颇英武，能任用李德裕，讨平刘稹之叛。[20]宣宗立，政治亦颇清明，人称为小太宗。当德宗时，西川节度使韦皋，[21]招徕南诏，与之共破吐蕃。文宗时，回纥为黠戛斯所破。宣宗时，吐蕃内乱，中国遂乘机收复河湟之地。天宝以后的外患，至此亦算解除。然而自宪宗以后，无一君非宦官所立，[22]中央的政治，因此总不能清明；而外重之势，亦无术挽回，总不过苟安罢了。宣宗之后，懿宗、僖（xī）宗两代，又均荒淫。僖宗年幼，尤敬信宦官田令孜。一切都听他主持。流寇之祸又起，到底借外力打平，唐室就不能支持了。

沙陀是西突厥别部。[23]西突厥亡后，依北庭都护府以居。后引吐蕃陷北庭。又为吐蕃所疑，乃举部归中国。中国人处之河东。[24]简其精锐的为沙陀军。懿宗时，徐、泗兵戍桂州的作乱，北还。[25]靠着沙陀兵打平。于是其酋长朱邪赤心，赐姓名为李国昌，用为大同节度使。后又移镇振武。[26]国昌的儿子克用，叛据大同。为幽州兵所破。父子俱奔鞑靼。[27]八七五年，黄巢作乱。自河南经山南，沿江东下，入浙东，经福建，至岭南，再北出，渡江，陷东都，入潼关。田令孜挟僖宗走蜀。诸方镇多坐视不肯出兵。讨贼的兵，亦不肯力战。不得已，赦李克用的罪，召他回来。李克用带着沙陀、鞑靼万余人而南。居然把黄巢打平。然而沙陀之势，就不可复制了。

黄巢乱后，唐室的威灵，全然失坠。沙陀雄据河东。黄巢的降将朱全忠据宣武。[28]韩建、王行瑜、李茂贞等，又跋扈关内。[29]僖宗崩后，昭宗继立。百计以图挽回，终于无效。朝廷每受关内诸镇的胁迫，多借河东以解围。自黄巢亡后，其党秦宗权复炽，[30] 横行河南。此时朱全忠的情势，甚为危险。而全忠居围城之中，勇气弥厉。到底乘宗权兵势之衰，把他灭掉。又吞并山东和淮北。服河北三镇。并河中。降义武。取泽、潞及邢、洺（míng）、磁。[31]连年攻逼太原，于是河东兵势亦弱，唯全忠独强。昭宗和宰相崔胤（yìn）谋诛宦官。宦官挟李茂贞以自重。崔胤召朱全忠的兵。宦官遂劫帝如凤翔。全忠进兵围之。茂贞不能抗，奉昭宗如全忠营。于是大诛宦官。而昭宗亦被全忠劫迁于洛阳。旋弑之而立昭宣帝。九〇七年，唐遂为梁所篡。

这时候，除河东以外，又有吴、吴越、楚、闽、南汉、前蜀六国，遂入于五代十国之世。

注释

①安西，治安西都护府，今新疆龟兹县。北庭，治北庭都护府，今新疆迪化县。河西，治凉州，今甘肃武威县。陇右，治鄯州，今青海西宁县。朔方，治灵州，今宁夏灵武县。河东，治并州，今山西太原县。范阳，治幽州，今河北北平县。平卢，治营州，今热河朝阳县。剑南，治益州，今四川成都县。以上九节度使。岭南经略使治广州，今广东南海县。

②驿名，在今陕西兴平县。

③灵州治。

④唐以洛阳为东京。

⑤河阳，今河南孟县。怀州，今河南沁阳县。

⑥铁勒仆骨部人。仆固，即“仆骨”异译。

⑦蒙嶲诏，在今四川西昌县。越析诏，亦称磨些诏，在今云南丽江县。浪穹诏，在今云南洱源县。邆赕（téng shǎn）诏，在今云南邓川县。施浪诏，在洱源县之东。蒙舍诏，在今云南蒙化县。蛮语谓王为诏，蒙舍诏地居最南，故亦称南诏。

⑧昭义军，治相州，今河南安阳县。成德军，治恒州，今河北正定县。天雄军，治魏州，今河北大名县。卢龙军，即范阳军。

⑨今河南陕县。

⑩初为观军使。军将卒，军遂统于朝恩。

⑪唐初从征之兵，事定之后，无家可归者，给以渭北闲田，仍充天子禁卫，子孙世袭其业。

⑫治襄州，今湖北襄阳县。

⑬治蔡州，今河南汝南县。

⑭治泾州，今甘肃泾川县。

⑮今陕西武功县。

⑯治蒲州，今山西永济县。

⑰今陕西南郑县。

⑱卢龙，天雄，成德。

⑲时鸩（zhèn）杀宦官王守澄。郑注先出守凤翔，谋选精兵入京，送王守澄葬，乘势诛灭宦官。未及期，李训等先发。诈称左金吾殿后有甘露降，派宦官去看，想趁此把他们杀掉。谁知事机泄露，中尉仇（qiú）士良、鱼弘

志就劫文宗入宫，以神策军作乱。杀李训及宰相王涯、贾餗（sù）。郑注亦为凤翔监军所杀。

⑳义成军，治邢州，今河北邢台县。

㉑治成都。

㉒参看《廿二史劄记》"唐代宦官之祸"。

㉓其部落本名处月。其酋长姓朱邪，即"处月"异译。处月依北庭都护府以居。其地在金安山（今名金山）之阳，蒲类海（今巴里坤湖）之阴，有大碛名沙陀，中国人称为沙陀突厥，又简称沙陀。

㉔在今山西山阴县北黄花堆。

㉕徐州，今江苏铜山县。泗州，今安徽泗县。桂州，今广西桂林县。

㉖大同军，治云州，今山西大同县。振武军，治单于都护府，今绥远和林格尔县。

㉗鞑靼别部居阴山的。

㉘治汴州，今河南开封县。

㉙韩建镇国军，治华州，今陕西华县。王行瑜邠宁军，治邠州，今陕西邠县。李茂贞凤翔军，治凤翔府，今陕西凤翔县。

㉚本蔡州节度使，降黄巢。

㉛义武军，治定州，今河北定县。泽州，今山西晋城县。潞州，今山西长子县。洺州，今河北永年县。磁州，今河北磁县。

第二十八章　隋唐的社会

从南北朝到隋唐，是由战乱而入于升平的。隋文帝本是个恭俭之主。在位时，国富之盛，甲于古今。虽然中经炀帝的扰乱，然而不久，天下即复见清平。唐太宗尤为三代以下令主。贞观、永徽之治，连续至三十年。亦和汉代的文、景，相差不远。[①]以理度之，天下该复见升平的气象了。果然，《唐书·食货志》说太宗之治，“行千里者不赍粮，断死刑岁仅三十九人”。这话虽或言之过甚，然而当时，海内有富庶安乐的气象，大约不是虚诬的。然而这亦不过总计一国的财富，有所增加；无衣无食的人，或者减少些，至于贫富的不均，有资本的人，对于穷人的剥削，则还是依然如故。所以一方号为富庶；一方面，自晋以来，一贯的平均地权的政策，不但不能因承平日久，而推行尽利，反因其有名无实，而并其法亦不能维持了。

晋朝的户调式、北魏的均田令、唐朝的租庸调法，三者是相一贯的，而唐制尤为完备。其制：丁男年十八以上，授田一顷。老及笃（病势沉重）、废疾四十亩。寡妻妾三十亩。——当户的加二十亩。——都以二十亩为世业，余为口分。田多可以足其人的为宽乡，不足的为狭乡。狭乡授田，减宽乡之半。乡有余田，是要以给比乡的。州县亦然。庶人徙乡和贫无以葬的，得卖世业田。其自狭乡徙宽乡的，得并卖口分田。这大约是奖励其迁徙，即以卖田所得，作为迁徙的补助费的意思。其取之之法：则岁输粟二石为租。用人之力，岁二十日，闰加二日；不役的每日折输绢三尺，为庸。随乡所出，输丝、绵、麻或其织品为调。此等制度，果能尽力推行，亦足使农人都有田可种，而且无甚贫甚富之差。然而政治上有名无实的措施，敌不过社会上自古相沿的习惯。所以民间的兼并如故。而史称开元之世，其兼并，且过于汉代成、哀之时。授田之法，既已有名无实，却因此又生一弊。汉代的田租，所税的是田、口赋，所税的是人，二者本厘然各别。自户调法行，各户既有相等之田，自然该出相等之税，两者遂合为户赋。授田之法既废，田之有无多寡，仍不相等，而仍按其丁中，责以输相同之赋，就不免有田者无税，无田者有税；田多者税少，田少者税多了。于是人民不逃之宦、学、释、老，即自托于客户。版籍（户口册）混淆，而国家的收入，亦因之而大减。唐玄宗时，宇文融曾请括籍外羡田（在已入籍或所规定的土地数目之外另占有的田地，是不纳租赋的隐匿田。），以给逃户，行之未有成效。七八〇年，德宗的宰相杨炎，才定两税之法。不再分别主客户，但就其现居之地为簿，按其产业的多少以定税。于是负担的重轻和贫富相合；而逃税的人，亦多变而要输税。财政上的收入，自然可以增加。然而制民之产之意，则荡焉以尽了。从晋武平吴创户调式至此，为时恰五百年。

要解决民生问题，平均地权和节制资本，二者必须并行。节制资本：一则宜将事业之大者，收归官营。一则要有良好的税法。官营事业，在从前疏阔的政治之下，不易实行。至于税法，则从前的人，泥于古制，以为只有田租口赋，是正当的收入。[2]于是各种杂税，非到不得已时，不肯收取。一遇承平，就仍旧把它罢免。隋文帝得位之后，即将盐池、盐井、酒坊、入市之税，概行罢免，即其一例。唐中叶以后，虽亦有盐茶等税，然皆因财政竭蹶而然，[3]节制资本之意，丝毫无有，所以资本反而更形跋扈。即如两税以资产为宗，不以身丁为本，似得平均负担之意。然而估计资产，其事甚难。所以当时陆贽（zhì）就说：有“藏于襟怀囊箧（qiè，箱子一类的东西。）物，贵而人莫窥”的。有“场圃囷（qūn，古代一种圆形谷仓。）仓，直轻而众以为富”的。有“流通蕃息之货，数寡而日收其赢”的。有“庐舍器用，价高而终岁寡利”的。“计估算缗，失平长伪。”须知社会的情形复杂了，赋税便应从多方面征收，尤应舍直接而取间接。而当时的人，只知道以人为主，而估计其家赀（赀：音zī；家赀：家中的财产。），自然难于得实了。而从此以后，役法亦计算丁资两者而定，诒害尤烈，详见第三十一和三十六章。

要社会百业安定，必须物价常保其平衡。《管子·轻重》诸篇，所说的就是这个道理。[④] 后世市场广大，而国家的资力有限，要想控制百物的价格，自然是办不到的。只有食粮，因其与民生关系最大，所以历代政府，总还想控制其价格。其办法，便是汉朝耿寿昌所倡的常平仓。谷贱时增价而籴（dí，买进粮食。），谷贵时减价而粜（tiào，卖粮食。）。既可以平市价，而其本身仍有微赢，则其事业可以持久。这原是个好法子。但亦因市场广而资本微之故，不能左右物价。即使当粮食腾贵之时，能将它稍稍压平，其惠亦仅及于城市中人，大多数的农民，实在得不到救济。所以隋朝的长孙平，又创义仓之法。以社为范围。收获之日，劝课（鼓励与督责）人民，量出粟麦，即在当社，设仓贮蓄。遇有歉岁，则以充赈济。此法令人民以互助为自助，亦是很好的法子。惜乎其法仅限于凶荒时的赈济，则用之有所不尽。后来并有移之于州县的，那更全失其本意了。

社会的阶级制度，当隋、唐之世，亦是一个转变的时代。六朝时门阀之盛，已见第十八章。隋、唐时，表面上虽尚保持其盛况，然而暗中已潜起迁移。原来所谓门阀，虽不以当时的官位为条件，然而高官厚禄，究是维持其地位的重要条件。魏晋以后，门阀之家，所以能常居高位，实缘九品中正之制，为之维持之故。隋时，把此制废了；又尽废乡官。于是要做官的人，在本乡便无甚根据，而不得不求之于外。门阀之家，在选举上占优势，原因其在乡里有势力之故。离开了乡里，就和“白屋之子”（贫寒的士人）无甚不同。而科举之制，又使白屋之子，可以平步而至公卿。于是所谓阀阅之家，除掉因相沿的习惯，而受社会的尊敬外，其他便一无所有。此种情势，终难持久，是不待言而可知的。所以一到五代，就要“取士不问家世，婚姻不问阀阅（门第）”了。这固然有阶级平夷之美，然而举士本于乡里，多少要顾到一点清议。清议固然不能改变人的心术，却多少能检束其行为。所以无耻之事，即在好利干进之徒，亦有所惮而不敢出。至于离开了乡里，就未免肆无忌惮。就有蹇（jiǎn，跛。）驴破帽，奔走于王公大人之门的。[5]所谓气节，遂荡焉以尽。藩镇擅土，士亦争乐为之用。其结果，自然有像冯道般的长乐老出来了。宋代士大夫的提倡气节，就是晚唐、五代的一个反动。

注释

①六二七至六五五年。汉文、景二帝在位的年代，是前一七七至一四一年。

②“县官当衣食租税而已”，汉汲黯语，所以反对桑弘羊所兴各种杂税的。见《汉书·食货志》。晋初定律，凡非常行之事，而一时未能罢免者，都别定为令，不羼入律文之中，以便将来废止时，法律可以不受影响。当时酒酤亦定为令，亦是此等思想的表现。

③见第三十六章。

④汉桑弘羊的行均输，亦以平均物价为借口，即系根据这一派学说的。看《盐铁论》可知。

⑤《文献通考》卷二十七，引江陵项氏说："风俗之弊，至唐极矣。王公大人，巍然于上，以先达自居，不复求士。天下之士，什什伍伍，戴破帽，骑蹇驴，未到门百步，辄下马，奉币刺再拜，以谒于典客者，投其所为之文，名之曰求知己。如是而不问，则再如前所为者，名之曰温卷。如是而又不问，则有执贽于马前，自赞曰某人上谒者。"

第二十九章　五代的混乱

五代时的国，原不过唐朝藩镇的变形。这许多武人，虽然据土自专，其实并无经营天下的大志，不过骄奢淫佚而已。所以除中原之地，战争较烈外，其余列国之间，兵事颇少。

本族纷争不已，必然要引起外患，这是最可痛心的事。当唐之末年，梁之形势，本已独强，所以能篡唐而自立。然而梁太祖死后，末帝懦弱；而晋则李克用死后，子存勖继立，年少勇于攻战。于是形势骤变。河北三镇和义武，都入于晋。梁人屡次攻战，都不得利，只得决河以自守。李存勖（xù）自称皇帝，建国号为唐。是为后唐庄宗。九二三年，庄宗破梁兵于郓（yùn）州。[1]乘梁重兵都在河外，进兵直袭大梁。末帝自杀。梁亡，后唐迁都洛阳。

后唐庄宗，本是个骄淫的异族。虽然略有犷悍之气，却并不懂得什么叫政治的。所以灭梁之后，立刻骄侈起来。宠信伶人（乐人、歌舞或戏剧演员）宦官，政治大坏。九二五年，命宰相郭崇韬，傅其幼子魏王继岌伐蜀。把前蜀灭掉。而皇后刘氏，听信宦官的话，自为教与继岌，令其把郭崇韬杀掉。于是中外震骇，讹言四起。魏博的兵，乘机据邺都作乱。庄宗命李克用的养子李嗣源去打他。嗣源手下的兵也变了，劫嗣源以入于邺。嗣源以计诳叛人得出。又听其女婿石敬瑭的话，回兵造反。庄宗为伶人所弑。嗣源即位，是为明宗。明宗在五代诸君中，要算比较安静的。在位八年，以九三三年死。养子从厚立，是为闵帝。时明宗养子从珂镇凤翔，石敬瑭镇河东，闵帝想把他俩调动，从珂便举兵反。闵帝派出去的兵，都倒戈投降。闵帝出奔，被杀。从珂立，是为废帝。又要调动石敬瑭。敬瑭又造反。就把契丹的兵引进来了。

废帝鉴于闵帝的兵的倒戈，所以豫储着一个不倒戈的将，那便是张敬达。于是发兵，把晋阳困起来。石敬瑭急了，乃以割让燕、云十六州为条件，[②]求救于契丹。刘知远劝他："契丹只须饵以金帛，便肯入援，不必要这么优厚的条件。"而石敬瑭急何能择，不听。于是契丹太宗，发大兵入援，打破张敬达的兵，挟着石敬瑭南下。废帝自焚死。敬瑭受册（接受册命）于契丹，国号为晋，是为晋高祖。称臣于契丹。沙陀虽是异族，业已归化中国。他自己并无根据地，迟早要同化于中国的。李克用等，虽是异族的酋长，一方面亦可算作中国的军人。梁、唐的兴亡，也可算是中国军人的自相陵捽（zuó），其性质还不十分严重。至于契丹，则系以另一国家的资格侵入的，其性质，就非沙陀之比了。以地理形势论：中国的北部，本该守阴山和黄河。[③]守现在的长城，已非上策。自燕、云割后，不但宣、大全失，山西方面，只有雁门内险可守；河北方面，则举居庸等险而弃之，遂至专恃塘泺之类，以限戎马。宋朝所以不敢和契丹开衅，最大的原因，实缘河北方面，地利全失之故。燕、云不能恢复，女真之祸，自然接踵而来了。所以十六州的割弃，实在是中国最大的创伤。然而外有强敌，而内争不已，其势必至于此而后止。

晋高祖的称臣于辽，臣下心多不服。高祖知国力不足与辽敌；唱高调的人，平时唱着高调，临事未必肯负责任；甚且有口唱高调，实怀通敌之心的。[④]所以始终不肯上当。对辽总是小心翼翼，不失臣礼。九四二年，高祖死了。兄子重贵立，是为出帝。听信侍卫景延广的话，罢对辽称臣之礼。辽人来诘问（追问、责问），景延广又把话得罪他。两国的兵端遂启。国与国的竞争，不但在兵力，而亦在纲纪。纲纪整饬，即使兵力不足，总还可以支持。纲纪荡然，那就无从说起了。晋辽启衅之后，辽兵连年入寇，晋兵从事防御，胜负亦还相当。然而国力疲敝，调兵运饷，弄得骚然不宁，本已有岌岌可危之势。加以假借外力，晋祖既开其端，安能禁人之效尤。于是有替契丹力战的赵延寿，又有举兵以降敌的杜重威。九四六年，辽人遂入大梁，执出帝而去。明年，辽太宗入大梁。

辽太宗是个粗才，不懂得治理中国的。——假使这时，来的是太祖，汴梁的能否恢复，就成为问题了。——于是遣打草谷军，四处抄掠。[⑤]又遣使诸道，搜括财帛。多用其子弟亲信为刺史。一班汉奸，因而依附着他，扰害平民，弄得群盗四起。太宗无可如何，反说："我不料中国人难治如此。"乃弃大梁北归。行至滦城而死。[⑥]刘知远先已自立于太原，及是，发兵入大梁，是为后汉高祖。

后汉高祖，也是沙陀人，入汴后两年而死。子隐帝立。三年而为郭威所篡，中原之地，自后唐入据以来，至此始复脱沙陀的羁轭（控制），而戴汉人为主。汉高祖之弟旻（mín），称帝于太原，称侄于辽，受其封册，是为北汉。[⑦]

后周高祖篡汉后，三年而殂（cú）。养子世宗立。世宗性英武，即位之初，北汉乘丧，合辽兵来伐，世宗自将，大败之于高平。[⑧]当时天子的卫兵，实即唐朝藩镇之兵的变相，自唐中叶以后，地擅于将，将擅于兵，已成习惯。小不如意；或有野心之家，饵以重利，便可杀其将而另戴一人，此时的藩镇，看似生杀自由，实则不胜其苦。五代时的君主，所以事势一有动摇，立刻势成孤立，亦由于此。而且累朝不加简阅（简选），全是老弱充数，所以卖主则有余，御敌则不足，这要算是五代时最根本的大患了。世宗自高平回来，深知其弊。于是大加裁汰，又命诸州招募壮勇，送至阙（皇帝居处，借指朝廷。）下。择其尤者，为殿前诸军。又裁冗费（不必要的开支），修政事，于是国富兵强。这时候，南唐、后蜀，都想勾结契丹，以图中原。世宗乃先出兵伐后蜀，取其阶、成、秦三州。[⑨]次伐南唐，尽取江北之地，南唐称臣奉贡。九五九年，世宗遂自将伐辽。时值辽穆宗在位，沉湎于酒，国势中衰。世宗恢复瀛、莫、易三州，直趋幽州，恢复亦在旦夕。惜乎天不假年（天公不借以寿命，指寿命不长。），世宗因患病回军，不久就死了。子恭帝立，还只七岁。当时兵力，最强的是殿前军，而赵匡胤是殿前军的都点检。当主少国疑之日，自不免有人生心，于是讹言契丹入寇，匡胤带兵去防他。至陈桥驿，[⑩]兵变，拥匡胤回汴京，废恭帝而自立，是为宋太祖。当时偏方诸国，本都微弱不振；而中原经周世宗的整顿，业已富强，加以宋太祖的英明，因而用之，而统一的机运就到了。

注释

①今山东东平县。

②幽州，今河北北平县。蓟州，今河北蓟县。瀛州，今河北河间县。莫州，今河北肃宁县。涿州，今河北涿县。檀州，今河北密云县。顺州，今河北顺义县。新州，今河北涿鹿县。妫州，今河北怀来县。儒州，今河北延庆县。武州，今河北宣化县。云州，今山西大同县。应州，今山西应县。寰州，今山西马邑县。朔州，今山西朔县。蔚州，今河北蔚县。

③河套北岸。

④如安重荣是。可看《五代史》本传。

⑤契丹军行不赍粮草，但遣打草谷军出而抄掠，见《辽史·兵志》。此时已入中国，仍用行军时之法。

⑥今河北滦城县。

⑦《五代史》称东汉。

⑧今山西高平县。

⑨阶州，今甘肃天水县。成州，今甘肃成县。秦州，今甘肃秦安县。

⑩在今河南开封县东。

第三十章　宋的统一及其初年的政治

于此，得将十国的情形，略一叙述。当唐末，割据的有两种人。其一是藩镇。如：

【吴】杨行密，本是唐朝的庐州刺史。八八六年，乘淮南的扰乱，进据广陵。[①]后来秦宗权的将孙儒来攻，行密被他打败，逃回庐州，又逃到宣州，[②]仍被孙儒围起，后乘儒军大疫，把他灭掉。还据广陵。尽并淮南之地。

【吴越】钱镠（liú），是唐朝的杭州刺史。平越州董昌之乱，[③]保据两浙。时在八九六年。

【南汉】刘隐，以九〇五年，做唐朝的岭南节度使。死后，其弟岩继之。保据岭南。

【前蜀】王建，是神策军将田令孜的养子。随令孜入蜀，为利州刺史。[④]时令孜以其弟陈敬暄为西川节度使。王建和他翻脸。八九三年，把成都攻破。八九七年，又攻并东川。

其二是流寇。

【楚】孙儒死后，其将刘建锋、马殷等，逃据湖南。八九五年，建锋为其下所杀，推殷为主。

【闽】王潮，河南固始人。[⑤]寿州人王绪造反，攻破固始，用潮为军正。绪因避秦宗权，渡江而南，直流入福建。后为其下所杀，推潮为主，八九三年，占据福州。潮死后，弟审知继之。

诸国之中，吴的地势，和中原最为接近。行密子渥，又尽并江西，地亦最大。[⑥]九三七年，吴为李昪（biàn）所篡，改国号为唐，是为南唐。传子璟（jǐng），乘闽、楚的内乱，把他灭掉。[⑦]遂有觊觎（jì yú，非分的希望或企图。）中原之意。前蜀亡后，后唐以孟知祥为西川节度使。知祥攻并东川。于九三三年自立。传子昶，昏愚狂妄，亦想结契丹以图中原。所以周世宗对于这两国，要加以膺惩（yīng chéng，讨伐。）。湖南自楚亡后，南唐在实际上并未能有其地。其明年，即为辰州刺史刘言所据。[⑧]自此王逵、周行逢，相继有其地。都居朗州。[⑨]受署于后周。荆、归、峡三州之地，[⑩]九〇五年，梁太祖以其将高保融为节度使。从后唐以来，自立为一国，是为南平。宋初诸国皆仅自守，唯北汉倚恃辽援与周本系世仇。至宋初，关系亦未能改善。其情势如此。

宋太祖的政策，和周世宗不同。周世宗是想先恢复燕、云的，宋太祖则主张先平定中国。这不但避免与辽肩衅；亦且西北一带，自五代以来，中国对它的实力，不甚充足。存一北汉，虽然是个敌国，却可替中国屏蔽两面，所以姑置为缓图。九六二年，周行逢卒，子保权幼。潭州将张文表，[⑪]意图吞并朗州。保权来求救，宋太祖出兵，先因假道，袭灭南平。文表已为朗州兵所击破，宋兵却前进不已。到底将朗州打破，执保权以归。诸国最昏乱的是后蜀，最淫虐的是南汉。宋于九六五、九七一两年，先后把它灭掉。南唐是事中国最谨的，亦以征其入朝不至为名，于九七五年，把它灭掉。如此，吴越知道不能自立了。灭南唐之岁，太祖崩，太宗立。九七八年，吴越遂纳土归降。其明年，太宗自将伐北汉。先是宋亦屡次伐它，其意只在示威，使之不敢南犯，这一次，则决意要灭掉它。于是先分兵绝辽援兵。北汉遂出降。自朱全忠篡唐自立至此，凡七十三年。

五代时偏方诸国，既不大，又不强，扑灭它们，原不算得什么事。但是从唐中叶以来，所以召乱而致分裂之源，则不可不把它除掉。所以召乱而致分裂之源是什么呢？一是禁军的骄横，一是藩镇的跋扈。禁军虽经周世宗的整顿，究竟结习（积久难除之习惯）未除。宋太祖便是因此而得大位的。此弊不除，肘腋（zhǒu yè，比喻非常近的地方，多用于祸患的发生。）之间，就不能保其无变，还说得上什么长治久安之计？所以宋太祖先于杯酒之间，讽示典宿卫之将石守信等，令其自请解去兵权。至于藩镇，唐时业已跋扈不堪，五代时更不必说了。宋太祖乃用渐进的手段，凡藩镇出阙的，逐渐代以文臣。属于节度使的支郡，都令直达中央。各州官出阙，都令京朝官出知，以重其体，又特设通判，以分其权。

中央的大权旁落，总是由于兵权和财权的旁落。宋太祖有鉴于此，所以特设转运使于各路，以收财赋之权。诸州的兵，强的都升为禁军，直隶三衙。[12]弱的才留在本州，谓之厢军（名为常备军，实是各州府和某些中央机构的杂兵，不加训练，只充劳役。）。不甚教阅，名为兵，其实不过给役而已。如此一来，前此兵骄和外重之患，就都除掉了。然而天下事有利必有弊。宋朝的政策，是聚天下强悍不轨之人以为兵，而聚天下之财于中央以养之。到后来，养兵未得其用，而财政却因之而竭蹶，就成为积弱之势了。又历代的宰相，于事都无所不统。宋朝则中书治民，三司理财，枢密主兵，各不相知；而言路之权又特重。[13]这原是因大权都集于中央，以此防内重之弊的。立法之初，亦可谓具有深意。然而宰相既无大权，而举动又多掣肘（比喻有人从旁牵制，工作受干扰。），欲图改革，其事就甚难了。这就是后来王安石等所以不能有所成就，而反致酿成党争的原因。

注释

①庐州，今安徽合肥县。广陵，今江苏江都县。

②今安徽宣城县。

③董昌系越州观察使，叛唐僭号。越州，今浙江绍兴县。

④利州，今四川广元县。

⑤今河南固始县。

⑥杨渥时，兵权为牙将张颢、徐温所夺。温又杀颢，自居升州（今首都），留子知训在江都辅政。为他将所杀。养子知诰，讨定其乱。代知训辅政。徐温死后，大权尽归于知诰。遂篡吴自立。复姓李，更名昪。

⑦闽亡于九四五年。楚亡于九五一年。

⑧辰州，今湖南沅陵县。

⑨朗州，今湖南常德县。

⑩荆州，今湖北江陵县。归州，今湖北秭（zǐ）归县。峡州，今湖北西陵县。

⑪潭州，今湖南长沙县。

⑫殿前司及侍卫马步军司。

⑬参看第三十六章。

第三十一章　变法和党争

宋辽的竞争，开始于九七九年。太宗既灭北汉，即举兵以攻幽州。大败于高粱河。[①] 九八五年，太宗听边将的话，命曹彬、田重进、潘美等分道伐辽，又不利。自此以后，宋就常立于防御的地位。一〇〇四年，辽圣宗自将入寇，至澶（chán）州。[②] 是时太宗已崩，真宗在位。宰相寇准，力劝帝亲征。真宗车驾渡河，乃以岁币银十万两，绢二十万匹成和议。辽主以兄礼事帝。一〇四二年，辽兴宗又遣使来求关南之地。[③] 宋仁宗使富弼报之。又增岁币银、绢各十万两、匹。当仁宗时，夏元昊造反。宋人屯大兵于陕西，屡战不胜。一〇四三年，亦以银、绢共二十五万五千成和议，谓之岁赐。

对外的不竞如此，内之则养兵之多，至一百十六万，[④] 财政为之困敝，而仍不可以一战。宋代的财政，和前代不同。前代开国之时，大抵取于民者甚轻，所以后来还有搜括的余地。宋朝则因养兵之故，唐中叶后所兴盐茶等税，都没有除掉。就是藩镇的苛税，虽说是削平之时，都经停罢，实亦去之未尽。所以人民的负担，在承平之时，业已不胜其重了。

内治则从澶渊和议成后，宋真宗忽而托言有天书下降。于是封泰山，祀汾阴，斋醮（醮：音 jiào；斋醮：请僧道设斋坛，祈祷神佛。）宫观（请道教徒修炼、传道和举行各种宗教仪式。）之事纷起，财用始患不足。而政治亦日益因循。真宗之后，仁宗继之。在位最久，号为仁君，然而姑息弥甚。仁宗之后，英宗继之，则在位不过四年而已，未能有所作为。当仁宗时，范仲淹为相。曾有意于改革。然未久，即不安其位而去。至一〇六八年，神宗即位，用王安石为宰相，力行新法，而政治的情势始一变。

王安石的新法，范围所涉甚广。然举其最重要的，亦不过下列三端：

其一，青苗、免役之法，是所以救济农民的。宋承唐、五代之后，版籍之法既坏；又武人擅（独揽，占有。）土，暴政亟行，其时的农民，很为困苦。而自两税法行之后，估计丁、赀之数，以定户等，而签差（签发派遣）以充役。役事重难，有破产不能给的。人民因此，至于不敢多种田；父子兄弟，不敢同居；甚至有自杀以免子孙之役的，其惨苦不可胜言。王安石乃立青苗之法，将各处常平、广惠仓的蓄积，当农时借与人民，及秋，随赋税交纳。取息二分，谓之青苗钱。又立免役之法，令本来应役之户出免役钱，不役之户出助役钱，以其钱雇人充役，免却签差。

其二，裁兵、置将及保甲，是所以整顿军政的。宋朝既集兵权于中央，沿边须戍守之处，都由中央派兵前往，按时更调，谓之番戍（轮流戍守）。其意原欲令士卒习劳，不至于骄惰。然而不悉地形；又和当地的百姓不习熟，不能得其助力，往往至于败北。却因此多添出一笔“衣粮”之费，财政更受其弊。安石先将兵额大行裁减。置将统兵，分驻各地，以革番戍之弊。安石之意，以为根本之计，是要行民兵的。于是立保甲之法。令人民以五家为一保，五十家为一大保，五百家为一都保。保有保长，大保有大保长，都保有都保正、副。户有二丁的，以其一为保丁。初令保丁每日轮派五人，警备盗贼。后来教保长以武艺，令其转教保丁。募兵阙，则收其饷，以充民兵教阅之费。

其三，改革学校、贡举之法，是所以培养人才的。自魏、晋以后，学校久已有名无实，不过是进取之一途而已。科举则进士、明经，所学都失之无用。王安石是主张行学校养士之法的。于是于太学立三舍。初入学的居外舍，以次升入内舍、上舍。上舍生得免礼部试，授之以官。又立律学、武学及医学。于科举，则因自唐以来，俗重进士而轻诸科。乃罢诸科（对科举考试常科中所有科目的总称），独存进士。改试经义、论、策。其所谓经义，则改墨义为大义。又立新科明法，以待士之不能改业的。

王安石所行的新法，以这几件为最有关系。此外尚有农田水利，方田均税等。[5]变法之初，特设制置三司条例司，以规划财政。安石对于理财，最为注意。当其时，一岁的用度，都编有定式。经其整顿之后，中央和各州的财政，都有赢余。宋初官制，最为特别。治事都以差遣，官不过用以定禄、秩而已。神宗才革新官制。一切以唐代为法。遂罢三司，还其职于户部。枢密仅主兵谋，所管兵政，亦还之兵部。新设的机关，亦都废罢。

王安石的新法，范围既广，流弊（指某事引起的坏作用，也指相沿下来的弊端。）自然不能没有的。特如青苗，以多散为功，遂不免于抑配（强行摊派）。抑配之后，有不能偿还的，又不免于追呼，甚或勒令邻保均赔。保甲则教阅徒有其名，而教阅的人，反因此而索诈。都是显而易见的。然而宋朝当日，既处于不能不改革之势，则应大家平心静气，求其是而去其弊。而宋朝人的风气，喜持苛论，又好为名高。又因谏官权重，朋党之风，由来已久。至此，反对新法的人，遂纷纷而起。反对无效，则相率引去。安石为相，前后凡七年。[6]终神宗之世，守其法不变。一〇八五年，神宗崩，哲宗立。年幼，太皇太后高氏临朝。以司马光、吕公著为宰相。新法遂尽废。安石之党，多遭斥逐。当时朝臣都奉太皇太后为主，于哲宗的意思，不甚承顺。哲宗怀恨在心。太皇太后崩后，遂相章惇（dūn），复行新法，谓之“绍述”。旧党亦多遭斥逐。一一〇〇年，哲宗崩，徽宗立。太后向氏权同听政。颇进用旧党，欲以消弭党见，而卒无成效。徽宗亲政后，亦倾向新党，复行新法。然用一反复无常的蔡京。徽宗性本奢侈，蔡京则从各方面，搜括钱财，去供给他。于是政治大坏，北宋就迫于末运了。

注释

①在北平西。

②今河北濮阳县。

③瓦桥关，在雄州，周世宗复瀛、莫二州，与契丹以此关为界。

④英宗时兵数。

⑤方田为一种丈量法。以东西南北各千步之地为一方。方之角，立木为标帜。丈量之后，面积既定，参以地味，以定赋税。此法在神宗时行之未广。后来徽宗时复推行之，然都有名无实。

⑥一〇七〇至一〇七六年。

第三十二章　辽夏金的兴起

文化是逐渐扩大的。中国近塞诸民族，往往其初极为野蛮，经过若干年之后，忽崭然露头角。其政治兵力和社会的开化，都有可观。这并非其部落中一二伟人所能为，而实在是其部落逐渐进化的结果。辽、夏、金的兴起，都是此例。

现在的热河，自秦、汉至唐，本系中国的郡县。不过地处边陲，多有异族杂居罢了。杂居在这区域中的异族，主要的是鲜卑。当两晋时，鲜卑部落纷纷侵入内地，独有所谓奚、契丹的，仍居住于西辽河上游流域，没有移动。[①]南北朝时，契丹曾为柔然及高句丽所破。隋时，休养生息，渐复其旧。唐武后时，其酋长李尽忠造反，又遭破坏。于是其酋长大贺氏亡，遥辇（niǎn）氏起而代之。然亦积弱不振。到唐末，而其部落中有一伟人出，是为契丹太祖耶律阿保机。契丹旧分八部，部各有一大人。尝公推一大人司旗鼓。“及其岁久，或国有疾疫而畜牧衰。”则公议，更立其次。太祖始并八部为一。遂于九一六年，代遥辇氏，为契丹的君长。[②]这时候，北方适无强部。于是太祖东征西讨，东北灭渤海，服室韦。西北服黠戛斯。西征回鹘，至于河西。其疆域，东至海，西接流河，北至胪朐（lú qú）河，[③]南与中国接壤，俨然北方一大国了。

太祖初与李克用约为兄弟，后又背之，通好于梁，所以李克用很恨他。后唐之世，契丹和中国交兵。其时后唐兵力尚强，契丹不得逞。然而后唐的幽州守将周德威恃勇，弃渝关不守，平州遂为契丹所陷。④至于营州，则唐朝设立都督府，本所以管理奚、契丹的。此时契丹盛强，唐室的威灵，久已失坠，其为所占据，更不待言了。太祖死于九二六年，次子太宗立。越十年，而石晋来求援，安坐而得燕云十六州。两河之地，遂为契丹所控制。

太宗是个粗才，所以入中国而不能有。先是太祖的长子名倍，通诗书，善绘画，又工（善于）医药等杂技，是个濡染中国文化极深的人。而太祖的皇后述律氏，不喜欢他。平渤海之后，封为东丹王，命其镇守东垂，东丹王浮海奔后唐。废帝败亡时，先杀之而后死。太宗死后，述律后又要立其第三子李胡。李胡暴虐，国人不附。于是契丹人就军中拥立东丹王的儿子，是为世宗。李胡发兵拒敌，给世宗打败。世宗在位仅四年。死后，太宗的儿子穆宗继立。沉湎于酒，不恤国事。中国当此时，很有恢复燕、云的机会，惜乎周世宗早死，以致大功不成。九六九年，穆宗被弑，世宗之子景宗立。在位十四年。子圣宗继之。圣宗年幼，太后萧氏同听政。圣宗时，为辽的全盛时代。澶渊之盟，即成于此时。一〇三一年，圣宗死，子兴宗立。年少气盛，于是有派人到中国来求割关南之举。中国遣富弼报使，反复争辩，才算把求地之议打消。此次所增岁币，中国和契丹，争论“纳”、“贡”两个字。《宋史》上说系用“纳”字，《辽史》上则说用“贡”字的，未知孰是。然而即使用“纳”字，也体面得有限了。兴宗时，算是契丹蒙业而安的时代。一〇五五年，兴宗死，子道宗立。任用佞臣耶律乙辛，政治始坏。一一〇一年，道宗死，孙天祚帝立。荒于游畋（畋：音 tián；游畋：出游打猎。），于国事简直置诸不管。而东北方的女真，适于此时兴起，辽人就大祸临头了。

西夏是党项部落。唐太宗时，归化中国。其酋长姓拓跋氏。⑤后裔思敬，以讨黄巢功，赐姓李。为定难节度使。世有夏、银、绥、宥、静五州。[6]传八世，至继捧，以宋太宗时来降。尽献其地。而其族弟继迁叛去。九八五年，继迁袭据银州。明年，降于辽。一〇〇二年，又袭据灵州。明年，为蕃族潘罗支所杀。子德明立。三十年未曾窥边。然以其间西征回鹘，取河西，地益大，一〇三二年，德明子元昊立。立二年，遂反。至一〇四三年才成和。元昊定官制；造文字；设立蕃、汉两学；区划郡县；分配屯兵。其立国的规模，亦颇有可观。

金室之先，是隋、唐时的黑水靺鞨。[7]渤海盛时，靺鞨都役属于它。渤海亡后，改称女真。[8]在混同江以南的，系辽籍，谓之熟女真。以北的不系籍，谓之生女真。[9]金朝王室的始祖，是高丽人。名函普。入居生女真的完颜部。劝解部人和他部的争斗。娶其六十未嫁之女。遂为完颜部人。生女真程度，本来很低，函普以高丽的文化教导之，才渐次开化。函普的曾孙献祖，徙居安出虎水，始筑室，知树艺。[10]其子昭祖，渐以条教，统辖诸部。昭祖耀武，至于青岭、白山，入于苏滨、耶懒之地。至其子景祖，则统门、五国诸部，亦来听命。[11]女真民族，渐有统一之望了。景祖始受辽命，为生女真部族节度使。其三子世祖、肃宗、穆宗，相继袭职。以致世祖之子太祖，遂有叛辽之举。

女真人虽甚野蛮，然自渤海立国以来，业已一度的开化。更加以高丽人的启发，遂渐起其民族自负之心。当这时候，女真人的强悍，非辽人所能敌，女真人亦自知之。特苦于部族众多，势分而弱，不足以与辽敌。从景祖以来，诸部渐次统一，而金朝人的欲望，亦渐次加大。刚又遇着天祚帝的荒淫，年年遣使到海上去求海东青，[12]骚扰无所不至，为诸部族所同怨。金太祖遂利用之以叛辽。金太祖的叛辽，事在一一一四年。兵一举而咸州、宁江州、黄龙府，次第陷落。[13]天祚帝本是个不懂事的，得女真叛信，立刻自将大兵去征讨。兵未全到，闻后方有人叛乱，又忽遽西还。其兵遂为金人所袭败。东京亦陷落。⑭天祚帝忽又把金事置诸度外，恣意游畋。而遣使与金议和。迁延不就。至一一二一年，金太祖再进兵，遂陷辽上京。旋辽将耶律余睹来降。金人用为向导，中京、西京，又次第陷落。南京拥立秦晋国王淳，⑮亦不能自立。而宋人夹攻之兵又起。

注释

①奚在土护真河流域，就是现在的英金河。契丹在潢河、土河流域。潢河是现在的西剌木伦。土河是现在的老哈河。

②《五代史》只说契丹八部，共推一大人为主。《辽史》则大贺氏、遥辇氏相承为酋长，并非由八部公推。《唐书》亦同。大约契丹自有酋长，而实权则在八部大人。

③胪朐河，今克鲁伦河。

④渝关，今山海关。平州，今河北卢龙县。

⑤大约是鲜卑人，在党项中做酋长的。

⑥夏州，今陕西怀远县。银州，今陕西米脂县。绥州，今陕西绥德县。宥州，今鄂尔多斯右翼后旗。静州，在今米脂县西。

⑦黑水，今松花江。此江上源称粟末水，会嫩江东折后称黑水。

⑧避辽兴宗讳，亦写作“女直”。

⑨见《大金国志》。混同江，即黑水。

⑩今阿勒楚喀河。前此金人系穴居。

⑪青岭，未详。白山，今长白山。苏滨，即金后来之恤品路，地在今兴京西南，逾鸭绿江。耶懒，即金后来的曷嬾（hé lǎn）路，今朝鲜咸州至吉州一带。统门，即“图们”异译，谓此水流域。五国部，在今朝鲜的会宁府，后来宋徽、钦二宗，被迁于此（据朝鲜金于霖《韩国小史》）。

⑫名鹰之名。

⑬咸州，在今辽宁铁岭县东。宁江州，今乌拉旧城，在吉林北松花江右岸。黄龙府，今吉林农安县。

⑭辽南京析津府，即幽州。西京大同府，即云州。上京临潢府，在今热河开鲁县南。中京大定府，在今热河建昌县。东京辽阳府，即今辽宁辽阳县。

⑮兴宗次子耶鲁斡（wò）之子。

第三十三章　宋和辽夏的关系

宋自仁宗以前，和辽、夏的关系，已见第三十一章。神宗时，对辽还保守和平，对夏则又开兵衅。夏元昊死于一〇五一年，子谅祚立。十六年而死。子秉常立，年方三岁。是年，宋鄜（fū）州[①]将种谔袭取绥州。明年，为神宗元年，夏人请还前此所取塞门、安远两寨，[②]以换取绥州。神宗许了他。而夏人并无诚意。于是改筑绥州，赐名绥德。又进筑了许多寨。夏人遂举兵来犯。神宗用韩绛、种谔，以经营西边，迄不得利。而开熙河之议起。熙河是现在甘肃南部之地。唐中叶后，为吐蕃所陷。后来虽经收回，而蕃族留居其地的很多。大的数千家，小的数十百家为一族。其初颇能助中国以御西夏，后来亦不免有折而入之的。神宗时，王韶（sháo）上平戎之策。说欲取西夏，必先复河湟。王安石主其议，用为洮河安抚使。王韶就把熙、河等州，[③]先后恢复，建为一路。时在一〇七三年。其后八年，有人说秉常为其母所囚。神宗乃发兵五路，直趋灵州。未能达到。明年，给事中徐禧城永乐，[④]又为夏人所败。这两役，中国丧失颇多。一〇八六年，为哲宗的元年。是岁，秉常死，子乾顺立。来归永乐之俘。当时执政的人，不主张用兵，就还以神宗时所得的四个寨。而夏人侵寇仍不绝。于是诸路同时拓地进筑。夏人国小，不能支持，乃介辽人以乞和。一〇九九年，和议成。自此终北宋之世，无甚兵爨（爨：cuàn，烧火做饭；兵爨：指战事。)。

天下事最坏的是想侥幸。宋朝累代(历朝历代),武功虽无足称,以兵力论,并不算薄。然而对辽终未敢轻于启衅。实以辽为大国,自揣兵虽多而战斗力实不足恃之故。徽宗时,民穷财尽,海内骚然(动荡不安)。当时东南有方腊之乱。虽幸而打平,然而民心的思乱,兵备的废弛,则已可概见了。乃不知警惕,反想借金人的力量,以恢复燕、云,这真可谓之“多见其不知量”了。宋朝的交通金人,起于一一一八年。所求的,为石晋时陷入契丹故地。金太祖答以两国夹攻,所得之地即有之。一一二二年,童贯进兵攻辽,大败。是岁,辽秦晋国王淳死。辽人立天祚帝次子秦王定。尊淳母萧氏为太后,同听政。辽将郭药师来降。童贯乘机,再遣兵进攻,又败。贯大惧,遣使求助于金。于是金太祖从居庸关而入,[5]攻破燕京。辽太后和秦王都逃掉。明年,而金太祖死,弟太宗立。是时,辽天祚帝尚展转西北。传言夏人将遣兵迎致。金人分兵经略。夏人亦称藩于金。至一一二五年,而天祚帝卒为金人所获。辽朝就此灭亡。宋朝去了一个和好百余年的契丹,而换了一个锐气方新的女真做邻国了。

以契丹的泱泱大风,而其灭亡如此之速,读史的人,都觉得有点奇怪。然而这亦并无足异。原来契丹的建国,系合三种分子而成:即(一)部族,(二)属国,(三)汉人州县。(二)、(三)的关系,本不密切。便是(一),也是易于土崩瓦解的。国民没有什么坚凝的团结力,仅恃一个中心人物,为之统驭;这个中心人物而一旦丧失,就失其结合之具;一遇外力,立即分崩离析,向来的北族,本是如此的,契丹也不过其中之一罢了。

当金人初起兵时,其意至多想脱离辽人的羁绊,而自立一国。说这时候,就有灭辽的思想,是绝无此理的。辽人的灭亡,全是自已的崩溃。在金人，只可谓遭直天幸。然而虽有如此幸运，而灭辽之后，全辽的土地，都要经营，也觉力小而任重，有些消化不掉了。所以燕云的攻克，都出金人之力，而仍肯以之还宋。但是金人此时，亦已有些汉人和契丹人，代他谋划了。所以其交涉，亦不十分易与，当时金人提出的条件是：燕京之得，全出金人之力，所以应将租税还给金人。营、平、滦三州，都非石晋所割，[6]所以不能还宋。交涉久之，乃以宋岁输金银、绢各二十万两、匹，别输燕京代税钱一百万缗的条件成和。于是燕云之地，金人都次第来归。平心而论，以这区区的代价，而收回燕云十六州，如何不算是得计？然而营、平、滦（luán）三州的不复，却不但金瓯有缺（**金瓯：盛酒器，比喻国土；金瓯有缺：比喻国土不完整。**），而且是种下一个祸根。这不得不怪交涉的人的粗心，初提条件时，连这一点都不曾想到了。于是金人以平州为南京，命辽降将张觉守之。金人这时候，所有余的是土地，所不足的是人民。尤其是文明国民，若把他迁徙得去，既可免土满之患，又可得师资之益，真是一举两得。于是还宋燕京之时，把人民都迁徙而去，只剩得一个空城。宋人固然无可如何。而被迁徙的人民，颠沛流离，不胜其苦。路过平州，乃劝张觉据城降宋。张觉本是个反复无常的人，就听了他们的话。而宋朝人亦就受了他。等到金人来攻，张觉不能守，逃到燕山。[7]金人来质问，宋人又把张觉杀掉，函首以畀金。徒然使降将离心，而仍无补于金人的不满。一一二五年，金人遂分两道入寇。

注释

①今陕西鄜（fū）县。

②塞门，在今陕西安塞县北。安远，在今甘肃通渭县境。

③熙州，今甘肃狄道县。河州，今甘肃导河县。

④城名，在今陕西米脂县西。

⑤在今河北昌平县西北。

⑥营、平二州，见上章。滦州，今河北滦县，系辽人所置。

⑦宋得幽州之后，建为燕山府。

第三十四章　宋和金的关系

当时的宋朝，万无能抵敌金人之理。于是宗望自平州，宗翰自云州，两道俱下。宗翰之兵，为太原张存纯所扼。而宗望陷燕山，渡黄河，直迫汴京。徽宗闻信，先已传位于钦宗，逃到扬州。金兵既至，李纲主张坚守。宋人又不能始终信用。宋朝的民兵，本来有名无实。募兵当王安石时，业已裁减。蔡京为相，又利用其阙额，封桩（凡岁终用度之余，皆封存不用，以备急需。）其饷，以备上供。这时候，不但有兵而不可用，亦几于无可用的兵。到底陕西是多兵之地；种师道，姚古，又算那方面的世代将家，先后举兵入援。然亦不能抵抗。不得已，乃以割太原、中山、河间三镇；[①] 宋主尊金主为伯父；宋输金金五百万，银五千万两，牛马万头，表段百万匹；以亲王宰相为质的条件成和。旋括京城内金二十万两，银四十万两，交给金兵。金兵才退去。这是一一二六年的事。此时宗翰还顿兵太原，听得这个消息，也差人来求赂。宋人说既已讲和，如何又来需索？不给。宗翰大怒。分兵攻破威胜军、隆德府。[②] 宋人以为背盟，遂诏三镇固守。又把金朝派来的使臣萧仲恭捉起来。这萧仲恭，是辽之国戚。急了，要想脱身之计。乃假说自己亦故国之思，能替宋朝招降耶律余睹。宋朝人信了他，给以蜡书（封在蜡丸中的文书）。仲恭到燕山，便把蜡书献给宗望。于是宗望、宗翰，再分兵南下。此时太原已陷，两路兵都会于汴京。京城不守，一一二七年，徽、钦二宗及后妃、太子、宗室诸王等，遂一齐北狩。金人立张邦昌为楚帝。

此时只有哲宗的废后孟氏，因在母家，未被掳去。兵退之后，张邦昌乃让位，请她出来垂帘，立高宗为皇帝。即位于归德。[③]

高宗初即位时，用李纲为相，命宗泽留守汴京。二人都是主张恢复的。然而当时北方的情势，实在不易支持。于是罢李纲，而用汪伯彦、黄潜善。高宗南走扬州。这时候，宋使王师正请和于金，又暗中招谕汉人和契丹人，为金人所发觉。于是宗望、宗翰，会师濮州。[④]遣兵南下。高宗逃到杭州。金人焚扬州而去。这是一一二九年的事。未几，金宗弼又率兵渡江。陷建康，自独松关入，[⑤]陷杭州，高宗先已逃到明州。[⑥]金兵进逼，又逃入海。金人以舟师入海追之三百里，不及，乃还。宗弼聚其掳掠所得，自平江北还。[⑦]韩世忠邀击之于江中。相持凡四十八日，宗弼乃得渡。自此以后，金人以“士马疲敝，粮储未丰”，不再渡江，宋人乃得偏安江南。然而东南虽可偷安，西北又告紧急。当宗翰与宗望会师时，曾遣娄室分兵入陕西。宋人则以张俊为京湖川陕宣抚使。俊以金兵聚于淮上，出兵以图牵制。而宗弼渡江之后，亦到陕西参战。两军会战于富平，[⑧]宋兵大败。陕西之地多陷。幸而张俊能任赵开以理财，又有吴玠（jiè）、吴璘、刘子羽等名将，主持军事，总算把四川保全。

这时候，宋人群盗满山。自一一二九年之后，金人不复南侵，乃得以其时平定内乱。而金人亦疲敝已极。于是立宋朝的叛臣刘豫于汴京，国号为齐，畀以河南、陕西之地。想借为缓冲，略得休息。而刘豫又起了野心，想要吞并江南。屡次借兵于金以入寇。又多败衄（nǜ，损伤、挫败）。至一一三七年，遂为金人所废。先两年，金太宗死了，熙宗继立。挞（tà）懒专权用事。当金人立张邦昌时，秦桧为御史大夫，上状于金人，请立赵氏之后。为金人所执。金太宗以赐挞懒。后来乘机逃归。倡言要“南人归南，北人归北”，天下才得太平。高宗用为宰相。至此，遣使于金，请将河南、陕西之地相还。挞懒答应了。一一三八年，遂以其地来归。明年，挞懒以谋反伏诛。宗弼入政府。金朝的政局一变。和议遂废。宗弼和娄室，再分攻河南、陕西。此时宋朝的兵力，已较前此略强。而宗弼颇有轻敌之意。前锋至顺昌，[9]为刘琦所败。岳飞亦自荆襄出兵，败金人于郾（yǎn）城。[10]吴璘亦出兵收复陕西州郡。而秦桧主和议，召诸师班师。一一六〇年，以下列的条件成和：东以淮水，西以大散关为界。[11]宋称臣于金。宋岁输金银、绢各二十五万两、匹。

宋南渡以后之兵，以韩、岳、张、刘为大。四人在历史上，都号称名将，而且都是我国民族的英雄。可惜刘光世死后，其兵忽然叛降伪齐，留下韩世忠、岳飞、张俊之兵，号为三宣抚司。秦桧与金言和，乃召三人论功，名义上虽各授以枢府（主管军政大权的中枢机构），而实际上则罢其兵柄。未几，岳飞被害；韩世忠骑驴湖上，亦做了个闲散的军官了。于是诸军虽仍驻扎于外，而改号为某州驻扎御前诸军；直隶中央，各设总领，以司其饷项。[12]

和议成后八年，金熙宗被弑，海陵庶人立。先迁都于燕，后又迁都于汴。一一六〇年，发大兵六十万入寇。才到采石，[13]东京业已拥立世宗。海陵想尽驱其兵渡江，然后北还。仓猝间，为虞允文所败。改趋扬州，为其下所弑。金兵遂自行撤退。一一六二年，高宗传位于孝宗。孝宗是有志于恢复的。任张俊为两淮宣抚使。张俊使李显忠等北伐，大溃于符离。[14]一一六五年，和议复成。宋主称金主为伯父。岁币银、绢各减五万。地界则如前。

金世宗时，是金朝的全盛时代。当海陵时，因其大营宫室，专事征伐，弄得境内群盗蜂起，世宗为图镇压起见，乃将猛安、谋克户[15]移入中原，夺民地以给之。于是女真人的村落，到处散布，中国人要图反抗，更加不容易了。然而金朝的衰弱，亦起于此时，诸猛安、谋克人，都唯酒是务，"有一家百口，垅无一苗"的。既失其强悍之风，而又不能从事于生产，女真人就日趋没落了，然而还非宋人所能侮。

宋孝宗亦以生时传位于光宗，光宗后李氏，与孝宗不睦；光宗又有疾，因此定省之礼多阙。群臣以为好题目，群起谏诤。人心因之颇为恐慌。一一九四年，孝宗崩。光宗因病不能出。丞相赵汝愚，乃因阁（hé）门使韩侂胄（tuō zhòu），请命于高宗的皇后吴氏，请其出来主持内禅之事，光宗遂传位于宁宗。宁宗立后，韩侂胄亦想专权，而为赵汝愚所压。乃将汝愚挤去。朱熹在经筵（汉唐以来帝王为讲论经史而特设的御前讲席），论其不当。侂胄遂将朱熹一并排斥。此时道学的声势正盛，侂胄因此大为清议所不与。要想立大功以恢复名誉。当光宗御宇之日，亦即金章宗即位之年。章宗初年，北边仍岁叛乱；河南、山东，又颇有荒歉。附会韩偏胄的人，就张大其词，说金势有可乘。韩侂胄信了他。暗中预备。至一二〇六年，遂下诏伐金。开战未几，到处皆败。襄阳、淮东西，失陷之处甚多。侂胄复阴持和议。金人复书，要斩侂胄之首。侂胄大怒，和议复绝。而宁宗的皇后杨氏，和侂胄有隙，使其兄次山和礼部侍郎史弥远密谋，诱杀侂胄，函首以畀金，和议乃成。岁币增为三十万两、匹。时为一二〇八年。明年，金章宗死，卫绍王立，而蒙古兵亦到塞外了。

注释

①中山，今河北定县。河间，今河北河间县。

②威胜军，今山西沁县。隆德府，今山西长治县。

③今河南商丘县。

④今山东城濮县。

⑤在今安徽广德县东。

⑥今浙江鄞县。

⑦今江苏吴县。

⑧今陕西兴平县。

⑨今安徽阜阳县。

⑩今河南郾城县。

⑪在今陕西宝鸡县南。

⑫关于当时诸将骄横的情形，可参看《文献通考·兵考》。

⑬在安徽当涂县北。

⑭在今安徽宿县。

⑮金朝的制度，部长在平时称孛（bá）董（jǐn），战时称猛安、谋克。猛安，译言千夫长。谋克，译言百夫长。大约所统的人，近乎千人的，则称猛安；近乎百人的，则称谋克。

第三十五章　宋的学术思想和文艺

宋朝是一个有创辟的时代。其学术思想和文艺，都有和前人不同之处。

天下事物极必反，有汉儒的泥古，就有魏晋人的讲玄学。有佛学的偏于出世，就有宋学的反之而为入世。

宋学的巨子，当推周、程、张、朱。周子名敦颐，道州人。著有《太极图说》和《通书》。其大意，以为无极而太极。[①]太极动而生阳，静而生阴。因其一动一静，而生五种物质，是为五行，再以此为原质，组成万物。人亦是万物之一，所以其性五端皆具。[②]但其所受之质，不能无所偏胜，所以人之性，亦不能无所偏。当定之以仁、义、中正而主静。张子名载，陕西郿（méi）县横渠镇人。他把宇宙万物，看成一汇。物的成毁，就是气的聚散。由聚而散，为气的消极作用，是为鬼。由散而聚，为气的积极作用，是为神。所以鬼神就在万物的本身，而幽明只是一理。气是一种物质。各种物质相互之间，本有其好恶迎拒的。人亦气所组成，所以对于他物，亦有其好恶迎拒，此为物欲的根源。此等好恶，不必都能合理。所以张子分性为气质之性和义理之性，而说人当变化其气质。周、张二子所发明的，都是很精妙的一元论。二程所发明，则较近于实行方面。二程是弟兄。洛阳人，大程名颢，小程名颐。大程主“识得此理，以诚敬存之”。小程则又提出格物，说“涵养须用敬，进学在致知”。朱子名熹。他原籍婺（wù）源，而居于闽，所以周、程、张、朱之学，亦称为濂、洛、关、闽。[③] 朱子之学，是承小程之绪的。他读书极博，制行极谨严。对于宋代诸家之说，都有所批评，而能折中去取，所以称为宋学的集大成。但同时有金溪陆九渊，以朱子即物穷理之说为支离。他说心为物欲所蔽，则物理无从格起，所以主张先发人本心之明。大抵陆子之说，是为天分高，能直探本原的人说法的。朱子之说，则为天分平常，须积渐而致的人说法的。然正唯天分高，然后逐事检点，不虑其忘却本原；亦唯天分平常，必先使他心有所主。所以清代的章学诚说：朱陆是千古不能无的同异，亦是千古不可无的同异。以上所说，是宋学中最重要的几个人。此外在北宋时，还有邵雍，则其学主于术数。南宋时，张栻（shì）、吕祖谦和朱熹，同称乾淳三先生。[④] 祖谦喜讲史学。永嘉的陈傅良、叶适，永康的陈亮，都受其影响。其说较近于事功。讲宋学的人，不认为正宗。然实亦互相出入。宋学家反对释氏。他们说“释氏本心，吾徒本天”。而他们所谓天，就是理，所以其学称为理学，尊信其说的人，以为其说直接孔、孟；而孔、孟之道，则是从尧、舜、禹、汤、文、武、周公，相传下来的，所以又称为道学。后来的考据家，则谓宋学的根源，是《先天》、《太极》两图；而此两图，都是出于宋初华山道士陈抟（tuán）的，所以说宋学实出道家。[⑤] 又有因宋儒好谈心性，以为实是释氏变相的。然后一时代的学问，对于前一时代的学问，虽加反对，势不能不摄取其精华；而学问的渊源和其后来的发展、成就，也并无多大的关系，往往有其源是一，其流则判然为的。所以此等说，都无足计较。宋学总不失为一种独立而有特色的学术。

清代的汉学家，对于宋学，排斥颇力。其实考据之学的根源，亦是从宋代来的。宋儒中如著《困学纪闻》的王应麟，著《日钞》的黄震，都是对于考据很有功夫的。所以宋朝人对于史学，亦很有成绩。自唐以后，正史必出于合众纂修，已成通例。只有宋代，《新五代史》是欧阳修所独撰；《新唐书》为修及宋祁所合撰。虽出两人之手，亦去独撰的不远。司马光修《资治通鉴》，自战国迄于五代，为编年史中的巨著。朱子因之而作《纲目》，虽其编纂不如《通鉴》的完善，而其体例，则确较《通鉴》为优。[6]袁枢又因《通鉴》而作《纪事本末》，为史书开一新体。马端临因《通典》而作《文献通考》。其事实的搜辑，实较《通典》为备；而门类的分析，亦较详。郑樵包括历代的史书而作《通志》，虽其编纂未善，然论其体例，确亦能囊括古今，删除重复的。而二十略中，尤多前人未及注意之点。[7]此外宋朝人对于当代的史料，搜辑之富，亦为他时代所不及。而史事的考证和金石之学，亦始自宋人。[8]

唐朝虽为古文创作时代，其实当时通行的仍是骈文。至于宋朝，则古文大盛。如欧阳修、王安石、三苏父子、曾巩等，都为极有名的作家。宋朝人的骈文，亦生动流利，和唐以前人所作，虽凝重而不免失之板滞的不同。诗，亦于唐人之外，别开新径。唐人善写景，宋人则善言情。比较起来，自然是唐诗含蓄而有余味。然而宋人亦可谓能开拓诗的境界，有许多在唐代不入诗的事物，至此都作入诗中了。词则宋代尤推独绝，南北宋都有名家。宋学家是讲究道理，不注重词华的。所以禅家的语录，宋学家亦盛行使用。又其时平民文学，甚为发达。说话之业甚盛。后来笔之于书，就是所谓平话体的小说了。

印刷术的发达，是推动宋代文化的巨轮。古代的文字，书之于简牍（dú，古代写字用的木片。）。要特别保存得长久的，则刻之于金石。不论金石和简牍，总是供人观览，而非以为摹拓之用的。汉魏的《石经》，还是如此。但是后来渐有摹拓之事。摹拓既兴，则刻之于木，自较刻之于石，为简易而省费。据明代陆深所著的《河汾燕间录》，说隋文帝开皇十年——公元五九〇年——敕天下废像遗经，悉令雕板。这是我国印刷术见于记载之始。然当隋、唐之世，印刷之事，还不盛行。所以其时的书，还多是抄本，得书尚觉艰难。至公元九〇八年，即后唐明宗长兴三年，宰相冯道、李愚，才请令国子监校正《九经》，刻板印卖。是为官家刻书之始。此后官刻和私人为流传而刻，书贾为牟利而刻的就日多。宋以后的书籍，传于世的，远非唐以前所能比，就是受印刷术发达之赐。活字板是宋代毕昇（shēng）所创，事在仁宗庆历中——公元一〇四一至四八年——其时字以泥制。到明代，无锡华氏，才改用铜制。[9]

注释

①无极而太极，就是说太极无从追溯其由来的意思。即太极亦是合阴阳两种现象而立名，阴阳亦不过归纳各种现象的两个观念，并非实有其物。阴阳且非实体，无极太极，更不必说了。

②五端，谓仁、义、礼、智、信。汉儒五行之说，以仁配木，礼配火，信配土，义配金，智配水。

③濂溪，本在道州，即今湖南道县，为潇水的支流。敦颐后居江西庐山莲花峰前，峰下有溪，西北流，合于湓江。敦颐即以其故乡濂溪之名名之。学者因称为濂溪先生。

④乾道、淳熙，宋孝宗年号。乾道自一一六五至七三年，淳熙自一一七四至八九年。

⑤《太极图》为众所周知，不必再说。邵子的《先天次序图》如右：其图以白处代《易经》的阳画（—），黑处代易经的阴画（--）。最下一层为太极，是不能分白黑的，图上的白色，不作为白色看。第二层为两仪。第三层为四象。至第四层则

成八卦。合二三四三层观之，其次序为乾一，兑二，离三，震四，巽（xùn）五，坎六，艮（gèn）七，坤八。又八卦的方位：旧说是离南，坎北，震东，兑西，乾西北，坤西南，艮东北，巽东南。邵子说：这是文王所改，是后天卦位。邵子所传的图，则乾南，坤北，离东，坎西，兑东南，震东北，巽西南，艮西北。说这是先天方位，伏羲所定。案邵子的哲学，是一而二，二而四，四而八……如此递推下去的。其《先天次序图》，表现这种思想。其《卦位图》，则赞成他的人说：天位乎上，地位乎下；日生于东，月生于西；山镇西北，泽注东南；风起西南，雷动东北；自然和天地造化相合。

⑥《通鉴》事实甚繁，苦于无从检阅。司马光因此另编《目录》三十卷。然《目录》与本书，分而为二；而小事《目录》中又不能尽载，检阅仍苦不便。朱子因此而创纲目之例。纲用大书，目用分注。要检查的，只要看其纲就得了。《纲目》一书，朱子仅发凡起例，其编纂则属之天台赵师渊。师渊编辑得不甚精善。所以考求事实的人，都据《通鉴》而不据《纲目》。但编纂尽善与否是一事，体例的善否，又是一事。论事实的考订去取，《纲目》确不如《通鉴》之精，论体例则《纲目》确较《通鉴》为善。试取两书，略一翻阅便知。

⑦二十略里，《氏族》、《七音》、《都邑》、《草木》、《昆虫》为略，是前此史志所无的。

⑨考证之学，如刘攽（bān）、刘奉世的《两汉书刊误》，吴缜的《新唐书纠缪》等。金石之学，如欧阳修的《集古录》等。

⑨可参看孙毓（yù）修《中国雕板源流考》。

第三十六章　宋的制度和社会

宋代的兵制和北宋以前学校选举之制，已见第三十一和三十四章。今再补述其余的制度如下：

宋代的制度，都是沿袭唐代的。其取之于民的，共分五项：（一）为公田之赋，（二）为民田之赋，这都是田税。（三）为丁口之赋，是身税。（四）为城郭之赋，是宅税和地税。（五）为杂变之赋，亦谓之沿纳，是唐行两税之后，复于两税之外，折取他物，而后遂变为常赋的。凡此种种，其取之都用两税之法，于夏、秋分两次交纳。宋代病民的，不在于税而在于役。自王安石行青苗法后，元祐复行科差，绍圣再变为雇役。自后差雇两法并行。因欲行签差之法，必须调查人民的资产。其中责令人民自行填报的，谓之"手实"。由官派人查轧（gá，查对。）的，则谓之"推排"。卖买田产时，将物力簿同时改正的，则谓之"推割"。诸法都难得公平，又难于得实，总是厉民之政。在中国法律上，官和人民交易，亦同人民和人民交易一样，谓之"和"。所以和籴及和买，本应确守私法上的原则。然而其后，都有短给和迟给的；甚或竟不给钱，而所籴所买，遂变为赋税。这亦是厉民之政。

两税以外的赋税，都起于唐中叶以后。因其时藩镇擅土，中央的收入减少，不得不求之于此。宋代养兵太多，遂沿而未改。其中最重要的是盐税。其法起于唐之刘晏。借民制盐，而免其徭役，谓之灶户，亦称亭户。在刘晏时，还是行就场征税之法。一税之后，任其所之。后来渐变为官卖。又或招商承买，则谓之通商。茶法，亦起于唐中叶之后。制茶的人，谓之园户。岁输定额的茶，以代赋税。其余悉数由官收买。官买茶的价钱，都是先给的，谓之"本钱"。于江陵、真州、海州、汉阳军、无为军、蕲（qí）州的蕲口，[1] 设立榷货务（榷：音què，买卖；榷货务：管理贸易和税收的机构。）六处。除淮南十三场外，其余的茶，都运到这六榷货务，由官发卖。[2] 酒：州郡都置务官酿。县、镇、乡、闾，则听民酿而收其税。坑冶：官办的置监、冶、场、务等机关，民办的，则按一定分数，"中卖"于官。商税，起于唐代的藩镇，而宋因之。州县各置收税的机关，名之为务。税分过税和住税两种。过税取百分之二，住税取百分之三。所税的物品和其税额，各处并不一律。照例都应得榜示出来，然而实际能否一一榜示；榜示之后，能否确实遵守，就很难言之了。这实在也是厉民之政，和清代的厘金无异。宋代还有一种借官卖以省漕运的办法，是为"入边"和"入中"。其法：令商人入刍粟（刍：音chú；刍粟：粮草，多指供军队用的饲料和粮食。）于边，或入现钱及金帛于京师榷货务。官给以钞，令其到指定的地方，支取货物。其初只解池的盐，[3] 用此办法，为陕西沿边之备。后来东南茶盐和榷货务的缗钱，都许商人指射，谓之三说。[4] 更益以犀、象、香药，则谓之四说。在实物经济时代，运输货物，本是件最困难的事。如此，既省行政上的麻烦，又省转运时的弊窦，本是个好法子。但官吏和商人，通同作弊，把商人所入的刍粟，高抬其价，谓之"虚估"，而官物遂不免虚耗。又且入刍粟的土人，并不会做盐茶等买卖，得钞都是卖给商人，或京师的交引铺，他们都要抑勒钞价，实际入刍粟的并无利益，群情遂不踊跃，边备仍不充实。后来乃令商人专以现钱买茶，官亦以现钱买刍粟。于是茶不为边备所需，而通商之议起。通商之议既起，乃停给茶户本钱，但计向者所得的息钱，取之茶户，而听其与商人卖买。到蔡京出来，又变茶法。由官制长引、短引，卖给商人。商人有此引的，即许其向茶户买茶。如此，便只是一种买茶的许可证了。后来淮浙之盐，亦用此法，为后世所沿袭。南渡之后，地方削小，而费用增广。盐茶等利，较北宋都有所增加。又有所谓经总制钱、板账钱等。系将各种杂税，或某种赋税上增取之数，以及其他不正当的收入，凑起来的。其厉民更甚。

宋代的人民，是很为困苦的。因为唐中叶以后，武人擅土，苛税繁兴，又好用其亲信做地方官或税收官吏之故。宋兴，此等苛税，多所捐除，然而仍不能尽。至于豪强兼并，则自天宝以来，本未有抑强扶弱的政令；加以长期的扰乱，自然更为厉害了。所以宋代的平民，其受剥削特甚。当时民间借贷，自春徂（cú，至。）秋，出息逾倍。[5]而且各种东西，都可以取去抵债。[6]折算之间，穷人自然格外吃亏了。当时司马光上疏，诉说农民的疾苦，曾有这几句话：

> 幸而收成，公私之债，交争互夺。谷未离场，帛未下机，已非己有。所食者糠籺（hé，米麦的碎屑，多用指粗食。）而不足，所衣者绨（tì，比绸子厚实而粗糙的纺织品。）褐（粗布或粗布衣服）而不完。直以世服田亩，不知舍此更有何可生之路耳。[7]

可谓哀切极了。王安石所以要推行青苗法，其主意，就是为防止民间的高利贷。然而以官吏办借贷之事，总是无以善其后的。所以其法亦不能行。在宋代，得人民自助之意，可以补助行政的，有两件事：其一是社仓。社仓之法，创于朱子。其以社为范围，俾（bǐ，使。）人民易受其益，而且易于感觉兴味，便于管理监督，和义仓之法同。而在平时可兼营借贷，则又得青苗法之意。其二是义役。义役是南宋时起于处州的松阳县的。[8]因为役事不能分割，所以负担不得平均。乃由众出田谷，以助应役之家。此两法若能推行尽利，确于人民很有益处，而惜乎其都未能。南渡之后，两浙腴田，多落势家之手，收租很重。末年，贾似道当国，乃把贱价强买为官田，即以私租为税额。田主固然破家者众，而私租额重而纳轻，官租额重而纳重，农民的受害更深。南宋亡后，虽其厉民之政，亦成过去。然而江南田租之重，则迄未尝改。明太祖下平江。恶其民为张士诚守，又即以私租为官赋。江南田赋之重，就甲于天下。后来虽屡经减削，直到现在，重于他处，还是倍蓰（xǐ，数倍。）不止。兼并之为祸，可以谓之烈了。

宋代士大夫的风气，亦和前代不同。宋人是讲究气节的。这固然是晚唐、五代以来，嗜利全躯的一个反动，而亦和其学术有关系。宋朝人的议论，是喜欢彻底的，亦是偏于理论的。所以论事则好为高远之谈，论人则每作诛心之论。这固然也有好处，然而容易失之迂阔，亦容易流于过刻。而好名而激于意气，则又容易流为党争。自辽人强盛以来，而金，而元，相继兴起，宋人迭受外力的压迫，其心理亦易流于偏狭。所以当国事紧急之时，激烈的人，往往发为"只论是非，不论利害"、"宁为玉碎，毋为瓦全"的议论。这固然足以表示正义，而且也是民族性应有的表现。然而不察事势，好为高论，有时亦足以偾（fèn，败坏。）事。而此等风气既成之后，野心之家，又往往借此以立名，而实置国家之利害于不顾，则其流弊更大。此亦不可以不知。

注释

①真州，今江苏仪征县。海州，今江苏东海县。汉阳军，今湖北汉阳县。无为军，今安徽无为县。蕲州，今湖北蕲春县。

②京师亦有榷货务，但只主给钞而不积茶。

③解州、安邑两池所产的盐。解州，今山西解县。安邑，今山西安邑县。

④说，即今兑换的“兑”字。

⑤太宗时尝禁之。见《宋史·食货志》。

⑥见《宋史·陈舜俞传》。

⑦亦见《宋史·食货志》。

⑧今浙江松阳县。

第三十七章 元的勃兴和各汗国的创建

当公元十三世纪之初，有一轩然大波，起于亚洲的东北方，欧、亚两洲，都受其震撼。这是什么事？这便是蒙古的兴起。

蒙古，依中国的纪载，是室韦的分部。唐时，其地在望建河南。[①]但其人自称为鞑靼。[②]鞑靼是靺鞨别部，居于阴山的。据蒙古人自著的《元朝秘史》看起来：他始祖名孛儿帖赤那，十传而至孛儿只吉歹。孛儿只吉歹的妻，唤作忙豁勒真豁阿。忙豁勒真豁阿，译言蒙古部的美女。我们颇疑心孛儿只吉歹是鞑靼人。因其娶蒙古部女，才和蒙古合并为一。和金朝王室的始祖，以高丽人而为生女真的完颜部人一样。

蒙古部落，自孛儿只吉歹之后，又十一传而至哈不勒，是为成吉思汗的曾祖，始有可汗之号。可以想见其部落的渐强。哈不勒死后，从弟俺巴孩，继为可汗。为金人所杀。部人立哈不勒子忽都剌为可汗。向金人报仇，败其兵。忽都剌死后，蒙古无共主，复衰。成吉思汗早年，备受塔塔儿、蔑儿乞及同族泰亦赤兀诸部的齮龁（yǐ he，倾轧。）。后来得客列部长王罕、札答剌部长札木合为与部，乃把诸部次第打平。此时沙漠西北的部落，以乃蛮为最强。而金朝筑长城，自河套斜向东北，直达女真旧地，使汪古部守其冲。乃蛮约汪古部同伐蒙古。汪古部长来告。成吉思汗先举兵伐乃蛮，破之。公元一二〇六年，漠南北诸部，遂大会于斡（wò）难木涟之源，公上成吉思汗的尊号。[③]

成吉思汗既即汗位，其目光所注，实在中原。于是于一二一〇年，伐夏。夏人降。明年，成吉思汗遂伐金。此时金朝的兵力，业已腐败。加以这一次，汪古与蒙古言和，放其入长城，出其不意。于是金兵四十万，大败于会河堡。[④] 蒙古兵遂入居庸关，薄燕京。明年，成吉思汗再伐金。留兵围燕京。自将下山东。分兵攻河东和辽西。到处残破，黄河以北，其势就不可守了。此时金人已弑卫绍王，立宣宗。成吉思汗还兵，屯燕城北。金人妻以卫绍王之女，请和。蒙古兵已退，金宣宗迁都于汴。成吉思汗说他既和而又迁都，有不信之心。再发兵陷燕京。此时金人的形势，本已岌岌待亡，因成吉思汗有事于西域，乃又得苟延残喘。

成吉思汗的西征，是花剌子模国的骄将所引起的。[⑤] 先是唐中叶以后，大食强盛，葱岭以西诸国，悉为所并。然不及三百年，威权渐替。东方诸酋，多据地自擅，其间朝代的改变甚多。当辽朝灭亡时，雄视西亚的塞而柱克朝已衰，花剌子模渐盛。[⑥] 辽朝的宗室耶律大石，逃到唐朝的北庭都护府，会合十八部王众，选其精锐而西。遂灭塞而柱克，服花剌子模。立国于吹河流域的虎思斡耳朵，是为西辽。乃蛮既亡，其酋长太阳罕的儿子古出鲁克，逃到西辽。和花剌子模王阿拉哀丁·谟罕默德[⑦] 内外合谋，篡西辽王之位。于是乃蛮复立国于西方，而花剌子模亦乘机拓土，成为西方的大国。这时候，雄张于西域的，实在仍是回族。成吉思汗既定漠南北，在天山北路的畏吾儿，和其西的哈剌鲁，[⑧] 都来降。蒙古和西域交通的孔道（通往某处必经之关口；大路。）遂开。花剌子模王有兵四十万，都是康里人。[⑨] 王母亦康里部酋之女。将士恃王母而骄恣；王母亦因举国的兵，都是其母族人，其权之大与王埒（liè）。所以国虽大而其本不固。成吉思汗既侵入中原，古出鲁克和前此逃往西域的蔑儿乞酋长忽秃，都乘机谋复故地。成吉思汗怕漠北根本之地，或有摇动，乃于一二一六年北还。命速不台打平忽秃，哲别打平古出鲁克。于是蒙古的疆域，就和花剌子模直接。成吉思汗因商人以修好于花剌子模，花剌子模王也已应允了。未几，蒙古人四百余，随西域商人西行。花剌子模讹打剌城的镇将，[10]指为蒙古间谍，把他尽数杀掉。其中只有一个人，得逃归报信。成吉思汗闻之，大怒，而西征的兵遂起。

成吉思汗的西征，事在一二一九年。先打破讹打剌和花剌子模的都城寻思干，[11]花剌子模王遁走。成吉思汗命哲别、速不台追击。王辗转逃入里海中的小岛而死。其子札剌哀丁[12]逃到哥疾宁，[13]成吉思汗自将追之。破其兵于印度河边。乃东归。时在一二二二年。哲、速二将的兵，别绕里海，越高喀斯山[14]败阿速、撒耳柯思和钦察的兵。钦察的酋长逃到阿罗思。二将追击。阿罗思人举兵拒敌，战于孩儿桑。阿罗思大败。亡其六王七十侯，兵士死掉十分之九。列城都没有守备，只待蒙古兵到迎降。而二将不复深入，但平康里而还。[15]

成吉思汗东归后，于一二二七年，再伐西夏，未克而殂，遗命秘不发丧。夏人乃降。一二二九年，太宗立，再伐金。金人从南迁后，尽把河北的猛安谋克户（女真人户的代称），调到河南。又夺人民之地以给之。人民怨入骨髓，而这些猛安谋克户，既不能耕，又不能战，国势益形衰弱。于是宋人乘机，罢其岁币。金人想用兵力胁取；又和夏人因疆场细故失和，三方都开了兵衅。国力愈觉不支。到一二二五年，宣宗殂，哀宗立，才和夏人以兄弟之国成和，而对于宋朝的和议，则始终不能成就。当成吉思汗西征时，拜木华黎为太师国王，命其经略太行以南。这时候，蒙古兵力较薄，在金人，实在是个恢复的好机会。然而金人亦不能振作。仅聚精兵二十万，从邳州到潼关，列成一道防线。[16]太宗因此线不易突破，乃使拖雷假道于宋，宋人不允，拖雷遂强行通过。从汉中历襄、邓而北，与金兵战于三峰山，[17]金兵大败。良将、锐卒都尽。太宗又自白坡渡河，[18]命速不台将汴京围起，攻击十六昼夜，因金人守御坚，不能破，乃退兵议和。而金朝的兵，又逞血气之勇，把蒙古使者杀掉，和议复绝。汴京饥窘不能立。金哀宗乃自将出攻河北的卫州，[19]想从死里求生，又不克，乃南走蔡州。而宋人此时，又袭约金攻辽的故智，和蒙古人联合以攻金，金人遂亡。时在一二三四年。

约元攻金，是袭约金攻辽的故智，而其轻于启衅，亦是后先一辙的。金宣宗死的明年，宋宁宗也死了。宁宗无子，史弥远援立理宗，因此专横弥甚。弥远死后，贾似道又继之。贾似道的为人，看似才气横溢，实则虚浮不实，专好播弄小手段，朝政愈坏。灭金之后，武人赵葵、赵苑等，创议收复三京，[20]宰相郑清之主之。遣兵北侵。入汴、洛而不能守，却因此和蒙古启了兵衅。川、楚、江淮，州郡失陷多处。这时候，是蒙古太宗时代，还未专力于攻宋。一二四一年，太宗死了。到一二四六年，定宗才立。又因多病，不过三年而殂。所以此时，宋人还得偷安旦夕。一二五一年，蒙古宪宗立。命弟阿里不哥留守漠北，忽必烈专制漠南。一二五八年，宪宗大举入蜀，围合州。[21]先是忽必烈总兵自河洮入吐蕃，平大理。留兀良合台经略南方而北还。及是，忽必烈亦自河南南下，围鄂州。[22]兀良合台又出广西、湖南，和他会合。贾似道督兵援鄂，不敢战，遣使于忽必烈，约称臣，输岁币，划江为界以请和。适会蒙古宪宗死于合州城下，忽必烈急于要争夺汗位，乃许宋议和而还。贾似道却讳其和议，以大捷闻于朝。

明年，忽必烈自立，是为元世祖。时世祖以各方面多故，颇想与宋言和，而贾似道因讳和为胜之故，凡元使来的，都把他拘囚起来。一二六四年，元世祖迁都于燕。明年，理宗崩，度宗立。此时元人尚未能专力攻宋，而宋将刘整，因与贾似道不合，叛降元，劝元人专力攻襄阳。一二六八年，元人就把襄阳围起。围经六年，宋人竟不能救。一二七三年，襄阳陷落，宋势遂危如累卵。一二七四年，度宗崩，恭帝立。年幼，太后谢氏临朝。元使伯颜总诸军入寇。伯颜分兵平两湖。自将大军，长驱东下。陷建康。一二七六年，临安陷。太后及恭帝皆北狩。宋故相陈宜中等，立益王于福州。旋为元兵所逼，走惠州。后崩于硐（gāng）洲。宋人又立其弟卫王，迁于厓（yá）山。一二七九年，元将张宏范来攻。宋宰相陆秀夫，负帝赴海而死。大将张世杰收兵到海陵山，亦舟覆而死。[23]中国至此，遂整个为蒙古所征服。汉族武力之不竞，至此可谓达于极点了。

蒙古不但征服中国，当太宗时，又尝继续遣兵西征。再破钦察，入阿罗思。遂进规孛烈儿和马札剌。入派特斯城。西抵威尼斯。欧洲全境震动，会太宗凶问至，乃班师。宪宗时，又遣兵下木剌夷，平报达。渡海收富浪岛。[24]当金末，辽东和高丽之间，叛乱蜂起。蒙古因遣兵平定，和高丽的兵相遇，约为兄弟之国。后来蒙古使者，为盗所杀，蒙人疑为高丽人所为，两国遂起兵衅。直至一二五九年，和议才成。高丽内政，自此常受元人的干涉。甚至废其国王，而立征东行省于其地。对于南方，则兀良合台尝用兵于安南。其后世祖时，又尝用兵于安南、占城及缅，都不甚利。然诸国亦都通朝贡。对于南洋，曾一用兵于爪哇（zhǎo wā），其余招致而来的国亦颇多。唯用兵于日本，最为不利。世祖先命高丽人往招日本，后又自遣使往招，日本都不应。一二七四年，遣忻（xīn）都往征，拔对马，陷壹岐，掠肥前沿海。以飓风起而还。一二八一年，再遣忻都、范文虎率兵二十万东征。兵至鹰岛，以“飓征”见，文虎等择坚舰先走。余众遂多为日人所杀。世祖大怒，更谋再举，以正用兵安南，遂未果。以当日蒙古的兵力，实足以踏平日本而有余，乃因隔海之故，致遭挫衄，在日本，亦可谓之遭直天幸了。

综观蒙古用兵，唯对于东南两方，小有不利，其余则可谓所向无前。这也是遭际时会，适逢其时各方面都无强国之故。蒙古是行封建之制的，而成吉思汗四子，分地尤大。因为蒙人有幼子袭产的习惯，所以把和林旧业，㉕分与第四子拖雷。此外长子术赤，则分得花剌子模、康里、钦察之地。三子窝阔台，即太宗，则分得乃蛮故地。二子察合台，则分得西辽故地。㉖其后西域直到宪宗之世，才全行戡定。其定西北诸部，功出于术赤之子拔都；而定西南诸部，则功出于拖雷之子旭烈兀。所以术赤分地，拔都之后，为其共主。伊兰高原，则旭烈兀之后君临之。西史所谓窝阔台汗国，就是太宗之后。察合台汗国，是察合台之后。钦察汗国，是拔都之后。伊儿汗国，是旭烈兀之后。㉗总而言之，世祖灭宋之日，就是元朝最盛之时。然而其分裂，也就于此时开始了。

注释

①见《新唐书》。望建河，即今黑龙江。

②蒙人自著的《秘史》即如此。

③塔塔儿，即“鞑靼”异译。据《元朝秘史》，地在捕鱼儿海附近，即今达里泊。蔑儿乞，在鄂尔坤、色楞格两水流域。泰亦赤兀，系俺巴孩之后。客列部，在土剌河流域。札答剌，亦蒙古同族成吉黑河十一世祖孛端察儿，娶一有孕妇人，生子曰札只剌歹，其后为札答剌氏。乃蛮酋长太阳罕，地南近沙漠。其弟不亦鲁黑，则北近金山。汪古之地，在今绥远归绥县北。斡难木涟，即今敖嫩河。

④在今察哈尔万全县西。

⑤ Khwarizm，即《唐书》的货利习弥。

⑥ Seljuks。

⑦ Alai-ud-din Mohammed。

⑧畏吾儿，即“回纥”异译。哈剌鲁，即《唐书》的葛逻禄。

⑨ Cancalis。

⑩城在锡尔河滨。镇将系王母之弟。

⑪今撒马儿干。

⑫ Djélal-ud-din mangou-birti。

⑬城名，在巴达克山西南，印度河东。

⑭今译作高加索。此依《元史译文证补》。

⑮阿速（Ases），在高喀斯山北。撒尔柯思（Circasses），在端河滨。钦察，亦作乞卜察兀（Kiptchacs），在乌拉岭西，里海、黑海之北。阿罗思，即俄罗斯。

⑯邳州，今江苏邳县。

⑰在今河南禹县。

⑱在今河南孟津县。

⑲今河南汲县。

⑳宋以大梁为东京，洛阳为西京，宋州为南京，大名为北京。

㉑今四川合川县。

㉒今湖北武昌县。

㉓福州，今福建闽侯县。惠州，今广东惠阳县。碙洲，在今广东吴川县海中。厓山，在今广东新会县海中。海陵山，在今广东海阳县海中。

㉔孛烈儿，即今波兰。马札剌，今匈牙利。木剌夷（Mulahida），为天方教中之一派，在今里海南岸。

㉕和林城，太宗所建。今额尔德尼招，是其遗址。

㉖说本日本那珂通世，见所撰《成吉思汗实录》。

㉗窝阔台之后称Km of Ogotai，亦称Naiman（乃蛮）。察合台之后称Km of Tchagatai。拔都之后称Km of Kiptchac，亦称Golden Horde。旭烈兀之后称Km of Iran。

第三十八章　中西文化的交通

从近世西方东渐以前，有元一代，却算得一个中西交通最盛的时代。因为前此中西交通，差不多只靠海路，至此时，则陆路也发达了。

在西半球尚未发现，绕行非洲南端之路，亦未通航，黑海、地中海、红海、波斯湾，实在是东西两洋交通的枢纽。而其关键，实握于大食人之手。所以在当时，东西交通，以大食人为最活跃。当北宋中叶，十字军兴，直至南宋之末，这二百年之中，虽然天方教国和景教国蹀血（蹀：音 dié；蹀血：踏血而行，形容杀人之多。）相争，极宗教史、政治史上的惨苦，然而开发文明的利器，罗盘针、印刷术、火药，中国人所发明的，都经大食人之手，而传入欧洲。给近世的欧洲以一个大变化。至元代西征成功之后，其疆域跨据欧洲，而其形势又一变了。

元太宗时，曾因奉使的人，都经民地，既费时，又扰民，商诸察合台，拟令千户各出夫马，设立站赤。察合台也赞成了。他即于所辖境内设立。西接拔都，东接太宗辖境。如此，欧亚两洲之间，就不啻（chì，不止。）开辟出一条官道了。

当时景教诸国，正因和天方教国兵争，要想讲远交近攻之策。于是一二四五年，罗马教皇派柏朗嘉宾（Piano Carpini），一二五三年，法王路易第九又派路卜洛克（Rubruck），先后来到和林。而当时的商人，更为活跃。他们或从中央亚细亚经天山南路，或从西伯利亚经天山北路，远开贩路于和林及大都。[1] 至于水路：则自唐宋以来，交通本极繁盛。在宋时，浙江的澉（gǎn）浦、杭州、秀州、明州、台州、温州，福建的福州、泉州，广东的广州，以及今江苏境内的华亭和江阴，山东境内的板桥镇，都曾开作通商港。[2] 输入的犀、象、香药等，很为社会所宝贵。政府至用以充籴本，称提钞价。而税收或抽分所得，尤为岁入大宗。元时，还继续着这般盛况。

蒙古是新兴的野蛮民族，戒奢崇俭，不宝远物等古训，是非其所知的。所以对于远方的珍品，极其爱好。尤优待商人和工人。其用兵西域时，凡曾经抗拒的城池，城破后都要屠洗，独工人不在其列。太宗时，西商售物于皇室的，都许驰驿（驾乘驿马疾行）。太宗死后，皇后乃蛮氏称制，信任西商奥鲁剌合蛮，至于把御宝宫纸交给他，听其要用时填发。又下令：凡奥鲁剌合蛮要行的事，令史不肯书写的，即断其腕。此等行为，给久经进化的中国人看起来，真是笑话。然却是色目人在元朝活动的唯一好条件。元代本是分人为三级，以蒙古为上，色目次之，汉人、南人为下的。所以当时，大食、波斯的学者、军人，意大利、法兰西的画家、职工，都纷集于朝。[3] 特如意大利的马哥博罗（Marco Polo），以一二三七年，来到中国。仕至扬州达鲁花赤。居中国凡三十年。归而刊行游记，为欧人知道东方情形之始。

和元朝关系最深的，自然还是大食的文化。蒙古本来是没有文字的。成吉思汗灭乃蛮之后，获塔塔统阿，才令其教太子、诸王“以畏兀字书国言”。后来世祖命八思巴造新字，于一二七〇年颁行。案成吉思汗的灭乃蛮，事在一二〇四年，则蒙古人专用畏兀字，实在有六十余年。蒙古字颁行之后，虽说“玺书颁降，皆以蒙古字书之，而以其本国字为副。百官进上表章，则以汉字为副。有沿用畏兀字者罚之”，然而后来又说：亦思替非文字，便于计账，依旧传习。而终元之世，回回国子学，亦是和普通学及蒙古国子学并立的。西方输入中国的文化，除宗教而外，要推美术和工业两端。《元史·阿尔尼格传》，说他善于画塑及铸金为像。当时元朝，有王楫使宋所得明堂针灸铜像。年久坏掉了，没有会修的人。世祖叫把给他看。他居然制成了一具新的。关鬲脉络，无不完备。当时两京寺观的像，多出其手。元代诸帝的御容，织锦为之的，亦是阿尔尼格所制。当时的人，叹为图画弗及。其弟子刘元，则精于西天梵相。两都名刹的塑像，出于其手的很多。又火药的发明，虽起自中国，而火炮的制造，则中国人似乎反从欧洲学来。《明史·兵志》说：古代的炮，多系以机发石。元初得西域火炮，攻蔡州始用之，而造法不传。直到明成祖平交趾，得其枪炮，才设神机营肄习（肄：音 yì；肄习：演习、练习。）。至武宗末，白沙巡检何儒，得佛郎机炮。一五二九年，中国才自行制造起来。有最初的发明，而后来不能推广之以尽其用。这个，中国人就不能不抱愧了。

注释

①日本桑原骘（zhì）藏《东洋史要》近古期第三篇第七章。

②秀州，今浙江嘉兴县。台州，今浙江临海县。温州，今浙江永嘉县。泉州，今福建晋江县。板桥镇，即今青岛，当时属密州。密州，今山东诸城县。

③亦见《东洋史要》。

第三十九章 元的制度

凡异族入居中国的，其制度，可以分作两方面来看：其一，他自己本无所有，即使略有其固有的习惯，入中国以后，亦已不可复用，乃不得不改而从我。在这一点上，异族到中国来做皇帝，和中国人自己做差不多，总不过将前代的制度，作为蓝本，略加修改罢了。又其二，则彼既系异族，对于中国人，总不能无猜防之心。所以其所定的制度，和中国人自己所定的，多少总有些两样。元朝的制度，便该把这种眼光来看。

元朝中央的官制，是以中书省为相职，枢密院主兵谋，御史台司监察，而庶政则分寄之于六部的。这可说大体是沿袭宋朝。至于以宣政院列于中央，而管理吐蕃，则因元朝人迷信喇嘛教之故，这也不足为怪。其最特别的，乃系于路、府、州、县之上，更设行省。在历代，行省总是有事时设置，事定则废的。独至元朝而成为常设之官。这即是异族入居中国，不求行政的绵密（细密周到），而但求便于统驭镇压的原故。这本不是行政区域，明朝乃废其制而仍其区域；至清代，督抚又成为常设之官，就不免政治日荒，而且酿成外重之弊了。元代定制，各机关的长官，都要用蒙古人的。汉人、南人，只好做副贰，而且实际见用的还很少。这也是极不平等之制。

学校，元朝就制度上看，是很为注重的。虽在当时未必实行，却可称为明朝制度的蓝本。我国历代，学校之制，都重于中央而轻于地方。元制，除京师有普通的国子学和蒙古国子学、回回国子学外，一二九一年，世祖诏诸路、府、州、县都立学。其儒先过化之地，名贤经行之所，和好事之家，出钱粟以赡学的，都许立为书院。诸路亦有蒙古字学、回回学。各行省所在之地，都设儒学提举司，以管理诸路、府、州、县的学校。江浙、湖广、江西三省，又有蒙古提举学校官。其制度，总可算得详备了。

其科举，则直到一三一五年才举行。那已是灭金之后八十一年，灭宋之后三十七年了。其制：分蒙古、色目，和汉人、南人为二榜。第一场：汉人南人试经疑、经义，蒙古色目人则但试经问。第二场：蒙古、色目人试策，汉人、南人试古赋诏诰章表内科一道。第三场：汉人、南人试策，蒙古色目人则不试。案宋自王安石改科举之制后，哲宗立，复行旧制。然士人已有习于经义，不能作诗赋的，后来乃分经义、诗赋为两科。金朝在北方开科举，亦是如此。至此则复合为一。此亦明制所本。而其出身，则蒙古人最高，色目人和汉人南人，[①]要递降一级，这也是不平等的。

其猜防最甚的为兵制。元朝的兵，出于本族的，谓之蒙古军。出于诸部族的，谓之探马赤军。入中原后，发中国人为兵，谓之汉军。平宋所得，谓之新附军。蒙古和诸部族，是人尽为兵的。男子年十五以上，七十以下，都入兵籍。调用汉人之法：其初或以户论，或以丁论，或以贫富论。天下既定之后，则另立兵籍，向来当过兵的人都入之。其镇戍之法：边徼襟喉（衣领和咽侯，比喻要害之地。）之地，命宗王带兵驻扎。河洛、山东，戍以蒙古军和探马赤军。江淮以南，则戍以汉兵和新附军。都是世祖和其一二大臣所定。元朝的兵籍，是不许汉人阅看的。在枢密院中，亦只有长官一二人知道。所以有国百年，而汉人无知其兵数者。其民族的色彩，可谓很显著了。

法律亦很不平等的。案辽当太祖时，治契丹及诸夷，均用旧法，汉人则断（治理）以律令。太宗时，治渤海亦依汉法。到道宗时，才说国法不可异施，命更定律令，把不合的别存之，则辽已去亡不远了。金朝到太宗时，才参用辽宋旧法。熙宗再取河南，才一依律文。这都是各适其俗的意思。元朝则本族人和汉人，宗教徒和非宗教徒，都显分畛域。如蒙古人杀死汉人，不过“断罚出征”和“全征烧埋银”。又如“僧、道、儒人有争，止令三家所掌会问”，“僧人惟犯奸盗诈伪，至伤人命，及诸重罪，有司归问。其僧侣相争，则田土与有司会问”等都是。[②]

赋税，行于内地的，分丁税及地税，仿唐的租庸调法。行于江南的，分夏税及秋税，仿唐朝的两税法。役法称为科差。有丝料和包银之分。丝料之中，又有二户丝、五户丝之别。二户丝输官，五户丝则输于本位。[③] 包银之法：汉人纳银四两。二两输银，二两折收丝绢颜色。此外又有俸钞一项。把诸项合起来，作一大门摊，分为三次征收。赋役而外，仍以盐、茶两税为大宗。其行盐各有郡邑，是为“引地”之始。此外总称为额外课。就是征收随其多少，不立定额的意思，其名目颇为琐碎。

宋、金、元、明四代，有一厉民之政，便是钞法。钞法是起于北宋时的。因宋于四川区域之内，行使铁钱，人民苦于运输的不便，乃自造一种纸币，名为交子。一交一缗。三年一换，谓之一界。以富人十六户主之。后来富人穷了，付不出钱来，渐起争讼。真宗时，转运使薛田，才请改为官办。这本是便民的意思。然而后来，官方遂借以筹款，而推行于他处。蔡京时谓之钱引。南宋则始称交子，末造又造会子。成为国家所发行的纸币了。交会本当兑换现钱的，然而后来，往往不能兑换，于是其价日跌。大约每一缗只值二三百文。然而这还算好的。

金朝亦行其法于北方，名之为钞，则其末造，一文不值，至于以八十四车充军赏。金朝的行钞，原因现钱阙乏，不得不然。后来屡谋铸钱。然而所铸无多，即铸出来，亦为纸币所驱逐。所以元定天下之后，仍不得不行钞。乃定以钞与丝及金、银相权。丝、金、银是三种东西，岂能一律维持其比价？这本是不通的法子。况且后来所造日多，其价日落，就连对于一物的比价，也维持不住了。至于末年，则其一文不值，亦与金代相同。明有天下，明知其弊，然因没有现钱，仍无法不用钞。而行用未几，其价大落。至宣宗宣德初——一四二六年——明朝开国不满六十年，已跌得一贯只值一两文了。于是无可如何，大增税额；又创设许多新税目，把钞都收回，一把火烧掉。从此以后，钞就废而不用了。当金朝末年，民间交易，已大多数用银。至此，国家亦承认了它。一切收入及支出，都银钱并用。银亦遂成为正式的货币。然而量物价的尺，是不能有二的。银铜并用，而不于其间定出一个主辅的关系来，就成为后来币制紊乱的根源了。

注释

①蒙人科目出身的，授六品官。色目、汉人，递降一级。

②《元史·刑法志》职制上及杀伤。

③元诸王、后妃、公主、勋臣，各有采地。这五户丝，是由地方官征收，付给本人的。

第四十章　元帝国的瓦解

元朝从太祖称汗，到世祖灭宋，其间不过七十四年，而造成一个空前的大帝国，其兴起可谓骤了。然而其大帝国的瓦解，实起于世祖自立之时，上距太祖称汗之岁，不过五十五年。而其在中国政府的颠覆，事在一三六八年，上距太祖称汗之岁，亦不过一百七十一年；其距世祖灭宋，则不过九十年而已。为什么瓦解得这么快？

原来元朝人既不懂得治中国之法，而其自身又有弱点。蒙古人的汗，本系由部众公推的。忽图剌之立，便系如此。[①]太祖之称成吉思汗，则是汉南北诸部的大汗，亦系由诸部公推。太祖以后，虽然奇渥温氏一族，声势煊赫，推举大汗，断无舍太祖之后而他求之理。然而公举之法，总是不能遽废的。所以每当立君之际，必须开一“忽烈而台”。[②]宗王、驸马和诸管兵的官，都得与议。太宗之立，因有成吉思汗的遗言，所以未有异议。太宗死后，太宗的后人和拖雷的后人，已有竞争。定宗幸而得立。又因多病，三年而死。这竞争便更激烈起来。太宗后人，多不惬众望；而拖雷之妃，很有交际的手腕，能和宗王中最有声望的拔都（蒙古语，意为勇士。）相结。宪宗遂获登大位。太宗之孙失烈门等谋叛，为宪宗所杀。并杀太宗用事大臣，夺太宗后王兵柄。蒙古本族的裂痕，实起于此。宪宗死后，世祖手下，汉人和西域人多了，就竟不待忽烈而台的推戴（拥护举荐），自立于现在的多伦。于是阿里不哥亦自立于漠北。拖雷后人之中，又起了纷争。后来阿里不哥，总算给世祖打败。而太宗之孙海都，复自擅于远。察合台、钦察两汗国都附和他。蒙古大帝国，遂成瓦解之势。

因海都的抗命，于是常须派亲王宿将，镇守和林。世祖是用汉法立太子的，而又早死。其时成宗戍守北边。世祖死后，伯颜以宿将重臣，归附成宗，所以未曾有乱。成宗既立，武宗继防北边。成宗死后，皇后伯岳吾氏，要立安西王阿难答。而右丞相哈剌哈孙，要立武宗。因为武宗在远，先使人迎其弟仁宗于怀州，监国以待。武宗既至，杀安西王，弑伯岳吾后而自立。武宗以仁宗为太子。武宗死后，仁宗继之。却自立其子英宗为太子，而出武宗之子明宗于云南。其臣奉之奔

（一）太祖
- 术赤
- 察合台
- （二）太宗
  - （三）定宗
  - ——失烈门
  - ——海都
- 拖雷
  - （四）（宪宗）
  - （五）世祖
  - 阿里不哥

（五）世祖
- 太子真金
  - （十）泰定帝（十一）天顺帝
  - ——
    - （七）武宗
      - （十二）明宗
        - （十四）宁宗
        - （十五）顺帝
      - （十三）文宗——燕帖古思
    - （八）仁宗——（九）英宗
  - （六）成宗
- ——安西王阿难答

阿尔泰山，依察合台后王。仁宗死，英宗立。为奸臣铁木迭儿所弑。无子。泰定帝立。死于上都。子天顺帝立。签密院燕帖木儿，迫胁大都百官，迎立武宗之子[③]于是抄袭武宗的老文章，一面先使人迎文宗于江陵，先即皇位。发兵陷上都。天顺帝不知所终。明宗至漠南，即位。文宗和燕帖木儿入见，明宗暴死。文宗再即位。然而心不自安。遗命必立明宗之子。文宗死后，燕帖木儿要立其子燕帖古思。文宗皇后翁吉剌氏不肯。于是先迎立宁宗。数月而死。燕帖木儿又要立燕帖古思。翁吉剌氏仍不肯。乃再迎顺帝。顺帝既至，燕帖木儿不让他即位。迁延数月，恰好燕帖木儿死了，顺帝乃得立。既立之后，追治明宗暴死故事。毁文宗庙主。流翁吉剌氏和燕帖古思于高丽，都死在路上。

如此，每当继承之际，必有争乱，奸臣因之擅政，政治自然不会清明的。况且蒙古人本也不知道治中国之法。他无非想朘（juān，剥削。）削中国人以自利。试看他户、工二部，设官最多，便可见其一斑。其用人，则宿卫勋臣之家，以及君主的嬖幸、诸王公主的私属，都得以平流而进。真是所谓“仕进有多途，铨衡（考核、选拔）无定法”。[④]再加以散居各处的蒙古、色目人对于汉人的凌侮，喇嘛教僧侣的骚扰，[⑤]自然弄得不成个世界了。

元代之主，唯世祖最为聪明，颇能登用（选拔引用）人才，改定制度，然亦好用言利之臣。后来则唯仁宗以李孟为相，政治稍见清明。此外大都仍是游牧部落酋长的性质，全不了解中国文化的。——元代诸主，大都不认得汉字的。——而又都运祚（国运祚福）短促。在位长久的，世祖而外，唯有顺帝，而其荒淫又特甚。客帝的宝位，自然要坐不住了。

元朝当世祖时，江南还屡有叛乱，后来才逐渐镇定。顺帝初年，反者屡起。然尚未为大患。至一三四八年，方国珍起兵于台州，元朝就不能戡定。于是白莲教徒刘福通，起兵安丰，[6] 奉教主之子韩林儿为主。李二起于徐州。徐寿辉起于湖北。郭子兴起于濠（háo）州。[7] 张士诚起于高邮。[8] 长江流域，几于非元所有。

顺帝既荒淫无度，其臣脱脱、太平、韩嘉纳等，因而结党相争。嬖臣哈麻、雪雪，初和脱脱相结，后又变而互排。南方乱起，脱脱的兄弟也先铁木儿带兵去征讨，连年无功，反大溃于沙河，军资器械，丧失殆尽。脱脱不得已，自出督师。已把李二打平，进围张士诚。而二人把他排掉。于是大局愈坏。革命军之中，气势最盛的，要算刘福通。居然于一三五八年，分兵三道北上。自挟韩林儿陷开封。但元朝的兵虽无用，而其时，有起兵河南，护卫元朝的察罕帖木儿和李思齐，则颇有能力。刘福通攻陕西的兵，给他打败。回兵再救山东。刘福通的将，遣人把察罕刺死。其子库库帖木儿，代将其军，到底把山东也打平。刘福通还有一支兵，北出晋冀的，虽然打破上都，直攻到辽东，也终于破散了。福通在开封站不住，只得走回安丰。革命军的势力又一挫。然而驻扎大同的孛罗帖木儿，先已因图据冀宁之故，[9] 和察罕相攻。至此，仍与库库构兵（交战）不止。顺帝次后奇氏，生太子爱猷（yóu）识里达腊。后及太子，都阴谋内禅。哈麻、雪雪，亦与其谋。事发，二人都杖死。然宰相搠（shuò）思监，仍系因谄事奇后的阉人朴（piáo）不花而得的。搠思监和御史大夫老的沙不协，因太子言于顺帝，免其职。老的沙奔大同。搠思监遂诬孛罗谋反。孛罗举兵犯阙（指举兵入犯朝廷）。杀搠思监和朴不花。太子奔库库。库库奉以还京。此时孛罗已给顺帝遣人刺死。而奇后又要使库库以兵力胁顺帝内禅。库库不可。顺帝封库库为河南王。命其总统诸军，进平南方。李思齐自以和察罕同起兵，耻受库库节制，和陕西参政张良弼连兵攻库库。库库之将貊

（mò）高、关保，亦叛库库。于是下诏削库库官爵，命太子总统天下兵马讨之。未几，明兵北上，又复库库官爵，叫他出兵抵抗，然而已来不及了。

明太祖朱元璋，初从郭子兴起兵。后自为一军，渡江，取集庆。⑩时徐寿辉为其将陈友谅所杀，据江西、湖北，形势最强。而张士诚徙治平江，亦在肘腋之下。太祖先后把他们打定。又降方国珍。一三六八年，乘北方的扰乱，命徐达、常遇春分道北伐。达自河南，遇春自山东，两道并进。会于德州。⑪北扼直沽。顺帝遂弃大都而去。于是命徐达下太原，乘胜定秦陇。库库逃奔和林。顺帝匿居上都，太祖命常遇春追击。顺帝又逃到应昌。⑫未几而死。太祖再命李文忠出击。爱猷识里达腊逃奔和林，未几亦死。子脱古思帖木儿袭。时元臣纳哈出，尚据辽东。一三八七年，太祖命蓝玉等把他讨平。乘胜袭破脱古思帖木儿于捕鱼儿海。脱古思帖木儿北走，为其下所弑。其后五传都遇弑。蒙古大汗的统绪，就此中绝了。元朝分封诸王，大都不能自振。唯梁王把匝（zā）剌瓦尔密，据云南不降。太祖当出兵北伐之时，即已分兵平定闽、广。徐寿辉死后，其将明玉珍，据四川自立，传子昇，亦为太祖打平。一三八一年，又遣兵平云南。南方亦都平定。

注释

①见《元朝秘史》。

②译言大会。

③元世祖即位于今多伦，以其地为上都。定都今北平，称为大都。

④《元史·选举志》语。

⑤见第四十七章。

⑥今安徽寿县。

⑦今安徽凤阳县。

⑧今江苏高邮县。

⑨元路名，治今山西阳曲县。

⑩元以今首都为集庆路。

⑪今山东德县。

⑫城名，在达里泊旁，为元外戚翁吉剌氏之地。

第四十一章 明初的政局

明朝虽然驱逐胡元，把中国恢复过来，然而论其一代的政治，清明的时候，却是很少的。这个推原其始，亦可说是由于太祖诒谋之不臧(zāng)。

太祖初定天下，即下诏禁止胡服胡语，把腥膻(shān)之俗扫除。[1]所定制度，亦颇详备。边防的规模，亦是很远的。然而专制的气焰太盛，私天下之心又太重。只要看其废除宰相，加重御史之权，及其所定的兵制，就可知道了。[2]而其诒害尤巨的，则为封建之制。

太祖定都金陵，称为应天府。以开封为北京。又择名城大都，分封诸子，共计二十五人。虽定制不许干预政治，然而体制崇隆，又各设有卫兵，在地方政治上，总觉得不便。而燕王棣(dì)在北平，晋王㭎(gāng)在太原，均得节制诸将，威权尤重。太祖太子早死，立建文帝为太孙。太祖崩，建文帝立。用齐泰、黄子澄之谋，以法绳(约束、制裁)诸王。燕王就举兵反。太祖时，功臣宿将，杀戮殆尽。这时候，更无能够抵御的人。燕兵遂陷京城。建文帝不知所终。燕王即位，是为成祖。改北平为北京，于一四二一年迁都。

成祖是个暴虐的人，当其破南京时，于建文诸臣，杀戮甚惨。后来想迁都北京，营建宫室，又极扰累(侵扰危害)。在位时，北征鞑靼、瓦剌；南平安南，又遣郑和下南洋，[3]武功亦似乎很盛的。然而太祖时所定北边的防线，到成祖时，规模反缩小了。原来明初北边的第一道防线，是开平卫。这就是元朝的上都。据此，则可以俯临漠南，宣、大都晏然无事了。后来元朝的大宁路来降，又设泰宁、朵颜、福余三卫。其地直抵今吉林境。都隶北平行都司。使宁王权居大宁以节制之。[4]明朝这时候，东北方的防线，实在超越辽河，而达到现在的松花江流域。所以对于女真人，威力所至，亦极远。一四〇九年所设的奴儿干都司，远至黑龙江口；库页岛亦来臣服。[5]成祖起兵，怕宁王议其后，诱而执之，而徙北平行都司于保定。把三卫地方，给了兀良哈。[6]开平卫的形势就孤了。一四二四年，成祖崩，仁宗立。在位仅一年。宣宗继立。就徙开平卫于独石。[7]于是宣、大的形势赤露，而兀良哈为瓦剌所胁服，其势愈张。遂有土木之变。

明太祖定制，内侍本不许读书。成祖起兵，颇得阉人内应之力。即位后，就选宫入内教习。又设京营提督，使之监军。又命随诸将出镇。并有奉使外国的。当太祖时，以锦衣卫治诏狱，本已轶出（超出）正式司法机关之外。成祖又立东厂。以司侦缉，亦命宦官主其事。于是自平民以至官吏，无不在宦官伺察之中。终明之世，毒害所及，真乃不知凡几。宣宗崩后，英宗即位。年幼，宠信司礼太监王振。此时瓦剌强盛，王振不度德，不量力，轻与挑衅。瓦剌酋长也先入寇，王振又劝帝亲征。至大同，知不敌，急班师。又因振家在蔚州，想邀英宗临幸，定计走紫荆关，后来又变计走居庸关。回旋之间，遂为敌兵追及于土木堡。[8]英宗北狩。振死于乱军之中。警报达京师，议论蜂起。侍讲徐有贞等主张迁都。侍郎于谦则主张坚守。到底于谦一派战胜了。于是以太后之命，奉英宗的兄弟郕（chéng）王监国。旋即位，是为景帝。尊英宗为太上皇。也先挟太上皇，自紫荆关入攻京城。于谦督总兵石亨等力战，总算把他击退。谦乃整顿边备，以重兵守大同、宣府。

也先屡入寇，总不得志，乃奉太上皇还。

这是明人一天之喜。君主被掳，仍能安稳归来，和西晋、北宋，可谓大不相同了。然而政变即因此而起。徐有贞因于谦有功，自觉惭愧。石亨亦因恃功骄恣，为谦所裁抑（削减），内怀怨望。乃和太监曹吉祥等结托（结交依托），乘景帝卧病，以兵闯入宫中，迎接太上皇复位。是为“夺门”之变。于谦被杀。有贞旋为石亨所排挤，贬死。亨又以谋反伏诛。英宗复辟之后，亦无善政。死后，宪宗立。宠任太监汪直。于东厂之外，别立西厂，使直主其事。宪宗崩，孝宗立。任用刘健、谢迁、李东阳等，政治总算清明。孝宗之后，武宗继之。则其荒淫，又较前此诸君为甚。初宠东宫旧竖刘瑾，日事游戏。别立内厂，使瑾主其事，并东西厂亦在监察之中。武宗坐朝，有人投匿名书于路旁，数瑾罪恶。瑾便矫诏（假托或假传的皇帝诏书），诏百官三百余人，跪在午门外，加以诘责。至于半日之久，然后把他们送入狱中。其专横如此，朝臣自然无从举发他的罪恶了。后来安化王寘（zhì）鐇，反于宁夏。都御史杨一清，前往征讨，把他打平。凯旋之日，杨一清劝监军太监张永，举发刘瑾罪恶。武宗才算省悟，把他除掉。又有个大同游击江彬，交结内监家奴，以蹴鞠（cù jū）侍帝。导帝出游宣、大、延、绥等处。于是人心惶惶。宁王宸濠，又因此反于南昌。幸得南赣巡抚王守仁，起兵蹑其后，总算一战而平。武宗却又借亲征为名，出游江南而还。此时畿南、山东，盗贼横行，连年不得平定。其不至于土崩瓦解，只算侥幸罢了。一五二一年，武宗崩。无子，世宗入继大统。世宗颇知学问，性质亦近于严厉。驾御宦官颇严。明自中叶以后，宦官的敛迹，无过于世宗时的。然严而不明。中年以后，又溺于神仙，不问政事。严嵩因之，盗窃朝权，一味蒙蔽。内政既坏，外患又深，明朝遂几成不可收拾之局了。

注释

①见第四十七章。

②见第四十五章。

③见第四十二、四十三章。

④泰宁卫在元海西的台州站。海西为元代行政区域之名，就是后来扈伦四部之地。见第四十四章。朵颜卫，在今吉林北珠家城子附近。福余卫，在今吉林省农安县附近。大宁在今热河省赤峰、承德之间。见《清朝全史》第二章。

⑤《明会典》：永乐七年，设奴儿干都司于黑龙江口。清朝曹廷杰，以光绪十一年，奉命视察西伯利亚东偏。曾在庙尔以上二百五十余里，混同江东岸特林地方，发现明代《敕建永宁寺记》及宣德六年《重建永宁寺记》，均系太监亦失哈述征服奴儿干和海中苦夷的事情。苦夷，即今“库页”的异译。永乐，成祖年号。宣德，宣宗年号。其七年，为公元一四三二年。

⑥保定，今河北清苑县。兀良哈，即今乌梁海。

⑦独石口，在今察哈尔沽源县南。其南十里，有城，为明代所建。清独石口厅治所。

⑧蔚州，今察哈尔蔚县。紫荆关，在今河北易县西。土木堡，在今察哈尔怀来县西。

第四十二章　明和北族的关系

明朝是整个中国，被胡人陷没之后，把他恢复过来的。论理，对于北方的边防，应较历代格外注重。然而终明之世，只有太祖一朝，规模稍远。成祖时，虽兵出屡胜，而弃地实已甚多。从此以后，就更其不能振作了。

明代的北方，是鞑靼、瓦剌，迭起称雄的时代。瓦剌，元时称为斡亦剌，亦系北方部族之一。明初，其部落分而为三。成祖时来降。都封其首领以王号。而顺宁王马哈木最强。元朝的大汗统绪绝后，有个唤做鬼力赤的，自称鞑靼可汗。后为知院阿鲁台所杀。迎立元朝后裔本雅失里。成祖曾亲征，把他们打破。又曾打破马哈木。后来本雅失里，到底为马哈木所杀。其子脱欢，并瓦剌三部为一。又袭杀阿鲁台。要想自立为可汗，其部下的人不肯。乃迎立元裔脱脱不花。脱欢子也先，声势更甚，并兀良哈亦为所胁服。遂有土木之变。此为瓦剌极盛时代。土木变后，也先杀脱脱不花自立。一四五二年，为知院阿剌所杀。瓦剌复衰。

于是鞑靼酋长，有名为孛来的，杀阿剌，立脱脱不花的儿子麻儿可儿，号为小王子。麻儿可儿死后，众共立马古可儿吉思，为孛来所杀。有唤做毛里孩的，又杀孛来，迎立他可汗。又有唤做斡鲁出的，和毛里孩互相仇杀。先是鞑靼的入寇，或在辽东，或在宣府、大同，或在宁夏、庄浪。[1]往来无常，为患不久。英宗复辟后，斡鲁出才入据河套，和别部长孛鲁乃合。至宪宗时，则孛来、小王子、毛里孩，先后皆至，为患益深。孛来死后，又有唤作满鲁都的，继之而至。这便是明朝所谓“套寇”。总而言之，自也先死后，瓦剌之患已衰；此时的鞑靼，亦只是些零碎部落，并不足为大患。然而明朝措置无方，北边遂迄无息肩之日。到一五〇四年，达延汗再即汗位，而其形势又一变了。

为蓝玉所袭破而遇弑的脱古思帖木儿，《明史》谓是爱猷识里达腊之子，《蒙古源流考》则谓系爱猷识里达腊之弟。其子曰额勒伯克汗，尝杀其臣而娶其妻，是为洪郭斡拜济。洪郭斡拜济归汗时，有了三个月的身孕。又四个月而生一子，名为阿寨。阿寨的儿子名阿噶巴尔济，是个助卫拉特以攻蒙古的人。阿噶巴尔济生子曰哈尔固楚克，为也先的女婿。生子，名巴图蒙克。是为达延汗。达延汗为中兴蒙古的伟人。他有四个儿子：长名图鲁特，早死。季子格埒（liè）森札赉尔，留守漠北，是为喀尔喀诸部之祖。达延汗以次子乌鲁斯为右翼，三子巴尔苏为左翼。乌鲁斯为满鲁都所杀。达延汗怒，命巴尔苏击杀满鲁都。这时候，漠南北本无强部，满鲁都死后，蒙古遂复呈统一之观。达延汗和图鲁特之卜赤，徙牧南近长城，称为插汉儿部，就是现在的察哈尔。巴尔苏二子：长名衮（gǔn）必里克图，为鄂尔多斯部之祖。次为阿勒坦汗，即《明史》的俺答，为土默特部之祖。衮必里克图早死，其众皆归于俺答，所以俺答独强。世宗时，屡为北边之患，一五五〇、五九、六三三年，曾三次进犯京畿。严嵩以辇毂（gǔ）之下，败不可掩，戒诸军不得与战，因此寇益得志。后来俺答之孙把汉那吉，娶妻而美，为俺答所夺，发怒来降。把汉那吉是幼孤而育于俺答之妻的。俺答之妻，怕中国把他杀掉，日夜哭泣。俺答才遣使请和。于是穆宗于一五七〇年，封俺答为顺义王。此时俺答亦已受了喇嘛教的感化，[2]自此不复犯边。而东方的插汉儿部转盛。其时高拱当国，用戚继光守蓟镇，李成梁守辽东。继光持重，善守御，而成梁屡战却敌。神宗时，张居正当国，对于这两个人，任用更专。所以十六七世纪之间，北边颇获安息。明朝末年，漠南诸部，仍以插汉儿为最盛。插汉儿的林丹汗，为达延汗的八世孙。其妻，为叶赫部女。而叶赫为清所灭，所以林丹汗与清为仇。明朝就重加岁赐，命其联合诸部，以牵制满洲。然林丹汗骄恣，为同族所恶。先是一五九三年，蒙古东方的科尔沁等部，曾联合满洲诸部以伐清，为清太祖所败，科尔沁等遂附于清。至是，并西方的土默特等部，亦和清通声气。一六三八年，清太宗会合蒙古诸部，出其不意，袭击林丹汗。林丹汗欲拒战，而下不听命，乃出走。死于青海的大草滩。明年，其子额哲降清。于是漠南蒙古，就全为清人所征服了。

有明一代，对于北方的边防，不可谓不认真。现在的长城，就大都是明代造的。最初防线撤废之后，后来又以辽东、蓟州、宣府、大同、榆林、宁夏、甘肃、固原、太原为九边，都成为节制调度的重心。沿边的兵额，配置颇为充足。兵额亦常能维持。器械亦比较精利。[3]论其实力，本可以扫荡漠南北而有余。然而将骄卒惰之弊，亦在所不免；玩敌而不恤士卒，尤为通常之弊。所以兵力虽厚，而士气不盛，始终只立于防御的地位。对于区区的套寇，尚且不能扫穴犁庭（扫荡其居处，犁平其庭院，比喻彻底摧毁敌方。），更无论绝漠而北了。

注释

①明卫名，今甘肃庄浪县。

②见第四编第六章。

③读《明史·兵志》可见。

第四十三章　明朝的殖民事业和外患

中国人移殖的能力，是很大的。照第八章和第二十二章所述，则在很古的时代，中国人在海外的航线，业已很远；而第三世纪以后，已几乎把欧、亚的航路打通了。在这很长的时期中，中国人一定有在海外经营拓殖之业的。惜乎年深月久，文献多已无征。现在可考见的，大都是明以来的事迹罢了。

在大陆上，最易和海洋接触的是半岛。亚洲大陆，有三个最大的半岛——前后印度、朝鲜——其中两个，本来都有一部分属于中国的。自唐、五代以来，才逐渐的丧失了。明成祖时，因安南陈、黎二氏的篡夺，[①]发兵戡定其地。于一四〇六年设立交趾布政司，和内地的制度一样。因守土的官吏，不尽得人；奉使的中官，尤多暴横，土人叛乱不绝。于是一四二七年，宣宗又把他弃掉。然当元、明两代，西南的土司，还几于包括伊洛瓦谛江流域。[②]安南、暹（xiān）罗，虽各列为国，亦都朝贡于我。南洋群岛的交通，亦是历代不绝的。所以航行很为便利。

元朝人是好勤远略的。当世祖时，曾遣唆都、李庭壁，招致南洋诸国。当时南洋之国，以俱蓝、马八儿为纲维。马八儿便是今印度的马拉巴尔（Malabar）。俱蓝为其后障，当在马拉巴尔之北。当时先后来朝的，共有十国。都是今印度沿岸和南洋群岛之地。明初，使节所至亦远。成祖又命中官郑和往使。和乃自造大船，长四十四丈，宽十八丈的。共有六十二只，带着士卒三万七千人，从苏州娄家港出海，[3]遍历南洋诸国。有不服的，则威之以兵。自一四〇五至一四三三年，三十年之间，凡七奉使，三擒番长。后来奉使海外的，无不盛称和以眩耀诸国。其事业，亦可谓之伟大了。《明史·郑和传》，于和事迹，记载不详。近代梁启超作《郑和传》，推考其航路：则当自南海入暹罗湾。沿马来半岛南下，至新嘉坡。绕苏门答腊和爪哇两岛。入孟加拉湾。循行印度半岛的两岸。绕锡兰岛。又入波斯湾。沿东岸北航，至底格利斯河口。再循西岸南航，至亚丁，越亚丁湾，入红海。北航至麦加。南航，出莫三鼻给海峡，掠马达加斯加岛的南端而东归。其航线所至，亦可谓之极远了。当时华人移殖海外的甚多。在小吕宋一带，尤为繁盛。而作蛮夷大长的，亦大有其人。其见于《明史》的：则有吕宋的潘和五，婆罗的王，爪哇新邦的邦主，三佛齐的梁道明、陈祖义。其事在明开国至万历年间，约当十四世纪后半至十五世纪之末。梁启超作《中国殖民八大伟人传》，得诸口碑的：又有戴燕国王吴元盛，昆仑国王罗大，都是清朝乾嘉年间，战胜土蛮的。又有叶来，则为英属海峡殖民地的开辟者。其事在嘉道之间，则已在十八世纪中叶至十九世纪前半了。还有潮州郑昭，随父流寓暹罗，为其宰相。乾隆时，暹罗为缅甸所灭，郑昭起兵恢复，事见第四编第六章。近代西人的东航，实在明中叶以后。哥伦波的发现美洲，事在一四九三年；葡萄牙人的发现印度新航路，则事在一四九八年，较郑和的下西洋，实晚八九十年。西人东航之初，中国人的足迹，早已遍布南洋了。中国西北负（依傍）陆，而东南面海。闽、广之北，限以重山，其民不易向中原分布，所以移徙到海外的很多。南洋群岛，气候和煦，物产丰饶，实在是中国的一片好殖民地。不但如此，中国人做事平和，凡事都以共存共荣为目的。假使开发南洋的责任，而由中国负之，南洋群岛的土人，绝没像现在饱受压迫，濒于灭亡之惨。徒以昔时狃（niǔ，拘泥。）于“不勤远略”之见，有此基础，不能助以国力，向前发展，这真是一个大错误。不但如此，因海防的废弛，通商政策的不得宜，反还因海洋交通，而深受其害，这便是所谓倭寇。

倭寇是起于元、明之间的，至明中叶而大盛。原来日本自与元构衅（结怨）后，禁止其人民，不许和中国往来。于是冒禁出海的，都是无赖的边民，久之遂流为海寇。当元中叶，日本分为南北朝。后来南朝为北朝所并。遗民亦有入海，与海寇合的。朝鲜沿海，受患最深，而中国亦所不免。所以明初，于沿海设卫甚多；而明代的市舶司，意亦不重于收税，而重于管理制驭。世宗时，废司不设。贸易之事，移主于达官势家。多负倭直不偿。倭人贫不能归，遂都变为海盗，沿海的莠民（莠：音 yǒu；莠民：坏人。），亦都附和他；或则冒其旗帜，以海岛为根据地，饥则入掠，饱则远扬。沿海七省，无一不受其患。甚至沿江深入，直抵南京。明朝竟无如之何。直至一五五六年，胡宗宪总督浙江军务，诱诛奸民，绝其内应，倭寇势才渐衰。又约十年，乃为戚继光、俞大猷所剿平。然而沿海之地，已凋敝得不堪了。

倭寇平定未几，复有朝鲜之役，则其事已在神宗时了。日本自开国以来，世与虾夷（日本古时北方未开化的民族）为敌。八世纪之末，日本拓地益广，乃于东北边置征夷大将军。源、平二氏，世守其地。后来中央政争，多借源、平二氏为助。平氏先以外戚执政，后为源氏所灭。乃遍置武职于诸州，以守护封土，而总其权于征夷大将军。于是大权尽入幕府，皇室徒拥虚名而已——日本皇室，所以始终未曾易姓，就是为此。源氏之后，北条氏、足利氏，相继以家臣覆灭幕府，格外大封将士；而其将士，又以其地分封其下，遂成全国分裂之势。十六世纪之末，有个唤作丰臣秀吉的，起而平定全国。因念乱源终未尽绝，意欲把一班军人，赶到外国去，遂有一五九二年渡海攻朝鲜之举。朝鲜开国之主李成桂，本是以打倭寇出名的。当元朝时候，屡次干预高丽的内政。其国王，多数是元朝的女婿。举国多剃发易服，习为胡化。明兴之后，高丽王氏的末主，还想扶翼元朝。李成桂则倾向中国。于是覆王氏而自立。革新内政，输入中国的文化，气象一新。然而承平日久，兵备亦不免于废弛。日本兵一至，遂势如破竹。其王，先奔平壤，后走义州，遣使求援于中国。神宗命李如松前往。一战而胜，尽复汉江以北之地。旋因轻进，败于坡州的碧蹄馆。于是抚议复起。迁延数年，终不能就。直至一五九八年，丰臣秀吉死，日本兵乃解而东归。这一次，明朝运兵筹饷，骚动全国，而竟没有善策，可见其政治军备的废弛了。

注释

①安南首脱离中国自立的为丁部领，事在九〇七年。越十年而为黎氏所篡。宋太宗讨之，不克。因其来降而封之。自是安南的自立，遂得中国的承认。一〇一〇年，黎氏为李氏所篡。传国至一二二七年，其末代女主佛金，让位于其夫陈日照。至一三九九年，乃为外戚黎季犛（máo）所篡。季犛实姓胡，篡位后，即复姓，改国号为大虞，而传位于其子汉苍。旋为成祖所灭。

②看《明史·土司传》可知。

③现在江苏的娄河口。

第四十四章　明末的政局

明朝当世宗之时，万事废弛，本已成不能复振之局。世宗崩后，穆宗立，在位六年而崩。神宗立。时为一五七二年。穆宗时，张居正、高拱，相继为相。神宗立，年幼，拱复罢，居正辅政。居正有综核之才。史称其当国之时，一纸文书，“虽万里之外，无敢不奉行维谨”的。当时吏治败坏，又承累朝的奢侈，国计民生，均极困难，居正乃裁减用度，刷新庶政。“行官吏久任之法，严州县讳盗之诛。”在相位十年，颇有“起衰振敝”之效。然神宗本性是昏惰的。所以自居正死后，纲纪便又废弛了。而中年后的怠荒，尤为前此列朝所未有。

明朝的君主，视朝本不甚勤谨的。神宗则中年以后，不视朝者至二十余年。专一听信中官。派他们出去做税使，并到各处开矿，借端诬索，毒流天下。皇帝既不管事，群臣就结党相攻。而言路一攻，其人即自去，于是言路之权反重。明朝人本来和宋朝人一样，喜欢争意气的。当时顾宪成等讲学于无锡的东林书院，往往讽议执政，裁量人物。即朝士亦有遥相附和的。于是党祸复起。

清室之先，就是隋唐时的白山靺鞨。辽时，谓之长白山女真。清人自谓国号满洲。据近人所考证，则“满洲”二字，明人写作“满住”，乃大酋之称，不徒非国名，并非部族之名。清室之先，实在是明朝的建州女真。明朝分女真为三卫：曰海西，在今吉林的西部，辽宁的西北部。曰野人，在今吉、黑两省的极东。曰建州，初设于朝鲜会宁府的河谷。事在一四一二年。受职为指挥使的，名猛哥帖木儿，即清人所谓肇祖。后为七姓野人所杀。弟凡察嗣职，迁居佟佳江流域。后来猛哥帖木儿的儿子董山出来，和凡察争印。明朝乃将建州分为左右二卫，以董山为左卫，凡察为右卫指挥使。董山渐渐桀骜。一四六六年，明朝檄（xí，古代官府用以征召或声讨的文书。）调他到广宁，把他杀掉。并出兵攻破其部落。部人拥戴其子脱罗扰边，声言复仇。久之，也就寂然了。于是左卫衰而右卫盛。右卫酋长王杲（gǎo），其地在今宽甸附近。为李成梁所破。逃到扈伦四部中之哈达。据《清实录》所载，当时的女真，分为满洲、长白山、扈伦、东海四大部。满洲、长白山，就是明朝的建州卫。东海为明朝的野人卫。扈伦则野人部落，南迁而据海西之地的。其中哈达、叶赫，明人称为南北关，[①] 倚以捍边，视之尤重。王杲逃到哈达后，哈达酋长把他执送李成梁。李成梁把他杀掉。王杲（gǎo）的儿子阿台，是清景祖的孙婿。景祖，《清实录》名觉昌安，明人谓之叫场，即清太祖之祖。其第四子显祖塔克世，明人谓之他失，为太祖之父。阿台既抱杀父子怨，助叶赫以攻哈达。满洲的苏克苏浒部长尼堪外兰，为李成梁乡导，以攻阿台。阿台被杀。叫场、他失亦俱死。清太祖向明边吏呼冤，明人乃将叫场、他失的尸体还给他。此时清太祖势甚微弱。至一五八三年，乃起兵以攻尼堪外兰。一五八六年，尼堪外兰奔明边。明人非但不加保护，反把他执付清太祖。并开抚顺、清河、宽甸、叆（ài）阳四关，许他互市。从此满洲，就渐渐强盛起来了。[②] 清人既渐强，满洲五部，都为所征服。扈伦、长白山联合蒙古的科尔沁等部来伐，亦为清太祖所败。太祖又联合叶赫，以灭哈达。至一六一六年，遂起兵叛明。

清兵既起，明以杨镐为经略（筹划治理经略之才），发大兵二十万，分四路东征。三路皆败。清人遂陷铁岭，进灭叶赫。明以熊廷弼为经略。旋代以袁应泰。应泰有吏材，无将略，辽、沈遂陷。清太祖自赫图阿拉迁居辽阳。一六二五年，又迁居沈阳。俨然和明朝对抗了。

边事如此，而明朝方忙于三案之争。[③] 东林、非东林，互相攻击。熹宗时，非东林党人结中官魏忠贤，把东林党人，一网打尽。忠贤的骄横，尤其前此宦官所未有。直到一六二七年，毅宗即位，才把他除掉。然而外患未平，流寇复起，终于不能支持了。

流寇是毅宗初年，起于陕西的。流入山西。又流入河北。渡河，犯湖广、四川、襄郧（yún）。明朝命陈奇瑜督剿。一六三四年，奇瑜蹙贼于车箱峡。[④] 贼势业已穷蹙，而奇瑜信其伪降，受之，贼出峡即大掠。于是分为两股：一为高迎祥、李自成。一为张献忠。四处流窜。一六三六年，迎祥为孙传庭所擒，自成逃向甘肃。献忠亦给卢象昇打败，诣湖北伪降。贼势又已衰挫。而满洲又于此时入犯，诸将都撤兵东援，贼势遂复炽。

明自辽、沈陷后，再起熊廷弼为经略。因为广宁巡抚王化贞所掣肘，计不得行。辽西城堡多陷。明逮廷弼、化贞，俱论死。以王在晋为经略。在晋主守山海关。时袁崇焕以佥事（佥：音 qiān；佥事：古时官名。）监军关外，主张守宁远。大学士孙承宗是崇焕议。乃罢在晋，代以承宗。旋又代以高第。第性恇（kuāng，怯弱。）怯，尽撤守备入关。崇焕誓以死守宁远。一六二六年，清太祖见明大兵已撤，以为机有可乘，自将攻宁远。大败，受伤而死。[⑤] 太宗立。先定朝鲜。还攻宁远、锦州，又大败。一六二九年，太宗乃避正面，自喜峰口入长城。崇焕亦兼程入援。两军大战，胜负未分。先是崇焕以皮岛守将毛文龙[⑥] 跋扈，借阅兵为名，把他杀掉。毅宗虽加抚慰，实则不能无疑。至是，清人纵反间之计，毅宗遂将袁崇焕下狱杀掉。于是边事愈坏。毛文龙死后，其部将孔有德、耿仲明等逃到登州。[7]后来造反，给官军打败，浮海降清。引清兵攻陷广鹿岛。[8]守将尚可喜降。皮岛亦陷。明人前此，常借海军势力，牵制辽东，至此亦消灭了。然而辽西兵力还厚。太宗乃仍绕道长城各口，于一六三六、一六三八、一六四〇等年，入犯京畿，蹂躏山东。明朝剿匪的兵事，因此大受牵制。一六四〇年，清兵大举攻锦州。[9]明蓟辽总督洪承畴往援，战于松山，大败。明年，松山破，承畴降。锦州亦陷。于是关外重镇，只有一个宁远了。然而明兵塞住山海关，清人还不敢深入。

李自成、张献忠再叛之后，献忠窜入四川，自成则再攻河南。是时，河南大饥，民从之者如流水，势遂大炽（旺盛）。一六四三年，自成陷西安。明年，称帝。东陷太原。分兵出真定，[10]而自率大兵陷大同。遂陷宣府，自居庸关陷京师。毅宗自缢死。毅宗死的前一年，清太宗也死了。子世祖立。年才六岁，郑亲王济尔哈朗、睿亲王多尔衮同摄政。明山海关守将吴三桂，闻京城被围，发兵入援。至丰润，京城已陷。李自成招他投降，三桂已经答应了。后闻爱妾陈沅（yuán）被掠，大怒，走回降清。多尔衮方略地关外，闻之，大喜，疾驰受其降。合兵打破李自成。自成逃回陕西。清兵遂入北京，世祖即迁都关内。

注释

①哈达为南关，在今辽宁开原县北。叶赫为北关，在今吉林省城西南。

②以上清朝初兴时事迹，可参看日本稻叶君山《清朝全史》（中华书局译本），近人孟森《心史史料》。

③三案，就是梃（tǐng）击、红丸、移宫。神宗皇后无子，恭妃王氏，生子常洛，贵妃郑氏，生子常洵。常洛长，而神宗宠郑贵妃，欲立常洵，借口待中宫有子，久不建储。群臣屡以为言。一六〇一年，才立常洛为皇太子。

一六一五年，忽有不知姓名男子，持梃闯入东宫，击伤守门内侍。把他拘来审讯。他自说姓张，名差，是郑贵妃宫中太监刘成、庞保主使他的。于是众论哗然，都攻击郑贵妃。后来把张差、刘成、庞保三个人杀掉算了结。神宗崩于一六二〇年。常洛立，是为光宗。不久即患病。鸿胪寺丞李可灼，进红丸一粒。光宗服之，明日而崩。有人主张彻究李可灼，有人以为可灼无罪。后来亦未曾彻究。光宗崩后，熹宗即位。时年十六，光宗选侍李氏，亦住在乾清宫。御史左光斗力争，乃移到哕（huì）鸾宫。此三案，大致东林党人，是主张彻究张差、李可灼，以移宫为然的。非东林党则反是。事虽已过，仍彼此攻击不已。魏忠贤得志之后，恨东林党的人，和他交结。御史崔呈秀，乃将东林党人的名字，都开给他，叫他一网打尽。于是魏忠贤提督东厂，把杨涟、左光斗等，东林党中极有名的人物都杀掉。又毁天下书院。而魏忠贤的生祠，反而遍于各处。党祸之烈，阉官之横，真是从古所未有。

⑤在今陕西安康县。

⑤见《清朝全史》第十二章。

⑥皮岛，今图作海洋岛。

⑦登州，今山东蓬莱县。

⑧今图作光禄岛。

⑨今辽宁锦县。

⑩今河北正定县。

第四十五章　明的制度

有明一代，政治虽欠清明，制度则颇为详密。其大部，都为清代所沿袭，有到现在还存在的。[1]所以明代的制度，在近世的历史上，颇有关系。

明太祖初仍元制，以中书省为相职。后因宰相胡惟庸谋反，遂废省不设。并谕后世子孙，毋得议置丞相。遂成以天子直领六部的局面。这断非嗣世的中主，所能办到的。于是殿、阁学士，遂渐起而握宰相的实权。前代的御史台，明时改称都察院。设都御史、副都御史、佥都御史，都分左右。又有十三道监察御史。除纠弹（举发弹劾）常职外，提督学校、清军、巡漕、巡盐诸务，亦一以委之。而巡按御史，代天子巡守，其权尤重。给事中一官，历代都隶门下省。明朝虽不设门下省，而仍存此官，以司封驳稽察。谓之科参。六部之官，没有敢抗科参而自行的，所以其权亦颇重。外官则废元朝的行省，而设布政、按察两司，以理政事及刑事。但其区域，多仍元行省之旧。巡抚，本系临时遣使。后来所遣浸广，以其与巡按御史，不相统属，乃多以都御史为之。再后来，则以他官奉使，而加以都御史的衔。其兼军务的，则加提督；辖多权重的称总督。已有巡按，而又时时遣使，实亦不免于骈枝（比喻多余无用的、不必要的东西）。但在明代，还未成为常设之官罢了。

明朝的学校选举制度，是很有关系的。原来自魏、晋以后，国家所设立的学校，久已仅存其名，不复能为学校的重心；而且设立太少，亦不足以网罗天下之士。所以自唐以后，变为学问由人民自习，而国家以考试取之的制度，而科举遂日盛。科举有但凭一日之短长之弊。所以宋时，范仲淹执政，有令士人必须入学若干日，然后得以应试之议。王安石变法，则主张以学校养士。徽宗时，曾令礼部取士，必由学校升贡。其后都未能行。然应举之士，仍宜由学校出身，则为自宋以来，论法制的人，所共有的理想。到明朝，而此理想实现了。明制：京师有国子监。府、州、县亦皆有学。府州县学，初由巡按考试，后乃专设提举学校之官。提学官在任三载，两试诸生。一名岁试，是所以考其成绩优劣的。一则开科之年，录取若干人，俾应科举。应科举的，以学校生徒为原则。间或于此之外，取录一二，谓之充场儒士，是极少的。国子监生及府州县学生，应乡试中式的，谓之举人。举人应礼部试中式，又加之以殿试，则为进士。分三甲。一甲三名，赐进士及第。第一人授职修撰，第二、三人授职编修。二甲若干人，赐进士出身。三甲若干人，赐同进士出身。都得考选庶吉士。庶吉士是储才之地，本不限于进士。而自中叶以后，非进士不入翰林，非翰林不入内阁。所以进士之重，为历代所未有，其所试：则首场为四书五经义。次场则论、判及诏、诰、表、内科一道。三场试经、史、时务策。乡会试皆同。此亦是将唐时的明经进士及宋以后经义、词赋两科，合而为一。所试太难，实际上无人能应。于是后来都偏重首场的四书文，其他不过敷衍而已。其四书文的格式：（一）体用排偶，（二）须代圣贤立言，谓之八股。初时还能发挥经义，后来则另成为一种文字，就不懂得经义的人，也会做的。应试之士，遂多不免于固陋了。

明朝的兵制，名为模仿唐朝，实在亦是沿袭元朝的。其制：以五千六百人为卫，一千一百十二人为千户所，一百十二人为百户所。

每所设总旗二人，小旗十人。诸卫或分属都司，或直属中左右前后五军都督府。都司则都属都督府。卫所的兵，平时都从事于屯田（汉以后历代政府为取得军队给养或税粮由政府直接组织经营的一种农业集体耕作制度）。有事则命将充总兵官，调卫所之兵用之。师还，则将上所佩印，兵各归其卫所。于此点最和唐朝的府兵相像。而卫指挥使和千户、百户，大都世袭；都督、同知、佥事等，多用勋戚子孙，则是模仿元朝的。元朝以异族入居中国，这许多人，多半是他本族，所以要倚为腹心。明朝则事体不同，而还沿袭着他，实在很为无谓。凡勋戚，总是所谓世禄之家。骄奢淫佚惯了，哪里有什么勇气？明朝后来，军政的腐败，这实在是一个很大的原因。其取兵之途有三：一为从征，二为归附，都是开国时的兵，后来定入军籍的。这亦是模仿元朝。而明朝最坏的是谪发，便是所谓充军。有罪的人，罚他去当兵，这已经不尽适宜，却还有理可说。而一人从军，则其子孙永隶军籍。身死之后，便要行文到其本乡去，发其继承人来充军，谓之勾补。继承人没了，并且推及其他诸亲属，这实在是无理可说。而事实上弊窦又多。要算明朝第一秕政（秕：音 bǐ；秕政：指不良的、有害的政治措施。）。

法律：明初定《大明律》，大致以《唐律》为本。又有《会典》，亦是模仿《唐六典》的。[②] 中叶以后，则律与例并行。[③] 其刑法，亦和前代相同，唯充军则出于五刑之外。

明代最精详的，要算赋役之制。其制：有黄册，以户为主，备载其丁、粮之数。有鱼鳞册，以土田为主，详载其地形地味，及其属于何人。按黄册以定赋役。据鱼鳞册以质土田之讼，其制本极精详。后来两种册子都失实，官吏别有一本，据以征赋的册子，谓之白册。白册亦是以田从户的。其用意本和黄册一样。但自鱼鳞册坏后，田之所在不可知，就有有田而不出赋役，无田而反出赋役的，其弊无从质正，而赋役之法始坏。明代的役法：系以一百十户为一里。分为十甲。推丁多之家十人为长。分户为上中下三等以应役。役有"银差"，有"力差"。中国财政，向来量入为出的，唯役法则量出为入。所以其轻重繁简，并无一定。明朝中叶以后，用度繁多，都借此取之于民。谓之加派。就弄得民不聊生。役法最坏的一点，还不在其所派的多少，而在一年中要派几次，每次所派若干，都无从预知。后来乃有"一条鞭"之法。总计一年的赋役，按照丁粮之数，均摊之于人民。此外更有不足，人民不再与闻。力役亦由官召募。人民乃少获苏息。唯其末年，又有所谓三饷，共加至一千六百七十万，[4]人民不堪负担，卒至于亡国而后已。赋役而外，仍以盐、茶为收入的大宗。明初，命商人纳粮于边，而给之以盐，谓之开中盐；而以茶易西番之马。商人因运输困难，就有自出资本，雇人到塞下屯垦的。不但粮储丰满，亦且边地渐渐充实。国马饶足，而西番的势力，多少要减削几分。真是个长驾远驭之策。后来其法坏了，渐都改为征银，于是商屯撤废，沿边谷价渐贵，而马群也渐耗减了。茶盐之外，杂税还很多。大抵以都税所或宣课（税务所）司榷商货，抽分场，局税竹、木、柴薪，河泊所收鱼税，都不甚重要。唯钞关之设，初所以收回纸币，后遂相沿不废，成为一种通过税。在近代财政上，颇有关系。

注释

①如鱼鳞册之法。

②参看第二十三章。

③参看第四编第二十二章。

④明朝的田赋：一五一四年，武宗因建乾清宫，始加征一百万。一五五一年，世宗因边用，加江浙田赋百二十万。清兵起后，神宗于

一六一八、一六一九、一六二〇三年，共增赋五百二十万。毅宗又于一六三〇年，加一百六十万。两共六百八十万，谓之辽饷。后来又加练饷、剿饷，先后共加赋一千六百七十万。

第四十六章　元明的学术思想和文艺

元明的学术思想，是承宋人之流的。在当时，占思想界的重心的，自然还是理学。理学是起于北方的。然自南宋以后，转盛行于南方，北方知道的很少。自元得赵复后，其说乃渐行于北。元时，许衡、姚枢等，都号为名儒，大抵是程朱一派。只有一个吴澄，是想调和朱陆的。明初，也还是如此。到公元十五六世纪，王守仁出，而风气才一变。

王守仁之说，是承陆九渊之绪，而又将他发挥光大的。所以后来的人，亦把他和九渊并称，谓之陆王，和程朱相对待。守仁之说，以心之灵明为知。为人人所同具。无论如何昏蔽，不能没有存在的。此知是生来就有的，无待于学，所以谓之良知。人人皆有良知，故无不知是非之理。但这所谓知，并非如寻常人所谓知，专属于知识方面。“如恶恶臭，如好好色”，知其恶，自然就恶，知其善，自然就好。绝非先知其恶，再立一个心去恶；先知其好，再立一个心去好的。好之深，自然欲不做而不能自已。恶之甚，自然万不肯去做。所以说“知而不行，只是未知”，所以说知行合一。既然知行就是一事，所以人只要在这知上用功夫，就一切问题都解决了。时时提醒良知，遵照他的指示做；莫要由他昏蔽，这个便是致良知。如此，凭你在“事上磨炼”也好，“静处体悟”也好。简单直接，一了百了。这真是理学中最后最透彻之说，几经进化，然后悟出来的。

讲理学的人，本来并没有教人以空疏。但是人心不能无所偏重。重于内的，必轻于外。讲理学的人，处处在自己身心上检点，自然在学问和应事上，不免要抛荒（荒废）些，就有迂阔（思想行为不切实际事理）和空疏（空洞浅薄，没有实在的内容。）之弊。程朱一派，注意于行为，虽然迂阔空疏，总还不失为谨愿之士。王学注重于一心——在理学之中，王学亦称为心学。——聪明的人，就不免有猖狂妄行之弊。本来猖狂的人，也有依附进去的。其末流流弊，就大著。于是社会上渐渐有厌弃心学，并有厌弃理学的倾向。但这所谓厌弃，并不是一概排斥，不过取其长，弃其短罢了。在明末，顾炎武、黄宗羲、王夫之三先生，最可以为其代表。

这三位先生，顾王两先生，是讲程朱之学的。黄先生则是讲陆王之学的。他们读书都极博，考证都极精；而且都留意于经世致用；制行又都极谨严，和向来空疏、迂阔、猖狂的人，刚刚一个相反。中国自秦汉以后，两千年来，一切事都是因任自然，并没加以人为的改造。自然有许多积弊。平时不觉得，到内忧外患交迫之日，就一一暴露出来了。自五代以后，契丹、女真、蒙古，迭起而侵掠中国。明朝虽一度恢复，及其末造，则眼看着满洲人又要打进来。反观国内，则朝政日非，民生日困，风俗薄恶，寇盗纵横，在在都觉得相沿的治法，有破产的倾向。稍一深思熟考，自知政治上、社会上都须加一个根本的改造。三先生的学问，都注意到这一方面的。黄先生的《明夷待访录》，对于君主专制政体，从根本上下攻击。王先生的《黄书》，这种意见也很多。顾先生的《日知录》，研究风俗升降、政治利弊，亦自信为有王者起，必来取法之书，这断非小儒呫哔（chān bì），所能望其项背（望见他的颈项和后背，比喻赶得上。）。后来清朝人的学问，只讲得考据一方面，实不足以继承三先生的学风。向来讲学术的人，都把明末诸儒和清代的考证学家，列在一处，这实在不合事实，不但非诸先生之志而已。

讲到文艺，元明人的诗文，亦不过承唐宋之流，无甚特色。其最发达的，要算戏曲。古代的优伶，多以打诨、取笑为事。间或意存讽谏，饰作古人，亦不可谓之扮演。扮演之事，唯百戏中有之。如《西京赋》叙述《平乐观》角觝（dǐ），说“女娲坐而清歌，洪崖立而指挥”之类。然而不兼歌舞。南北朝时，兰陵王入陈曲、踏谣娘等，才于歌舞之中带演故事。然还不是代言体。宋时的词，始有叙事的，谓之传踏。后来又有诸宫体。至于元代的曲，则多为代言体。演技者口中所歌，就作为其所饰的人所说的话；其动作，亦作为所饰的人的表情。就成为现在的戏剧了。戏剧初起时，北方用弦索，南方用箫笛。明时，魏良辅再加改革，遂成为今日的昆曲。[①] 此外说话之业，虽盛于宋，然其笔之于书，而成为平话体小说，则亦以元明时代为多。总而言之，这一个时代，可以算得一个平民文学发达的时代。

注释

①以上论戏曲的话，可参看王国维《宋元戏曲史》。

第四十七章　元明的宗教和社会

元代是以蛮族入据中国，没什么传统的思想的。所以对于各种宗教，一视同仁。各教在社会上，遂得同等传播的机会。其中最活跃的，则要算佛教中的喇嘛教。喇嘛教是佛教中的密宗。其输入西藏，据《蒙古源流考》，事在七四七年。始祖名巴特玛撒巴斡。密宗是讲究显神通的。和西藏人迷信的性质，颇为相近。所以输入之后，流行甚盛。元世祖征服西藏后，其教遂流行于蒙古。西僧八思巴，受封为帝师。其后代有承袭。受别种封号的还很多。天下无论什么事情，不可受社会上过分的崇信。崇信得过分，其本身就要成为罪恶了。喇嘛教亦是如此。元世祖的崇信喇嘛教，据《元史》上说，是他怀柔西番的政策，未知信否。然即使如此，亦是想利用人家，而反给人家利用了去的。当时教徒的专横，可说是历代所无。内廷佛事，所费无艺（没有极限或限度）；还要交通（勾结）豪猾（强横狡诈不守法纪的人），请释罪囚以祈福。其诒害于政治，不必说了。其在民间，亦扰害特甚。当时僧徒，都佩有金字圆符，往来得以乘驿。驿舍不够，则住在民间。驱迫男子，奸淫妇女，无所不至。还要豪夺民田，侵占财物。包庇百姓，不输赋税，种种罪恶，书不胜书。其中最盛的杨琏真伽，至于发掘宋朝钱塘、绍兴的陵寝和大臣冢墓一百零一所，杀害平民四人，受人献美女宝物无算。攘夺盗取财物，计金一千七百两，银六千八百两，玉带九条，玉器一百十一件，杂宝一百五十二件，大珠五十两，钞十一万六千二百锭，田两万三千亩，包庇不输赋的人民两万三千户。真是中国历史上，从来未有的事情。次于喇嘛教，流行最盛的，大约要算回教。因为元时，西域人来中国的很多，大多数是信回教的。至于基督教，则意大利教士若望高未诺（Monte Corvino），曾以一二九四年，奉教皇的命令来华。元世祖许其在大都建立教堂四所。信教的亦颇不乏，但都是蒙古人。所以到元朝灭亡，又行断绝了。广东一方面，亦有意大利教士奥代理谷（Odoric）来华，都是罗马旧教。

元代社会的阶级，也很严峻的。蒙古人、色目人和汉人、南人，在选举和法律上，权利都不平等，已见第三十九章。此外最厉害的，要算掠人为奴婢一事。元初的制度，大约俘掠所得，各人可以私为己有；至于降民，则应得归入国家户籍的。然而诸王将帅，都不能遵守。其中最甚的，如灭宋时平定两湖的阿里海涯，至将降民三千八百户，没为家奴，自行置吏治之，收其租赋。[①] 虽然一二四〇年，太宗曾籍诸大臣所俘男女为民。然一二八二年，御史台言阿里海涯占降民为奴，而以为征讨所得。世祖令降民还之有司；征讨所得，籍其数赐臣下，则仍认俘掠所得，可以为私奴。[②]《廉希宪传》说他行省荆南时，令凡俘获之人，敢杀者，以故杀平民论。则当时被俘的人，连生命也没有保障了。

北族是历代都辫发的。所以在《论语》上，已有被发左衽（衽：音rèn；被发左衽：被发：散发不作髻；左衽：辫襟向左掩；指古代中原地区以外少数民族的装束。）的话。[③] 南北朝时，亦称鲜卑为索虏，但是自辽以前，似乎没有敢强行之于中国的。金太宗天会七年，[④] 才下削发之令。但其施行的范围，仍以官吏为限，蒙古则不然，不论公人私人，都要强迫剃发。其时几于举国胡化，明有天下，才把它恢复过来。明太祖洪武元年[⑤] 的《实录》说：

诏使复冠如唐制。初，元世祖自朔漠起而有天下，尽以胡俗变易中国之制，士庶成辫发椎髻，深襜（chān，系在衣前的围裙。）胡帽，无复中国衣冠之旧。甚至易其姓名，为胡名，习胡语。俗化既久，恬不知怪（安然处之，不以为怪。）。上久厌之。至是悉命复旧，衣冠一如唐制。士民皆以发束顶。其辫发、椎髻、胡服、胡言、胡姓，一切禁止。于是百有余年之胡俗，尽复中国之旧。⑥

这个真要算中国人扬眉吐气的一天了。

然而明太祖虽能扫除衣冠辫发的污点，至于社会上的阶级，则初无如之何。太祖数蓝玉的罪，说他家奴数百，可见明初诸将的奴仆，为数亦不在少。后来江南一带，畜奴的风气更盛。顾亭林《日知录》说："江南士大夫，一登仕籍，投靠多者，亦至千人，其用事之人，主人之起居食息，出处语默，无一不受其节制。有王者起，当悉免为良，而徙之以实远方空虚之地。则豪横一清，四乡之民，得以安枕；士大夫亦不受制于人，可以勉而为善。政简刑清，必自此始。"可以想见这一班人倚势横行，扰害平民的行径。然亦明朝的士大夫，居乡率多暴横，所以此辈有所假借。明朝士大夫，暴横最甚的，如梁储的儿子次摅（shū），和富人杨端争田，至于灭其家，杀害二百余人，王应熊为宰相，其弟在乡，被乡人诣阙击登闻鼓陈诉，列状至四百八十余条，赃至一百七十余万。温体仁当国，唐世济为都御史，都是乌程人。其乡人为盗于太湖的，至于以其家为奥主，都是骇人听闻的事。这大约仍是元代遗风。因为当时劫于异族的淫威，人民莫敢控诉。久之，就成为这个样子了。清朝管束绅士极严，虽说是异族入据，猜忌汉人，要减削其势力，而明代绅士的暴横，亦是一个大原因。

注释

①见《元史·张雄飞传》。

②均见本纪。

③《宪问》。

④公元一一二九年。

⑤公元一三六八年。

⑥以上关于辫发的话，据日本稻叶君山《清朝全史》。

第四编　近代史

第一章 明清之际

“人必自侮，而后人侮之”，以中国之大，岂其区区东北一个小部落所能吞并？金朝的兵力，不算不强，然而始终不能吞灭南宋，便是一个证据。然则明朝的灭亡，并非清之能灭明，还只是明朝人的自己亡罢了。

北部沦陷之后，明朝的潞王常淓（fāng）、福王由崧（sōng），都避难南来。当时众议，因潞王较贤，多想立他。而凤阳总督马士英，挟着兵力，把福王送到仪征。众人畏惧他，只得立了福王，是为弘光帝。士英引阉党阮大铖（chéng）入阁，而把公忠的史可法排挤出去，督师江北。正人君子，非被斥，即引去。弘光帝又沉迷声色。南都之事，就不可为了。

清朝的能入关，也并非全靠自己的兵力。占据北京，已为非望，如何会有吞灭全中国的心理呢？所以世祖入关后，给南方的檄文，还有“明朝嫡胤无遗，势难孤立，用移大清，宅此北土。其不忘明室，辅立贤藩，戮力（协力、合力）同心，共保江左，理亦宜然，予不汝禁”之语。然而南都既不能自立，清朝就落得进取。当清兵入北京之后，即已分兵打定河南、山东、山西。及世祖入关，又遣英亲王阿济格，带着吴三桂、尚可喜出榆、延；豫亲王多铎，带着孔有德出潼关；以攻陕西。李自成走死湖北的通城。多铎的兵，就移攻江南。这时候，史可法分江北为四镇。而诸将不和，互相仇视。[1]武昌的左良玉，又和阮大铖不合，以清君侧为名，举兵东下。大铖大惧，急檄可法入援。可法兵到燕子矶（jī），左良玉已死在路上；其兵，给守芜湖的黄得功打败了。可法再回江北，则清兵已至。可法檄诸镇赴援，没有一个来的。可法守扬州七日，城陷，死之。清兵遂渡江而南。弘光帝奔芜湖。清兵追袭。黄得功拒战，中箭而死。帝遂北狩（征伐）。后来殉国于北方。清兵直打到杭州而还。时为一六四五年。

于是明人奉鲁王以海，监国绍兴。唐王聿（yù）键，即位福州，是为隆武帝。当清兵初入北京之日，曾下令，强迫人民剃发。二十日之后，又听民自由。及下江南，复下剃发之令。于是江南人民，纷纷起兵抗拒。然既无组织，又无训练，大多数旬月即败。清廷复遣肃亲王豪格和吴三桂攻四川。张献忠阵殁于西充。其党孙可望、李定国、白文选、刘文秀，溃走川南。旋入贵州。清兵追至遵义，粮尽而还。贝勒博洛攻闽、浙，鲁王走入海。隆武帝颇为英武，而为郑芝龙所制，不能有为。时何腾蛟招降李自成余众，分布湖南、湖北。杨廷麟也起兵江西，恢复吉安。隆武帝想出就廷麟，未果而清兵至。帝从延平走汀州，入于清军。后来崩于福州。时为一六四七年。

明人又立唐王之弟聿𨱇于广州，桂王由榔于肇庆，是为永历帝。清使李成栋攻广东，聿𨱇殉国。孔有德、尚可喜、耿仲明攻湖南，何腾蛟退守桂林。金声桓攻江西，杨廷麟亦败殁。未几，李威栋、金声桓都反正，何腾蛟乘机复湖南。川南、川东亦来附。于是永历帝有两广、云、贵、江西、湖南、四川七省之地，形势颇张。而张名振亦奉鲁王，以舟山为根据地，出入江、浙沿海。清廷乃使洪承畴镇江宁，吴三桂取四川，耿仲明、尚可喜攻江西，孔有德攻湖南。金声桓、李成栋、何腾蛟都败死。一六五〇年，清兵进陷桂林，瞿式耜（sì）亦殉节。明年，张名振和起兵浙东的张煌言合兵攻吴淞，不克，而舟山反为清所袭陷，二人奉鲁王奔厦门。[②]永历帝避居南宁，遣使封孙可望为秦王。可望遣兵三千，扈桂王居安隆；[③]而使刘文秀攻四川，李定国攻桂林。孔有德伏诛。吴三桂也战败，逃回汉中。清乃命洪承畴镇长沙，以保湖南；李国英镇保宁，以守川北；尚可喜镇肇庆，以保广东；无意于进取了。而永历帝因孙可望跋扈，密使召李定国。定国迎帝入云南，可望攻之，大败。遂降清。洪承畴因之请大举。一六五八年，清兵自湖南、四川、广西三道入滇。李定国扼北盘江力战，不能敌。乃奉帝如腾越，而伏精兵于高黎贡山。[④]清兵追之，遇伏，大败而还。时刘文秀已死，李定国、白文选奉帝入缅甸。一六六〇年，三桂发大兵出边。缅人乃奉帝入三桂军。一六六二年，为三桂所弑，明亡。[⑤]此时清世祖亦已死，这一年，是圣祖的康熙元年了。

明朝的统绪虽绝，然而天南片土，还有保存着汉族的衣冠，和清朝相抗的，是为郑成功。成功是芝龙的儿子，芝龙降清时，成功不肯顺从，退据厦门，练着海陆兵，屡攻沿海之地。清兵入滇时，成功大举入江，以图牵制。破镇江，薄南京，清廷大震。旋为清兵所袭破，乃收军，出海而还。一六六〇年，成功攻取台湾。[⑥]于是务农练兵，定法律，设学校，筑馆以招明之遗臣渡海，归之者如织。天南片土，俨然独立国的规模了。

即以闽、广、云南而论，实亦非清朝实力所及。清朝的定南方，原靠一班汉奸，为虎作伥。所以事定之后，仍不得不分封他们，以资镇摄。于是以尚可喜为平南王，镇广东；耿仲明为靖南王，镇福建；吴三桂为平西王，镇云南；是为三藩。三藩之中，三桂功最高，兵亦最强。他当时用钱用兵，户、兵二部，不能节制。用人亦不由吏部，谓之西选。西选之官半天下。清朝之于南方，简直是徒有其名，不但鞭长莫及而已。然而“偾军之将，不可以言勇；亡国之大夫，不足与图存”，既已觍颜事仇（觍：音 tiǎn；觍颜事仇：指不知羞耻地为仇敌做事。），忽又起而反抗，就不免有些进退失据；天下的人，未免要不直他；士气亦易沮丧；和始终以忠义激励其下的，大不相同了。这是三藩之所以终于无成。尚可喜受封之时，年已老迈。乃将兵事交给其儿子之信。久之，遂为所制。乃请撤藩归老辽东。清廷许之。时耿仲明已死，传子继茂，以及精忠，和吴三桂都不自安，亦请撤藩，以觇（chān，暗中观察。）清朝的意向。当时明知许之必反，廷议莫敢主持。清圣祖独断许之。一六七三年，三桂遂举兵反。三桂的意思，本想走到中原，突然举事的，而为清朝的巡抚朱国治所逼，以是不得不发。既举兵之后，有人劝他弃滇北上。三桂也暮气深了，不能用。三桂举兵之后，贵州首先响应。明年，攻下湖南。广西、四川和湖北的襄阳，亦都响应。福建、广东，更不必说了。于是三桂亲赴常、澧（lǐ）督战。派一支兵出江西，以应福建；一支兵出四川，以攻陕西。清朝的提督王辅臣，亦据宁夏以应三桂。三桂想亲出兵以应辅臣，不曾来得及，而清朝的兵，反从江西打入湖南。三桂虽然回兵，把他打退，然自此遂成相持之局。这是于三桂不利的。而耿、尚二藩，又因一和郑成功的儿子郑经相攻，一苦三桂征饷，复叛而降清，三桂势穷。乃于一六七八年，称帝于衡州，⑦以图维系人心。未几而死。孙世璠立。诸将又互相乖离（抵触、背离）。一六八一年，清兵自湖南、广西、四川，分三道入滇，世璠自杀。尚可喜先已为清人所杀，至此又杀耿精忠。中国大陆之上，就真无汉族自立的寸土了。

然而海外的台湾，还非清朝兵力所及。郑成功以一六六二年卒，子经继立。和耿精忠相攻。曾略取漳、泉等地。后为清兵所败。并失金门、厦门，退归台湾。三藩平后，清廷想照琉球之例，听其不剃发，不易衣冠，与之言和，而闽督姚启圣不可。水军提督施琅，本是郑氏的降将，尤欲灭郑氏以为功。一六八一年，郑经卒。群小构成功之妻董氏，杀其长子克壍。而立其次子克塽（shuǎng）。郑氏内部乖离，一六八三年，施琅渡海入台湾，郑氏亡。汉族遂全被满人所征服。

注释

①可法命刘泽清驻淮北，以经理山东；高杰驻泗水，以经理开、归；刘良佐驻临淮，以经理陈、杞；黄得功驻庐州，以经理光、固。诸将互相仇视。可法乃把高杰移到瓜洲，黄得功移到仪征。高杰感可法忠义，颇愿为之用。多铎陷归德，杰进驻徐州。为睢州镇总兵许定国所杀，定国降清。

②名振死后，把兵事都交给张煌言。郑成功是受知于隆武帝的，鲁王和隆武帝，曾有违言，所以成功不愿推戴鲁王，然和煌言甚睦。成功大举入江之役，煌言曾分兵攻皖南。后因成功兵败，乃收兵出浙东而还。

③今广西西隆县。

④腾越，今腾冲县。高黎贡山，在保山之西，腾越之东。

⑤白文选从永历帝入滇。李定国旋卒于缅甸。

⑥当时台湾为荷兰人所据，见第二章。

⑦国号周。建元昭武。世璠改元洪化。

第二章　欧人的东略

从亚洲的东方到欧洲，陆路本有四条：（一）自西伯利亚逾乌拉岭入欧俄。（二）自蒙古经天山北路，出两海之间。[①]（三）自天山南路逾葱岭。（四）自前后印度西北行，两道并会于西亚。第一路荒凉太甚。第二路则沙漠地带，自古为游牧民族荐居之地，只有匈奴、蒙古自此以侵略欧洲，而两洲的声明文物，由此接触的颇少。葱岭以西，兴都库什以南，自古多城郭繁华之国。然第三路有沙漠山岭的阻隔，第四路太觉回远，而沿途亦多未开化之国，所以欧、亚两洲，虽然陆地相接，而其交往的密切，转有待于海路的开通。自欧洲至东洋的海路：一自叙利亚出阿付腊底斯河流域。二泛黑海，自阿美尼亚上陆，出底格利斯河流域。两路均入波斯湾。三自亚历山大黎亚溯尼罗河，绝沙漠而出红海。这都是自古商旅所经。自土耳其兴，而一二两道，都入其手；第三道须经沙漠，不便；乃不得不别觅新航路。其结果，海道新辟的有二：一绕非洲的南端而入印度洋；二绕西半球而入太平洋。

欧人的航行东洋，首先成功的为葡萄牙。一四八六年，始达好望角。一四八九年，进达印度的马拉巴尔海岸，一五〇〇年，遂辟商埠于加尔各答。明年，略西海岸的卧亚，进略东海岸及锡兰、摩洛哥、瓜哇、麻六甲。一五一六年，遂来广东求互市。明朝在广州，本设有市舶司。东南洋诸国，来通商的颇多。都停泊在香山县南虎跳门外的浪白洋，就船贸易。武宗正德时，[2] 移于高州的电白。一五三五年，指挥使黄庆纳贿，请于上官，移之濠镜，就是现在的澳门。是为西人在陆地得有根据之始。就有筑城置戍的。中国人颇疑忌他。而西人旋亦移去。只有葡萄牙人，于隆庆初，岁纳租银五百两，租地建屋。[3] 自此就公然经营市埠，视同己有。一六〇七年，番禺举人卢廷龙，入京会试。上书当道：请尽逐澳中诸番，出居电白。当事的人不能用。天启初，[4] 又有人说“澳中诸番，是倭寇的乡导”，主张把他们移到外洋。粤督张鸣冈说：“香山内地，官军环海而守。彼日食所需，咸仰于我。一怀异志，立可制其死命。移泊外洋，大海茫茫，转难制驭。”部议以为然，遂不果徙。——这是后来借断绝接济，以制西洋人的根源。

葡萄牙人到好望角后七年，哥伦布始发现美洲，其到广东后三年，则麦哲伦环绕地球。于是西班牙人，于一五六五年，据菲律宾，建马尼剌。一五七五和一五八〇年，两次到福建求通商，都为葡萄牙人所阻。然中国商船，聚集于马尼剌的颇多。

荷兰人以一五八一年，叛西班牙自立。时西班牙王兼王葡萄牙，禁止其出入里斯本。荷人乃自设东印度公司，谋东航。先后据苏门答腊、爪哇、摩鹿加。于好望角和麦哲伦海峡，都筑塞驻兵。其势力，反驾乎西、葡之上。一六二二年，荷兰人攻澳门，不克。一六二四年，据台湾、澎湖。至一六六〇年，而为郑成功所夺。清朝因想借荷兰之力，以夹攻郑氏，所以许其每八年到广东通商一次，船数以四为限。

英吉利的立东印度公司，事在一五九九年。东航之后，和葡萄牙人争印度。葡人战败，许其出入澳门。一六三七年，英船至澳门，为其地的葡人所拒。英人乃自谒中国官吏，求通商。至虎门，为守兵所炮击。英人还击，陷其炮台。旋送还俘掠，中国亦许其通商。[5] 此时已值明末。旋广东兵事起，英人贸易复绝。郑经曾许英人通商于厦门和安平。然安平初开，实无甚贸易，止有厦门，英船偶然一到而已。

以上所述，是从明中叶到清初，欧人从海道东来的情形。其主要的目的，可说是在于通商。至于从陆路东来的俄人，则自始即有政治的关系。俄人的叛蒙古而自立，事在十五世纪中叶。至葡萄牙人航抵好望角时，则钦察汗国之后裔，殆悉为所坏灭。⑥此时可萨克族⑦附俄，为之东略。蒙古族在叶尼塞、鄂毕两河间的，亦为所击破。一五八七年，俄人始建托波儿斯克。其后托穆斯克、叶尼塞斯克、雅库次克、鄂霍次克，相继建立。一六三九年，直达鄂霍次克海，就想南下黑龙江。至一六四九年，而建立雅克萨城。一六五八年，又建尼布楚城。此等俄国的远征队，只能从事于剽（piāo，抢劫。）掠，而不能为和平的拓殖。黑龙江流域的居民，大受其害。而此时正值清朝初兴，其兵力，亦达黑龙江流域。两国势力的冲突，就不可避免了。

注释

①谓咸海、里海。

②一五〇六至一五二一年。

③隆庆，明穆宗年号，自一五六七至一五七二年。葡人的不纳地租，起于一八四九年，即清宣宗道光二十九年，见第十四章。

④明熹宗年号，自一六二一至一六二七年。

⑤见《华英通商事略》。

⑥拔都建国之后，将东部锡尔河以北之地，分给其哥哥鄂尔达。自此以北，西抵乌拉河，则分给其兄弟昔班。西人因其官帐的颜色，称拔都之后为金帐汗；鄂尔达之后为白帐汗；昔班之后为蓝帐汗，亦称月即别族。Uzbeg（昔班）的兄弟脱哈帖木儿之后，住在阿速海沿岸，称为哥里米汗。金帐汗后嗣中绝，三家之裔，都想入承其统，因此纷争不绝，遂至为俄所乘。一四七

〇年，钦察汗伐俄，败亡。其统绪遂绝。后裔分裂，为大斡耳朵（Ordou），阿斯达拉干（Astrakan）两国在窝瓦、乌拉两河之间。其时萨莱北方的喀山、为哥里米汗同族所据。和哥里米汗及咸海沿岸的月即别族，都薄有势力。俄人乃和喀山，哥里米两汗同盟。一五〇二年，哥里米汗灭大斡耳朵。一五三二年，俄人灭喀山。越二年，灭阿斯达拉干，唯哥里米附庸于土耳其，至一七八三年，乃为俄所灭。

⑦就是哈萨克人（Kazak），为唐代黠戛斯之后，俄人称为吉利吉思。

第三章　基督教和西方科学的传入

中国和外国的交通，也有好几千年了。虽然彼此接触，总不能无相互的影响，然而从没有能使我国内部的组织，都因之而起变化的。其有之，则自近世的中欧交通始。这其间固然有种种的关系，然而其最主要的，还是东西文化的差异。东西文化最大的差异，为西洋近世所发明，而为中国所缺乏的，便是所谓科学。所以科学的传入，是近世史上最大的事件。科学与宗教，虽若相反，其最初传入，却是经教士之手的。

基督教的传入中国，亦由来已久。读第三编第二十五、第三十八两章，就可知道了。可是因中国人迷信不深，对于外国传入的宗教，不能十分相契，所以都不久而即绝。至近世，新教兴于欧洲，旧教渐渐失势，旧教中有志之士，乃思推广其势力于他洲。其中号称耶稣会的，[①] 传布尤力。耶稣会的教士，第一个到中国来的，是利玛窦。[②] 以一五八一年至澳门。初居广东的肇庆。一五九八年，始经江西到南京。旋入北京。一六〇〇年，神宗赐以住宅，并许其建立天主堂。天主教士的传教于中国，和其在他国不同。他们深知道宗教的教理，不易得华人尊信的。所以先以科学牖启（牖：音 yǒu；牖启：诱导启发。）中国人。后来才渐渐地谈及教理。利玛窦到北京之后，数年之间，信教的便有二百余人。徐光启、李之藻等热心科学之士，都在其内。当时的教士，并不禁华人拜天、拜祖宗、拜孔子。他们说："中国人的拜天，是敬其为万物之本；其拜祖宗，系出于孝爱之诚；拜孔子，是敬仰其人格；都不能算崇拜偶像。"教士都习华言，通华文。饮食起居，一切改照华人的样子，他们都没有家室，制行坚卓，学问渊深。所以很有敬信他们的人。然亦有因此，而疑其别有用心的。

当利玛窦在日，就有攻击他的人。[3]神宗因其为远方人，不之听。一六一〇年，利玛窦卒。攻击的人，更为厉害。到一六一六年，就被禁止传布。教士都勒归澳门。然而这一年，正是满洲叛明自立的一年。自此东北一隅，战争日烈，明朝需用枪炮也日亟。至一六二二年，因命教士制造枪炮，而教禁亦解。明朝所行的大统历，其法本出西域。所以当开国时候，就设有回回历科。到了末年，其法疏舛（chuǎn，紊乱、错乱。）了。适会基督教中深通天文的汤若望[4]来华。一六二九年，以徐光启之荐，命其在北京历局中，制造仪器，翻译历书，从事于历法的改革。至一六四一年，而新历成。越二年，命以之代旧历。未及行而明亡。清兵入关后，汤若望上书自陈。诏名其历为时宪。汤若望和南怀仁，[5]都任职钦天监。这时候，基督教士，可以说很得信任了。到清世祖殁，而攻者又起。

当时攻击基督教最烈的，是习回回历法的杨光先。但他的主意，并不在乎历法。他曾说："宁可使中国无好历法，不可使中国有西洋人。"他又说："他们不婚不宦，则志不在小。其制器精者，其兵械亦精。"他们著书立说，说中国人都是异教的子孙，万一蠢动，中国人和他对敌，岂非以子弟拒父兄？"以数万里不朝不贡之人，来不稽其所从来，去不究其所从去；行不监押，止不关防；十三省山川形势，兵马钱粮，靡不收归图籍。百余年后，将有知余言之不得已者。"[6]杨光先之说如此：利用传教，以做侵略的先锋，这是后来之事。——也可说是出于帝国主义者的利用，并非传教者本身的罪恶。——基督教初入中国时，是绝无此思想的。杨光先的见解，在今日看起来，似乎是偏狭，是顽固。但是中国历代，本有借异教以创乱的人；而基督教士学艺之精和其无所为而为之的精神，又是中国向来没有看见过的。这种迷信的精神，迷信不深的中国人，实在难于了解。杨光先当日，有此疑忌，却也无怪其然。不但杨光先，怕也是当日大多数人所同有的心理。即如清圣祖，他对于西洋传入的科学，可以说是颇有兴味的。对于基督教士，任用亦不为不至。然而在他的《御制文集》里，亦说“西洋各国，千百年后，中国必受其累”，[7]这正和杨光先是一样的见解。不过眼前要利用他们，不肯即行排斥罢了。人类的互相了解，本来是不大容易的。在学艺上，只要肯虚心研究，是非长短，是很容易见得的。但是国际上和民族间的猜忌之心，一时间总难于泯灭，就做了学艺上互相灌输的障碍。近世史的初期，科学输入的困难，这实在是一个大原因。

杨光先以一六六四年，上书攻击基督教士，一时得了胜利。汤若望等都因之得罪。当时即以监正授光先。光先自陈“通历理而不知历法”，再四固辞（古礼以再次辞让为固辞，后以坚决推辞和谦让为固辞。）。政府中人不听。不得已任职。至一六六七年，因推闰失实，得罪遣戍。再用南怀仁为监正。自此终圣祖之朝，教士很见任用。传教事业，也颇称顺利。直至一七〇七年，而风波才再起。

原来利玛窦等的容许信徒拜天、拜祖宗、拜孔子，当时别派教士，本有持异议的。后来讦（jié，揭发别人的隐私或攻击别人的短处。）诸教皇。至一七〇四年，教皇乃立《禁约》七条，派多罗[8]到中国来禁止。多罗知道此事不可造次。直迟到这一年，才以己意发布其大要。圣祖和他辩论，彼此说不明白。大怒。命把多罗押还澳门，交葡萄牙人监禁。在中国的传教事业，是印度的一部分，本归葡萄牙人保护的。

后来法国人妒忌他，才自派教士到中国。[9]葡萄牙人正可恶不由他保护的教士，把多罗监禁得异常严密。多罗就忧愤而死。然而教皇仍以一七一五年，申明前次的禁约。到一七一八年，并命处不从者以“破门”之罚。于是在华教士，不复能顺从华人的习惯，彼此之间，就更生隔碍。一七一七年，碣石镇总兵陈昂，说天主教在各省，开堂聚众，广州城内外尤多，恐滋事端。请依旧例严禁，许之。一七二三年，闽浙总督满保，请除送京效力人员外，概行安置澳门。各省天主堂，一律改为公廨（xiè，官署，旧时官吏办公处所的通称。）。朝廷也答应了。[10]自此至五口通商以前，教禁就迄未尝解。

基督教士东来以后，欧洲的各种科学，差不多都有输入。历法的改革，枪炮的制造，不必论了。此外很有关系的，则为清圣祖时，派教士到各省实测，绘成的《皇舆全览图》。中国地图中，记有经纬线的，实在从此图为始。当明末，陕西王徵，曾译西书，成《远西奇器图说》，李之藻译《泰西水法》，备言取水、蓄水之法及其器械。徐光启著《农政全书》，也有采用西法的。关于人体生理，则有邓玉函[11]所著的《人身说概》。关于音乐，则有徐日昇[12]所修的《律吕正义续编》。而数学中，利玛窦和徐光启所译的《几何原本》，尤为学者所推重。代数之学，清朝康熙年间，亦经传入，谓之借根方。清朝治天文、历、算之士，兼通西法的很多。形而上之学，虽然所输入的，大抵不离乎神学。然而亚里斯多德的论理学，亦早经李之藻之手，而译成《名理探》了。就是绘画、建筑等美术，也有经基督教士之手而传入的。[13]所以在当时，传入的科学，并不为少。但是（一）因中国人向来不大措意于形而下之学；（二）则科学虽为中国人所欢迎，而宗教上则不免有所障碍；所以一时未能发生很大的影响。

注释

①Jesuits。

②Matteo。

③南京礼部侍郎沈漼(què),给事中徐如珂等,既攻西教,并攻其违《大明律》私习天文之禁。

④Adam Schall。

⑤Ferdinand Verbiest。

⑥光先之说,都见其所著《不得已书》。

⑦参看第十三章注11。

⑧Tournon,近译亦作铎罗。

⑨在印度和中国的旧教徒,依一四五四年教皇的命令,受葡萄牙王保护。法人所自派的教士,则于一六八四年到中国。

⑩安置澳门一节,明年,两广总督孔毓珣,因澳门地窄难容,奏请准其暂居广州城内天主堂,而禁其出外行走。诏许依议办理。至各省天主堂改为公廨,则直至一八六〇年《北京条约》定后,方才发还。参看第二十四章。

⑪Jean Terrenz。

⑫Thomas Pereira。

⑬基督教士初来时所带来的,都是些宗教画。今唯杨光先《不得已书》中,尚存四帧。后来郎世宁(Jeseph Castig Lione)等以西洋人而供职画院,其画亦有存于现在的。至于建筑,则圆明园中水木明瑟一景,即系采用西洋建筑之法造成。

第四章 清初的内政

清朝的盛衰，当以乾隆时为关键。从世祖入关，到三藩平定，这四十年，算是清朝开创之期。自此至雍正之末，五十余年，为乾隆一朝，表面上看似极盛，实则衰机潜伏于其中。至其末年，内乱一起，就步步入于否运（否：音pǐ；否运：厄运、坏运。）了。

清朝的初起，和辽金元情形，又微有不同。辽、金、元初起时，都不甚了解中国的情形。清朝则未入关时，已颇能译汉书、用汉人了。当太祖之时，憎恶汉人颇甚，当时俘获汉人，都发给满人为奴。尤其是读书人，得者辄杀。到太宗时，才知道欲成大业，单靠满洲人，是不行的。所俘汉人，都编为民户，令其与旗人分居，且另选汉官治理。对于读书人，则加以考试。录取的或减免差徭，赏给布帛。于明朝的降臣、降将，尤其重视。清朝当日的创业，和一班投效的汉人，如范文程、洪承畴、吴三桂等，确是很有关系的。

但是其了解中国深者，其猾夏亦甚。所以清朝的对待汉人，又非辽、金、元之比。即如剃发一事，历代北族，没有敢强行之于全中国的。[①] 清朝则以此为摧挫中国民族性的一种手段，厉行得非常利害。入关之后，籍没明朝公、侯、伯、驸马、皇亲的田。又圈占民地，以给旗人。也是很大的虐政。而用兵之际，杀戮尤甚。读从前人所著的《嘉定屠城》、《扬州十日》等记，就可以见其一斑了。

北族的政治，演进不如中国之深。所以其天泽之分，也不如中国之严，继嗣之际，往往引起争乱。清朝也未能免此。当太祖死时，其次子代善，五子莽古尔泰和太祖弟舒尔哈齐之子阿敏，还是和太宗同受朝拜，并称为四贝勒的。后来莽古尔泰和阿敏，次第给太宗除去了；代善是个武夫，不能和太宗争权；所以在关外之时，幸未至于分裂。太宗死后，世祖年幼。阿敏的儿子济尔哈朗和多尔衮同摄政。后来实权都入于多尔衮之手。当时一切章奏，都径由多尔衮批答；御宝亦收归其第。一时声势，是很为赫奕的。幸而多尔衮不久就死了，所以没酿成篡弑之局。世祖亲政后，大体还算清明。颇能厘定治法，处理目前的问题。当时中国的遗黎（亡国之民、劫后残留的人民），经死亡创痛之余，实在更无反抗的实力；而又得一班降臣，为虎作伥，就渐渐地给他都压下去了。世祖在位不久。圣祖初立，亦年仅八岁。辅弼大臣鳌拜，颇为专权。然不久，亦就给圣祖除去。圣祖的聪明和勤于政治，在历代君主中，也颇算难得的；而在位又很长久。内政外交，经其一番整顿，就颇呈新气象了。

中国的国民，自助的力量，本来是很大的。只要国内承平，没甚事去扰累他，那就虽承丧乱之余，不过三四十年，总可复臻于富庶。清朝康熙年间，又算是这时候了。而清初的政治，也确较明中叶以后为清明。当其入关之时，即罢免明末的三饷。又厘定《赋役全书》，征收都以明万历以前为标准。圣祖时，曾叠次减免天下的钱粮。后来又定“滋生人丁，不再加赋”之例，把丁赋的数目限定了。[②] 这在农民，却颇可减轻负担。而当时的用度也比较的节俭。所以圣祖末年，库中余蓄之数，已及六千万。世宗时，屡次用兵，到高宗初年，仍有两千四百万。自此继长增高，至一七八二年，就达到七千八百万的巨数了。以国富论，除汉、隋、唐盛时，却也少可比拟的。

圣祖晚年，诸子争立。太子允礽（réng），两次被废。后来就没有建储。[3] 世宗即位之后，[4] 和他争立的兄弟，都次第获罪。因此撤去诸王的护兵。[5] 并禁止诸王和内外官吏交通。满洲内部特殊的势力，可以说至此而消灭。但清朝的政治，却亦得世宗整饬之益。圣祖虽然勤政，其晚年亦颇流于宽弛。各省的仓库，多不甚盘查；钱粮欠缴的，也不甚追究。世宗则一反其所为。而且把关税、盐课（旧时以食盐为对象所征的税课），彻底加以整顿。征收钱粮时的火耗，亦都提取归公。[6] 如此，财政上就更觉宽裕。而康雍对外的兵事，也总算徼天之幸，成功时多。清朝至此，就臻于全盛。

世宗死后，高宗继之。高宗在表面上，是专摹效圣祖的，但他没有圣祖的勤恳，又没有世宗的明察；而且他的天性，是奢侈的，正合着从前人一句话，"内多欲而外施仁义"。在位时六次南巡，供账之费无算（无法算计，形容数目多。）。对外用兵，所费亦属不赀。凡事专文饰表面，虚伪和奢侈之风养成了。而中年后，更任用和珅，其贪黩（黩：音dú；贪黩：贪污。）为古今所无。内外官吏，都不得不用贿赂去承奉他。于是上官贪取于下属，下属诛求于小民，至其末年，内乱就一发而不可遏了。

"国于天地，必有与立。"清朝历代的君主，对于种族的成见，是很深的。他们对于汉人，则提倡尚文。一面表章程、朱，提倡理学，利用君臣的名分，以箝（qián，限制、约束。）束臣下。一面开博学鸿词科，屡次编纂巨籍，以牢笼海内士大夫。但一面又大兴文字之狱，以摧挫士气。乾隆时，开四库馆，征求天下的藏书，写成六部，除北京和奉天、热河的行宫外，还分置于江、浙两省。[7] 看似旷古未有的盛举，然又大搜其所谓禁书，从事焚毁。据当时礼部的奏报，被焚的计有五百三十八种，一万三千八百六十二卷之多。清帝室对于士子，是严禁其结社讲学，以防其联合的。即其对于大臣，亦动辄严词诘责，不留余地。还要时用不测的恩威，使他们畏惧。使臣以礼之风，是丝毫没有的。如此，他们所倚为腹心的，自然是旗人了。确实，他们期望旗人之心，是很厚的。旗人应试，必须先试弓马。旗兵是世袭的。一人领饷，则全家坐食（不劳而食）。其驻防各省的，亦都和汉人分居，以防其日久同化，失其尚武的风气。而又把东三省和蒙古，都封锁起来，不准汉人移植。[⑧] 他们的意思，以为这是子孙帝王万世之业了。然而旗人们既失其尚武之风，而又不能勤事生产，亦和前代的女真、蒙古人相同。而至其末造，汉人却又没有慷慨奋发，帮他的忙的，于是清朝就成为萎靡不振的状态，以迄于亡。[⑨] 这是他们在前半期造成的因，至后半期而收其果。

注释

①据日本稻叶君山所撰《清朝全史》：金太宗天会七年，曾下削发令，然施行之范围，唯限于官吏。元时，华人剃发的甚多。然元朝实未尝颁此禁令，见《东方杂志》三十一卷等三号《中国辫发史》。

②参看第二十二章。

③当时觊觎储位的，以圣祖庶长子允禔（zhī）和第八子允禩（sì）为最甚。允礽初以狂易（疏狂轻率）被废。后发觉允提命蒙古喇嘛厌魅之状，乃囚允提而复立允礽。然允礽复立之后，狂易如故，未几，又被废。此事在一七〇八年。圣祖自此以后，就不提建储问题。群臣奏请的多获罪。至世宗时，乃创储位密建之法。皇帝将拟立的儿子，亲自写了名字，密封了，藏在乾清宫最高处正大光明殿匾额之后，到皇帝死后，再行启视。就成为清朝的家法。

④世宗之所以得立，据他自己说，是他的母舅隆科多面受圣祖遗命的。

但当时谣传：圣祖弥留时，召隆科多入内，亲写“皇十四子”四字于其掌内。给世宗撞见了，硬把“十”字拭去的。这话固无据，况雍正和皇十四子允禵(tí)乃同母兄弟，圣祖断无舍兄立弟之理。

⑤清初八旗，有上三旗、下五旗之别。上三旗即正黄、镶黄、正白，为禁军，亦称内府三旗，下五旗为诸王护卫。所以他们都是有兵权的。世宗才借口允禩擅杀军士，把他撤掉。

⑥所谓耗，是官吏征收赋税时，借口转运、存储，都有耗损，额外多取，以为弥补之地的。当钱粮征收本色时，即有耗米等名目。明中叶以后，改而征银，则借口碎银熔成大锭，然后起解，不免有所耗损，所以多取，谓之火耗。

⑦北京文渊阁、圆明园文源阁、奉天文溯阁、热河文津阁，谓之内廷四阁。扬州文汇阁、镇江文宗阁、杭州文澜阁，谓之江浙三阁。太平军兴，文汇、文宗都被毁，文澜亦有散亡。庚申之役，文源被焚。文溯现亦流落沈阳。现在幸全的，只有文渊、文津两部而已。

⑧东三省在清朝，只有少数民地，其余都是官地和旗地。汉人出关耕垦，是有禁的。蒙古亦有每丁私有之地和各旗公共之地，都不准汉人前往垦殖。其因汉人业已移植，而设厅管理，都是嘉道以后的事。至于要想移民开拓，则更是光绪末年的事了。

⑨参看第二十四章。

第五章　清初的外交

清初的外交，是几千年以来外交的一个变局，因为所交的国，和前此不同了。但是所遇的事情变，而眼光手段，即随之而变，在人类是无此能力的。新事情来，总不免沿用旧手段对付。而失败之根，即伏于此。不过当此时，其失败还潜伏着罢了。

清初外交上最大的事件，便是黑龙江方面中俄境界问题。因为这时候，俄国的远征队，时向黑龙江流域剽掠。该处地方的居民，几于不能安其生了。当一六七〇年，圣祖尝诒书尼布楚守将，请其约束边人，并交还逃囚罕帖木儿。[①]尼布楚守将允许了，而不能实行。及一六七五年，俄人遣使来议划界通商。圣祖致书俄皇，又因俄人不通中国文字，不能了解。[②]交涉遂尔停顿。一六八一年，三藩平定，圣祖乃决意用兵。命户部尚书伊桑阿赴宁古塔造大船；并筑齐齐哈尔、墨尔根两城，置十驿；以通饷道（运军粮的道路）。一六八五年，都统彭春，以水军五千，陆军一万，围雅克萨城。俄将约降，逃往尼布楚。彭春毁其城而还。俄将途遇援兵，复相率偕还，筑城据守。明年，黑龙江将军萨布素，再以八千人围之。城垂下，而圣祖停战之命至。

是时俄皇大彼得初立，内难未平，又外与波兰、土耳其竞争，无暇顾及东方。在东方的实力，亦很不充足，无从与中国构衅。适会是时，圣祖又因荷兰使臣，诒书（yí shū，寄书。）俄皇。俄皇乃复书，许约束边人，遣使议划疆界，而请先解雅克萨之围。圣祖亦许之。于是俄使费耀多罗[③]东来，而圣祖亦使内大臣索额图等前往会议。一六八八年，相会于尼布楚。当费耀多罗东来时，俄皇命以黑龙江为两国之界；而索额图奉使时，亦请自尼布楚以东，黑龙江两岸之地，俱归中国，议既不谐，圣祖所遣从行的教士徐日昇、张诚[④]从中调停，亦不就。兵衅将启。此时俄使者从兵，仅一千五百，而清使臣扈从的精兵万余；都统郎坦，又以兵一万人，从瑷珲（ài huī）水陆并进。兵衅若启，俄人绝非中国之敌。俄人乃让步，如中国之意以和。定约六条：西以额尔古讷河，东自格尔必齐河以东，以外兴安岭为界。岭南诸川入黑龙江的，都属中国；其北属俄。立碑于两国界上，[⑤]再毁雅克萨城而还。

《尼布楚条约》既定，中俄的疆界问题，至此暂告结束，而通商问题，仍未解决。一六九三年，俄使伊德斯来。[⑥]圣祖许俄商三年一至京师，人数以二百为限；居留于京师的俄罗斯馆，以八十日为限；而免其税。旋因俄人请派遣学生，学习中国语言文字，又为之设立俄罗斯教习馆。

当尼布楚定约前三年，蒙古喀尔喀三汗，为准噶尔所攻，都溃走漠南，至一六九七年，乃还治漠北。[⑦]于是蒙、俄划界通商的问题复起。土谢图汗和俄国，是本有贸易的。此时仍许其每年一至。然因互市之处，无官员管理，颇滋纷扰。蒙人逃入俄境的，俄国又多不肯交还。于是因土谢图汗之请，于一七二二年，绝其贸易。至一七二七年，才命郡王策凌等和俄使定约于恰克图。自额尔古讷河以西，至齐克达奇兰，以楚库河为界。自此以西，以博木沙奈岭为界。而以乌带河地方，为瓯脱之地。在京贸易，与旧例同。俄、蒙边界，以恰克图和尼布楚为互市之地。一七三七年，高宗命停北京互市，专在恰克图。此时中、俄交涉，有棘手时，中国辄以停止互市为要挟。乾隆一朝，曾有好几次。[⑧]

清初的中、俄交涉，看似胜利，然得地而不能守，遂伏后来割弃之根。这是几千年以来，不勤远略，不饬守备，对于边地，仅事羁縻（jī mí，笼络、控制。）的结果。至于无税通商，在后来亦成为恶例。然关税和财政、经济的关系，当时自无从梦见；而一经允许，后来遂无从挽回，亦是当时梦想不到的。所以中西初期交涉的失败，可以说是几千年以来，陈旧的外交手段，不适用于新时代的结果，怪不得哪一个人；其失策，亦不定在哪一件事。要合前后而观其会通，才能明了其真相。

至于海路通商，则因彼此的不了解，所生出的窒碍尤多。通商本是两利之事，所以当台湾平后，清朝沿海的疆吏，亦屡有请开海禁的。⑨而其开始解禁，则事在一六八五年。当时在澳门、漳州、宁波、云台山，各设榷关。⑩ 一六八八年，又于舟山岛设定海县，将宁波海关，移设其地。一七五五年，英人请泊船定海，而将货物运至宁波，亦许之。乃隔了两年，忽然有停闭浙海之议。原来中国历代海路的对外通商，是最黑暗不过的。官吏的贪婪，商人的垄断和剥削，真是笔难尽述。⑪这是两千年以来，都是如此。到了近代，自然也逃不出此例的。当时在广东方面，外人和人民，不能直接贸易，而必经所谓官商者之手。⑫后来因官商资力不足；又一人专利，为众情所不服；乃许多人为官商，于是所谓公行者兴。⑬入行的所出的费用，至二三十万之巨。所以其取于外商，不得不重。⑭而因中国官吏，把税收和管束外人的事，都交托给他，所以外人陈诉，不易见听；即或徇外商之请，暂废公行，亦必旋即恢复。于是外商渐舍粤而趋浙。一七五七年，闽督喀尔吉善、粤督杨应琚，请将浙关税收，较粤关加重一倍。奉谕：“粤东地窄人稠，沿海居民，大半借洋船为生；而虎门、黄埔，在在设有官兵，较之宁波之可以扬帆直至者，形势亦异；自以驱归粤海为宜。明年应专令在粤。”英商通事洪任辉愤怒，自赴天津，讦告（讦：音 jié；讦告：揭发控告。）粤海关积弊。中朝怒其擅至天津，命由岸道押赴广东，把他圈禁在澳门。虽亦将广东贪污官吏，惩治一二，[15]而管束外人的苛例，反因此迭兴。[16]一七九二年，英人派马甘尼东来，[17]要求改良通商之事。其时正值清高宗八旬万寿。高宗大开筵宴、赏许多礼物，而颁给英王《敕谕》两道，将其所陈请之事，一概驳斥不准。[18]未几，东南沿海，艇盗横行，[19]而拿破仑在欧洲，亦发布《大陆条例》，以困英国。葡萄牙人不听，为法所破。英人虑其侵及东洋，要派兵代葡国保守澳门，以保护中、英、葡三国贸易，助中国剿办海寇为由，向中国陈请。经清廷声明中国主权，英舰始退去。一八〇八年，英人以兵船闯入澳门，遣三百人登岸。时粤督为吴熊光，巡抚为孙玉庭，遣洋行挟大班往谕，[20]不听，熊光命禁其贸易，断其接济。英人遂闯入虎门，声言索还茶价和商欠。于是仁宗谕吴熊光："严饬英人退兵，抗延即行剿办。"而熊光等因海寇初平，兵力疲敝，主张谨慎，许其兵退即行贸易。乃退兵贸易而去。仁宗怒其畏葸（xǐ，害怕、畏惧。），把熊光、玉庭都革职，代以百龄和韩葑（fēng）。于是管理外人愈严。[21]一八一〇年，英人再遣阿姆哈司来聘。[22]又因国书及衣装落后，未得觐见。[23]于是中、英间的隔阂，愈积愈深，遂成为鸦片战争的远因了。

注释

①系什勒喀河外土酋。因俄人侵掠来降。怨清人待遇薄，复奔俄。罕帖木儿后徙居墨斯科入希腊教。索额图知其不可复得，所以尼布楚之会，未曾提出索取。

②中国此时，于俄国情形，亦全然隔膜。当时称俄人为罗刹。圣祖致书俄皇，则用蒙古话，称他为鄂罗斯察罕汗。

③ Feodor Alexievitch Golovin。

④徐日昇见第三章。张诚，Gerbillon。

⑤此次所立界碑，一在格尔必齐河东岸，见《清一统志》、《盛京通志》。一在额尔古讷河南岸，见《清通典》。杨宾《柳边纪略》，谓东北威伊克阿林大山，尚有一碑。

⑥ Ides。

⑦见第六章。

⑧一七六五、一七六八、一七七九、一七八五年，均曾停市。而一七八五年一次停闭最久，至一七九二年乃复开。

⑨当台湾郑氏未亡时，清朝并漳、泉等处沿海之地，亦禁人居住，数百里间，变为荒地。其后广东海禁虽弛，福建人仍禁出海。一七二七年，闽督高其倬（zhuō）奏："福建地狭人稠，宜广开其谋生之路。如能许其入海，则富者为船主、商人，贫者为舵工、水手，一船所养，几及百人。今广东船许出外国，何独于闽而靳之？"廷议许之，而福建出海之禁乃解。

⑩设于澳门的称粤海关，漳州称闽海关，宁波称浙海关，云台山称江海关。

⑪此事散见于史乘的颇多，一时难于遍举。《唐宋元时代中西通商史》本文五的考证十至十七，可以参看。

⑫其事在十八世纪之初。

⑬始于一七二〇年。

⑭当时外货估价之权，全在公行之手。公行的估价，系合税项、规费、礼物……并计。估价既定，乃抽取若干，以为行用。其初银每两抽三分。后来军需出其中，贡项出其中，各商摊还洋债，亦出其中，有十倍二十倍于其初的；而官吏额外的需索，还不在内。公行的垄断，亦出意外。如当时输出，以茶为大宗。茶商卖茶于外国的，必须先和公行接洽。其茶都聚于江西的河口，溯赣江过大庾岭，非一两个月，不能到广东。嘉庆时，英商自用海船，从福州运茶到广东，不过十三天。而公行言于当道，加以禁止。英商竟无如之何。

⑮当时虽将洪任辉押解回粤，朝廷亦命福州将军赴粤查办。得粤海关监督李永标家人苛勒之状，革其职。一七六四年，又以闽浙总督岁收厦门洋船陋规银一万两，巡抚八千两。革总督杨廷璋职。然此等惩治，不足以戢(jí，停止。)贪污之风，是可以意想而知的。

⑯当时粤督李侍尧，奏定防范外夷五事：(一)禁夷商在省住冬。(二)夷人到粤，令住洋行，以便管束。(三)禁借外夷资本，及夷人雇倩汉人役使。(四)禁外夷雇人传递消息。(五)夷船收泊黄埔，拨营员弹压。此后迭出的苛例甚多。如居住洋行的外人，不许泛舟江中；并不许随意出入；不许挈眷；不许乘舆(乘坐车马)；外人有所陈请，必由公行转递；公行壅(yōng)蔽，亦只许具禀由城门守兵代递，不许擅行入城等；均极无谓。

⑰近译亦作马嘎尔尼，Earl of Ma Cartney。

⑱可参看萧一山《清代通史》卷中七六六至七七〇页。

⑲见第七章。

⑳东印度公司的代理人，中国谓之大班。

㉑是时整饬澳门防务，定各国护货兵船，均不准驶入内港。禁人民为夷人服役；洋行搭盖夷式房屋；铺户用夷字为店号。清查商欠，勒令分年停利归本；而选殷实的人为洋商。——当时称外商为夷商，中国营对外贸易的商人为洋商。——一八一〇年，英商以行用过重，诉于韩崶。崶与督臣及司道会议。都说夷商无利，或可阻其远来，卒不许减。

㉒ Amherst。

㉓是时仁宗命户部尚书和世泰，工部尚书苏楞额赴天津，迎迓(yà，迎接。)英使。命在通州演礼。英使既不肯跪拜，和世泰又挟之，一昼夜从通州驰至圆明园。国书衣装都落后。明日，仁宗御殿召见，英使遂以疾辞。仁宗疑其傲慢，大怒，绝其贡，命押赴广东。旋知咎在和世泰，乃加以谴责，命粤督慰谕英使，酌收贡品；仍赐英王敕谕，赏以礼物，然英人的要求，则一概无从说起了。

第六章 清代的武功

中国历代，对北方的用兵，大概最注重于蒙古。新疆地方，是不烦兵力而自服的。至于青海、西藏，则除唐代吐蕃盛强之时外，无甚大问题。而蒙、新、海、藏相互之间，其关系亦甚薄弱。自喇嘛教新派——黄教盛行以后，青海、蒙古，都成了该教的区域；而天山南路，因回教盛行，团结力亦较前为强；而此诸地方，近代的形势，遂较前代又有不同。

黄教始祖宗喀巴，以一四一七年，生于西宁。因旧派末流，颇多流弊，乃入雪山修苦行，自立一派，而黄其衣冠以示别。人因称旧派为红教，[①] 新派为黄教。黄教的僧徒，是禁止娶妻的。所以宗喀巴遗命，其两大弟子达赖喇嘛、班禅额尔德尼，世世以呼毕勒罕，[②] 主持宗教事务。因西藏人信教之笃，而达赖和班禅的威权，遂超出乎政治势力之上。驯致成为西藏政教之主。一五五九年，蒙占酋长俺答，[③] 遣其二子宾兔、丙兔，袭据青海。两人亦都信了喇嘛教。一五七九年，俺答遂自迎达赖三世到漠南布教，是为喇嘛教化及蒙古之始，其后蒙人信教日笃，乃自奉宗喀巴第三大弟子哲布尊丹巴呼图克图居库伦。而达赖五世，曾通使于清太宗。清太宗亦有报使。至世祖入关，遂迎达赖入京，封为西天大善自在佛。而清人借宗教以怀柔蒙、藏的政策，亦于是乎开始。

因喇嘛教的感化，使漠南北游牧民族犷悍之气潜消。向来侵略他人的，至此反受人侵掠，而有待于中国人的保护，这亦是一个新局面。卫拉特，就是元时的斡亦剌，明时的瓦剌。当清初，其众分为四部：曰和硕特，居乌鲁木齐。曰准噶尔，居伊犁。曰杜尔伯特，居额尔齐斯河。曰土尔扈特，居塔尔巴哈台。时红教还行于后藏。后藏的藏巴汗，为其护法。达赖五世的第巴[④]桑结，乃招和硕特固始汗入藏，击杀藏巴汗，而奉班禅居札什伦布。是为达赖、班禅，分主前、后藏政教之始。于是和硕特部徙牧青海，遥制西藏政权。桑结又嫌恶他。再招准噶尔噶尔丹入藏。把固始汗的儿子达颜汗袭杀。其时噶尔丹业已逐去土尔扈特，又把杜尔伯特慑服了。至此，遂统一卫拉特四部，其势大张。

一六八八年，噶尔丹攻喀尔喀。三汗部众数十万，同时溃走漠南。清圣祖乃命科尔沁部假以牧地。而亲自出塞大阅，以耀兵威。一六九五年，噶尔丹以兵据克鲁伦河上流。清圣祖亲自出塞，把他打破。一六九七年，又自到宁夏，发兵邀击。这时候，噶尔丹伊犁旧地，已为其兄子策妄阿布坦所据。噶尔丹穷蹙自杀。阿尔泰山以东悉平。三汗遂各还旧治。

然而伊犁之地，还是未能动摇。清朝乃出兵，先平定西藏和青海。先是达赖五世死后，桑结秘不发丧，而嗾（sǒu，教唆、指使别人做坏事。）使噶尔丹内犯。噶尔丹败后，尽得其状。圣祖下诏切责。会桑结为固始汗曾孙拉藏汗所杀，奏立新六世达赖。圣祖乃封拉藏为翼法恭顺汗，以为藏事可从此平定了。而青海、蒙古，都说拉藏汗所立达赖是假的。别于里塘迎立一达赖。诏使暂居西宁。正在相持之间，而策妄阿布坦又派兵入藏，把拉藏汗袭杀。于是藏事又告紧急。好在西藏人都承认了青海所立的达赖。圣祖乃派皇子允禵（zhī）和年羹尧，从西宁、四川两道入藏，把准噶尔的兵击退，而送青海所立的达赖入藏。一七二二年，圣祖死，子世宗立，固始汗之孙罗卜藏丹津，煽动青海诸喇嘛叛变，亦给岳钟琪袭破。于是青海、西藏都平，梗命（抗命）的只有一个准噶尔了。

一七二七年，策妄阿布坦死，子噶尔丹策凌继立。清朝想一举而覆其根本。还没有出兵，而噶尔丹策凌先已入犯。清兵出战不利。策凌就进犯喀尔喀。为额驸策凌所败。[5]清高宗乃定以阿尔泰山为准、蒙游牧之界。这是一七三七年的事。到一七四五年，噶尔丹策凌死，准噶尔又生内乱。高宗乃因辉特部长阿睦尔撒纳的降，[6]用为乡导，发兵把准部荡平。而既平之后，阿睦尔撒纳又叛。亦于一七五七年，给兆惠等打定。

喇嘛教虽然盛行于蒙古和海、藏，而天山南路，则仍自成其为回教的区域。天山南路，在元时本属察合台汗国。后来回教教主之裔（yì）和卓木，入居喀什噶尔，因为人民的尊信，南路政教之权，遂渐入其手。而和卓木之后，又分为白山、黑山两宗，轧轹（yà lì，倾轧、欺凌。）殊甚。[7]策妄阿布坦曾废白山宗，代以黑山，而质白山酋长的二子于伊犁，是为大小和卓木。[8]清兵定伊犁后，二子归而自立。一七五九年，亦给兆惠、富德等打平。于是从天山南北路以通西域的路全开。葱岭以西之国，如浩罕、哈萨克、布鲁特、乾竺特、博罗尔、巴达克山、布哈尔、阿富汗等，都来通朝贡。清朝对西北的国威，这时候要算极盛了。

其对于西南，则因廓尔喀侵犯西藏，于一七九二年，造福康安把他打破。廓尔喀人请和。定五年一贡之例。廓尔喀东边的哲孟雄，本来服属于西藏；更东的布丹，则当雍正年间，即已遣使来进贡；也当然成为中国的属国。清朝因为防护西藏起见，乃提高驻藏大臣的职权，令其在体制上和达赖、班禅平等。又颁发金奔巴两个：一个藏在北京雍和宫，一个藏在西藏大昭寺。达赖、班禅和大呼图克图出世有疑义时，就在这瓶中抽签。所以管理西藏的，也渐渐严密了。

以上所述，是清朝对于西、北两方面的武功。至于南方，历代对外的关系，比之西北，似乎不重要些。然至近代，随着世运的进化，而其关系亦渐次重大。原来在南方，和中国紧相邻接的，便是后印度半岛。自唐以前，安南本是中国的领土。其余诸地方，开化的程度很浅。自宋以后，安南既已独立，而半岛的西北部，又日益开化。南方的国际关系，也就渐形复杂了。当明初，西南土司，以平缅、麓川为最大。其南为缅甸。又其南为洞吾。又其南为古剌。其在普洱之南的，则为车里。车里之南为老挝。老挝之南为八百。这时候，中国的领土，实尚包括伊洛瓦底江流域和萨尔温、湄公两江上游。平缅、麓川，在元代本为两宣慰司。明太祖初命平缅酋长思氏，兼辖麓川。后来又分裂其地，设立若干土司。思氏想恢复旧地，屡次造反。自一四四一后十年间，明朝尝三次发兵征讨，卒不能克，仅立陇川宣抚司而归。思氏在当时，本有统一后印度半岛西部的资格。自为明所破坏，亦终至灭亡。于是缅甸日强。一五八三年，因寇边，为明将刘綎（tīnq）所击破，然明亦仅定陇川。自此中国对西南，实力所至，西不过腾冲，南不过普洱附近，就渐成为今日的境界了。

缅甸酋长，本姓莽氏。一七五四年，为锡箔江夷族所杀，木梳土司雍籍牙，入据其地。取阿瓦、平古剌。至其子孟驳，又并阿剌干，灭暹（xiān）罗，国势颇盛。一七六五年，遂寇云南边境。高宗两次发兵，都不能克，仅因其请和，许之而还。暹罗是当明太祖时，受封于中国的。既为缅甸所灭，其故相郑昭——本是中国潮州人——起兵恢复。以一七七八年即王位。旋为前王余党所弑。养子华，[9] 定乱自立。以一七八六年，受封于中国。缅人怕中国和暹罗夹攻他，才遣使朝贡请封。安南黎氏，自离中国独立后，至一五二七年，而为其臣莫氏所篡。至一六七四年，乃得完全恢复。[10] 当复国之时，实赖其臣阮氏之力。而郑氏以外戚执政。阮氏和他不协，南据顺化，形同独立。至清高宗时，又为西贡的豪族阮氏所破。[11] 并入东京，灭郑氏，留将贡整守之，贡整想扶黎拒阮，又为阮氏所破。时为一七八六年。清高宗出兵以讨新阮，初破其兵，复立黎氏末主。后复为阮氏所袭败，亦因其请和，封之而还。清朝对于安南、缅甸的用兵，实在都不得利。但是中国国力优厚，他们怕中国再举，所以虽得胜利，仍然请和，在表面上，总算维持着上国的位置。

至清朝对于川、滇、黔、桂诸省的用兵，虽然事在疆域之内，然和西南诸省的开拓，实在大有关系，亦值得一述。原来西南诸省，都系苗、傜(yáo)、倮㑩诸族所据。虽然，自秦、汉以降，久列于版图，而散居其地的种落，终未能完全同化。元时，其酋长来降的，都授以土司之职，承袭必得朝命。有犯顺、虐民，或自相攻击的，则废其酋长，代以中国所派遣的官吏，是之谓改流。虽然逐渐改流的很多，毕竟不能不烦兵力。湖南省中，湘江流域，开辟最早。澧(lǐ)、沅、资三水流域，则是自汉以降，列朝逐渐开拓的，至清朝康雍时代，辟永顺和乾州、凤凰、永绥、松桃等府厅，而大功告成。贵州一省，因其四面闭塞，开辟独晚。直至一四一三年，[12]始列于布政司。而水西安氏、水东宋氏，分辖贵阳附近诸土司；和播州的杨氏，仍均极有势力。[13]明神宗时，播州酋杨应龙叛。至熹宗时，调川、滇、湖南三省之兵，然后把他打平。其时水东宋氏已衰，而水西安氏独盛。到毅宗初年，才告平定。于是贵州省内，唯东南仍有一大苗疆，以古州为中心。[14]而云南东北境，有乌蒙、乌撒、东川、镇雄四土府。[15]西南部普洱诸夷，亦和江外土司，勾结为患。清世宗以鄂尔泰总督云贵，到底把云南诸土司改流。鄂尔泰又委任张广泗，把贵州的苗疆打定。此等用兵，虽一时不免劳费，然在西南诸省的统治和开发上，总可算有莫大利益。唯四川西北境的大小金川，高宗用兵五年，糜饷七千万，然后把他打下，[16]那就未免劳费太甚。亦可见清高宗的举措，都有些好大喜功，而实际则不免贻累于民了。

注释

①喇嘛教自印度来，其衣本尚红色。

②译言再生。

③参看第三编第四十一章。

④西藏治政务之官。

⑤本隶札萨克图汗。清朝嘉其功，因使独立为一部，是为三音诺颜汗。喀尔喀自此始有四部。

⑥辉特为土尔扈特属部。

⑦和卓木长子加利宴之后为白山宗，次子伊撒克之后为黑山宗。

⑧大和卓木名布罗尼特，小和卓木名霍集占。

⑨ Pnaya Cnakri，译名亦作丕耶却克里。其上中国的表文，自称郑华，系袭前王之姓。

⑩莫氏篡黎氏时，明朝要出兵讨伐。莫氏惧，请为内臣。乃削去国王的封号，立都统使司，以莫氏为使。其时黎氏后裔，据西京。至一五九二年，入东京，并莫氏，明以其为内臣，又来讨，且立莫氏于高平。其结果，黎氏亦照莫氏之例，受明都统使之职，明乃听其并立。至一六七四年，黎氏乘三藩之乱，中国无暇南顾，乃把莫氏灭掉。

⑪是为新阮。顺化的阮氏称旧阮。

⑫明成祖永乐十一年。

⑬播州，现在贵州的遵义县。

⑭古州，现在贵州的榕江县。

⑮乌蒙，现在云南的昭通县。乌撒，现在贵州的威宁县。东川、镇雄。都是现在云南的县。

⑯大金川为今四川理番县的绥靖屯，小金川为四川懋（mào）功县，其地势甚险，而又多设碉堡，所以攻之甚难。

第七章　清中叶的内乱

清朝的中衰，是起于乾隆时代的，这个读第四章所述，已可见其大概了。清朝是以异族入主中原的，汉人的民族性，虽然一时被抑压下去，然而实未尝不潜伏着；得着机会，自然就要起来反抗。如此，就酿成了嘉、道、成、同四朝的内乱。

清中叶的内乱，是起于一七九五年的。这一年，正是高宗传位于仁宗的一年。其初先借苗乱做一个引子。汉族的开拓西南，从大体上说，自然于文化的广播有功；便苗族，也是受其好处的。然而就一时一地而论，该地方原有的民族，总不免受些压迫，前章所述湖南永顺、乾州一带，当初开辟的时候，土民畏吏如官，畏官如神。官吏处此情势之下，自不免于贪求。而汉人移居其地的又日多，苗民的土地，多为所占。这一年，遂以“逐客民，复旧业”为名，群起叛乱。调本省和四川、云南、两广好几省的兵力，才算勉强打平。然而事未大定，而教匪已起于湖北了。

白莲教，向来大家都说它是邪教。从它的表面看来，自然是在所不免。但是这种宗教，是起于元代的。当元末，教徒刘福通，曾经努力于光复事业。[①] 而当清代，此教的势力，也特别盛，在清代，起兵图恢复的，都自托于明裔；[②] 而嘉庆初年的所谓川、楚教匪，其教中首领王发生，亦是诈称明裔的。便可知其与民族主义，不无关系。不过人民的程度不一，而在异族监制之下，光复的运动也极难，不能不利用迷信的心理，以资结合，到后来，遂不免有忘其本来的宗旨的罢了。然而其初意，则蛛丝马迹，似乎是不可尽诬的。

所谓白莲教，是于一七七五年被发觉的。教首刘松，遣戍甘肃。然其徒仍秘密传播。至一七九三年，而又被发觉。其首领刘之协逃去。于是河南、湖北、安徽三省大索，骚扰不堪，反给教徒以一个机会。至一七九六年，刘之协等遂在湖北起事。同时，冷天禄、徐天德、王三槐亦起于川东。自此忽分忽合，纵横于川东北、汉中、襄郧之境。官军四面围剿，迄无寸效。你道为什么？原来高宗此时，虽然传位，依旧掌握大权。如此，和珅自然也依旧重用。和珅是贪黩无厌的，带兵的人，都不得不克扣军饷，去贿赂他。——当时得一个军营差使，无论怎样赤贫的人，回来之后，没有不买田、买地，成为富翁的。——所以军纪极坏。而清朝当这时候，兵力本已不足用。官兵每战，辄以乡勇居前，胜则攘夺其功，败亦抚恤不及。匪徒亦学了他，每战，辄以被掳的难民居前，胜则乐得再进，败亦不甚受伤。加以匪势飘忽，官兵常为所败。再加以匪和官兵，都要杀掠，人民无家可归的，都不得不从匪。如此，自然剿办连年，毫无寸效了。直到一七九九年，高宗死了，和珅伏诛，仁宗乃下哀痛之诏；惩办首祸官吏；优恤乡勇；严核军需；许匪徒投诚；又行坚壁清野之法；一面任能战之将，往来追逐。至一八〇二年，大股总算肃清。明年，余匪出没山林的，也算平定。而遣散乡勇，无家可归的，又流而为盗。又一年余，然后平定。这一次乱事，前后九年，虽然勉强打平，然而清廷之政治力量，就很情见势绌了。

然而同时东南还有所谓艇盗。艇盗亦是起于乾隆末年的。当新阮得国之后，因财政困难，乃招徕沿海亡命，给以器械，命其入海劫掠商船。广东沿海，就颇受其害。后来土盗亦和他勾通。一发深入闽浙。

土盗倚夷艇为声势，夷艇借土盗为耳目。夷艇既高大多炮，土盗又消息灵通。政府以教匪为急，又无暇顾及沿海。于是其患益深。一八〇二年，安南旧阮复国。[③]禁绝海盗，夷艇失势，都并于闽盗蔡牵。后为浙江水师提督李长庚打败。又与粤盗朱渍（fén）相合。清朝用长庚总统闽浙水师，而前后督臣，都和他不合，遇事掣肘。一八〇七年，长庚战死南澳洋面，朝廷继任其部将邱良功、王得禄。至一八一〇年，才算把艇盗打平。

川、楚教匪定后，不满十年，北方又有天理教匪之乱。天理教，本名八卦教。——后来的义和团，也是出于八卦教的。此时的天理教，是反清的，而后来的义和团，至于以扶清灭洋为口实，民族意识的易于消亡，真可以使人警惕了。当时天理教的首领，是大兴林清，和滑县李文成。他们吸收徒众的力量极大。教徒布满于直隶、河南、山东、山西。便是清朝的内监，也有愿意做内应的。他们谋以一八一三年起事。乘清仁宗秋狝（xiǎn，古代指秋天打猎。）木兰时，袭据京城。未及期而事泄。李文成被捕下狱。林清仍进行其预定计划。以内监为乡导和内应，攻击京城。攻入东西华门的有百余人。文成亦被教徒劫出，攻占县城，杀掉知县。长垣、东明、曹县、定陶、金乡，都起而响应。虽然其事终于无成，亦足使清朝大吃一惊了。

天理教匪乱后八年，便是一八二〇年，仁宗死了，宣宗即位。这一年，回疆又有张格尔之变。天山南路的回民，信教最笃。清廷虽征服回部，本来不能使他们心服的。但是清朝知道他们风气强悍，事定之后，亦颇加意抚绥（安抚、安定）。回民丧乱之余，骤获休息，所以亦颇相安。日久意怠，渐用侍卫和在外驻防的满员，去当办事领队等大臣。都黩货（贪财）无厌，还要广渔（似捕鱼那样谋取、玩弄女性）回女。由是民心愤怨。这一年，大和卓木之孙张格尔，就借兵浩罕，入陷喀什噶尔、英吉沙尔、叶尔羌等城。清廷命杨遇春带着陕甘的兵，前往剿办，把张格尔打败。张格尔走出边。杨遇春又诱其入犯，把他擒杀。于是清廷命浩罕执献（把有罪过或者要承担责任的人，押送到某地。）张格尔家属。这张格尔是回教教徒，认为教主后裔的，这如何办得到？于是清廷绝其贸易。浩罕就又把兵借给张格尔的哥哥玉普尔，使其入寇。交涉轇轕（jiāo gé），直到一八三一年，才定议：清朝仍许浩罕通商，而浩罕允代中国监视和卓木的家族，这交涉才算了结。清朝在这时候，对外的威严，就也有些维持不住了。

注释

①见第三编第四十章。

②一七二九年，清世宗曾因曾静事降旨说："从前康熙年间，各处奸徒窃发，动辄以朱三太子为名，如一念和尚、朱一贵者，指不胜屈。近日尚有山东人张玉，假称朱姓，托于明之后裔。……从来异姓先后继统，前朝之宗姓，臣服于后代者甚多；否则隐匿姓名，伏处草野；从未有如本朝奸民，假称朱姓，摇惑人心，若此之众者。"可见在清代，抱民族主义的人很多；即迹涉迷信之徒，实系别有深心的，亦自不乏；不过既经失败，其真相就无传于后罢了。

③见第十四章。

第八章　鸦片战争

鸦片战争，是打破中国几千年来闭关独立的迷梦的第一件大事。其祸虽若天外飞来，其实酝酿已久，不过到此始行爆发罢了。

中英通商问题，种种轇轕，已见第五章。英国在中国的贸易，自一七八一年以后，为东印度公司所专。至一八三四年，才废。公司的代理人，中国谓之大班。公行言“散商不便制驭，请令其再派大班来粤”。粤督卢坤奏请许之。于是英人先派商务监督，后派领事前来，而中国官吏，仍只认为大班，不肯和他平行交接。于是英领事义律，[①] 上书本国，说要得中国允许平等，必须用兵；而中英之间，战机就潜伏着了。而其时适又有一鸦片问题，为之导火线。

鸦片是从唐代就由阿剌伯人输入的。但只是作药用。到了明代，烟草从南洋输入，中国人开始吸食，至于用罂粟子熬的，则称为鸦片烟，尚未通行全国。[②] 当时鸦片由葡萄牙人输入，每年不过二百箱。[③] 而吸食鸦片烟，则当一七二九年之时，已有禁例。[④] 自英国东印度公司，垄断在中国的贸易后，在印度地方，广加栽种，而输入遂多。乾隆末年，粤督奏请禁止入口。嘉庆初年，又经申明禁令。鸦片自此遂成为无税的私运品，输入转见激增。[⑤] 海关每年，漏银至数千万两之巨。不但吸食成瘾，有如刘韵珂所说：“黄岩一邑，白昼无人，竟成鬼市。”林则徐所说：“国日贫，民日弱，十余年后，岂惟无可筹之饷，亦且无可用之兵。”未免不成样子。而银是中国的货币，银价日贵，于财政、经济关系都是很大的。[6]所以至道光之世，而主张禁烟的空气，骤见紧张。

当时内外的议论，都是偏向激烈的。只有太常寺卿许乃济一奏，较为缓和。宣宗令疆臣会议，覆奏的亦多主张激烈。而一八三八年，鸿胪寺卿黄爵滋奏请严禁的一疏尤甚。[7]于是重定禁例，而派林则徐以钦差大臣，驰赴广东，查办海口事件。

则徐既至粤，强迫英商，交出鸦片二万零二百八十三箱，悉数把它焚毁。又布告各国：商船入口，都要具“夹带鸦片，船货充公，人即正法”的甘结（旧时交给官府的一种画押字据；多为保证某事、并声明不尔则甘愿受罚。）。各国都愿遵照。唯英领事义律不可。则徐遂命沿海断绝英人接济。时英国政府，尚未决定对中国用兵；而印度总督，遣军舰两艘至澳门。义律大喜。以索食为名，炮击九龙。时则徐在沿海亦已设防，英人不得逞。乃请葡萄牙人出而转圜（圜：音 huán；转圜：调解周旋。），请删甘结中“人即正法”一语，余悉如命。则徐仍不许。时英议会中，亦分为强硬缓和两派。然毕竟以九票多数，通过“对中国前此的损害，要求赔偿；对英人后此的安全，要求保证”。时为一八四〇年四月。于是英人调印度、好望角的兵一万五千人，命伯麦和佐治义律[8]统率前来，而中、英的兵衅遂启。

英兵既至，因广东有备，转攻厦门。亦不克。乃北陷定海。投英国巴里满致中国首相的书。[9]浙江巡抚不受，乃转赴天津。清宣宗是个色厉而内荏（rěn）的人。遇事好貌为严厉，而对于事情的本身，实在无真知灼见。又没有知人之明。所以其主意很易摇动。当时承平久了，沿海各省都无备，疆臣怕多事，都不悦林则徐所为，乃造蜚语以闻于上。[10]于是朝意中变。命江督伊里布赴浙江访致寇之由。又谕沿海督抚：洋船投书，许即收受驰奏。时林则徐已署理粤督，旋革其职，遣戍伊犁，而命琦善以钦差大臣赴粤查办。

琦善既至，尽撤林则徐所设守备。时佐治义律有疾，甲必丹义律代当谈判之任。琦善一开口，就许偿烟价二百万。义律见其易与，又要求割让香港。琦善不敢许。义律就进兵，陷沙角、大角两炮台。副将陈连陞战死。琦善不得已，许开广州，割香港。英兵乃退出炮台。朝廷闻英人进兵，大怒。命奕山以靖逆将军赴粤剿办。英人遂进陷横当、虎门两炮台。提督关天培又战死。奕山既至，夜袭英军，不克。城外诸炮台尽陷。全城形势，已落敌人手中。不得已，乃令广州知府余葆纯缒城（缒：音 zhuì，用绳索拴住人或物从上往下放；缒城：由城上缘索而下。）出见英人。许偿军费六百万，尽五天之内交出。而将军率兵，退至离城六十里之处。英兵乃退出虎门。奕山乃冒奏："进剿大挫凶锋，义律穷蹙乞抚，惟求照旧通商，永遵不敢售卖鸦片。"而将六百万之款，改称商欠。朝廷以为没事了。而英人得义律和琦善所订的《草约》，以为偿款太少，对于英人后此之安全，更无保证，乃撤回义律，代以璞鼎查。[11]续调海军东来，于是厦门、定海，相继陷落。王锡朋、郑国鸿、葛云飞三总兵，同日战死。英兵登陆。陷镇海。提督余步云遁走。江督裕谦，时在浙视师，自杀。英军遂陷宁波。清廷以奕经为扬威将军，进攻，不克。而英人又撤兵而北。入吴淞口。陷宝山、上海。又进入长江，陷镇江，逼江宁。清廷战守之术俱穷，而和议以起。

先是伊里布因遣家人张喜，往来洋船，被参奏，革职遣戍。[12]至是，乃用他和耆英为全权大臣，和璞鼎查在江宁议和。订立条约十三款。时为一八四二年八月二十九日。[13]是为中国和外国订立条约之始。约文重要的：

（一）中国割香港与英。

（二）开广州、厦门、福州、宁波、上海五口，许英人携眷居住，英国派领事驻扎。

（三）英商得任意和华人贸易，毋庸拘定额设行商。

（四）进出口税则，秉公议定，由部颁发晓示。英商按例纳税后，其货物得由中国商人，遍运天下，除照估价则例加收若干分外，所过税关，不得加重税则。

（五）英国驻在中国的总管大员，与京内外大臣，文书往来称照会；属员称申陈。大臣批复称札行。两国属员往来，亦用照会。唯商贾上达官宪仍称禀。

这一次条约，和英国巴里满所要求的，可以说是无大出入。总而言之，是所以破前此（一）口岸任意开闭，（二）英人在陆上无根据地，（三）税额繁苛，（四）不许英官和中国平行之局的。

五口通商的条约，可说是中国人受了一个向来未有的打击。当时的不通外情，说起来真也可笑。当时英人进犯鸡笼，因触礁。有若干人为中国所获。总兵达洪阿和兵备道姚莹奏闻。廷寄乃命其将"究竟该国地方，周围几许？所属之国，共有若干？其最为强大，不受该国统束者，共有若干人？英吉利至回疆各部，有无旱路可通？平素有无往来？俄罗斯是否接壤？有无贸易相通？……"逐层密讯，译取明确供词，据实具奏。在今日看起来，真正可笑而又可怜了。[14]而内政的腐败，尤可痛心。当时广东按察使王廷兰，写给人家的信，说："各处调到的兵，纷扰喧呶（náo，喧哗。），毫无纪律。互斗杀人，教场中死尸，不知凡几。"甚而至于"夷兵抢夺十三洋行，官兵杂入其中，肩挑担负，千百成群，竟行遁去。点兵册中，从不闻清查一二"。又说：从林则徐查办烟案以来，"兵怨之，夷怨之，私贩怨之，莠民亦怨之，反恐逆夷不胜，则前辙不能复蹈”。而刘韵珂给人家的信，亦说：“除寻常受雇，持刀放火各犯外，其为逆主谋，以及荷戈相从者，何止万人？”[15] 人必自侮而后人侮之，这真可使人悚然警惧了。然而仅此区区，何能就惊醒中国人的迷梦？

注释

① Captain Elliot，此为甲必丹义律。

②罂粟之名，初见于宋朝的《开宝本草》——开宝，宋太祖年号，自公元九六九至九七五年。——《本草》说一名“米囊”，而唐雍陶《西归出斜谷诗》，已有“万里客愁今日散，马前初见米囊花”之语，可见唐时不但已经输入，而且已有种植的。其物一名“阿芙蓉”，据近人说，就是阿拉伯语Afyûn的异译，所以知其为阿拉伯人所输入。烟草来自吕宋，漳州莆田人种之，盛行于北边，谓可避瘴（zhàng）。明末曾有禁令，然卒无效。其禁旋弛。明、清间，王肱枕的《蚓庵忆语》、张岱的《陶庵梦忆》，都说少时不识烟草为何物，则其盛行，实在明末弛禁之后。黄玉圃《台海使槎（chá）录》说：鸦片烟，用麻葛同鸦土切丝，于铜铛内煎成鸦片拌烟，另用竹筩（tǒng，同“筒”。），实以棕丝，群聚吸之，索直数倍于常烟。《雍正朱批谕旨》：“七年，福建巡抚刘世明，奏漳州知府李国治，拿得行户陈远，私贩鸦片三十四斤，拟以军罪。臣提案亲讯，陈远供称：鸦片原系药材，与害人之鸦片烟，并非同物。当传药商认验。佥称此系药材，为治痢必需之品，并不能害人。惟加入烟草同熬，始成鸦片烟。李国治妄以鸦片为鸦片烟，甚属乖缪，应照故入人罪例，具本题参。”这奏甚可笑，但足证吸食鸦片，还未通行，故有加入烟草同熬之，以行其蒙混。

③每箱一百二十斤。

④雍正七年，贩者枷杖，再犯边远充军。

⑤其时鸦片趸(dǔn)船，都停泊外洋，而其行销之畅如故。包买的谓之“窑口”。传递的谓之“快蟹”。关汛都受其贿赂，为之包庇。一八二六年，粤督李鸿宾专设水师巡缉。巡船所受规银，日且逾万。一八三三年，卢坤督粤，把他裁撤。至一八三七年，邓廷桢又行恢复，则巡船受贿如故，而且更立新陋规，每烟一万箱，须另送他们数百箱，不但置诸不问，并有代运进口的。所以后来禁烟如此之难；反对禁烟的人，如此其众。我们观于此，可知社会上事，无一非复杂万端，改革真不易言，断不容掉以轻心了。

⑥黄爵滋的奏疏，说：“各省州县地丁钱粮，征钱为多。及办奏销，以钱易银。前此多有盈余，今则无不赔垫。各省盐商，卖盐俱系钱文，交课尽归银两。昔之争为利薮(sǒu，人或物聚集的地方。)者，今则视为畏途。若再三数年间，银价愈贵，奏销如何能办？税课如何能清？”这亦由于币制不立，银钱并用，而无主辅的关系，致有此弊。

⑦当时贩烟一事，因其利太丰，恃以为活的人太多，所以法令之力，亦有时而穷。究竟能否用操切的手段，一时禁绝，实属疑问。许乃济之奏，主张仍用旧制，照药材纳税，但只准以货易货，不得用银购买，亦未始非渐禁的一策。总而言之，当时的问题，不在乎有法无法，法之严与不严，而实在乎其法之能行与否。当时主张激烈的人，对这一点，似乎都少顾及。

⑧伯麦(Bremer)统海军，佐治义律(George Elliot)统陆军。

⑨书中要求六事：(一)偿货价。(二)开广州、厦门、福州、定海、上海通商。(三)中、英官交际用平行礼。(四)偿军费。(五)不以英船夹带鸦片，累及岸商。(六)尽裁经手华商浮费。后来和约之意，大抵不外乎此。

⑩大致谓烧烟本许价买，而后来负约，以致激变。又有说当时厦门战事，奏报不实的。——当时闽督为邓廷桢，本系粤督，和林则徐是取同一步调的。

⑪Porringer。

⑫当时通知外情的人太少。伊里布此事，实在亦怪不得他。伊里布起用后，张喜仍参与交涉之事。《中西纪事》记其闻英人索赔款，拂衣而起，则亦并非坏人。

⑬道光二十二年七月二十四日。

⑭当时英人犯台湾，共有三次：第一次犯鸡笼。第三次犯大安港，船均触礁。中国俘获白夷、红夷、黑夷、汉奸，共一百六十余人。台湾本属福建，此时以其隔在海外，特许达洪阿、姚莹得专折奏事。两人谓俘获的人，解省既不可，久羁亦非计，奏请倘夷船大帮猝至，唯有先行正法，以除内患。报可。于是除英酋颠林等九人及汉奸黄某、张某，奉旨禁锢外，余悉杀之。及和议成，订明被禁的英人和因英事被禁的华人，一律释放。于是颠林等都送厦门省释。而英人胁江、浙、闽、粤四省大吏入奏，说台湾所杀，都系遭风难夷。诏闽督怡良渡海查办。怡良乃迫达洪阿、姚莹自认冒功，革职了事。此事的处置，亦出于不得已。当时舆论，很替达洪阿、姚莹呼冤。说怡良因他二人得专折奏事，本有忌他们的心，所以趁此加以陷害，这也未必得实。达洪阿、姚莹，滥杀俘虏，自今日观之，自属野蛮。但在当时，思想不同，亦不能以现在的见解，议论从前的人。姚莹亦是当时名臣。他革职被逮后，写给刘韵珂的信，说："镇道天朝大臣，不能与夷对质辱国。诸文武即不以为功，岂可更使获咎，失忠义之心？惟有镇道引咎而已。"这亦很有专制时代，所谓大臣的风概的。

⑮均见《中西纪事》。

第九章 太平天国和捻党之役

满族占据中国，倏忽二百年了。虽然他治理中国之法，还是取之于中国，然而在民族主义上，总欠光晶。加以他政治腐败，国威陵替（纲纪废弛，上下无序，社会秩序混乱。）；五口通商之役，以堂堂天朝，而割地赔款于海外夷人，这在当日，确是个非常之变。英雄豪杰，岂得不乘时思奋？于是霹雳一声，而太平天国以起。

太平天国天王洪秀全，是广东花县人。他以一八一二年诞生，恰在民国纪元之前百年。他是有志于驱除异族，光复河山的人。要做光复事业，不得不和下层民众结合，乃不得不借助于宗教。广东和外国交通早，西教输入的年代亦久。所以洪秀全所创的上帝教，颇与基督教相近。以耶和华为天父，基督为天兄，而自称为基督之弟。和冯云山等同到广西传布，信他的人颇多。大多数都是贫苦的客民。一八四七、一八四八年间，广西年荒盗起，居民倡团练自卫，和教中人颇有冲突。秀全乘机，以一八五〇年六月，起事于桂平的金田村。

时广西盗贼甚多，清朝派向荣等剿办，不利。洪秀全以起事的明年，据永安。始建太平天国之号，自称天王。又明年，突围而出。攻桂林，不克。乃北取全州，浮湘而下。为江忠源乡勇所扼，改由陆道出湘东。攻长沙，亦不克，而清援军渐集，乃舍之，北出洞庭。克岳州，遂下武、汉。沿江东下，直抵江宁，建为天京。时为一八五三年。

当洪秀全在永安时，有人劝他，由湘西出汉中，以图关中。秀全不能用。及克武、汉，又有主张北上的，以琦善统大兵扼河南，不果。天京既建，清向荣以兵踵至，营于城东孝陵卫，而琦善之兵，移驻扬州，是为江南、江北两大营。太平军殊不在意。当时派兵两支：一自安徽出河南北伐，一沿江西上。后来北伐的兵，因形势太孤，虽经河南、山西，打入直隶，毕竟为清兵所歼灭。这个从太平军一方面论起来，实在是件可惜的事。[①] 其西上之兵，则甚为得势。再破安庆、九江，占据武、汉，并南下岳州、湘阴。

此时清朝的兵，不论绿营、八旗，都不足用，乃不得不专靠乡勇。当时办团练的地方很多。而湘乡曾国藩，以在籍侍郎，主持办团之事。国藩仿戚继光之法，倡立营制。专用忠勇的书生，训练诚朴的乡农。又创立水师，以期和太平军相角逐。遂成为太平军的劲敌。湘军以一八五四年，出境作战。初出不利。旋复战胜，克复岳州。又会湖北兵复武、汉。然进攻九江不能克；而石达开坐镇安庆，遣兵尽取江西州县；国藩孤居南昌，一筹莫展，形势甚危。长江中流，太平军仍占优势。而天国于是时顾起了内讧，遂授清军以可乘之隙。

洪秀全的为人，似长于布教，而短于治政和用兵。既据天京之后，就深居简出，把军国大事，一切交给杨秀清。旋又相猜忌，乃召韦昌辉，使杀秀清。石达开闻变回京，昌辉又杀其家属。达开缒城而遁。自此别为一军，不复受天京节制。秀全又使秀清余党，杀掉昌辉。于是太平军初起诸人略尽，[②] 遂呈散漫之象。清军乘之，以一八五七年冬克武、汉。明年春，又复九江。胡林翼居武昌，筹饷练兵，屹为重镇。太平军仅据安庆和天京相犄（jī）角，形势就很危险了。

然而太平军中，还有后起之秀，足以支持危局的，那就是李秀成。其时清军上流一方面，分遣陆军攻皖北，水军攻安庆。下流一方面，向荣的江南大营，前此被太平军攻破，清朝用其部将张国梁，主持军事，[3]于九江失陷之际，再逼天京而军。此时捻（niǎn）党已盛于江北。李秀成和其首领张洛行相联络，把皖北的军事，交托悍将陈玉成，而自己入京辅政。玉成歼湘军精锐于三河集，安庆之围亦解。李秀成知道江南大营的饷源，出于浙江。其时江北大营，已不置师，归江南大营兼统，泛地更广。乃出兵陷杭州，以摇动其军心。又分军扰乱各处，以分其兵力。而突合各路的兵猛攻之，大营遂溃。国梁走死。苏、松、常、太，相继皆下，太平军的形势又一振。

然而大厦非一木所能支，单靠一个忠勇善谋战的李秀成，到底不能挽回太平天国的末运。清朝此时，胡林翼已死，乃用曾国藩为两江总督。发纵指示之责，集于国藩一身。国藩使弟国荃（quán）攻围安庆。陈玉成不能将将，诸将都不听命，遂不能救。一八六一年，秋间，安庆陷落。玉成战败走合肥，为苗沛霖所执，送于清军，被杀。曾国藩乃荐沈葆桢抚赣，左宗棠抚浙，以敌太平军方面李世贤、汪海洋的兵。使鲍超、多隆阿等分攻皖南、北。都兴阿镇守扬州。而使曾国荃沿江东下，杨岳斌、彭玉麟以水师为之声援，以逼天京。又使李鸿章募兵淮、徐，以图苏、松。李秀成力劝洪秀全出兵亲征，不听。请与太子俱出，又不听。秀成曾一度出兵江北，因张洛行已被擒，亦无成功。只得守了苏州，和天京作为声援。

借外力以平内乱是件可耻的事，亦是件可危的事。当道咸之世，清朝的昏愦（kuì）反复，很为外人所厌恶。太平军在此时，很有和外人联络的机会，而太平军未肯出此。——或亦是未知出此。——清朝则似非所恤。一八五八、一八六〇年两役，外人在条约上所得的权利，实在多了，乃有助清人以攻太平军之议，清廷初亦未敢接受。然至苏、松失陷后，江苏巡抚薛焕和布政使吴煦，避居上海，到底借外人所训练统率的华兵，即所谓常胜军者，以御太平军。此时中国兵弱，洋将多不听命。苏人避居上海的，乃自雇汽船七艘，以迎李鸿章的淮军。太平军既未能邀击。苏州诸生王畹（wǎn），献策于李秀成，请先设计封锁或扰乱上海，俾外人避居，然后出而招抚，收为己用，秀成又未能用。李鸿章至，淘汰前所募兵，代以淮勇，都强悍能战；常胜军亦隶麾（huī）下，辅以精利的器械；而上海此时，饷源又甚丰富；太平军东路的形势，遂亦陷于危急。[④]

李秀成此时，以一身负天京和苏州两方面守御的重任，兼负调度诸军之责。当一八六二年时，曾国荃已攻破沿江要隘，直逼天京。是年秋间，其军大疫。秀成合李世贤攻浙的兵，猛攻其营。凡四十六日，卒不能破。天京之围，自此遂不能解。至一八六三年初冬，而苏州又失陷，秀成乃入天京死守。明年，六月，天京亦陷。天王先已仰药殉国。秀成奉太子福瑱（quán）出走。于路相失，为清军所获，死之。太子会李世贤、汪海洋之师入赣，亦为清军所执，殉国于南昌。海洋、世贤的兵，没于闽、粤。[⑤]石达开先别为一军，历赣、闽、湘、桂而入川，欲图割据，亦为清兵合土司所擒。陈玉成败后，在皖北的陈德才，北入河南，闻天京紧急，率兵还救，不及，自杀。太平天国自立凡十五年，兵锋所至，达十六省，[⑥]卒仍为满族所征服。

然而其余众合于捻党，犹足使清廷旰（gàn）食者数年。所谓捻党，是很早就有的。[⑦]太平军起而捻势亦盛。蔓衍于苏、皖、鲁、豫四省之间。[⑧]雉（zhì）河集的张洛行、李兆受为其首领。寿州练总苗沛霖，亦阴和太平军和捻党相通。清命袁甲三等剿之，无效。一八六〇年，英、法兵陷京城。捻众亦乘机北略，至济宁。英、法兵既退，乃命僧格林沁剿办。僧格林沁攻破雉河集，张洛行、姜台凌皆死。苗沛霖亦被陈玉成余众所杀，捻势稍衰。太平天国既亡，余众多合于捻，其势复盛。僧格林沁勇而无谋。捻众多马队，其势飘忽，僧格林沁常为所致。遂以一八六五年，败死于曹州。清廷命曾国藩往剿。国藩首创圈制之法。练黄河水师。以济宁、徐州、临淮关、周家口为四镇，各派重兵驻扎。于运河东岸，贾鲁河西岸筑长墙，想把捻众蹙之一隅。

然而止不住捻众的冲突，一八六六年，捻众突围而出，张宗禹入陕，任柱、赖文光入山东，于是罢国藩，代以李鸿章。鸿章仍守国藩遗策，倒守运河，把东捻逼到海隅。于一八六七年打定。其西捻则由左宗棠剿击。宗棠败之渭北。捻众乃北犯延绥，渡河入山西。再出河南，以入直隶。宗棠率兵追击。李鸿章亦渡河相助。命直隶之民，多筑寨堡以自卫，而沿黄、运二河筑长墙以守。至一八六八年，才把他逼到黄、运、徒骇之间打平。

捻匪不过是扰乱，说不上什么主义的。太平天国，则当其兵出湖南时，即已发布讨胡之令。可谓堂堂之阵，正正之旗。其定都金陵后，定田制，改历法，禁蓄妾及买卖奴婢，并禁娼妓，戒缠足，颁天条以为法律，开科举以取士，亦略有开创的规模；且颇富于新理想。有人说："中国当日，恶西教正甚，而太平天国，带西教的色彩很重，这是其所以失人心的原因。"然而天王的创教，本不过是结合的一种手段；兵势既盛之后，亦未曾尽力推行。太平天国的灭亡，其中央无真长于政治和军事的人才，实在是其最大的原因。而其据天京之后，晏安鸩毒（贪图安逸享乐如同饮毒酒自杀一样致命、有害；比喻耽于逸乐而杀身，用以警戒人别懒惰的用语。）；始起诸人，不能和衷共济，反而互相残杀；又其后来，所谓老兄弟者日少，新兄弟日多，[⑨]军纪大坏；亦是其致亡的原因。太平天国，提倡民族主义，曾国藩等，则揭橥（橥：音 zhū；揭橥：显示，标志。）忠君主义，以与之对抗。在当日，自然是忠君主义，易得多数人的扶助；然而民族主义的源泉，终不绝灭，遂潜伏着，以待将来的革命。

注释

①当时北伐的兵，由林凤祥、吉文元统带。文元战死于怀庆。凤祥走山西。旋入直隶。至深州，为僧格林沁所败，退据静海。杨秀清遣兵北陷临清，以为之援。凤祥欲南出与之合，然卒不克。乃据连镇，别将李开芳据高唐。至一八五五年春，而为清兵所灭。当太平天国初起时，清朝北方，看似兵力雄厚，然都无战斗能力。使洪秀全得武、汉之后，即长驱北上，大事殊未可知。及既定金陵，要遣兵北伐，秦大纲力言非全军进据汴梁，则宜先定南省；遣孤军北伐非宜，而杨秀清不听。南人畏寒，北上之兵，士气不免沮丧，战斗力因之减少。然而林凤祥等，犹能支持几及两年。这可见凤祥之不弱，而清军的无用，于此也可见一斑了。

②洪秀全建国后，以杨秀清为东王，萧朝贵为西王，冯云山为南王，韦昌辉为北王，石达开为翼王，林凤祥为丞相。云山出全州后中炮死。萧朝贵死于攻长沙时。

③江南大营第一次被破，事在一八五六年。向荣走死丹阳。清廷代以和春，而命荣旧部张国梁帮办军务。战斗之事，实在都是国梁所主持。江北大营，琦善死后，代以托明阿。后又代以德兴阿。因扬州为陈玉成所破，和春劾罢德兴阿，遂不复置帅，由和春兼辖。及再度被破，国梁亦走丹阳自杀。和春则死于常州。时两江总督，亦驻常州，倚江南大营为屏蔽。军事上毫无预备。所以大营一溃，而苏、松、常、太，势如破竹，相继俱下。

④清朝的借用外力，以攻太平军，其动机实甚早。当太平军出湖南时，就有创守江之议的，说上海、宁波，外人防海盗的水军，可以借用。其议未见听。江宁既陷，向荣因长江水师不备，檄苏松太道吴健彰和外人商议，领事答以两不相助，乃已。后匕首党刘丽川陷上海。当其起事之前，曾托领事温那治先容于太平军。其书为清军所获。书中有“三月间在南京，蒙相待优厚”及“我兄弟同在教中，决不帮助官兵”等语，可见当日外人和太平军，亦

有接洽。惜乎太平军不能利用。刘丽川虽据上海，所作所为，殊属不成气候。至一八五五年春间，为英、法军助清兵所攻灭。然外人在此时，实不可谓有助清政府之意。至一八六〇年，《北京条约》既定，法使乃言“愿售卖或遣匠役助造船炮”，并请在海口助剿。俄使亦言：“愿派水兵数百，和清陆军夹攻。”又言：“明年南漕，倘挂俄、美旗，便可无虞。”这可见外人的助清，确和不平等条约有关了。清廷命江浙督抚和漕督议奏。漕督袁甲三和苏抚薛焕，都以为不可。曾国藩则请温诏答之，而缓其出师之期。总署亦以为然。清廷是时，对于外人，猜忌之念正深，所以尚未敢借以为用。及苏州既陷，巡抚薛焕和布政使吴煦，都避居上海，始募印度人防守，以美人华尔（Ward）为将，白齐文（Burgevine）副之。又想募吕宋人。而苏州人王韬献策，说募洋兵费巨，不如募华兵而统以洋人，教练火器，从之。是为常胜军所自始。时吴煦所募兵甚弱，洋将都不为用，及李鸿章的淮军至，而情形乃一变。常胜军尝会同上海的英、法兵，攻破嘉定、青浦，防守松江。又随淮军入浙，攻陷慈溪。华尔受伤而死，代以白齐文。白齐文和李秀成交通，李鸿章言于美领事，撤其职，代以英人戈登（Gordon）。又随李鸿章破苏州。及常州既下，乃将其兵裁撤。——当时其军额为三千人。上海地处海隅，以旧时用兵形势言之，本是所谓绝地。当这时候，则因海洋交通，而其后路不断；前多汊（chà）港，敌军不易进犯；转成为形胜之地。而且税入很多，而户部并未注意搜括到，所以饷源亦很优裕。客将训练之精，兵器之利，上海饷源之裕，实系淮军成功的很大原因。当时华尔、白齐文，都奉旨赏给四品衔。华尔后加至三品。死后，于松江、宁波，建立专祠。戈登则加至提督。常胜军裁撤时，洋弁（biàn）受宝星的，共六十四人。而上海的外国水陆军队和经理税务的商人，亦时时传旨嘉奖。清朝的利用外力，亦不可谓之薄了。其在太平军方面，则白齐文撤职后，投降李秀成。劝其弃去江、浙，北据秦、晋，其地为清水师及外人之力所不及，乃可以逞。此时太平军的士气，已非初起时比，所以秀成不能用。其时避难上海的人很多。苏州诸生王畹(wǎn),劝李秀成以水军出通、泰,掠商船,使物品不入上海,则外人必惧而求和。否则以精卒数千,冒充避难的人,入租界中,夜起放火劫掠,外人必逃到海船上,我乃起而镇定,招之使归,外人必和我联络了。秀成亦未能听。这是中国内乱,最初和外力有关的一段历史。梁启超做《李鸿章传》,说使太平军当日,亦如湘、淮军,各引外国以为助,中国的大局,早就不堪设想了。我们现在读起来,能无感慨。

⑤李世贤是李秀成入天京城守时,派他到江西去的。汪海洋则在浙江,为左宗棠所败,而入江西的。后来两军会合入福建,又入广东。世贤为海洋所杀。海洋战死。

⑥内地十八省中,唯陕、甘两省未到。

⑦捻匪的起源很早。有人说:"乡人逐疫,撚(Niǎn)纸然脂,共为龙戏,谓之为捻,后遂相聚为盗,故得此称。"亦有人说:"皖北之民,称一聚为一捻,所以称股匪为捻匪。"未知孰是。康熙时已有其名。嘉道时,渐肆劫掠。至咸丰初年乃盛。

⑧当时江苏的淮、徐,安徽的颍(yǐng)、亳,山东的兖、沂、曹、济,河南的光、固,为捻众最盛的区域。

⑨广西初起事的兵,谓之老兄弟;后来附从的,谓之新兄弟。

第十章　英法联军之役

鸦片战争，在中国历史上，为从古未有的奇变，然其实不过外人强迫通商的成功而已。在实际上，关系还不算很大。其种种丧权辱国的条约，实在又是五口通商以后，陆续所造成的，至一八五八年的《天津条约》，一八六〇年的《北京条约》，而做一总汇。

《江宁条约》成后，伊里布以钦差大臣赴广东办理通商事宜。死后，耆英代之，与英另订《五口通商章程》十五条。而法、美、瑞典，亦相继和中国订立条约。唯俄国仍不准在海口通商。[①]

交涉的轇轕，起于广东英人入城问题。先是一七九三年，高宗曾有“西洋各国商人，不得擅入省城”之谕。此时另订条约，国交一新，此项上谕，自然无效，而粤民仍执之以拒各国领事入城。粤中大吏，既不能将此情形，上以告于清廷，下以晓谕人民，又不敢明拒外人；而依违其间，于是粤民遂自办团练，欲以拒绝外人。以为官吏软弱，浸至官民亦生龃龉（jǔ yǔ，比喻意见不合、互相抵触。）。耆英知道交涉是棘手的，乃阴谋内召。先是《江宁条约》，订明舟山、鼓浪屿的英兵，须俟赔款交清后，方行撤退。一八四六年，赔款清了，耆英要求英人撤兵。又另订条约五条，申明许英人入城，而中国不得以舟山群岛，割让他国。[②]明年，耆英内用，英人请实行入城之约。耆英知道广东民气难犯，请展期两年。英人也答应了。

于是徐广缙为总督，叶名琛为巡抚。两人都是有些虚怯之气，好名而不通外情的。一八四九年，英人以入城之期已届，又请实行。广缙登舟止之。英人谋劫广缙，以求入城，广东练勇数万人，同时聚集两岸，呼声震天。英人惧，乃罢入城之议。事闻于朝，封广缙一等子，名琛一等男，都世袭。余官均照军功例，从优议叙。并传旨大奖粤民。[③]于是广东人民，更为得意。遂散布流言，要破坏通商之局。英人闻之，写信给广缙，请另定《广东通商专约》。广缙要求其将不入城列入《专约》之中，英人也答应了。此时广缙、名琛，都很负时望。

一八五〇年，宣宗死了，文宗继立。明年而徐广缙移督湖广，叶名琛代为总督。此时太平天国正盛，清廷怕多生枝节，亦谕令交涉谨慎；而名琛以为外国人不过虚声恐喝，遇事多置诸不理。既不能措置妥帖，而又不设防备。这时候，沿海的中国船，颇有恃外国旗号为护符的。[④]一八五六年，有在英国登记，而业经满期的亚罗船，[⑤]停泊粤河，为水师千总捕去十三人。英领事巴夏礼，[⑥]要求省释。叶名琛也把所捕的人送还了。而英人又要趁此要求入城，拒绝弗受；而提出四十八小时内无确实答复，作为谈判破裂的警告。名琛置诸不答，英兵遂陷广州。然既不得本国政府的允许，而兵又少，旋又退出。而粤人又尽焚英、法、美诸国商馆。巴夏礼遂驰书本国政府请战。

时英国议会，亦不主开衅。英相巴马斯顿，[⑦]把他解散，另行召集。通过"要求中国改订条约，并赔偿损失，否则开战"的议案。英国又要约俄、法、美三国。俄、美仅派使臣偕行，而法国因广西地方，教士被杀，派兵和英国同行。[⑧]

一八五七年，四国使臣到广州。英使先致书名琛，要求会议改约和赔偿损失，法美愿任调停。名琛均置不答。英、法兵遂陷广州，名琛被虏。[⑨]四国要求派遣全权大臣至上海议善后。由江督何桂清奏闻。

朝命革名琛职，代以黄宗汉。命英、法、美三使回广东，听候查办。对俄国，则申明海口不许通商之旨，令回黑龙江，和将军会议。四使不听，径行北上。明年，三月，至天津。四月，陷大沽炮台。清廷乃派大学士桂良、吏部尚书花沙纳赴津，和四使会议。各订条约。其税则，命其赴沪会同何桂清，[10]和各国会议。又成《通商章程》十条。英、法、美三国相同。是为一八五八年的《天津条约》。

其明年，英、法二使来换约。时僧格林沁在大沽设防，请其改走北塘。弗听。强航白河。为炮台守兵所击，狼狈走上海。一八六〇年，英、法再派兵来。先照会何桂清，说："若守《天津原约》，仍可罢兵。"而清廷上谕，又说他"辄带兵船，毁我海口防具。首先背约，损兵折将，实由自取，所有八年议和条款，概作罢论。若彼自知悔悟，必于前议条款内，择道光年间曾有之事，无碍大体者，通融办理。仍在上海定议，不得率行北来"。于是兵端之肩，遂无可避免，此时清廷亦怕启衅，所以美使后至，遵命改走北塘，即许其在天津换约。[11]虽封锁大沽，然仍留北塘为款使议和之地。而僧格林沁又惑于"纵洋人登陆，以马队蹙（追击、追逼）而歼之"之说，遂弃北塘不守。其所埋地雷，为汉奸告知英人掘去。于是英、法兵从北塘登陆，攻陷大沽炮台。僧格林沁退驻张家湾。清廷不得已，再派怡亲王载垣和英、法议和。有人告载垣，说"巴夏礼衷甲将袭我"。载垣惧，以告僧格林沁。僧格林沁执巴夏礼。英、法兵进攻，僧格林沁败绩。助守的禁军和旗兵亦都败。文宗乃逃往热河，而留恭亲王奕䜣（xīn）守京城。旋以为全权大臣。英、法兵胁开京城，又焚圆明园。奕䜣惧不敢出。因俄使伊格那提业幅的保证，[12]乃出而与英、法议和，重行订定条约，是为《北京条约》。

这两约，实在是把五口通商以后，英、法两国所订的条约，合并整理而成的；[13]而又有新丧失的权利。论口岸，则增开牛庄、登州、台湾、淡水、潮州、琼州及沿江各口。因此内河航行之权，亦和外人相共。[14]领事裁判和关税协定，都自此确定。内地游历通商和传教的条文，亦起于此两约。前此清朝中央政府，恒不愿与外人直接交涉，至此则接待驻使，亦成为条约上的义务了。[15]而又把九龙割给英国。赔英、法军费及商亏，各八百万两。[16]《美约》还是一八五八年所定的，和英、法两约，又有不同。[17]然各国的条约，都有最惠国条款，则此等异同，也不足计较了。至对于俄国的条约，则损失尤大，别见下章。

注释

①法、美条约，均定于一八四四年。瑞典条约，定于一八四七年。都系在广东所订。俄事参看下章。

②第三款申明中国不得以舟山群岛割让他国。第四款说他国如犯舟山，英必出而保护，毋须中国给与兵费。后来法越之役，法兵谋占舟山，宁绍台道薛福成，在西报申明此约，英政府亦出而申明，舟山遂得不陷。然亦很可羞耻了。

③上谕有“难得十万有勇知方之众，势不夺而利不移，朕念其翼戴之忱，能无怦然有动于中”等语。

④桂良等在上海议商约时，曾照会英、法、美三使，说“上海近有中国船户，由各国领事，发给旗号。此等船户，向系不安本分，今恃外国旗号为护符，地方官欲加之罪，踌躇不决，遂至无所不为，犯案累累。上海如此，各口谅均不免。拟请贵大臣即饬各口领事，嗣后永不准以贵国旗号，发给中国船户；从前已给者，一概撤销”。可知此时确有依靠外国旗号，为非作歹之事。

⑤ Arrow。

⑥ H. S. Parkes。

⑦ Palmerston。

⑧一八五八年,《法国补遗条约》第一款,规定西林县知县张鸣凤,因法神父被害,处以革职。第二款规定革职后照会法使,并将其事由载明《京报》。是为因教案处分官吏之始。

⑨一八五九年卒于印度的加尔各答。

⑩是时广州人民,在佛山设立团练局。侍郎罗惇(bì)衍等主持其事。曾袭击广州,不克。和议既定,英人一定要撤去黄宗汉,并惩办主持团练的绅士。时粤人有伪造廷寄,说“英夷心存叵(pǒ)测,已密饬罗惇衍相机剿办”的。乃发上谕,严拿伪造廷寄的人,而夺黄宗汉钦差大臣的关防,以给何桂清。

⑪上谕云:“换约本应回至上海,念其航海远来,特将和约用宝发交恒福,即在北塘海口与该国使臣互换。”

⑫ Ignatieff。

⑬一八四三年,英国所定的《五口通商章程》和一八四四年法美两约,已均有领事裁判和最惠国条款。其进出口税,耆英在广东时,亦有和英人协定的表,大致都是值百抽五。

⑭《天津英约》,沿海开牛庄、登州、台湾、潮州、琼州;沿江自汉口而下,开放三口。——后开汉口、九江、镇江。——《法约》多淡水、江宁,而无牛庄。《北京英约》又增开天津。

⑮《天津美约》第五款,规定美使遇有要事,准到北京暂住,与内阁大学士或派出平行大宪酌议;但每年不得逾一次。到京后应迅速定议,不得耽延。若系小事,不得因有此条,轻请到京。《北京英约》第二款,则说“英使在何处居住,总候本国谕旨遵行”,其权全操之外人了。又《天津英约》五款,规定“特简内阁大学士尚书中一员,与英国钦差大臣,文移会晤,商办各事”。这是后来总理各国通商事务衙门的所以设立。

⑯《天津英约》，偿英商亏一百万，军费二百万。《法约》，赔款军费共百万。《北京英约》，改为商欠二百万，军费六百万，《法约》亦改为军费七百万，赔偿法人在粤损失一百万。

⑰美人所拟条约，一八五八年，由直隶总督谭廷襄奏闻，时奉谕："贸易口岸，准于闽、粤两省，酌添小口各一处。至于大臣驻扎京师，文移直达内阁、礼部，赔偿焚劫船货等条，不能准行。"桂良、花沙纳至津后，美遂照此删改。所以《美约》无赔款；而于五口外仅增开台湾、潮州两口；而关于驻使的规定，亦如注十六所述。但既有最惠国条文，则他国以干戈得之者，美国人并不费笔舌，而坐享其成了。

第十一章　瑷珲条约和北京条约

侵略国的思想，是爱好平和之国所梦想不到的。假如中国而有了西伯利亚的广土，[①] 亦不过视为穷北苦寒之地，置诸羁縻之列。——所以黑龙江两岸，远较西伯利亚为膏腴，尚且不能实力经营。若说如俄国，立国本在欧洲，却越此万里荒凉之地，以求海口于太平洋，这是万想不到的事。然而近世的帝国主义，则竟有如此的。所以近世中国受列强的侵削，历史上国情的不同，实在是其最重要的根源。

凡事不进则退。《尼布楚条约》，中国看似胜利，然而自此以后，对于东北方，并没有加意经营；而俄人却步步进取；经过一世纪半之后，强弱自然要易位了。一八四七年，俄皇尼古拉一世，以木喇福岳福为东部西伯利亚总督。[②] 木喇福岳福派员探测，始知库页之为岛。[③] 一八五〇年，俄遂建尼科来伊佛斯克为军港。一八五二年，进占德喀斯勒湾和库页。东北的风云，就日形紧急了。

这一年，俄、土开战，英、法要援助土耳其。木喇福岳福归见俄皇，极陈当占据黑龙江，于是决议和中国重行议界。而俄国的外务部，不以为然。致书中国，请协定格尔必齐河上流界标。于是吉、黑、库伦，同时派员会勘。此时若能迅速定议，自是中国之利。而派出的人员，或以冰冻难行，或以期会相左，辗转经年，终无成议。而俄国已和英、法开战；尼古拉一世，已畀木喇福岳福以极东的全权，得径和中国交涉了。

木喇福岳福致书中国政府，说为防守太平洋起见，要从黑龙江运兵，请派员会议疆界。使者至恰克图，中国不许其进京。木喇福岳福遂径航黑龙江，赴尼科来伊佛斯克布防。瑷珲副都统见其兵多，不敢抗拒。一八五五年，木喇福岳福和黑龙江委员台恒会晤。借口为防英、法起见，黑龙江口和内地，必须联络，请划江为界。台恒示以俄国外务部来文，说该文明认黑龙江左岸为中国之地，何得翻议？木喇福岳福语塞，乃要求航行黑龙江，而境界置诸缓议。这时候，朝命吉、黑两将军和库伦办事大臣照会俄国，说此次划界，只以未设界碑的地方为限。会尼古拉一世卒，亚历山大二世立。俄外部仍不以木喇福岳福的举动为然。木喇福岳福乃再西归，觐见俄皇，自请为中俄划界大使。且请合堪察加半岛、鄂霍次克海岸和黑龙江口之地，置东海滨省。其时江以北之地，实际上几尽为俄国所占，清朝不过命吉、黑两将军，据理折辩，而且命理藩院行文俄国，请其查办而已。

然而一八五七年，普提雅廷到天津，④以划界为请，上谕仍说交界只有乌特河一处未定，饬其回黑龙江会议。及一八五八年，英、法兵陷大沽，木喇福岳福带着兵到黑龙江口，派人约黑龙江将军奕山，说自己要到瑷珲去，可以就便开议。于是中国派奕山为全权大臣，和木喇福岳福定约三条：把黑龙江以北之地，都割给俄国，而以乌苏里江以东，为两国共管之地。黑龙江、松花江、乌苏里江，只准中、俄两国行船。⑤是为《瑷珲条约》。此约成后，侍讲殷兆镛（yōng），劾奕山“以黑龙江外之地，拱手让人，寸磔（磔：音 zhé；寸磔：碎解肢体，古代的一种酷刑。）不足蔽辜（bì gū，抵罪。）”。然奕山在当日，亦曾竭力争执。而俄人以开战相胁，这时候的情形，恰和结《尼布楚条约》时相反，倘使开战，中国是万无幸胜之理的；徒然弄得牵涉更广。所以边疆的不保，是坏在平时边备的废弛，并不能专怪哪一个人。

这时候，普提雅廷在天津，仍以添设通商海口；由陆路派员赴黑龙江，再清疆界为请。清朝对于俄国，前此迄未许其在海路通商。[6]这时候，仍限于每国通商，只许五口。先是一八五〇年，俄人请在伊犁、塔尔巴哈台和喀什噶尔三处通商，清廷议许伊犁和塔尔巴哈台，而拒绝喀什噶尔。以奕山为伊犁将军，和俄国订立《通商章程》。所以这时候，清朝说俄国通商，已有三口，[7]若再援五口之例，则共有八处，他国要求，无以折服，乃命于五口之中，选择两口，至多三口。后来因要借俄、美之力，以牵制英、法，乃先和俄、美两国订约，把前此所争执，概与通融。是为一八五七年俄国的《天津条约》。约中订明：(一)以后行文，由俄外务部直达军机处，或特派的大学士。俄使遇有要事，得由恰克图故道，或就近海口进京。(二)开上海、宁波、福州、厦门、广州、台湾、琼州七处通商。[8](三)陆路通商，人数不加限制。(四)许在海口和内地传教。(五)京城恰克图公文，得由台站行走。[9](六)而仍有派员查勘边界一条。

于是俄国以伊格那替业幅为驻华公使。一八六〇年之役，奕䜣本惧不敢出，因俄使力保，和议才得成就。于是俄使自以为功，再和中国订立《北京条约》：就把(一)乌苏里江以东之地，亦割属俄国。(二)交界各处，准两国的人，随便贸易，并不纳税。(三)恰克图照旧到京。所经过的库伦、张家口，零星货物，亦准行销。(四)在库伦设立领事。(五)西疆再开喀什噶尔。(六)而其未定之界，则此约第二条预行订定大概，以俟派员测勘。这两约，不但东北割地之广，骇人听闻，而蒙古、新疆方面，亦几于藩篱尽撤，就伏下将来无穷的祸根了。约既定，俄国遂将黑龙江以北之地，设立阿穆尔省，而将乌苏里江以东，并入东海滨省并建海参崴为军港。

注释

①中国当汉、唐盛时，西伯利亚南部诸国，亦都曾朝贡服属。在唐时，并曾置羁縻府州。

② Muravyev，旧译亦作“木哩斐岳福”。中国行文旧习惯，外国人、地名长的，多截取其末数字，所以旧时记载，又有但称为“岳福”的。

③俄人初以库页为半岛，则入黑龙江口，必须航行鄂霍次克海，鄂霍次克海冰期甚长，今知库页为岛，则可航鞑靼海峡，鞑靼海峡是不冻的，而且可容吃水十五英尺的汽船。

④ Poutiatine，亦作“布恬廷”。

⑤此约华文云：“黑龙江、松花江左岸，由额尔古讷河至松花江海口，作为俄罗斯国所属之地。”此“松花江”三字，不知何指。中国人因说是指松花江口以下的黑龙江，并下文“黑龙江、松花江、乌苏里河，此后只准中国、俄国行船”的松花江，亦要以此说解释；谓俄人航行松花江，实与条约相背。然据钱恂《中俄界约斠（jiào）注》则说满、蒙文、俄文及英、法文本，上句都没有“松花江”字样，而下句则都有之。

⑥俄国商船初到广东请互市，事在一八一六年，即清仁宗嘉庆二十一年。总督那彦成不许。而粤关监督延丰，不候札覆，径准一船进口。因此议降七品笔帖式。后任阿克唐阿，仍准后船进口；总督吴熊光，巡抚孙玉庭，未经奏明，率准三船回国；均交部议处，并谕：“嗣后该国商船来粤，仍当严行驳回。”五口通商之后，俄船于一八四八年到上海，亦未许其贸易。

⑦恰克图及伊犁、塔尔巴哈台。

⑧他国再增口岸，俄亦一律照办。

⑨信函亦得附带。其运送应用物件，则三个月一次。台站费用，由中、俄各任其半。《北京条约》，又定恰克图至北京书信，每月一次；物件两月一次。商人愿自雇人送书信物件的，报明该处长官允行后照办。

第十二章　西北事变和中俄交涉

西北本是兴王之地，在汉、唐之世，都以此为天下根本。当时关中的武力和文化，都为全国之冠。凉州的风气，尤其强悍。所以经营西域的力量，也非常之强。自宋以后，武力不竞。北方迭（屡次）受异族的蹂躏，国都非偏在东南，则僻在东北。西北方的实力，遂渐渐落后。而自元以后，回教盛行于西北，汉、回之间，尤其多生问题。

中国人是不甚迷信宗教的，所以争教的事情很少。但是信仰回教的人民，因其习俗不同，不易和普通人民同化，而汉、回之间，遂不免留着一个界限。在平时的争执，原不过民间的薄物细故（指微小的事情）。但是回人团结，而汉人散漫。所以论风气，是回强而汉弱。在官吏，就不免袒汉而抑回。到回民激而生变，则又不免敷衍了事。酿成了“汉、回相猜，民怨其上”的局面。咸同大乱之时，又发生所谓“回乱”。

“回乱”是起于西南，而蔓延于西北的。一八五五年，因临安汉回的冲突，渐至蔓延。永昌的回民杜文秀，就起兵占据大理。回酋马德新，则居省城，挟巡抚徐之铭为傀儡。之铭亦挟回以自重。清朝所派的督抚，不能到任的很多。后来布政使岑毓英，结回将马如龙为援。先定省城。次平迤东，诛叛酋马连陞（shēng）。清朝即用为巡抚，直到一八七二年，才把大理克复，云南全省打定。总计其始末，也有十八年了。但还是限于一隅的。至西北则事变更形扩大。

西北的“回乱”，是起于一八六二年的。先是陕西募回勇设防。及是年，太平天国的陈得才，合捻党以入武关。回勇溃散。有和汉人冲突的。彼此聚众相仇。而云南叛回任五，此时匿居渭南，遂诱之为乱。清朝派胜保剿办，无功。赐自尽，改派多隆阿。回众被驱入甘肃。于是固原、平凉和宁夏一带，“回乱”大炽。回酋马化龙，居金积堡；白彦虎居董志原，为其首领，陕西北部的游勇、土匪，亦都由叛回接济，到处糜烂。叛回又派遣徒党，四出招诱。于是回酋妥得璘，以一八六四年，据乌鲁木齐。旋陷吐鲁番。据南路八城。至一八六六年，遂陷伊犁和塔尔巴哈台。其时汉人亦有起兵自卫的，以徐学功为最强。而浩罕又把兵借给张格尔的儿子布苏格，令其入据喀什噶尔。一八六七年，布苏格为浩罕之将阿古柏帕夏所废。自称喀什噶尔汗。和徐学功连和。合攻乌鲁木齐，妥得璘走死。地皆入于阿古柏。于是阿古柏想联合回教徒，在中、英、俄三国之间，建立一国。因徐学功的内附，介之以求封册；而通使于英、俄和土耳其。先是伊犁危急时，将军明绪、荣全，都想借助于俄。俄人卒未之应。[①] 及阿古柏陷北路后，俄人因与回众冲突，于一八七一年，占据伊犁。然仍与阿古柏订立《商约》。英人则更想扶助之以拒俄。英国的公使，亦替他向中国代求封册。

时中国以左宗棠督办陕甘军务。因追剿捻匪，无暇顾及“回乱”，所以陕、甘两省，更形糜烂。到一八六八年，捻匪平了。宗棠乃回到西安。先出兵肃清陕西。进取甘肃。甘回分扰陕西，宗棠又回兵定之。至一八七二年，而甘肃自黄河以东皆定。马化龙被杀，宗棠又进兵河西。一八七三年，河西亦定。白彦虎走归阿古柏。

其时英人仍为阿古柏祈请；而中国亦有因军费浩大，主张以南路封之的，左宗棠力持不可。一八七五年，乃以宗棠督办新疆军务。宗棠任刘锦棠，先进兵北路，一八七六年，复乌鲁木齐。明年，遂克辟展，进取吐鲁番。其时浩罕已为俄国所灭；[②] 而南路缠回，亦和阿古柏不洽。阿古柏穷蹙，乃饮药自杀。其子伯克胡里，仍据喀什噶尔，而白彦虎则据开都河，以拒华军。一八七八年，刘锦棠又进兵定之。两人都逃入俄国。于是天山南北路皆平。而伊犁仍为俄人所据。而中、俄的交涉遂起。

从一七五九年，天山南北路平定以来，中国西北数千里，都和俄国接界；而地界则自一七二八年以后，迄未重定。所以中俄边界，西方仍只规定至沙宾达巴哈为止。一八六〇年的《北京条约》，订明“西疆未定之界，应顺山岭大河，中国常驻卡伦，自沙宾达巴哈往西至斋桑淖(nào)尔，自此西南，顺天山之特穆图淖尔，南至浩罕边界为界”，此约之误，在“常驻卡伦”四字。其后一八六四年，明谊和俄人定立界约，就把乌里雅苏台以西之地，丧失一大段了。[③] 明谊之约既定，科布多、乌里雅苏台、塔尔巴哈台所属，均由中国派员，于一八六九、一八七〇两年间，与俄会立界牌鄂博，而伊犁属境，始终未及勘定。[④]

所以中国此时，所重要的，实仍在划界问题。划界既定，则伊犁不索而自回；若但索一个伊犁城，就是走的下招了。而中国当日，派出一个全不懂事的崇厚，到俄国去会议。不但在地界上损失甚巨，别一方面的损失，更其不可思议。议既定，中外交章论劾。[⑤] 主战之论大盛。郭嵩焘(tāo)上书力争，论乃稍戢(jí，停止。)。[⑥] 于是改派曾纪泽使俄。于一八八〇年，与俄重定条约，总算把崇厚的原约，争回了些。然而其所损失，业已很大了。

要明白中、俄的《伊犁条约》，先得知道前此的中俄《陆路通商章程》。原来俄国人对于东北，固然要想侵略；而其对于蒙古，亦是念念不忘的。于是《北京条约》立后，俄人又要求到京城通商。[⑦] 又要在蒙古地方，随意通商。又要在张家口设立行栈、领事。且借口陆路运费贵，定税不肯照海口一律。于是于一八六二年，订立《陆路通商章程》。一八六五、一八六九两年，又两次修改。准（一）俄人于两国边界百里之内，均无税通商。[8]（二）中国设官的蒙古地方和该官所属的盟、旗，亦许俄人随意通商，不纳税。其未设官的地方，则须有俄边界官执照，方许前往。[9]（三）由陆路赴天津的，限由张家口、东坝、通州行走。（四）张家口不设行栈，而准酌留货物销售。[10]（五）税则许其三分减一。中国这时候，于商务的盈亏和税收，都不甚措意。所最忌的，是外人的遍历内地。所以所兢兢（小心谨慎）注重的，全在乎此。

崇厚原约，收回伊犁之地，仅广二百里，长六百里。曾纪泽改订之约，则把南境要隘，多索回了些；[11]而原约偿款五百万卢布，改至九百万。肃州、吐鲁番两处，均许设领事。原约尚有科布多、乌里雅苏台、哈密、乌鲁木齐、古城五处。改约订明俟商务兴旺再议。而将蒙古的贸易，扩充至不论设官未设官之处，均准前往。凡设领事之处和张家口，都准造铺房行栈。[12]而天山南北路通商，亦许暂不纳税。此约虽较原约为优，然所争回的地界，亦属有限；而后来定立界牌，于约文之外，又有损失。[13]西北的境界遂大蹙，而蒙、新两方面，自此已后，亦就门户洞开了。

当曾纪泽使俄时，俄人持原议甚坚。其舰队又游弋辽海以示威。中国亦召回左宗棠，命刘锦棠代主军务。李鸿章在天津设防。后来总算彼此让步，把事情了结了。中国知道西北情势的危急，乃于一八八二年，改新疆为行省。

注释

①见清国史馆《明绪》、《荣全传》。

②见第二章。

③边徼卡伦，向分三等：设有定地，历年不移的，谓之常设卡伦。有时在此处，有时移向彼处，有春秋，或春冬两季，或春夏秋三季递移的，谓之移设卡伦。有一定时节，过时则撤的，谓之添撤卡伦。卡伦之设，本只禁游牧人私行出入，和界址无关。所以常设卡伦，有距城不过数十里的。《北京条约》，指明以常驻卡伦为界，后来明谊勘界时，再三辩论，要以最外的卡伦为界。而边徼规制，彼中习见习闻，竟不克挽回，而乌里雅苏台以西之界遂蹙。案此约立后，乌里雅苏台、科布多、伊犁、塔尔巴哈台所属卡伦和民庄，有向内迁徙的，见第四、第十条。

④科布多属境，由奎昌与俄会立，定有《约志》三条。乌里雅苏台属，由荣全与俄会立，定有《约志》两条。均在一八六九年。塔尔巴哈台属，亦由奎昌与俄会立，定有《约志》三条，事在一八七〇年。

⑤当时下崇厚于狱，拟斩监候。后来曾纪泽奉使时，请贷其死，以缓和俄人的感情。

⑥嵩焘时为使英大臣，卧病于家，疏意略谓："国家用兵卅(sà)年，财殚民穷，又非道咸时比。俄环中国万里，水陆均须设防，力实有所不及。衅端(争端)一开，后患将至无穷。"

⑦《北京条约》第五条，说俄国商人"除在恰克图贸易外，其由恰克图照旧到京经过之库伦、张家口地方，如有零星货物，亦准行销"，约文之意，本系指明路线之词，而俄人执"照旧到京"四字，遂坚求在京城通商。

⑧这是援照一八六〇年的《北京条约》的。中俄边界，不论吉、黑、蒙古，都是我国境内繁盛，而俄境荒凉，所以此项办法，在税收上，我国亦很吃亏的。

⑨此条一八六二年的通商章程，本有"小本营生"四字，至一八六九年之约删除。

⑩一八六二年的章程，准留货物十分之二。一八六九年的章程，改为“酌留若干”，而添“不得设立领事”一语。

⑪崇厚原约，收回伊犁之地，广二百余里，长六百里。此约添索南境要隘，广二百里，长四百里。其界：自别珍岛山顺霍尔果斯河，至该河入伊犁河处，南至乌宗岛廓里札特村之东，自此往南，依同治三年即一八六四年旧界，见第七条。同治三年《塔城界约》所定斋桑湖迤东之界，派员重定。其界，系自奎峒山过黑伊尔特什河至萨乌岭，画一直线，见第八条。其费尔干与喀什噶尔之界，则照现管之界戡定，安设界牌，见第九条。后来第七条所言之界，一八八二年，由长顺与俄会戡，定有《界约》三条。据原约，廓里札特村以南，应顺同治三年旧界，而此约将该约改变，以致一七六〇年，即乾隆二十五年，奏定为伊犁镇山的格登山，及出于此山的温都布拉克水，都割属俄国。自格登山以西南，旧以达喇图河为界，此次亦改以苏木拜河为界。别珍岛山口以北，约文虽未明定，而未别定新界，则应循旧界可知。乃旧以阿勒坦特布什山为界，此次亦改以喀尔达板为界，而塔尔巴哈台所属巴尔鲁克山外平地，遂不能尽为我有。第八条所定之界，一八八三年，由升泰、额福与俄会勘，定有《界约》五条。一八六四年勘分界约：西北自大阿勒台山至斋桑淖尔之北。又转东南，沿淖尔，循喀喇额尔齐斯河。此约自大阿勒泰（即前约之大阿勒台），即折西南，斋桑泊遂全入于俄。第九条所言之界，自伊犁西南那林哈勒山口起，至伊犁东喀尔板止，为一八八二年长顺所勘。其北段，自那林哈勒噶至别牒里山豁，为沙克都林札布所勘，立有《喀什噶尔西边界约》四条。此约北段中，木种尔特至柏斯塔格之间，未能以分水脊为界，致阿克苏河上源，割入俄境。自别牒里山豁以南，至乌自别里山豁一段，亦沙克都林札布所勘。一八八四年，立有《喀什噶尔续勘西边界约》六条。乌自别里，在玛里他巴山之南二百余里，当阿古柏据新疆时，曾许俄人以玛里他巴山为界，曾纪

泽使俄时，俄人提出此议，纪泽力拒之，乃止。此约所定，较阿古柏所许，反其更形缩入了。（以上都据钱恂《中俄界约斠注》）

⑫张家口无领事，而准造铺房行栈，他处不得援以为例，于约中订明。

⑬即注⑪中所举。

第十三章　晚清的政局

中国地域广大，组织未密，要彻底改变，是很不容易的。所以一朝中衰之后，很难于重振。何况清朝，从道光以来，所遭遇的，是千古未有的变局。然而这时候，清朝还能削平内难，号称中兴，这是什么理由呢？这都是汉人帮它的忙。

清朝人满、汉之见，是很深的。从道光以前，总督用汉人的很少，专征更不必论了。到咸丰初年，而局面一变。清仁宗中岁以后，是信任曹振镛的。振镛的为人，琐屑不知大体。[①] 宣宗则初任曹振镛，后相穆彰阿。穆彰阿是个柔佞（伪善谄媚）之徒。鸦片战争之役，他竭力主持和议。旧时人的议论，有诋为权奸的。其实他哪里说得上权奸？不过坐视宣宗的轻躁，[②] 而不能匡正罢了。宣宗死于一八五〇年，子文宗继立。文宗颇有志于图治。这时候，正值海疆多事，太平军又已起兵之际，时事很为艰难。文宗乃罢斥穆彰阿、耆英，昭雪林则徐、达洪阿、姚莹等。又下诏求直言。曾国藩、倭仁等，都应诏有所论列。海内翕（xī）然，颇有望治之意。此时因内外满员，多属昏愦庸懦，不足任用。军机大臣文庆，力言于帝，说要重用汉人。文宗颇能采纳。这是咸同时代，所以能削平内乱的根本。

专制政体，把全国的事情，都交给一个人做主。于是这一个人的智愚仁暴，就能使全国的人民，大受其影响。而君位继承之法，又和家族中的承继，并为一谈。于是家庭间的争夺，亦往往影响于国事。这是历代都是如此的，到晚清仍是其适例。清文宗因时事艰难，图治无效，意思就倦怠了。其宗室中，载垣、端华、肃顺，因此导之以游戏，而暗盗政权。军机拱手而已。一八六〇年，文宗因英、法联军进逼，逃到热河。英、法兵退了，群臣都恳请回銮（luán），载垣等以在热河便于专权，暗中阻止。明年，文宗就死在热河。文宗皇后钮祜（hù）禄氏无子，贵妃叶赫那拉氏，生子载淳，是为穆宗。年方六岁。载垣等宣布遗诏，自称赞襄政务大臣。[③]叶赫那拉氏和奕䜣等密谋回銮。到京，便把载垣、端华、肃顺执杀。[④]于是尊钮祜禄氏为母后皇太后，叶赫那拉氏为圣母皇太后，同时垂帘听政。而实权都在那拉氏。[⑤]

载垣等三人之中，肃顺颇有才具。重用汉人之议，肃顺亦是极力主张的。那拉后、奕䜣，虽和肃顺是政敌，却于此点能遵循而不变。当时沈桂芬、李棠阶等，尽忠于内；湘淮诸将，戮力于外；所以能把内难削平。内难既定之后，那拉后渐渐地骄侈起来。穆宗虽是那拉后所生，却和钮祜禄后亲昵。一八六九年，那拉后所宠的太监安德海，自称奉旨出都，路过山东，山东巡抚丁宝桢，把他捉起来，奏闻。清朝的祖制，太监不准外出，出宫门便要处死的。那拉后无可如何，只得许其照办。有人说：此事实是穆宗授意的。从此母子之间，更生隔阂。一八七二年，穆宗将立皇后。钮祜禄氏属意于尚书崇绮之女阿鲁特氏。那拉后欲立凤秀之女富察氏，相持不能决。乃命穆宗自择。穆宗如钮祜禄后之意，那拉后大怒。大婚之后，禁止穆宗不得和皇后同居。穆宗郁郁，遂为微行，因以致疾，于一八七四年病死。宫中讳言是出天花死的。

清朝当高宗时，曾定立嗣不能逾越世次（世系相承的先后）之例。穆宗死后无子，照清朝的家法，自应在其侄辈中选出。但如此，那拉氏便要做太皇太后，未免位高而无权。加以醇亲王奕𫍽（xuān）的福晋，是那拉氏的妹妹。所生的儿子载湉（tián），就是那拉氏的外甥。于是决意迎立了他，是为德宗。[6]年方四岁，两宫再垂帘。钮祜禄氏虽然无用，毕竟是嫡后，那拉氏终有些碍着她。一八八一年，钮祜禄后忽然而死。那拉氏从此更无忌惮。宠太监李莲英。罢奕䜣，而命军机大臣遇事和奕譞商办。卖官鬻爵。把海军衙门经费，移修颐和园。一八九一年，德宗大婚亲政。然实权仍都在那拉后之手。因此母子之间，嫌隙更深。遂成为戊戌政变的张本（缘由）。

中国当道咸之世，很不愿意和外人交接。被迫通商，实在是出于无奈。同治初年，还是这等见解。所以当时欧美各国来求通商，还是深闭固拒。但是到后来，迫于无可如何，也就只得一一和他们订约了。[7]至一八六七年，总署乃奏派志刚、孙家穀（gǔ）及美人蒲安臣等[8]出聘有约各国。在美国定约八条。在欧洲各国，则申明彼此交涉，当以和平公正为主，不可挟持兵力，约外要求。[9]这实在是中国外交更新的第一声。惜乎后来未能继续进行。至于改革，前此是说不到的。同治以后，湘淮军中人物，主持政事。他们都是亲身经历，知道西洋各国，确有其长处，我们欲图自强，是万不能不仿效的。于是同文馆、广方言馆、制造局、船厂、水师和船政学堂，次第设立。轮船、电报、铁路、邮政、新法采矿等，亦次第兴办起来。[10]但所学的，都不过军械和技艺的末节，这断不足以挽回国势，而自进于世界强国之林。而且当时，还有顽固守旧之士，听说要造铁路，就说京津大路，从此无险可守的。闻同文馆将招正途出身的人学习，就以为于人心士气，大有关系的。[11]又有一种不谙（ān）国际情势，而专唱高调，自居于清流之列的。在民间，则因生产方法之不同，而在经济上，渐渐受外国的侵削。而大多数平民，依旧是耕凿相安，不知道今日是何世界；即读书人亦是如此。这都是几千年以来的积习，猝难改革，而外力却愈逼愈深，就演成晚清以后种种的事变。

注释

①陈康祺《燕下乡脞(cuǒ)录》说：宣宗初即位，苦章奏之多，以问曹振镛。振镛说："皇上几暇，但抽阅数本，摘其字迹有误者，用朱笔乙识发出。臣下见皇上于细节尚且留心，自不敢欺罔矣。"此说未知确否。总之不知大体，不能推诚布公，而好任小数，拘末节，则是实在的。

②宣宗是性质轻躁，好貌为严厉，而实无真知灼见的人。但看其鸦片战争时的举动可知。当时下情的不能上达，于此亦很有关系。

③载垣、端华、肃顺外，御前大臣景寿，军机大臣穆荫、匡源、杜翰、焦祐瀛，共八人。

④当时肃顺护送梓宫，两宫及载垣、端华，自间道先归。至京，猝发载垣、端华之罪，杀之。肃顺则被执于途，亦被杀。

⑤钮祜禄氏徽号为慈安，谥孝贞，当时称东宫皇太后。叶赫那拉氏号慈禧，谥孝钦，当时称西宫皇太后。

⑥德宗立后，穆宗皇后饮药死。时懿旨说以德宗嗣文宗，生子即承大行皇帝。侍读学士广安上疏，援宋太宗故事，请颁铁券，奉旨申饬。及穆宗后既葬，吏部主事吴可读自杀，遗疏请长官代奏，请再下明文，将来大统，必归继承大行皇帝之子。懿旨说："皇帝将来诞生皇子，自能慎选贤良，缵(zuǎn，继承。)承统绪，继大统者即为穆宗毅皇帝嗣子，皇帝必能善体是意也。"因清朝家法，不许建储，所以不能说德宗哪一个儿子继承穆宗，而只能说缵承统绪的，即为穆宗嗣子。

⑦各国立约，除英、法、俄、美外，唯瑞典在一八四七年，在《天津》、《北京》两约之前，余则皆在其后。当一八五八、一八六〇年间，清廷虽胁于兵力，和英、法、俄、美订约，对于其余诸国，还是深闭固拒的。所以桂良、花沙纳在上海议商约时，西、葡两国来求通商，桂良据以奏闻，上谕还是不许。后来有许多国请于薛焕奏闻，上谕仍令严拒，并令晓谕英、法、美三

国，帮同阻止。有“如各小国不遵理谕，径赴天津，惟薛焕是问”之语。然一八六一年，普鲁士赴上海求通商，为薛焕所拒，径赴天津入京，由法使为之代请，清廷卒无可如何，与之立约。于是荷兰、丹麦，于一八六三年，西班牙于一八六四年，比利时于一八六五年，意大利于一八六六年，奥斯马加于一八六九年，相继与中国订约。当其请求立约时，大率由英、法等国介绍。而所订条约，即以介绍国之条约，为其蓝本，所以受亏益深。这都是同治一朝中之事。其中唯秘（bì）鲁，因有苛待华工，葡萄牙因有澳门交涉，在同治朝商订条约，久无成议。《秘约》直至一八七四年，即同治十三年才商定。明年，即光绪元年才互换。《葡约》则到一八八七年才订定，事见下章。清代所订条约，以《南京条约》为始，至《天津》、《北京》两条约而集其大成。同治一朝所订条约，差不多全是抄袭成文的。至一八七四年的《秘鲁条约》以后，则所订条约，较前已略有进步了。但大体上，因为前此的条约所束缚，所以总不能免于不平等之讥。至后此所订条约，其吃亏又出于《天津》、《北京》两约之外的，则以一八九五年和日本所立的《马关条约》为始，参看第十五章。

⑧ Hon Anson Burlingame。

⑨在美所定《续约》八条，最要的，第一条申明“通商口岸及水路洋面贸易行走之处，并未将管辖地方水面之权给与。美与他国失和，不得在此争战、夺货、劫人。凡中国已经及续有指准美国或别国人居住贸易之地，除约文内指明归某国官管辖外，皆仍归中国地方官管辖”。第二条：“嗣后与美另开贸易行船利益之路，皆由中国做主，自定章程。——惟不得与原约之意相背。”都与国权很有关系。第三条：中国可在美国设领。第四、五、六、七条，都是关于华人入美及入美后待遇问题，因为当时华人往美的，已经很多了。第八条关于襄理中国制造，“美国愿指派熟练工程师前往，并劝别国一体相助。惟中国内治，美国并无干预催问之意。于何时，照何法办理，总由中国

自主酌度"，并含有利用外国技术，开发中国之意。在美定约后，志刚等又历英、法、普、俄、瑞典、丹麦、荷兰等国。一八七〇年，蒲安臣死于俄都。志刚等又历比、意、西三国而归。

⑩一八六二年，李鸿章抚苏，奏设广方言馆于上海。——后移并制造局，译出西书颇多。——一八六四年，又在上海设制造局。一八六六年，以左宗棠请，于福建设船厂。由沈葆桢司其事。是年，又于北京设同文馆。一八七一年，曾国藩、李鸿章始奏派学生，赴美留学。一八七二年，设轮船招商局。筹办铁甲兵船。一八七六年，设船政学堂于福州。一八八〇年，设水师学堂于天津。又设南北洋电报。一八八一年，设开平矿务局。同时创办唐胥铁路。

⑪同文馆设立时，御史张盛藻请毋庸招集正途。奉批："天文算学，为儒者所当知，不得目为机巧。"倭仁时为大学士，因此上疏谏诤，其疏，很可以代表当时守旧者的意见。今节录如下。疏说："天文算学，为益甚微，西人教习正途，所损甚大。立国之道，尚礼义不尚权谋；根本之图，在人心不在技艺，今求之一艺之末，而又奉夷人为师。无论夷人谲（jué，欺诈。）诡，未必传其精巧；即使教者诚教，学者诚学，所成就者，亦不过术数之士；古往今来，未有恃术数而能起衰弱者也。议和以来，耶稣之教盛行，无识愚民，半为扇惑，所恃读书之士，讲明义理，或可维持人心。今复举聪明儁（jùn，优秀、才智出众。）秀，国家所培养而储以有用者，变而从夷；正气为之不伸，邪气因而弥炽；数年以后，不尽驱中国之众，成归于夷不止。伏读《圣祖文集》，谕大学士九卿科道云：西洋各国，千百年后，中国必受其累。仰见圣虑深远，虽用其法，实恶其人。今天下已受其害矣，复扬其波而张其焰邪？……"

第十四章　中法战争和西南藩属的丧失

藩就是藩篱的意思。中国历代，所谓藩属，是外国仰慕中国的文明，自愿来通朝贡；或者专制时代，君主好大喜功，喜欢招徕外国人来朝贡，以为名高，朝聘往来，向守厚往薄来主义。从不干涉人家的内政，或者榨取什么经济上的利益。在国计民生上，是无甚实益的。所以历代的政论家，多以弊中国，事四夷为戒。然当帝国主义侵略的时代，有一藩属，介居其间，则本国的领土不和侵略者直接，形势要缓和许多。所以当此时代，保护藩属，实在是国防和外交上的要义。然而中国却不能然，藩属逐渐沦亡，本国的边境也就危险了。

西南的属国，后印度半岛三国最大。当十八世纪的前半，尚在五口通商之前，安南和缅甸，即已和英、法有接触。旧阮为新阮所灭后，其遗族遁入暹罗。后来借暹罗和法国的助力，于一八〇二年灭新阮，仍受封于中国，为越南国王。当越南人借助于法时，曾和法国人立有草约。许事定后割化南岛，租借康道耳岛；并许法人自由来往居住。后因法国发生革命，此约未曾签字。越南复国后，但许法人来往居住，而未曾割地；其历代君主，又多仇视外人。因此，当中国订立《天津条约》之年，法国和西班牙就联兵入广南。明年，陷下交趾。越南无力抗拒。于中国订立《北京条约》之后二年，和法国立约：割边和、嘉定、定祥三州，及康道耳群岛。一八六七年，法越又因事启衅。法人取永隆、安仁、河仙三州。下交趾遂尽为法有。这时候，马如龙因平“回乱”，使法商秋毕伊购买军械。[①]秋毕伊发现溯（逆着水流的方向走）航红河，可通中国，遂于一八七二年，强行通航。因此又和越南肩衅。法人占据河内、北宁一带。先是太平天国亡后，其将吴琨，占据越南边境，其后分为黄旗兵和黑旗兵，而黑旗兵较强。越南人乃结其首领刘义以拒法。[②]把法国的兵打败！法人乃和越南结约：声明越为自主之国。割下交趾属法。从红河至中国云南的蒙自，许法人自由航行。而撤河内一带的驻兵。时为一八七四年。法人以此约照会（一国政府把自己对于彼此相关的事件的意见通知另一国政府）中国。中国不承认越南自主，提出抗议。法人置诸不理，仍和越南订结《通商条约》。

其缅甸和英国的冲突，则起于一八二四年。先两年，阿萨密内乱，缅人据其地。阿萨密求救于英。英印度总督，遂于是年出兵，据仰光。缅人连战不胜。乃于一八二六年，和英人议和。割阿萨密、阿剌干、地那悉林与英。许英人订约通商。到一八五一年，又因商人受虐起衅。缅甸再割白古以和。自此缅人没有南出的海口，伊洛瓦谛江流域，贸易大减，国用日蹙。缅人屡图恢复，终无成功。

廓尔喀、不丹、哲孟雄，都是西藏南方的屏蔽，而哲孟雄尤为自印入藏要途。当林则徐烧烟之年，英人已向哲孟雄租得大吉岭之地。到英法联军入北京的一年，又取得哲孟雄境内铁路敷设（布设、铺设。）之权。于是西藏藩篱渐撤。缅甸和西藏，都是和云南接界的，英人遂固求派员从印度入云南探测，总署不能拒，于一八七三年，允许了他。明年，英国的印度总督，遂派员前往，英使威妥玛，[③]又遣参赞从上海溯江往迎。又明年，至腾越厅属的蛮允，被杀。印度所派武员续至，亦被人持械击阻，退入缅甸境。中国派员入滇查办。说英国参赞是野匪所杀；击阻印度所派探测队，是南甸都司李珍国主谋。而英人定说系大员主使。威妥玛因此出居芝罘(fú),交涉几至决裂。乃由李鸿章追踪往议。于一八七六年定约:中国许滇缅通商。开宜昌、芜湖、温州、北海四口。重庆许英派员驻扎,查看川省英商事宜;俟轮船能驶抵重庆时,再议英国商民在彼居住及开设行栈之事。大通、安庆、湖口、武穴、陆溪口、沙市,均准英商停轮,上下客商货物。而另订专条,许英派员由北京,或历甘肃、青海,或自四川入藏抵印,探访路程;或另由藏、印交界,派员前往。这一次条约,英人因一参赞之死,所得亦不可谓之薄了。

《芝罘条约》定后六年,即一八八二年,法人复和越南启衅,陷河内。越南始来求援。中国遂由云南方面派兵入越南。这一年冬天,法国公使到天津,李鸿章和他商议:彼此撤兵划河内为界,北归中国,南归法国保护。红河许各国通航,而中国在劳开设税关。法使无异议。鸿章命驻法公使曾纪泽,和法外交部定约。因法国求偿军费,不决。明年,法兵攻顺化。越南立约,许受法国保护。时中国方面,李鸿章主和,而彭玉麟等主战,清廷初以鸿章节制两广、云、贵军务。旋移鸿章督直隶,代以玉麟,而命滇、粤出兵。越南亦因政变,否认保护之约。战端遂启。旋云南、广西兵入越南的,战皆不利。乃复由李鸿章在天津和法使议定和约:中国许撤兵,承认法越前后条约。唯不得碍及中朝体制,而法允不索兵费。旋因撤兵期误会,中、法兵冲突于北黎。法人复要求赔偿兵费一千万镑。中国已批准草约,而此议仍不能决。法人乃欲占据一地,以利谈判。命其海军攻基隆,而致最后通牒(一国通知另一国并要求答复的文书)于中国,将偿金减为三百二十万镑,限四十八小时答复。中国亦停止商议。而正式的战事以起。

时北洋方面,主持外交军事的是李鸿章。鸿章是顾虑国力,始终不愿启衅的,所以电令在福建方面的张佩纶等,[④] 勿得先行开衅。我福州的海军,遂为法所袭击。兵舰十一艘沉其九。船政局和马尾炮台都被毁。明年，法舰又入黄海，封锁宁波口，破镇海炮台。又南陷澎湖。其陆军亦破谅山，陷镇南关。然刘铭传弃基隆而守淡水，法军进攻，卒不能克。其海军大将孤拔，[5]又因伤而死。而广西提督冯子材，亦大破法兵于镇南关，长驱复谅山。云南岑毓英的兵，亦击破法兵，进逼兴化。乃由英国调停。由李鸿章在天津，再与法国立约：（一）法越条约，中国悉行承认。唯中越往来，不得有碍中国威望体面，然亦不致有违此次之约。（二）画押后六个月，派员查勘边界。（三）中国边界，指定两处通商。后来界约和商约，于一八八七年成立。广西开龙州，云南开蒙自和蛮耗。中国货入越南的，照海关税则，减十分之四。越南货入中国的，则减十分之三。

缅甸自十八世纪以来，时有内乱。当一八八二年时，法人曾与结密约，允代监禁缅甸要争位的王族，而缅甸人许割湄公河以东属法。明年，此约宣露。英人大惊。乃于一八八五年，乘中法多事之秋，发兵陷蒲甘。遂陷旧都阿瓦和新都蛮得。俘其王，致诸印度。缅甸遂亡。中国和英交涉，英人说缅甸史籍，但称馈赠中国礼物，并无入贡明文，不肯承认缅甸为中国藩属。后来又说缅甸曾和法国立约，倘使仍立缅王，《法约》即不能废，欲由缅甸总督派员来华。这时候，英人将实行《芝罘条约》，派员由印入藏。中国欲杜绝此事。乃于一八八六年，和英人订立《会议缅甸条款》：（一）中国认英在缅政权。（二）每届十年，由缅甸总督选缅人入贡。（三）彼此会勘（会同查勘）边界，另议通商专章。（四）而将派员入藏之事停止。[6]

当英人初并缅甸时，因虑缅人不服，而中国从中援助，所以愿允中国展拓边界；并允将大金沙江，[7]作为两国公共河流。中国要求八莫，英人未允；而允另勘一地，由中国设官收税。曾纪泽在英，和英国外部互书《节略》存案。后来中国迁延未办。到一八九二年，薛福成再向英国提起，英国人就说《节略》在一八八六年条约之前，不肯承认。一八九四年，福成和英国订立《续议滇缅界务商务条款》:（一）所谓展拓边界者，遂仅允以北丹尼、[8]科干之地归我。两属的孟连、江洪，上邦之权，仍归中国。唯未经与英议定，不得让给他国。[9]（二）中国运货和运矿产的船，得在大金沙江行走。税钞和一切事例，与英船同。（三）其出入货品，照海口减税十分之三，或十分之四，则和法、越之约一律。中国的边界，向来是全不清楚的。当初和英国议界时，曾要求腾越所属汉龙、天马、虎踞、铁壁四关。汉龙、天马，本无问题。虎踞、铁壁，照云南省的地图，亦均在中国界内。英人以为必不致误，遂许照原界分划，后来实行查勘，才知道二关久为缅占，[10]英人遂不肯归还。而汉龙、天马，虽许归还，汉龙又不知所在，于此约中订明“由勘界官查勘；若勘得在英国界的，可否归还中国，再行审量”，岂非笑柄？而此约所定之界，于北纬二十五度三十五分以北，又未能分划，订明俟将来再定，遂为后来英人占据片马的根本。

《英约》所以订明孟连、江洪，不得割让他国，所防的是法国。法国既并越南之后，就想侵略暹罗。暹罗在后印度半岛三国中，是最能输入西方文化的，所以未致灭亡。然靠他独拒英、法，自然力亦不足。一八九三年，法人以湄公河东曾属越南为口实，向暹罗要求割让，暹罗不能拒。而中国车里辖境，亦大半在湄公河以东，法人以划界为请，遂于一八九五年，订立《续议商务界务专条》、《商务专条》:（一）改蛮耗为河口，添开思茅。（二）云南、两广开矿，先向法人商办。（三）越南已成或拟设铁路，可接至中国境内。《界务专条》，法人亦多所侵占。而其中猛乌、乌得，实在江洪界内，亦割归法国。英人乃于其明年，与法国订立协约，放弃江洪，定以湄公河为两国势力范围界线，湄南河流域为中立之地。然后向中国提出违约割弃江洪交涉。于是一八九七年，中国再和英国订立《中缅条约附款》。照一八九四年之约，地界又有变动。而（一）申明现存孟连、江洪之地，不得割让。（二）驻蛮允领事，改驻腾越或顺宁，并得在思茅设领。（三）云南如修铁路，即允与缅甸铁路相接。（四）添开梧州、三水、江根墟。（五）许英人航行香港、广州至三水、梧州。（六）江门、甘竹滩、肇庆、德庆，均准上下客商货物。（七）北丹尼、科干，均割属英国。（八）而将查勘汉龙关一节取消。

虽然如此，西藏问题，仍未得平安无事。当一八八六年条约订定时，英国所派入藏队伍，仍未即折回。藏人乃于边外隆吐山，修筑炮台以御英。英人以地属哲孟雄，和中国交涉。总署行文驻藏大臣开导。藏人不听。至一八八八年，遂被英兵逐回。一八九〇年，乃由驻藏大臣升泰，在印度和英人订立《藏印条约》：（一）承认哲孟雄归英保护。（二）藏哲通商等事，于批准后六个月会商。至一八九三年，乃成《接议印藏条约》。订开亚东关。而西藏人拒不肯行，遂为一九〇四年英兵侵藏张本。

于此还有一事，也是因英法侵略西南而引起的。葡萄牙人借居澳门，本来按年纳租。到一八四九年，才借口其头目哑吗嘞被杀，抗不交纳。一八六二年，葡人请法国介绍，和中国订立条约。因为澳门问题，未能互换。[11]法、越事起，葡人自称系无约之国，可以不守局外中立之例。中国人怕他引法国兵船从澳门侵入，颇敷衍他。后来事情也就过去了。而鸦片从五口通商以来，就不再提禁止之事。一八五五、一八五六年间，东南各省，且纷纷抽厘助饷。一八五八年，桂良、花沙纳在上海所议《通商章程》，订明每百斤抽税三十两。并订明运入内地，专属华商。如何抽税，听凭中国办理。《芝罘条约》，又订定厘税在海关并征。而所征之数，仍未能定。后来彼此争执。直到一八八三年，才于《芝罘条约续增专条》，定为每百斤征收厘金八十两。而缉私问题又起。英人借口澳门若不缉私，香港亦难会办。中国不得已，和葡人先定《草约》四款，许其永居管理澳门。然后于一八七七年正式订立条约，遂成割澳门以易其缉私之局了。而澳门割让以后，界址又未能划定；不但陆地多所侵占，一九一〇年议界时，葡人并要求附近大小横琴诸岛屿。我国坚持不许。迄今尚为悬案。

注释

① Dupuis。

②越南亡后，义内附，改名永福。

③ Sir Thomas Francis Wade。

④时闽浙总督为何如璋，以船政大臣督办沿海军务。张佩纶以侍读学士会办海防。但实际由佩纶主持。

⑤ Courbet。

⑥至“边界通商，由中国体察情形，设法劝道。如果可行，再行妥议章程。倘多窒碍，英国亦不催问”。

⑦即伊洛瓦谛江。《滇缅条约》华文作“厄勒瓦谛江”。

⑧即木邦。

⑨英初并缅时，其外部的声明，愿将潞江以东，自云南南界，南抵暹罗，西滨潞江，东抵澜沧江下游；其北有南掌，南有掸(shàn)人．或留为属国，或收为属地，悉听中国之便。至此时，则南掌尽归暹罗；掸人各种，以康东土司为最大，英人不肯让出。

⑩据薛福成原奏，其时英所守界，越虎踞而东，已数十里；越铁壁亦六七十里。

⑪一八六八年，总署曾将一八六二年所定草约删改，议由中国偿葡道路房屋之费一百万两，而将澳门收回，未能有成。

第十五章　中日战争

使中国历史大变局面的，前为鸦片战争，后为中日战争。

欢迎西学，而畏恶西教；西人挟兵力以求通商，则深闭固拒，以致危辱；到外力的压迫深了，才幡（fān）然改图，以求和新世界适应；这是欧人东略以后，东洋诸国所同抱的态度；而日本因缘凑合，变法维新，成功得最快，遂转成为东方的侵掠者。

中国在明代，受倭寇之患是很深的。所以清开海禁以后，仍只准中国人去，而不准日本人来。而且对于日本，戒备之情很深。[①] 在一八六八年以前，实无国交之可言。这一年，日本明治天皇立，和各国订立条约。乃于其明年，遣使到中国来请立约。这时候，中国对于外国，还有深闭固拒之心。所以总署对于日本之请，是议驳的。一八七一年，日人复遣使臣前来。总署令其另派大臣再议。其时疆臣仍有以倭寇为言，奏请拒绝的。朝命曾国藩、李鸿章筹议。二人都说不可。[②] 拒绝之议乃罢。由李鸿章与立《修好规条》和《通商章程》：（一）领事裁判权，彼此都有。（二）进口货照海关税则完纳；税则未载明的，则值百抽五；亦彼此所同。（三）内地通商，明定禁止。都和泰西各国不同。明年，日本就派人来，要想议改。鸿章说约未换而先议改，未免失信贻笑（遗留下笑话），把他拒绝。

琉球是两属于中日之间的。一八七一年，琉球人遭风漂至台湾，为生番所杀。一八七三年，日本小田县民漂至，又被杀。这一年，日本副岛种臣来换约。命其副使柳原前光诘问总署。总署说："琉球亦我属土。属土之民相杀，与日本何预？小田人遇害，则没有听见。"又说："生番是化外之民。"日本人说："既如此，我们将自往问罪。"又争琉球是日本属国。彼此议不能决而罢。明年，日本派兵攻台湾。又派柳原前光到中国来，说系问罪于中国化外之地。中国声教所及，秋毫不犯。中国派沈葆桢巡视台湾，调兵渡海。日人气馁。其兵又遇疫。乃由英使调停，在津立专约三款：中国恤日本难民家属银十万两，偿还日本修筑道路房屋之费银四十万两了事。一八七九年，日本竟灭琉球，以为冲绳县。中国和他交涉，迄无结果。[③]

朝鲜离中国，本较日本为近；其文化程度，实亦较日本为高。不幸欧人东略之时，适值其国党争积弱之际，遂致一蹶不振。当清朝同光之际，正值朝鲜国王李熙初立之时。其父昰（shì）应摄政。[④]昰应的为人，颇有才气，而智识锢蔽（禁锢蔽塞），持闭关主义甚坚。欧美诸国去求通商，辄遭拒绝，各国来告中国。中国辄以向不干预朝鲜内政答之。在中国的习惯，固然如此。然和国际法属国无外交之例，却是相背的。日人乘此机会，一八七六年，用兵力强迫朝鲜立约通商，约文中竟订明朝鲜为独立自主之国。这时候，李鸿章主持中国外交，主张引进各国势力，互相牵制。乃劝朝鲜和美、英、法、德，次第立约。约文中都申明朝鲜为中国属邦。然和属国无外交之例，仍属相背。这时候，李熙已亲政。其妃闵氏之族专权。昰应失职怏怏。一八八二年，朝鲜因聘日武官教练新兵，被裁的兵作乱，焚日使馆，复拥昰应摄政。驻日公使黎庶昌，急电直隶总督张树藩。树藩立遣提督丁汝昌督兵船前往。总署又派吴长庆率兵继往。代定其乱，执昰应以归。[⑤]这一次，日本亦派兵前往，而较中国兵迟到，所以于事无及。事定之后，吴长庆遂留驻朝鲜。这时候，朝鲜分为事大、独立两党。在朝的事大党，以王妃闵氏之族为中心。一八八四年，独立党作乱。为吴长庆所镇定。日公使自焚其使馆，说是我兵炮击他的。明年，日本派伊藤博文来，和李鸿章在天津立约：（一）两国均撤兵。（二）勿派员教练朝鲜兵士。（三）朝鲜有变乱事件，两国派兵，均先行文知照；事定仍即撤回。中国和日本，对朝鲜遂立于同等地位了。[6]其明年，出使英、法、德、俄大臣刘瑞芬建议，和英、美、俄诸国立约保护朝鲜。李鸿章颇赞成之，而总署持不可，其议遂罢。

一八九四年，朝鲜东学党作乱。全罗道，求救于我。李鸿章派叶志超率兵前往。未至而乱已平。日兵亦水陆大至。屯据京城。鸿章责其如约撤兵，日本不听。而要求中国共同改革朝鲜内政。中国亦拒绝。日使大鸟圭介，遂挟众入朝鲜王宫。诛逐闵氏之党。复起昰应摄政。派兵屯据朝鲜要害。李鸿章知道中国兵力，是靠不住的，不欲轻于言战。遍告英、俄、德、法、美诸国，希望他们出来调停，而事终不就。中国租英船运兵，为日本所击沉。中国主战派，纷纷责备鸿章。中国乃正式宣战。

时中国续派左宝贵等赴朝鲜，而前所派的叶志超等，已为日本所袭败，退至平壤。日兵来攻，诸军败绩。左宝贵死之。海军亦败绩于大东沟，自此蛰伏威海不能出。日人遂纵横海上。宋庆总诸军守辽东。日兵渡鸭绿江，连陷九连、安东。庆退守摩天岭。日兵遂陷凤凰城、宽甸、岫（xiù）岩。其第二军又从貔（pí）子窝登陆，陷金州。进陷大连湾，攻旅顺。宋庆把摩天岭的防守，交给聂士成，[7]自统大军往救，亦不克。旅顺又陷落，于是中国仅以重兵塞山海关至锦州。[8]而日兵又分扰山东。自成山登陆，陷荣城。攻威海。海军提督丁汝昌，以兵舰降敌，而自仰药死。山东巡抚李秉衡，自芝罘退守莱州。日兵复陷文登、宁海。明年二月，日兵并力攻辽东，陷营口、盖平、海城。辽阳、沈阳，声援俱绝。其舰队又南陷澎湖，逼台湾。于是中国势穷力竭，而和议以起。

当旅顺危急时，中国即派德璀琳[9]赴日议和。后又改派张荫桓、邵友濂。均给日本拒绝。[10]乃改由李鸿章自往。日本要求驻兵大沽口、天津、山海关，方行停战。鸿章不许。而日人持之甚坚。鸿章乃请缓停战，先议和。议未定，鸿章为刺客所伤，日人惭惧，乃定停战之约。旋议定《和约》十款。其中重要的：（一）中国认朝鲜自主。（二）割让奉天南部和台湾、澎湖。（三）赔款二万万两，分八次交清。（四）换约后订立《通商行船条约》、《陆路通商章程》，均以中国与泰西各国现行约章为准。（五）添开沙市、重庆、苏州、杭州。（六）日军暂占威海，俟一二次赔款缴清；通商行船约章批准互换；并将通商口岸关税，作为余款及利息的抵押；方行撤退。此约割地之多，赔款之巨，不待更论。通商行船，一照泰西各国条约，是日本求之多年而不得的。而（七）约中又订明"日本臣民，得在中国通商口岸城邑，从事各项工艺制造；又得将各项机器，任便装运进口"，则又是泰西各国，所求之而不得的。[11]从此以后，中国新兴幼稚的工业，就更受帝国资本主义的压迫，求自振更难了。

约既定，台湾人推巡抚唐景崧（sōng）为总统，总兵刘永福主军政，谋自立。旋因抚标兵变，景崧出走，台北失陷。永福据台南苦战，亦以不敌内渡，台湾遂亡。

其奉天南部之地，则因俄、德、法的干涉而还我。三国当时，由驻使照会日本外部，以妨碍东洋平和为辞，劝日本将辽东归还中国。日人得照会，急开御前会议，筹商或许，或拒，或交列国会议。多数主张第三策。而其外相大为反对，说："列国会议，各顾其私，势必不能以辽东问题为限，全部条约，都要生变动了。”于是日人运用外交手腕，请美国劝俄国不必干涉。又求英国援助，愿意给与报酬。英、美都不肯援助。日本再和俄国交涉，愿意归还辽东，但求割一金州，俄人亦不许。日人不得已，乃照三国的要求，径行承诺。而要求我出偿款一万万两。后由三国公议，定为三千万两。由李鸿章和日人另订《交还辽东条约》，把拟订陆路章程之事取消。

注释

①康熙时，风闻日人将为边患，曾遣织造马林达麦尔森改扮商人往探。雍正六年，即一八二七年，苏州洋商余姓，言日本将军，聘请中国人教演战阵，制兵器战船。浙督李卫，因此请严边备，密饬沿海文武，各口税关严查出洋包箱。水手、舵工、商人、搭客，均令具结限期回籍，于进口时点验人数，缺少者拿究（捉拿查究）。朝命卫兼辖江南沿海。卫请密饬闽、广、山东、天津、锦州访察。后访得别无狡谋，且与天主教世仇，备乃稍弛。

②国藩原奏，谓：“前此与西人立约，皆因战守无功，隐忍息事。……日本与我无嫌，援例而来，其理甚顺，若拒之太甚，彼或转求西国介绍，势难终却。且使外国前后参观，疑我中国交际之道，逆而胁之则易，顺而求之则难。既令其特派大员，岂可复加拒绝？惟约中不可载明比照泰西各国通例办理；尤不可载‘恩施利益，一体均沾’等语。”鸿章奏意略同。

③琉球亡后，中国与日交涉，日本坚执前言，谓琉球系彼属国。一八七九年，美前总统格兰德来游，复往日本。恭亲王、李鸿章都托其从中调停。日本乃议分琉球官古、八重山两岛归我，而请于条约添入内地通商和最惠国条款。鸿章不许。一八八二年，日本驻津领事竹添进一谒鸿章申前论。鸿章议还中山旧都，仍以中山王之族尚氏主其祀。日本亦不允。

④朝鲜国王本生之父，称为大院君。

⑤把他拘留在保定，到一八八五年才释归。

⑥此约论者多归咎鸿章。然据鸿章原奏：则（一）因隔海远役，将士苦累异常，本非久计。（二）则朝鲜通商以后，各国官商，毕集王城；又与倭军逼处；带兵官刚柔操纵，恐难一一合宜，最易生事。（三）则日兵驻扎汉城，用心殊为叵测，正可趁此令其撤兵。因此鸿章谓："该使臣要求，惟撤兵一层，尚可酌量允许。惟若彼此永不派兵，无事时固可相安，万一倭人嗾朝叛华；或朝人内乱；或俄邻侵夺；中国即不复能过问，此又不可不审处。"旋奉电旨："撤兵可允，永不派兵不可允，万不得已，当添叙两国遇有朝鲜重大事变，各可派兵，互相知照等语。"鸿章乃又与博文磋议定约，则当时亦自有其不得已的苦衷；而彼此派兵，互相知照一层，并不出于鸿章的意思。鸿章又说："即西国侵夺朝鲜土地，我亦可会商派兵。"这一层，在后来固然成为虚语。然在当时，视眈欲逐者，并不止一日本。后来的事情，此时岂能预料？鸿章当时的用心，亦不能一笔抹杀的。

⑦后来士成入卫畿辅，摩天岭之防，改由东边道张锡銮（luán）接任。

⑧此时吴大澂（chéng）、魏光焘，亦率湘军出关，与宋庆兵合。

⑨G. Detring，津海关税务司，德国人。

⑩德璀琳之往，日人谓其未奉敕书，且系西员，不应当交涉之任。张荫桓、邵友濂之往，则日人谓敕书未载便宜行事，不足为全权，被拒。

⑪普鲁士与中国议约时，尝议及将土货改造别货，总署咨李鸿章拒绝。

第十六章　中俄密约和沿海港湾的租借

从鸦片战争到中日战争，为时恰好半世纪。这半世纪之中，中国藩属的丧失和本国权利的被剥削，其情形也可谓很危急了，然而中日战争以后，还有更紧张的局势。

当中、日战争时，李鸿章知道兵力的不足恃，本想借别国之力，牵制日本的。这时候，别国中对远东有野心的，自然以俄国为最。所以后来三国的干涉还辽，亦以俄国为主动。前门拒虎，后门进狼，当帝国主义横行之日，哪里有仗义执言之举？果然，辽东甫行归还，而俄国的要索继起，一八九六年，俄皇尼古拉二世举行加冕礼。俄人示意总署，要派李鸿章为贺使。鸿章到俄，俄人遂以援助中国等甘言相诱，订立所谓《中俄密约》。[①]其条件是：

（一）日本如侵占俄国亚洲、中国、朝鲜的土地，两国应将所能调遣的水陆各军，尽行派出，互相援助。军火粮食，亦尽力互相接济。

（二）当开战时，如遇紧要之事，中国各口岸，均准俄兵船驶入。

（三）许俄国西伯利亚铁路，经黑、吉以达海参崴。由中国国家，交华俄银行承办。俄国于照前款御敌时，可由此运兵、运粮、运械；平时亦得运过境的兵粮。

此项条约，系属攻守同盟性质，以我国兵力之弱，俄人果何所利而与我联合呢？则其意之所在，不言可知了。李鸿章当时，亦深虑俄人借此以行侵略。所以对于铁路，由俄国国家承办，竭力反对。然而后来中国和俄国订结的《华俄道胜银行契约》，仍给该银行以收税、铸币、建筑铁路、架设电线之权。契约立后，复与该银行订立《东省铁路公司契约》，又给以开矿和设警之权。其非单纯承造铁路的公司，又不言可知了。

“势力范围”这个名词，本起于欧人分割非洲之际。倘使要实行分割，这预定的势力范围，便是分割时的界线。这真是个不祥的名词，如何竟会使用到中国领土上来呢？列国在中国的所谓势力范围，以要求某某地方不割让为保证，而以各于其中攘夺筑路、开矿的权利为第一步的侵略。其事起于一八九五年的《中法续议商务界务专条》，已见第十四章。此次《界务专条》中，把前此许英人不割让的江洪，割让了一部分，于是又有一八九七年的《中缅附约条款》。其事亦已见十四章。而法人遂于是年，要求我国宣言海南岛不得割让他国。至此，则干涉还辽的俄法两国，都已得有报酬，唯德国尚抱向隅（比喻孤立、孤独或得不到机会而失望）。

这一年冬天，山东巨野县杀掉两个德国教士。德国遂以兵舰闯入胶州湾。明年，强迫中国立《租借胶州湾条约》：（一）以九十九年为期。（二）胶济、胶沂济铁路，由德承造。其由济往山东边界，与中国自办干路相接，则俟造至济南后再商。（三）铁路附近三十里内煤矿，许德开采。（四）山东各项事务，如用外国人、外国资本、物料，均先和德商办。山东全省，俨然成为德国的势力范围了。

于是俄人起而租借旅顺、大连湾，其租期为二十五年。并准东省铁路，展筑支线。英人亦起而租借威海卫，其租期和旅、大一样。又立《展拓香港界址专条》，租借香港后面九龙地方，亦以九十九年为期。并要求长江流域各省，不得割让他国。法人亦要求两广、云南不割让。

日人亦要求福建省不割让。这都是一八九八年的事。其明年，广东遂溪县，杀害法国的武官和教士，法人又以兵船闯入广州湾，迫我立租借之约，亦以九十九年为期。

中国当甲午以前，筑路的阻力是很大的。甲午以后，却渐渐地变了。于是有筑芦汉、津镇两大干线之议。而芦汉一线，遂成为各国争夺的起点。此时争中国路权的，英、美、德为一派，俄、法为一派。芦汉铁路的终点，在英国势力范围之内。倘使由俄、法承修，一定要为英人所反对，所以由比国出面，于一八九八年，成立契约。然而其内容是俄国，谁不知道？于是英人又要求（一）津镇，（二）河南到山西，（三）九广，（四）浦信，（五）苏杭甬五路。同时俄人要求山海关以北的铁路，全由俄国承造。英人又捷足先得，和中国订定了从牛庄到北京的铁路承造契约。英、俄两国，鉴于形势的严重，乃于一八九九年，在圣彼得堡换文。英国承认长城以北铁路归俄，俄国承认长江流域铁路归英。[②]同时，英德由银行团出面，在伦敦订立条文。英国承认山东和黄河流域，为德国势力范围。但除外：山西铁路，可与正定以南的京汉路相接；并再展筑一线，以入于长江流域。德国承认山西省、长江流域及江以南各省为英国势力范围。而津浦铁路，遂由英、德两国，分段承造。

如此，中国竟要成为俎（zǔ，砧板。）上之肉，任人宰割了。在中国，自然更无抵抗之力。然而列强的分赃，也很难得均匀。倘使因分赃不均，而引起冲突，中国固然很糟，列国亦有何利？况且其中还有在中国并无所谓势力范围的，岂非独抱向隅？于是美国的国务卿海约翰，[③]于一八九九年，向英、俄、德、法、意、日六国通牒，要求在中国有势力范围之国，都承认三个条件：

（一）各国对于中国所获利益范围，或租借地域，或他项既得权利，彼此不相干涉。

（二）各国范围内各港，对他国入港商品，都遵中国现行海关税率课税，由中国征收。

（三）各国范围内各港，对他国船舶所课入口税，不得较其本国船舶为高。铁道运费亦然。

这就是所谓门户开放主义。门户开放，无非各国维持其对中国条约上已得的权利。倘使中国的领土而有改变，条约上的权利，不能维持，自然无待于言，所以又必连带而及于保全领土。这就是所谓均势。势力范围，固然是瓜分的代名词，固然很危险，借均势而偷安，亦岂是长久之道？在这种情势之下，无怪中国人要奋起而求自己解决自己的问题了。

注释

①此约报章所传，凡有两本：一为上海《字林西报》所译登。广学会所纂《中东战纪本末》，又从而译载之。约中所载，中国断送于俄国的权利，可谓广大已极，然由后来之事观之，此本殆不足信。又一本，则后来上海《中外日报》探得李鸿章和总署往来的密电六通，其中第五电，载有俄人所拟约稿，所谓密约，即系照此签字的。当中日战争时，和李鸿章接洽的，为驻华俄使喀希尼（Cassini）。而此次主持订约的，实为俄财政大臣微德（Count Sergei Witte），出面的则为微德和外交大臣罗拔（Prinnce Robanor-Rostovski）。外人称此约为《喀希尼条约》，实在是误谬的。

②后来中俄所订《交还东三省条约》，第四条，规定交还山海关、营口各铁路。又说："修完并养各该铁路各节，必确照俄国与英国一八九九年所定和约办理。"即系强迫中国承认此项换文的。

③ Hay。

第十七章　维新运动和戊戌政变

中国的该变法，并不是和外国人接触了，才有这问题的。一个社会，和一个人一样，总靠新陈代谢的作用旺盛，才得健康。但是总不能无老废物的堆积。中国自秦汉统一之后，治法可以说是无大变更。到清末，已经两千多年了，各方面的积弊，都很深了。便是没有外人来侵略，我们种种治化，也是应当改革的。[①] 但是物理学的定例，物体静止的，不加之以力，则不能动，社会亦是如此。所以我们近代的改革，必待外力的刺激，做一个诱因。

中国受外力刺激而起反应的第一步，便是盲目地排斥，这可谓自宋以来，尊王攘夷思想的余波。排斥的目的，已经非是，其手段就更可笑了。海通以后，最守旧的人，属于这一派。[②] 其第二步，则是中兴时代湘淮军中一派人物。大臣如曾国藩、李鸿章，出于其幕府中的，则如薛福成、黎庶昌之类。此派知道闭关绝市是办不到的。既已入于列国并立之世，则交际之道，不可不讲；内政亦不得不为相当的改革。但是他们所想仿效他人的，根本上不离乎兵事。因为要练兵，所以要学他们的技艺；因为要学他们的技艺，所以要学他们的学术；因此而要学他们的语文。如此，所办的新政虽多，总不出乎兵事和制造两类。当这世界更新，一切治法，宜从根本上变革的时候，这种办法，自然是无济于事的。再进一步，便要改革及于政治了。

但是从根本上改革，这句话谈何容易？在高位的人，何能望其有此思想？在下位的人而有些思想，谈何容易能为人所认识？而中日之战，以偌大的中国，而败于向所轻视的日本，这实在是一个大打击。经这一个打击，中国人的迷梦，该要醒了，于是维新运动以起。

当时的维新运动，可以分作两方面：一是在朝，一是在野。在朝一方面，清德宗虽然无权，但其为人颇聪明，颇有志于变法自强；特为太后所制，不能有为。[③] 在野一方面，则有南海康有为。他是个深通旧学，而又讲求时务，很主张变法的。清朝是禁止讲学的。但到了末年，其气焰也渐渐地衰了；其禁令，在事实上，也就渐渐地松弛了。有为很早地就在各处讲学。所以其门下，才智之士颇多。一八八九年，有为即以荫生（**封建时代由于上代有功勋被特许为具有任官资格的人**）上书请变法。格未得达。中日和议将成时，又联合各省入都会试的士子，上书请迁都续战，陈变法之计。书未上而和约已换，事又作罢。有为乃想从士大夫一方面提倡。立强学会于京师。为御史杨崇伊所参，被封。而其弟子梁启超，设《时务报》于上海，极力鼓吹变法，海内耸动。一时维新的空气，弥漫于好新的士大夫间了。——虽然反对的还是多数。

公车上书之后，康有为又两次上书请变法。其中有一次得达，德宗深以为然。德国占据胶州湾时，有为又走京师，上书陈救急之计，亦未得达。其明年，恭亲王奕䜣死了。朝廷之上，少了一个阻力。德宗乃和其师傅翁同龢（hé）商议，决意变法，遂下诏定国是，召用康有为、梁启超等。

此时所想模仿的，是日本的睦仁、俄国的大彼得；想借专制君主的力量，把庶政（**各种政务**）改革得焕然一新。于是废八股，设学校，奖励著新书，制新器，裁冗兵，练新操，办保甲，筹设银行，造铁路，开矿山，设农工局，立商会。大开言路，广求人才。从戊戌四月至八月间，变法之诏，连篇（连续不断）而下。虽然不能尽行，然而海内的精神，确已为之一振了。

专制君主的权力，在法律上是无制限的，在事实上则不尽然。历代有志改革的君主，为旧势力所包围，以致遭废弑幽禁之祸的，正自不乏。这其间，由于意见的不同者半，由于保存权位之私者亦半。康有为是深知旧势力之不可侮的。所以他于德宗召见之时，力言请皇上勿去旧衙门，但增设新差使；擢（zhuó，提拔。）用的小臣，赏以虚衔，许其专折奏事；就够了。[④] 有为此等见解，原以为如此，则旧人不失禄位，可以减少其反对之力，然而权既去，禄位亦终于难保；即可保，亦属无味；这仍不足以满守旧阻挠者之所欲。况且亦有出于真心反对，并不为禄位起见的。而那拉后和德宗的不和，尤其是维新的一大阻力。

那拉后是很不愿意放弃权势的，她当时见德宗变法，很不谓然（不以为然）。于是以其党荣禄为直隶总督，总统近畿诸军，以巩固其势力。而使裕禄在军机上行走，以侦察德宗的举动。自然有不满意于德宗的大臣，用半虚半实的诏，谮诉（诬毁攻讦）于那拉后。而德宗也有“不容我变法，毋宁废死”的决心。于是帝后之间，嫌隙愈深。就有旧党将乘德宗到天津去阅兵，实行废立的风说；又有新党将利用袁世凯的新兵，围颐和园之说；而政变以起。

这一年八月，那拉氏由颐和园还宫，说德宗因病不能视事，复行垂帘听政，而幽帝于南海的瀛台。康有为之弟广仁和新党谭嗣同、刘光第、林旭、杨锐、杨深秀，同时被杀。时人谓之六君子。[⑤] 康有为因奉德宗密诏，先期出京走香港。梁启超则于事变后走日本。新政一切废罢。和新政有关联的人，一切罢斥，朝右的新党一空。

然政治虽云复旧，人心则不能复变。于是康有为在海外立保皇党。

图推翻那拉后，扶助德宗亲政。一九〇〇年，其党唐才常谋在武汉举事，事泄被杀。[6] 有为等游说当时的大臣，亦没有敢听他的话，实行清君侧的。然而舆论的势力，则日日增长。梁启超走日本后，发行《清议报》，痛诋那拉后。便国内诸报，如上海的《苏报》等，亦有明目张胆，反对旧党的。其余各报，虽不敢如此显著，亦大都偏向维新。那拉后要想禁绝他，以其地在租界，未能办到。要想照会外国，拘捕康、梁，外人又认为国事犯，加以保护。于是守旧之念，渐变而为仇外之念。而帝后间的嫌隙，积而愈深。那拉后想行废立，其党以意讽示各公使，各公使都表示反对。乃先立端郡王载漪（yī）之子溥（pǔ）儁（jùn）为大阿哥，以觇舆情（群众的看法、意见）。而海外的华侨，又时时电请圣安，以示拥戴德宗。经元善在上海，亦合绅民等电争废立。太后要拘捕他，又被逃到澳门。于是后党仇外的观念愈甚，遂成为庚子拳乱的一因。

注释

①譬如君主专制，是从前视为天经地义的，然而明末，黄宗羲著《明夷待访录》，对于君臣之义，即已根本怀疑，便是其一例。可参看第三编第四十六章。

②拳匪乱时，守旧大臣的意见，仍属此派，可参看下章。

③德宗的有志于变法，是很早的，当一八九四年，即中日开战的一年，即擢编修文廷式为侍读学士。那拉后因廷式为德宗所宠珍、瑾二妃之师，杖二妃；妃兄志锐，亦谪乌里雅苏台，廷式托病去。后亦革其职。至一八九五，即和日本定和约的一年，德宗和翁同龢谋变法，那拉后知之，又撤去同龢的毓庆宫行走，戊戌政变后，又夺其前大学士之职，交地方官严加管束。

④有为此等见解，为其素定的宗旨，可参看其所著《官制议·宋官制最

善》篇。

⑤杨锐、林旭、刘光第、谭嗣同，当时都为军机章京。变法谕旨，大抵出此四人之手。章奏亦都交此四人阅看，当时旧党侧目，谓之四贵。

⑥参看第二十章。

第十八章　八国联军和辛丑条约

天下事无其力则已，有其力，是总要发泄掉，才得太平的。义和团之事，亦是其一例。

中国从海通以来，所吃外国人的亏，不为不多了。自然，朝野上下，都不免有愤愤之心。然而愤之而不得其道。这时候，大众的心理，以为：（一）外国人所强的，唯是枪炮。（二）外国人是可以拒绝，使他不来的。（三）而民间的心理，尤以为交涉的失败，由于官的惧怕洋人。倘使人民都能齐心，一哄而起，少数的客籍，到底敌不过多数的土著。（四）而平话、戏剧，怪诞不经（奇怪荒唐、不合常理）的思想，又深入民间。（五）在旧时易于号召的，自然是忠君爱国之说。所以有扶清灭洋的口号；所以有练了神拳，能避枪炮之说；所以他们所崇奉的孙悟空、托塔李天王之类，无奇不有。这是义和团在民间心理上的起源。而自《天津条约》缔结，教禁解除以来，基督教的传布，深入民间，不肖的人民，就有借教为护符，以鱼肉（用暴力欺凌）良懦，横行乡里的，尤使人民受切肤之痛。所以从教禁解除以来，教案即连绵不绝，而拳匪的排外、闹教，亦是其中重要的一因。[①]

这是说民间心理。至于堂堂大臣，如何也会相信这种愚谬之说呢？这真百思而不得其解了。须知居于高位的人，并不一定是聪明才智的；而位高之后，习于骄奢怠惰，尤足使其才智减退。所以怪诞不经之事，历代的王公大人，迷信起来，和平民初无以异，况且当时的中朝大臣，还有几种复杂的心理。（一）端郡王载漪，是想他的儿子，早正大位的。（二）其余亲贵，也有人想居翊戴之功。[2]（三）有一派极顽固的人，还是鸦片战争时代的旧思想，想把外国人一概排斥。如此，自然要以义和团为可信；或虽明知其不可信，而亦要想利用他了。

拳匪是起于山东的，本亦无甚大势力。而当时巡抚毓贤，加以奖励，其势遂渐盛。地方上教案时起。山东是德国人的势力范围，自然德人不能坐视，于是向总署交涉。政府无可如何，把他开缺（旧时官吏因故不能留任，政府免除其职务，准备另外选人充任。），代以袁世凯。袁世凯知道拳匪是靠不住的，痛加剿办，其众遂流入直隶。直隶总督裕禄，是那拉后的心腹。其人是不懂事的，只知道仰承意旨。当时中央既有此顽固复杂的心理，自然要利用拳匪，裕禄自然也要加以奖励了。于是拳匪大盛于京、津之间。自地方绅民，以至朝贵，也有慑于势，不得不然；也有别有用心的，到处都迎奉他们，设坛练拳。于是戕（qiāng，杀害。）教民，杀教士；焚教堂；拆铁路；毁电线；见洋货则毁；身御洋货的人，目（视）为二毛子，则杀。京、津之间，交通为之断绝。其事在一九〇〇年夏间。

外国公使，纷纷责问。极端守旧顽固之人，固然不知所谓。略明事理，而有权的人，也开不得口。别有用心的人，又说外国人要如何，借此恐吓那拉后。遂至对各国同时宣战。[3]其实这时候，英、美、德、奥、意、法、俄、日八国联军已到，大沽已失陷四日了。[4]

其时驻守津、沽之间的为聂士成。因拳匪淫掠，痛加剿击。拳匪很恨他。联军攻其前，拳匪亦攻其后。士成战死。天津失陷。裕禄兵溃，自杀。巡阅长江大臣李秉衡，率兵北上勤王。兵溃，亦自杀。京城之中，其初命董福祥率甘军，合着拳匪去攻使馆。因有阴令缓攻的，所以使馆没有打破。而德国公使克林德、[5]日本使馆书记杉山彬，都为乱民所戕。天津失陷。联军进逼通州，遂逼京城。德宗及太后出居庸关，走宣、大以达太原，旋闻联军有西进之说，再走西安。联军的兵锋，东至山海关，西南至保定而止。

这时候，两江总督刘坤一、湖广总督张之洞、两广总督李鸿章等，相约不奉伪命。派人和上海各国领事，订结保护东南，不与战事之约。战祸的范围，幸得缩小。而黑龙江将军寿山，举兵攻入俄境。于是俄人从阿穆尔和旅顺，两路出兵。阿穆尔的兵，分陷（一）墨尔根、齐齐哈尔；（二）哈尔滨、三姓；（三）珲（hún）春、宁古塔；合陷呼兰、吉林。旅顺的兵，（一）西陷锦州；（二）东陷牛庄、辽、沈；新民、安东；挟奉天将军增祺，以号令所属。东三省不啻全入俄人的掌握。

事势至此，无可如何。乃复派庆亲王奕劻（kuāng）和李鸿章为全权大臣，和各国议和。鸿章未能竣事而卒。代以王文韶。明年秋，和议成。与议的凡十一国。[6]其条件是：

（一）派亲王大臣，赴德、日，表示惋惜之意。

（二）惩办首祸诸臣，开复被害诸臣原官。[7]

（三）诸国人民遇害被虐城镇，停止考试五年。

（四）军火暨制造军火之物，禁止进口二年。[8]

（五）赔款总数，海关银四百五十兆两，照市价易为金款，年息四厘，分三十九年偿还。[9]

（六）划定使馆境界，界内由使馆管理，亦可自行防守。[10]

（七）大沽及有碍京师至海口通路的各炮台，一律削平。

（八）许诸国驻兵黄村、廊坊、杨村、天津、军粮城、塘沽、芦台、唐山、滦州、昌黎、秦皇岛、山海关，以保京师至海口的交通。

（九）许改订通商行船各条约。

后来通商条约改订的，有英、美、日、葡四国。(一)因赔款重了，许我加海关进口税至值百抽一二·五，出口税至七·五，而以裁厘为交换条件。[11](二)中国许修改矿务章程，招致外洋资财，[12]及修改内河行轮章程。[13](三)中国厘定国币，外人应在中国境内遵用。[14](四)律例、审断及一切相关事宜，均臻妥善，则外人允弃其治外法权。[15](五)英允除药用外，禁烟进口。[16]亦皆在此约中。又开商港多处。[17]

其俄国，当奕劻(kuāng)、李鸿章与各国议和时，借口东三省事件与中国有特别关系，当另议。于是以驻俄公使杨儒为全权大臣，和俄国外交部商议。俄人要求甚烈。日、英、美、德、奥、意等，均警告中国，不得和俄人订立密约，交涉遂停顿。各国和约大致议定后，乃由李鸿章和俄人磋议。一九〇二年，奕劻、王文韶和俄使订立《交收东三省条约》。俄人许分三期撤兵。[18]第一期如约撤退，第二期则不但不撤，反要求别订新约，且续调海陆军。一九〇三年六月，俄人合阿穆尔、关东，设极东大都督府，以亚历塞夫为总督。[19]九月，俄兵复占奉天。而日、俄二国，作战于我国境内的活剧，就不可免了。

注释

①参看第二十四章。

②当时欲行废立，既惧外人反对；国内舆情，又不允洽；计唯有于乱中取事。当秩序全失之时，德宗已废，溥儁已立；事定之后，本国人虽反对，亦无可如何。至对于外人，则无论怎样割地、赔款，丧失国权，都非所恤。这是当时载漪等人所愿出的拥立溥儁的代价。其立心之不可问如此。说他迷信拳匪，还是浅测他的。见恽(yùn)毓鼎《崇陵传信录》。

③诏云："朕今涕泪以告宗庙，慨慷以誓师徒。与其苟且图存，贻羞万古，孰若大张挞伐，一决雌雄？彼尚诈谋，我恃天理。彼凭悍力，我恃人心。

无论我国忠信甲胄，礼义干橹(lǔ)，人人敢死；即土地广有二十余省，人民多至四百余兆，何难翦彼凶焰，张国之威。”

④宣战上谕，在庚子五月二十五日，大沽失陷在二十一日。

⑤ Ketteler。

⑥德、奥、比、西、美、法、英、意、日、荷、俄。

⑦首祸诸臣：端郡王载漪，辅国公载澜，发往新疆，永远监禁。庄亲王载勋，都察院左都御史英年，刑部尚书赵舒翘赐自尽。山西巡抚毓贤，礼部尚书启秀，刑部左侍郎徐承煜正法。协办大学士，礼部尚书刚毅，大学士徐桐，前四川总督李秉衡，均已身故，追夺原官。被害诸臣：兵部尚书徐用仪，户部尚书立山，吏部左侍郎许景澄，内阁学士兼礼部侍郎衔联元，太常寺卿袁昶，均与各国宣战时，为载漪等所杀。

⑧诸国如谓应续禁，亦可展限。

⑨一九〇二至一九四〇年。以(一)新关；(二)通商口岸常关，均归新关管理；(三)盐政各进项为担保。

⑩中国人概不准在界内居住。诸国得常留兵队，分保使馆。

⑪《英约》第八款，《美约》第七款，《葡约》第十三款。

⑫《英约》第九款，《美约》第七款，《葡约》第十三款。

⑬《英约》第十款，《美约》第十二款，《葡约》第五款。修改章程，作为《中英商约》附件，《日约》同。

⑭《英约》第二款，《美约》第十二款，《葡约》第十一款，《日约》第七款，言中国改定度量衡之事。

⑮《英约》第十款，《美约》第十五款，《日约》第十一款，《葡约》第十六款。

⑯唯须有约各国，应允照行，方可照办。中国亦禁本国铺户制炼。见《英约》第十一款，《美约》第十六款，《葡约》第十二款。

⑰《英约》开长沙、万县、安庆、惠州、江门，除江门外，裁厘加税不施

行，不得索开。其白土口、罗定、都城，许停轮上下客货，容奇、马宁、九江、古劳、永安、后沥、禄步、悦城、陆都、封川十处，许停轮上下搭客。《美约》开奉天、安东。《日约》开北京、长沙、奉天、安东。《葡约》许自澳门往来“一八九七年《英缅约》专款，一九〇二年《中英商约》十款西江上下客货及搭客之处”。

⑱以六个月为一期。第一期，自庚子年九月十五起，撤盛京西南段至辽河之兵。第二期撤盛京其余各段及吉林之兵。第三期撤黑龙江之兵。将军会同俄官订定俄兵未退前三省驻兵之数，及其驻扎之地，不得增添。撤退后如有增减，随时知照俄人。俄人交还山海关、营口、新民屯各路，中国不许他人占据，并不得借他国兵护路。

⑲ Alexeiffo。

第十九章 远东国际形势

远东非复中国的远东了，亦不是中国和一两国关系简单的远东，而成为世界六七强国龙争虎斗之场。

在十六世纪以前，亚洲东北方，还是个寂寞荒凉之境。乃自俄人东略以来，而亚洲的北部，忽而成为欧洲斯拉夫族的殖民地。俄人因在黑海、地中海为英、法等国所扼，转而欲求出海之口于太平洋。于是中国黑龙江以北之地割，而尼科来伊佛斯克，而海参崴，相继建立。再为进一步的侵略，则西伯利亚大铁道，横贯黑、吉二省；而又分支南下，旅顺、大连湾，亦成为俄国远东的军商港。

此等情势，自然和日本的北进政策，是不相容的。日本是个岛国，在从前旧式的世界，本可做个世外桃源。乃自帝国主义横行以来，而此世外桃源，亦不复能守其闭关独立之旧。不进则退，当明治维新以前，日本也是被入侵略的，这时候，就要转而侵略他人了。日本的政策，原分南进、北进两派。论气候和物产，自然南进较为相宜。但是南洋群岛，面积究竟有限；而且也早给帝国主义者所分据了。要想侵略他人，自然要伸足于大陆。如此，朝鲜半岛和中国的东三省，遂成为日、俄两国势力相遇之地。

在中日战前，竞争朝鲜的主角是中日。中日战后，中国的势力，完全打倒了。但是日本是战胜国，而俄合德、法干涉还辽，是战胜国的战胜国。其势焰已使人可惊，况且当时，日本在朝鲜的势力，很为弥漫。朝鲜人处于日本钤制（钤：音 qián；钤制：限制约束。）之下，自然要想反抗。想反抗，自不得不借助于外力。于是俄国的势力，便乘机侵入了。当中日战时，日本即强迫朝鲜，订结攻守同盟。及中日战后，《马关条约》认朝鲜为自主之国。于是朝鲜改国号为韩，号称独立。然实权都在日人手中。日人所扶翼的是大院君。闵妃一派，自然要想反抗，自然要倚赖俄国。其结果，遂酿成一八九五年闵妃遇弑之变。这一次，大院君的入宫，挟着日本兵自随。而日本公使三浦梧楼，又以日使馆卫队继其后，各国舆论嚣然，都不直日本。日本不得已，把三浦梧楼召回，禁锢在广岛，而实未尝穷究其事，这就是所谓广岛疑狱。此等举动，适足以形日人手段的拙劣。其结果，反益促成韩国的亲俄。日人无可如何，只得吞声忍气，和俄国商量。一八九六年，两国因韩事订立协商。在韩的权利，殆处于平等的地位。到一八九八年，又订立第二次协商。俄人亦仅承认日人在韩国工商业上，有特殊的利益而已。对于东三省的利益，则丝毫不许日人分润。于是亚洲的东北角，潜伏着一个日俄冲突的危机。

不但如此，便中、西亚之间，也是危机潜伏。当十八世纪中叶，中国荡平天山南北路之时，正值英人加紧侵略印度之际。而俄国的侵略中亚，亦已于此时开始进行。[①]三国的势力，恰成一三角式。不进则退，中国对于属部，始终以羁縻视之，而英、俄两国，却步步进取。于是巴达克山，夷为英之保护国。乾竺特名为两属，实际上我也无权过问了。[②]而俄国亦服哈萨克，慑布鲁特，灭布哈尔，并基华，并取浩罕。[③]三国间的隙地博罗尔，竟由英、俄两国，擅行派员，划定界线。[④]我国最西的属部阿富汗，则由两国的争夺，而卒入于英人的势力范围。[⑤]而两国的争点，遂集于西藏。蒙古支族布里雅特人，[⑥]是多数住居在俄国的伊尔库次克和外贝加尔两省的，亦信喇嘛教。俄人乃利用其人入藏，以交结喇嘛。一八九九和一九〇〇两年，达赖和俄政府之间，竟尔互通使聘。中国还熟视无睹，英人看着，却眼中出火了。

在中国本部的利益，自然是列国所不肯放松的，而东北一片处女地，尤其是要想投资的人眼光之所集注。当《辛丑条约》业经订结，而东三省尚未交还时，俄人侵略的形势，最为可怕。日人于此，固然视为生死关头；便英人也不肯落后，法国在东洋，关系较浅，而其在欧洲，颇想拉拢俄国，所以较易附和俄人的主张。德国便不然了。他从占据胶州湾以后，对于东方，野心勃勃，断不容俄国人独强的。至于美国，在东方本没有什么深固的根底，其利于维持均势，自更无待于言了。

所以当此时，颇有英、德、日、美诸国，联合以对付一个俄国之概。当庚子拳乱，俄人占据东三省时，英国方有事南非，自觉独力不足以制俄，乃和德国在伦敦订立《协约》，申明开放门户，保全领土之旨。此约经通知各国，求其同意。日、美、法、奥、意都复牒承认。独俄国主张限于英德的势力范围，不适用于东三省。德国因关系较浅，就承认了俄国的主张，唯英、日两国，反对最力。于是英人鉴于德国之不足恃，知道防御俄国，非在远东方面，有个关系较深切之国不可。而且印度和英国，关系太深了，亦非有一国助英防护，不足以壮声势。乃不惜破弃其名誉的孤立，而和日本订立同盟。此事在一九〇二年。而俄国亦联合法国。发表宣言，说："因第三国侵略，或中国骚扰，致两国利益受侵犯时，两国得协力防卫。"这明是把俄、法同盟的效力，推广及于远东，以对抗英日同盟。日、俄两国的决裂，其形势已在目前了。但是以这时候的日本而和俄国开战，究竟还是件险事。所以在日人方面，还斤斤于满、韩交换之论。至一九〇四年，日本公使和俄国交涉，卒无效果，而战机就迫在眉睫了。

注释

①中国的荡平准部，事在一七五五年。英人占据加尔各答，事在一七五七年。俄人侵略中亚，则自一七三四年，在哈萨克地方，建筑炮台为始。

②巴达克山，以一八七七年，沦为英之保护国。乾竺特当光绪初年，薛福成和英国外交部商定选立头目之际，由中英两国，会同派员，还是两属之地。后来英人借口其本是克什米尔的属部，时时干涉其内政；又造了一条铁路，直贯其境，中国也就无从过问了。

③哈萨克是一八四〇年，全部为俄国所征服的。布鲁特亦相继降俄，布哈尔及基华，一八七三年均沦为俄之保护国。浩罕则于一八七六年，为俄所灭。

④事在一八九五年。

⑤阿富汗于一八七九年订约。承认嗣后宣战讲和，须得英人认许。至一九〇七年，英俄订结协约，而俄人承认阿富汗在俄国势力范围之外；其对俄政治界务等交涉，均由英国代办。

⑥ Buryat。

第二十章　日俄战争和东三省

当一九〇三年之时，日俄战争，业已迫于眉睫了。此时亦有主张我国应加入日本方面的。然（一）中国兵力，能帮助日本的地方很少。（二）而海陆万里，处处可以攻击，倘使加入，无论如何，是不会全胜的。那么，日本即获胜利，亦变为半胜了。而议和之际，反受牵制，所以日本是绝不愿意中国加入的。而且中国加入，则战祸益形扩大，于列强经济利益有碍。所以亦都不愿我们加入。中国的外交，自动的地方很少，而这时候，确亦很难自动。于是日俄战事，于一九〇四年之初爆发。而中国亦于其时，宣告中立，划辽河以东为战区。①

日本海军，先袭败俄舰于旅顺和韩国的仁川，把旅顺港封锁了。海参崴的军舰，亦屡为日兵所击败。俄国太平洋舰队，失其效力。日军遂得纵横海上。其陆军：第一军自义州渡鸭绿江，连陷九连城、凤凰城，直迫摩天岭。后又别组第三军，以攻旅顺。旅顺天险，所以相持久之不下。这一年秋间，日本一二两军，合攻辽阳。再加以从大孤山登陆的第四军，辽阳遂陷。俄国的运兵，比日本为迟。辽阳陷后，而其西方的精锐始渐集。乃反攻辽阳，不克。这时候，天气已渐寒冷了。两军乃夹浑河相峙。而日人于其间，竭全力攻陷旅顺。到明年，俄国西方之兵益集，日亦续调大军。日兵三十四万，俄兵四十三万，开始大战。经过两旬，俄军败退。日军遂陷奉天，北取开原。俄国波罗的海舰队，因英日同盟，不敢航行苏彝士运河，绕好望角东来。又为日人邀击于对马海峡，大败。于是俄国战斗之力穷，而朴资茅斯的和议起。

《朴资茅斯和约》共十五条。其重要的是：（一）俄承认日本对韩，有政治上、军事上和经济上的卓绝利益。（二）租借地外，日俄在满洲的军队，尽数撤退，以其地交还中国。俄人在满洲，不得有侵害中国主权，妨碍机会均等主义的领土上利益，暨优先及专属的让与权利。（三）中国因发达满洲的工商业，为各国共同的设置时，日俄两国，都不阻碍。（四）俄国以中国政府的承认，将旅、大租借地和长春、旅顺间的铁路，让与日本。（五）库页岛自北纬五十度以南，让与日本。[②]（六）日人在日本海、鄂霍次克海、白令海的俄领沿岸，有渔业权。

此时日本可调的兵，差不多都已调尽。其财政亦异常竭蹶。其急于要议和的情形，反较俄国为切。所以赔款分文未得。而且一切条件，差不多都是照俄人的意思决定的。日本战争虽胜利，和议是屈辱的。所以其全国人民，大起骚扰。费了许多气力，才镇压定。然而日本虽未能大有所得于俄，而仍可以取偿于我。当战役将终时，我国舆论，有主张乘机废弃《俄约》，并向英交涉，收回威海，而自动地和日本订立新约的。列国的眼光，则不过要把东三省作为共同投资之地，不欲其为一国所把持。而又希望其地的和平秩序，可以维持；所以有主张以东三省为一永世中立之地的。我国这时候，希望立宪之心正盛。[③]而满族皇室，终竟迟迟不肯放弃其权利，亦有就此议论，加以修正，主张以满洲为一王国，仿奥匈、瑞那之例，由中国皇帝兼其王位，而于其地试行宪政的。这许多议论，都成为画饼。仅于日、俄议和之时，由我国政府，照会二国，说和约条件有涉及中国的，非得中国承认不生效力而已。日、俄和议既定，日本乃派小村寿太郎到中国来，和中国订立《会议东三省事宜协约》，中国政府承认《日俄和约》第五、第六两条。而日本政府，承认遵行中俄租借地和筑路诸约。别结《附约》:（一）开凤凰城、辽阳、新民、铁岭、通江子、法库门、长春、吉林、哈尔滨、宁古塔、三姓、齐齐哈尔、海拉尔、瑷珲、满洲里为商埠。（二）安奉军用铁路，许日本政府接续经营，改为商运铁路。除运兵归国十二个月外，以两年为改良竣工之期。自竣工之日起，以十五年为限。届期请他国人评价，售与中国。（三）许设中日合办材木公司，采伐鸭绿江左岸森林。（四）满韩交界陆路通商，彼此以最惠国待遇。明年五月，日人设立南满洲铁道株式会社。七月，又设关东都督府。于是东北一隅，成为日俄两国划定范围，各肆攘夺的局面，不但介居两大之间而已。

《会议东三省善后事宜协约》，立于一九〇五年十二月二十六日。照约，安奉铁路的兴工，应在一九〇六年十二月二十七日之后，而其完工，则应在一九〇八年十二月二十六日之前。乃日人至一九〇九年，才要求派员会勘线路。邮传部命东三省交涉使和他会勘。会勘既竣，日人要收买土地。东三省总督锡良，忽然说路线不能改动。日人就自由行动，径行兴工。中国人无可如何，只得同他补结《协约》，承认了他。而所谓满洲五悬案，亦于此时解决。

（一）抚顺煤矿。日人主张是东省铁路的附属事业。中国人说在铁路线三十里之外。日人则说照该《铁路条例》，许俄人开矿，本没限定三十里。此时并烟台煤矿，都许日人开采。

（二）间岛问题。图们江北的延吉厅，多韩民越垦。日人强名其地为间岛。于其地设立理事官。这时候，仍认为中国之地。日所派理事官撤退。唯仍准韩民居住耕种，而中国又开龙井村、局子街、头道沟、百草沟为商埠。

（三）新法铁路。中国拟借英款兴造。日人指为南满铁路的平行线。这时候，许兴造时先和日本商议。

（四）东省铁路营口支路。是中俄《东省铁路公司契约》许俄人兴造的，这是为运料起见，所以原约规定八年之内，应行拆去，而日人抗不履行。至此，准其于南满铁路限满之日，一律交还。

（五）吉会铁路。满铁会社要求敷设新奉、吉长两路，业于一九〇七年订立契约。该会社又要求将吉长路展至延吉，和朝鲜会宁府铁路相接。至此，许由中国斟酌情形，至应开办时和日本商议。

自日俄战后，各国已认朝鲜为日本囊中之物了。所以日俄议和的一年，英日续订盟约，即删去保全朝鲜领土一条。然而对于中国门户开放，领土保全的条文，依然如故，一九〇七年的《日法协约》、《日俄协约》，一九〇八年的《日美照会》，都是如此，然而日本的行动，则大有唯我独尊，旁若无人的气概，列国自然不肯放手。而中国也总希望引进别国的势力，以抵制日俄两国的。当新法铁路照日本的意思解决时，中国要求筑造锦齐铁路时，日不反对。日人亦要求昌洮路归其承造。彼此记入会议录中。悬案解决后，中国要借英美两国之款，将锦齐铁路，延长到瑷珲，改称锦爱。日人嗾使俄人，出面抗议。于是美国人提议，各国共同出资，借给中国，由中国将满洲铁路赎回。此项借款未还清以前，由出资各国共同管理，禁止政治上、军事上的使用。——此即所谓满洲铁路中立。——其通牒，向中、英、德、法、俄、日六国提出。明年，日俄二国，共提抗议。这一年，日俄两国，就订立新协约。约中明言维持满洲现状；现状被迫时，两国得互相商议。如此，英美的经营，反促成日俄的联合了。而这新约，或云别有密约，俄国承认日本并吞韩国，而日本则承认俄国在蒙新方面的举动，所以这《协约》于七月四日成立，而朝鲜即于八月三十日灭亡；而到明年，俄人对于蒙、新，就提出强硬的要求了。

注释

①后来俄人反攻辽阳失败后，曾出奇兵，自辽西地方侵日。我国不能阻止。乃改以从沟帮子到新民屯的铁路线，为中立地和交战地的界限。

②库页即明代的苦夷，本中国属地。自黑龙江以北割弃后，日俄两国的人，都有侨寓其间的，而俄人是时，又有进至千岛的。一八七五年，两国乃定议，以库页归俄，千岛归日。

③参看第二十一章。

第二十一章　清末的宪政运动

戊戌变法，庚子拳乱，清朝的失政，一步步地使人民失望；而其时人民的程度亦渐高，于是从改革政治失望之余，就要拟议及于政体了。

中国的民主思想，在历史上，本是酝酿得很深厚的。不过国土大，人民多，没有具体的办法罢了。一旦和外国交通，看见其政体有种种的不同，而且觉得他们都比我们富强；从国势的盛衰，推想而及于政权的运用，自然要拟议及于政体了。于是革命、立宪、遂成为当日思潮的两流。

戊戌政变以后，康有为在海外，设立保皇党。梁启超则在日本横滨，发行《清议报》，痛诋那拉后，主张拥戴德宗，以行新政。这时候，还是维新运动的思想。但是空口说白话，要想那拉后把政权奉还之于德宗，是无此情理的，所以虽保皇党要想夺取政权，亦不得不诉之于武力。人民哪里来武力呢？其第一步可以利用的，自然是会党。原来中国各种会党，溯其原始，都是人民受异族的压迫，为此秘密组织，以为光复之豫备的。[1] 日久事忘，固然不免渐忘其原来的宗旨，然而他们，究竟是有组织的民众，只要有有心人，能把宗旨灌输给他们，用以举事，自较毫无组织的人民为易。所以在当时，不论保皇党、革命党，都想利用他们。就是八国联军入京的这一年，康有为之党唐才常，在上海设立国会总会。汉口设立分会；才常居汉口。后来的革命党人黄兴居湖南，吴禄贞居安徽的大通；联络哥老会党，广发富有会票，谋以这一年七月间，在武汉同时举事，而湖南、安徽，为之策应。未及期而事泄。才常被杀。鄂、湘、苏、皖四省，搜捕党众，杀戮颇多。当时鄂督张之洞，有一封信，写给上海国会总会中人，劝他们不要造反。国会中人，也有一封信复他，署名为是中国民。畅发国家为人民所公有，而非君主所私有之义，为其时之人所传诵。保皇运动，浸浸（渐渐）接近于革命了。

但是到十九世纪的初年，而保皇党宗旨渐变。《清议报》发刊，满一百期而止。梁启超改刊《新民丛报》。其初期，颇主张革命。后来康有为鉴于法国大革命杀戮之惨及中南美诸国政权的争夺，力主君主立宪，诒书诤之，梁启超渐渐改从其说。于是《新民丛报》成为鼓吹立宪的刊物，和当时革命党所出的《民报》对峙。[②] 以立宪之说，可以在国内昌言之故，《新民丛报》在国内风行颇广，立宪的议论，渐渐得势。到日俄战争以后，舆论都说日以立宪而胜，俄以专制而败，立宪派的议论，一时更为得势。

庚子一役，相信一班乱民，做这无意识开倒车的运动，以致丧权辱国；赔款之巨，尤其诒累于人民；清朝自己，也觉得有些难以为情了。于是复貌行新政，以敷衍人民。然而所行的都是有名无实，人民对于朝廷的改革，遂觉灰心绝望。除一部分从事于革命外，其较平和的，也都想自己参与政权，以图改革，这是二十世纪初年立宪论所以兴盛的原因。而其首将立宪之举，建议于清朝的，则为驻法公使孙宝琦。其后两江、两湖、两广诸总督，相继奏请。[③] 到一九〇五年，直督袁世凯，又奏请简派亲贵，分赴各国，考察政治。于是有派五大臣出洋考察之举。[④] 明年回国，一致主张立宪。于是下上谕："先将官制改革，次及其余诸政治，使绅民明悉国政，以备立宪基础。数年之后，查看情形，视进步之迟速，以定期限之远近。”是为清末的所谓豫备立宪。于是改订内外官制。设资政院、谘（zī，同“咨”。）议局，以为国会及省议会的基础，颁布《城镇乡自治章程》。立审计院，颁布《法院编制法》及《新刑律》。设省城及商埠的检察、审判厅，又设立宪政编查馆，以为举行宪政的总汇。看似风起云涌，实则所办之事，都是不伦不类的；而且或格不能行，或行之而名不副实，人民依旧觉得失望。于是即行立宪和豫备立宪，遂成为当日朝廷和人民的争点。

朝廷上说：“人民的程度不足，是不能即行立宪的。”舆论则说：“程度的足不足，哪有一定标准？况且正因为政治不良，所以要立宪。若使把件件政治都改好了，然后立宪，那倒无须乎立宪了。”当时政府和人民的争点，大要如此。当时的政府，是个软弱无力的。既没有直捷痛快，拒绝人民的勇气；又不肯直接痛快，实行人民的主张。一九〇八年，各省主张立宪的政团和人民，[⑤]上书请速开国会。朝廷下诏，定以九年为实行之期。这一年冬天，德宗死了。那拉后立醇亲王载沣（fēng）之子溥仪，年四岁，以载沣为摄政王。明日，那拉后也死了。其明年，各省谘议局成立，组织国会请愿同志会，于一九一〇年，入都请愿，亦不许。这一年，京师资政院开会，亦通过请愿速开国会案上奏。清廷乃下诏，许缩短期限，于三年之后，开设国会。人民仍有不满，请愿即行开设的，遂都遭清廷驱逐。并命京内外，有唱言请愿的，即行弹压拿办。其诡诡（洋洋自得的样子）的声音颜色，可谓与人以共见了。

当时的清廷，不但立宪并无诚意，即其政治亦很腐败。政府中的首领，是庆亲王奕劻。他是个老耄（mào）无能的人。载沣性甚昏庸。其弟载洵、载涛，亦皆欲干预政治，则又近于胡闹。到革命这一年，责任内阁成立，仍以奕劻为总理。阁员亦以满族占多数。[⑥]人民以皇族内阁，不合立宪公例，上书请愿。谘议局亦联合上书，不听。到第二次上书，就遭政府的严斥。这时候的政治家，鉴于中国行政的无力，颇有主张中央集权之论的。政府也颇援为口实。但政治既不清明，又不真懂得集权的意义，并不能励精图治，将各项政权集中，而转指人民奔走国事的，为有妨政府的大权，一味加以压制。于是激而生变，酝酿多年的革命运动，就一发而不可遏了。

注释

①参看第七章。

②见第五编第二章。

③当时江督为周馥（fù），鄂督为张之洞，粤督为岑春煊。

④当时所派的为载泽、戴鸿慈、徐世昌、端方、绍英，临发时，革命党人吴樾（yuè）炸之正阳门车站。载泽、绍英，都受微伤。行期遂展缓。后来改派李盛铎、尚其亨，以代徐世昌、绍英。

⑤其时的政团，为江苏预备立宪公会、湖北宪政筹备会、湖南宪政公会、广东自治会。人民参与的，有直隶、山东、山西、河南、安徽、浙江、四川、贵州各省。

⑥内阁总理奕劻，协理世续、徐世昌。外务部大臣邹嘉来，民政部大臣桂春，陆军部大臣荫昌，海军部大臣载洵，军谘府大臣载涛，度支部大臣载泽，学部大臣唐景崇，法部大臣廷杰，农工商部大臣溥伦，邮传部大臣盛宣怀，理藩部大臣善耆。除徐世昌、邹嘉来、唐景崇、盛宣怀之外，都系满人。

第二十二章　清代的制度

清代的制度，在大体上可以说是沿袭前朝的。至于模仿东西洋，改革旧制，那已是末年的事了。

清代的宰相，亦是所谓内阁。但是只管政治，至于军事，则是交议政王大臣议奏的。世宗时，因西北用兵，设立军机处，后遂相沿未撤。从此以后，机要的事务，都归军机；唯寻常本章，乃归内阁。军机处之权，就超出内阁之上了。六部长官，都满、汉并置。[①]而吏、户、兵、刑四部，尚侍之上，又有管部大臣，以至互相牵制，事权不一。还有理藩院，系管理蒙古的机关，虽以院名，而其设官的制度，亦和六部相同。都察院，左都御史和左副都御史，亦满、汉并置，[②]其右都御史和右副都御史，则为总督、巡抚的兼衔。外官：督、抚在清代，亦成为常设的官。而属于布、按两司的道，亦若自成一级。于是督、抚、司、道、府、县，几乎成为五级了。压制重而展布难，所以民治易于荒废；统辖广而威权大，所以长官易于跋扈。和外国交通以后，首先设立的，为总理各国事务衙门，后来改为外务部。[③]末年因办新政，复增设督办政务处等，其制度，都和军机处相像。到一九〇六年，筹备宪政，才把新设和旧有的机关，改并而成外务、吏、民政、度支、礼、学、陆军、农工商、邮传、理藩、法十一部。[④]革命的一年，设立责任内阁，并裁军机处和吏、礼两部，而增设海军部和军谘府。省的区域，本自元明两代，相沿而来，殊嫌其过于庞大。末年议改官制时，很有主张废之而但存道或府的，但未能实行。当时改订外官制，仍以督抚为一省的长官。但改按察司为提法、学政为提学，而增设交涉司；裁分巡，而增设劝业、巡警两道。东三省和蒙、新、海、藏的官制，在清代是和内地不同的。奉天为陪京，设立户、礼、兵、刑、工五部，而以将军管旗人，府尹治民事。且有奉天、锦州两府。吉黑则只有将军、副都统等官。后来逐渐设厅。[5]直至日俄战后，方才改设行省。其蒙古和新疆、青海、西藏，则都治以驻防之官。新疆改设行省，在中俄伊犁交涉了结之后。青海、西藏，则始终未曾改制。

清代取士之制，大略和明代相同。[6]唯官缺都分满、汉。而蒙古及汉军、包衣，亦各有定缺，为其特异之点。戊戌变法时，尝废八股文，改试论策经义。政变后复旧。义和团乱后，又改。至一九〇五年，才废科举，专行学校教育。但学校毕业之士，仍有进士、举、贡、生员等名目，谓之奖励。到民国时代才废。[7]

兵制有八旗、绿营之分。八旗编丁，起于佐领。每佐领三百人。五佐领设一参领。五参领设一都统，两副都统。此为清朝初年之制。后来得蒙古人和汉人，亦都用此法编制。所以旗兵又有满洲、蒙古、汉军之分。入关以后，收编的中国兵，则谓之绿营，而八旗又分禁旅和驻防两种。驻防的都统，改称将军。乾嘉以前，大抵出征以八旗为主；镇压内乱，则用绿营。川楚教匪之乱，八旗绿营，都不足用，反靠临时招募的乡勇，以平乱事，于是勇营大盛。所谓湘、淮军，在清朝兵制上，亦是勇营的一种。中法之战，勇营已觉其不足恃，到中日之战，就更形破产了。于是纷纷改练新操，是为新军。到末年，又要改行征兵制，于各省设督练公所，挑选各州县壮丁有身家的，入伍训练，为常备兵。三年放归田里，为续备兵。又三年，退为后备兵。又三年，则脱军籍。当时的计划，拟练新军三十六镇，未及成而亡。水师之制，清初分内河、外海。太平天国起后，曾国藩首练长江水师，和他角逐，而内河水师的制度一变。至于新式的海军，则创设于一八六二年。法、越战后，才立海军衙门。以旅顺和威海卫为军港。一时军容颇有可观，后来逐渐腐败。而海军衙门经费，又被那拉后修颐和园所移用。于是军费亦感缺乏。中日之战，遂至一败涂地。战后，海军衙门既裁，已经营的军港，又被列强租借，就几于不能成军了。

清朝的法律，大体是沿袭明朝的。起初以例附律。后就将两种合纂，称为《律例》。其不平等之处，则宗室、觉罗和旗人，都有换刑。而其审判机关，亦和普通人民不同。[8]流寓中国的外国人，犯了罪，全由中国的官长审讯，这是清初尚然如此。[9]不过同类自犯，可以参酌本俗法为理。鸦片战后，各国有裁判权，就于国权大有损害了。末年，因为要取消领事裁判权，派沈家本、伍廷芳为修订法律大臣，把旧律加以修改。[10]曾颁行《商律》和《公司律》。其民、刑律和民、刑事诉讼律，亦都定有草案，但未及颁行。审判机关，则改大理寺为大理院，为最高审判，其下则分高等、地方、初等三级。但亦未能推行。

赋役是仍行明朝一条鞭之制的。丁税既全是征银，而其所谓丁，又不过按粮摊派，则已不啻加重田赋，而免其役，所以清朝的所谓编审，不过是将全县旧有丁税若干，设法摊派之于有粮之家而已。[11]和实际查验丁数，了无干涉。即使按期举行，所得的丁额，亦总不过如此。清圣祖明知其故，所以于一七一二年，[12]特下“嗣后滋生人丁，永不加赋；丁赋之额，以康熙五十年册籍为准”之诏。既然如此，自然只得将丁银摊入地粮；而编审的手续，也当然可省；后来就但凭保甲以造户口册了。地丁而外，江苏、安徽、江西、湖北、湖南、浙江、河南、山东八省，又有漕粮。初征本色，末年亦改征折色。田赋而外，以关、盐两税为大宗。盐税仍行引制。由国家售盐于大商，而由大商各按引地，售与小民。此法本有保护商人专利之嫌。政府所以要取此制，只是取其收税的便利。但是初定引地时，总要根据于交通的情形；而某地定额若干，亦是参照该地方消费的数量而定的。历时既久，两者的情形，都不能无变更，而引地和盐额如故，于是私盐贱而官盐贵，国计民生，交受其弊，而商人也不免于坐困了。关有常关和新关两种。常关沿自明代，新关则是通商之后，增设于各口岸的。税率既经协定，而总税务司和税务司，又因外交和债务上的关系，限用外国人。革命之后，遂至将关税收入，存入外国银行，非经总税务司签字，不能提用。甚至偿还外债的余款，就是所谓关余的取用，亦须由其拨付，这真可谓太阿倒持了。厘金是起于太平军兴之后的。由各省布政司委员，设局征收。其额系值百抽一，所以谓之厘金。但是到后来，税率和应税之品，都没有一定；而设局过多，节节留难，所以病商最甚。《辛丑和约》，因我国的赔款负担重了。当时议约大臣，要求增加关税，外人乃以裁厘为交换条件。许我裁厘后将关税增加至值百抽五，然迄清世，两者都未能实行。⑬

注释

①尚书满、汉各一个，侍郎各二人。

②左都御史满、汉各一人，左副都御史各二人。

③这是有条约上的关系的。参看第十章注15。其改为外务部，亦系《辛丑和约》所订定。

④民政部，新设之巡警部改。度支部，户部改，新设的财政处、税务处都并入。礼部，太常、光禄、鸿胪三寺并入。学部，新设的学务处改，国子监并入。陆军部，兵部改，太仆寺和新设的练兵处并入。农工商部，工部改，

新设的商部并入。理藩部，系理藩院改称。法部，刑部改。

⑤奉天将军，统辖旗人，唯实际只问军事，其旗人民刑事件，多归户、刑二部办理，旗人和汉人的词讼，旧例由州县会同将军的属官，如城守尉等办理。——因旗人不属汉官。——但因他们往往偏袒旗人，而又不懂得事，所以后来于知府以下，都加理事衔，令其专司审判。清代同知通判，通常冠以职名，如捕盗、抚民、江防、海防等是。其设于八旗驻防之地，以理汉人和旗人词讼的，谓之理事同知。同知所驻之地称厅。旗人是兵民合一的，所以将军、副都统以下，凡带兵的官，也都是治民的官。汉人则不能如此。所以后来允许汉人移住，设立管理的机关，都是从设厅始。

⑥唯首场试四书文，次场试五经文。明代次场所试，在清则不试。

⑦当时京师立大学堂，省立高等学堂，府立中学堂，县立高、初两等小学堂。高等小学毕业的，为廪、增、附生。中学毕业的，为拔贡、优贡、岁贡。高等学堂毕业的为举人。大学毕业的为进士。其实业、师范等学校，各按其程度为比例。

⑧笞杖，宗室、觉罗罚养赡银，旗人鞭责。徒流，宗室、觉罗板责圈禁，旗人枷号（旧时将犯人上枷标明罪状示众）。死罪，宗室、觉罗，都赐自尽。凡宗室、觉罗犯罪，由宗人府审问。八旗、包衣，由内务府审问。徒以上咨刑部。旗人，在京由都统，在外由将军、都统、副都统审问。在京者徒以上咨刑部，在外的流以上申请。盛京旗人狱讼，都由户、刑两部审讯。徒流以上，由将军各部，府尹会断。

⑨《唐律疏议》卷六名例云："诸化外人同类自犯者，各依本俗法。异类相犯者，以法律论。"《疏义》说："化外人，谓蕃夷之国，别立君长者。各有风俗，制法不同，所以须问其本国之制，依其俗法断之。"这是各适其俗之意。唯异类相犯，若"高丽、百济相犯之类"，则国法各异，故即用中国之法定罪。至于外人犯中国法的，当然用中国法治罪。有时为怀柔起见，令其自行

处治，如《宋史·日本传》，倭船火儿藤太明殴郑作死，诏械太明付其纲首，归治以其国之法，是其一例。详见《唐宋元时代中西通商史》本文二，考证十一、十二。

⑩改笞杖为罚金，徒流（徒刑或流刑；徒刑：将罪犯拘禁于一定场所，剥夺其自由，并强制劳动；流刑：古时的一种刑罚，把犯人遣送到边远地方服劳役。）为工作，死刑存绞斩，而废凌迟（民间所说的“千刀万剐”）、枭首（枭：音 xiāo；枭首：砍下并悬挂罪犯头颅。）等。

⑪当时之人，谓之“丁随粮行”。

⑫康熙五十一年。

⑬参看第五编第十六章。

第二十三章　清代的学术

清代学术的中坚（最有力的并起较大作用的成分），便是所谓汉学。这一派学术，以经学为中心。专搜集阐发汉人之说，和宋以来人的说法相对待，所以得汉学之称。

汉学家的考据，亦可以说是导源于宋学中之一派的。[①] 而其兴起之初，亦并不反对宋学。只是反对宋学末流，空疏浅陋之弊罢了。所以其初期的经说，对于汉宋，还是择善而从的。而且有一部分工作，可以说是继续宋人的遗绪。[②] 但是到后来，其趋向渐渐地变了。其工作，专注重于考据。考据的第一个条件是真实。而中国人向来是崇古的。要讲究古，则汉人的时代，当然较诸宋人，去孔子为近。所以第二期的趋势，遂成为专区别汉、宋，而不复以己意评论其短长。到此，才可称为纯正的汉学。所以也有对于这一期，而称前一期为汉宋兼采派的。

第一期的人物，如阎若璩（qú）、胡渭等，读书都极博，考证都极精。在这一点，可以说是继承明末诸儒的遗绪的。但是经世致用的精神，却渐渐地缺乏了。第二期为清代学术的中坚。其中人物甚多，近人把他分为皖、吴二派。皖派的开山，是江永，继之以戴震。其后继承这一派学风的，有段玉裁，王念孙、引之父子和末期的俞樾（yuè）等。此派最精于小学，而于名物制度等，搜考亦极博。所以最长于训释。古义久经湮晦（埋没、消失），经其疏解，而灿然复明的很多。吴派的开山，是惠周惕、惠士奇、惠栋，父子祖孙，三世相继。其后继承这一派学风的，有余萧客、王鸣盛、钱大昕（xīn）、陈寿祺、乔枞（zōng）父子等。这派的特长，尤在于辑佚（辑录散失的有关资料）。古说已经亡佚，经其搜辑而大略可见的不少。

汉学家的大本营在经。但因此而旁及子、史，亦都以考证的方法行之。经其校勘、训释、搜辑、考证，而发明之处也不少。其治学方法，专重证据。所研究的范围颇狭，而其研究的功夫甚深。其人大都为学问而学问。不掺以应用的，亦颇有科学的精神。

但是随着时势的变化，而汉学的本身，也渐渐地起变化了。这种变化，起初也可以说是起于汉学的本身；但是后来，适与时势相迎合；于是汉学家的纯正态度，渐渐地改变。而这一派带有致用色彩的新起的学派，其结果，反较从前纯正的汉学为发达。这是怎样一回事呢？原来汉学的精神，在严汉、宋之界。起初只是分别汉、宋而已。到后来，考核的功夫愈深，则对于古人的学派，分别也愈细。汉、宋固然不同，而同一汉人之中，也并非不相违异。其异同最大的，便是第三篇第九章所讲的今、古文之学。起初但从事于分别汉、宋，于汉人的自相歧异，不甚措意。到后来，汉、宋的分别工作，大致告成，而汉人的分别问题，便横在眼前了。于是有分别汉人今古文之说，而专替今文说张目的。其开山，当推庄存与，而继之以刘逢禄和宋翔凤。再继之以龚自珍和魏源。更后，便是现代的廖平和康有为了。汉代今文学的宗旨，本是注重经世的。所以清代的今文学家，也带有致用的色彩。其初期的庄、刘已然，稍后的龚、魏，正值海宇沸腾，外侮侵入之际。二人都好作政论；魏源尤其留心于时务。其著述，涉及经世问题的尤多。最后到廖平，分别今古文的方法更精了。[③]至康有为，则利用经说，自抒新解。把春秋三世之义，推而广之。而又创托古改制之说，替思想界起一个大革命。[④]

清学中还有一派，是反对宋学的空谈，而注意于实务的。其大师便是颜元。他主张仿效古人的六艺，留心于礼、乐、兵、刑诸实务。也很有少数人佩服他。但是中国的学者，习惯在书本上做功夫久了；而学术进步，学理上的探讨和事务的执行，其势也不得不分而为二。所以此派学问，传播不甚广大。

还有一派，以调和汉、宋为目的，兼想调和汉、宋二学和文士的争执的，那便是方苞创其前，姚鼐（nài）继其后的桐城派。当时汉、宋二学，互相菲薄。汉学家说宋学家空疏武断，还不能明白圣人的书，何能懂得圣人的道理？宋学家又说汉学家专留意于末节，而忘却圣人的道理，未免买椟还珠。至于文学，则宋学家带有严肃的宗教精神，固然要以事华采为戒；便是汉学家，也多自矜以朴学，而笑文学家为华而不实的。——固然，懂得文学的人，汉、宋学家中都有，然而论汉、宋学的精神，则实在如此。其实三者各有其立场，哪里可以偏废呢？所以桐城派所主张义理、考据、辞章，三者不可缺一之说，实在是大中至正的。但是要兼采三者之长而去其偏，这是谈何容易的事？所以桐城派的宗旨，虽想调和三家，而其在汉、宋二学间的立场，实稍偏于宋学，[⑤]而其所成就，尤以文学一方面为大。

清朝还有一位学者，很值得介绍的，那便是章学诚。章学诚对于汉、宋学都有批评。其批评，都可以说是切中其得失。而其最大的功绩，尤在史学上。原来中国人在章氏以前，不甚知道“史”与“史材”的分别，又不甚明了史学的意义。于是（一）其作史，往往照着前人的格式，有的就有，无的就无，倒像填表格一样；很少能自立门类，或删除前人无用的门类的。（二）则去取之间，很难得当。当历史读，已经是汗牛充栋，读不胜读了；而当作保存史材看，则还是嫌其太少。章氏才发明保存史材和作史，是要分为两事的。储备史材，愈详愈妙，作史则要斟酌一时代的情势，以定去取的，不该死守前人的格式。这真是一个大发明。章氏虽然没有作过史，然其借改良方志的体例，为豫备史材的方法，则是颇有成绩的。

理学在清朝，无甚光彩。但其末造，能建立一番事功的曾国藩，却是对于理学颇有功夫的，和国藩共事的人，如罗泽南等，于理学亦很能实践。他们的成功，于理学可谓很有关系。这可见一派学问，只是其末流之弊，是要不得，至于真能得其精华的，其价值自在。

以上所说，都是清朝学术思想变迁的大概，足以代表一时代重要的思潮的。至于文学，在清朝比之前朝，可说无甚特色。[6]称为古文正宗的桐城派，不过是谨守唐、宋人的义法，无甚创造。其余模仿汉、魏、唐、宋的骈文……的人，也是如此。诗，称为一代正宗的王士祯，是无甚才力的。后来的袁、赵、蒋，[7]虽有才力，而风格不高。中叶后竞尚宋诗，亦不能出江西派杵臼。词，清初的浙派，尚沿元、明人轻佻（tiāo）之习。常州派继起，颇能力追宋人的作风。但是词曲，到清代，也渐成为过去之物。不但词不能歌，就是曲也多数不能协律；至其末年，则耳目的嗜好，也渐变，皮黄（京剧声腔，西皮和二黄的合称。）盛而昆曲衰了。平民文学，倒也颇为发达。用语体以作平话、弹词的很多。在当时，虽然视为小道，却是现在平民文学所以兴起的一个原因。书法，历代本有南北两派。南派所传的为帖，北派所传的为碑。自清初以前，书家都取法于帖。但是屡经翻刻，神气不免走失。所以到清中叶时，而潜心碑版之风大盛。主持此论最力，且于作书之法，阐发得最为详尽的，为包世臣。而一代书家，卓然得风气之先的，则要推邓完白。清代学术思想，都倾向于复古，在书法上亦是如此的。这也可见一种思潮正盛之时，人人受其鼓荡而不自知了。

注释

①见第三编第三十五章。

②如江永所编的《礼书纲目》，即系有志于继续朱子的《仪礼经传通解》的。

③前此分别今古文的，都不免泥定（株守、拘执）某部书为今文，某部书为古文，到廖平，才知道多数古书中，都不免两派夹杂，提出几种重要的学说做根据，逐一细加厘剔（整理修订）。所以从此以后，今古文的派别，分别得更精细了。此法并可利用之以看古人各家的学说，都易于明了其真相，并不限于治经。

④康有为学说的精髓，在《孔子改制考》一书。此书说古代世界，本是野蛮的；经子中所说高度文化的情形，都系孔子和其余诸子意图改革，怕人家不信，所以托之于古，说古人已是如此。这话在考据上很成问题。但是能引诱人向前进取，不为已往的习俗制度所囿，在鼓舞人心、增加改革的勇气上，实在是很有效力的。三世是《公羊春秋》之义，说孔子把春秋二百四十年之中，分为据乱、升平、太平三种世界，表示着三种治法。也是足以导人进取，而鼓舞其改革的勇气的。

⑤桐城派中的方东树，著《汉学商兑》一书，攻击汉学家最烈。

⑥梁启超说，见所撰《清代学术概论》。

⑦袁枚、赵翼、蒋士铨。

第二十四章　清代的社会

论起清代的社会来，确乎和往古不同。因为他是遭遇着旷古未有的变局的。这旷古未有的变局，实在当十六世纪之初——欧人东略——已开其端。但是中国人，却迟到十八世纪的中叶——五口通商——方才感觉到。自此以前，除少数——如在海口或信教——与西人接近的人外，还是丝毫没有觉得。

清代是以异族，入主中国的。而又承晚明之世，处士横议，朋党交争之后，所以对于裁抑绅权、摧挫士气二者，最为注意。在明世，江南一带，有所谓投大户的风气。仕宦之家，童仆之数，盈千累百。不但扰害小民，即主人亦为其所挟制。[①]到清代，此等风气，可谓革除了。向来各地方，有不齿的贱民，如山、陕的乐籍，绍兴的惰民，徽州的伴当（旧指陪同主人出门的仆从），宁国的世仆，常熟、昭文的丐户（即惰民，封建社会中最受歧视的一部分平民。），江、浙、福建的棚民，在清世宗时，亦均获除籍。此等自然是好事。然而满、汉之间，却又生出不平等来了。旗人在选举、司法种种方面，所占地位都和汉人不同，具见第二十二章所述。而其关系最大的，尤莫如摧挫士气一事。[②]宋、明两朝，士大夫都很讲究气节。风会所趋，自然不免有沽名钓誉的人，鼓动群众心理，势成一哄之市。即使动机纯洁，于事亦不能无害；何况持之稍久，为野心者所利用，杂以他种私见，驯致酿成党争呢？[③]物极必反，在清代，本已有动极思静之势；而清人又加之以摧挫，于是士大夫多变为厌厌无气之流，不问国事。高者讲考据，治词章，下者遂至于嗜利而无耻。管异之有《拟言风俗书》，最说得出明清风气的转变。他说：

> 明之时，大臣专权，今则阁、部、督、抚，率不过奉行诏命。明之时，言官争竞，今则给事、御史，皆不得大有论列。明之时，士多讲学，今则聚徒结社者，渺焉无闻。明之时，士持清议，今则一使事科举，而场屋策士之文，及时政者皆不录。大抵明之为俗，官横而士骄，国家知其敝而一切矫之，是以百数十年，天下纷纷，亦多事矣。顾其难皆起于田野之间，闾巷之侠；而朝宁学校之间，安且静也。然臣以为明俗敝矣，其初意则主于养士气，蓄人才。今夫鉴前代者，鉴其末流，而要必观其初意。是以三代圣王相继，其于前世，皆有革有因，不力举而尽变之也；力举而尽变之，则于理不得其平，而更起他祸。

清朝当中叶以后，遇见旷古未有的变局，而其士大夫，迄无慷慨激发，与共存亡的，即由于此。此等风气，实在至今日，还是受其弊的。

我们今日，翻一翻较旧的书，提到当时所谓“洋务”时，率以“通商”、“传教”两个名词并举。诚然，中西初期的交涉，不外乎此两端。就这两端看来，在今日，自然是通商的关系，更为深刻。——因为帝国主义者经济上的剥削，都是由此而来的。——其在当初，则欧人东来，所以激起国人的反抗的，实以传教居先，而通商顾在其次。欧人东来后，中国反对他传教的情形，读第二章，已可见其大略。但这还是士大夫阶级的情形。至一八六一年，《天津》、《北京》两条约发生效力以来，从前没收的教堂，都发还。教士得在中国，公然传教。从此以后，洋人变为可畏之物，便有恃入教为护符，以鱼肉邻里的。地方官遇教案，多不能持平，小民受着切肤之痛，教案遂至连绵不绝。[④]直至一九〇〇年，拳匪乱后，而其祸乃稍戢。

至于在经济上，则通商以后，中国所受的侵削尤深。通商本是两利之事，历代中外通商，所输入的，固然也未必是必需品。[⑤]然中国所受的影响有限。至于近代，则西人挟其机制之品，以与我国的手工业相竞争。手工业自然是敌不过他的。遂渐成为洋货灌输，固有的商工业亏折，而推销洋货的商业勃兴之象。不但商工业，即农村亦受其影响，因为旧式的手工，有一部分，是农家的副业。偏僻的农村，并有许多粗制品，亦能自造，不必求之于外的。机制品输入而后，此等局面打破，农村也就直接、间接受着外人的剥削了。此等情势，但看通商以后，贸易上的数字，多为入超可见。资本总是向利息优厚之处流入的，劳力则是向工资高昂之处移动的。遂成为外国资本，输入中国；而中国劳工，纷纷移植海外的现象。

外人资本的输入，最初是商店——洋行——和金融机关。从《马关条约》以后，外人得在我国通商口岸设厂，而轻工业以兴。其后外人又竞攫（jué）我的铁路、矿山等，而重工业亦渐有兴起。此等资本，或以直接投资，或以借款，或以合办的形式输入，而如铁路、矿山等，并含有政治上的意味。至于纯粹的政治借款，则是从一八六六年，征讨“回乱”之时起的。此后每有缺乏，亦时借洋债，以资挹注（yì zhù，以有余来弥补不足。）。但为数不多。中、日战后，因赔款数目较巨，财政上一时应付不来，亦借外债以资应付。但至一九〇二年，亦都还清。而其前一年，因拳乱和各国订立和约，赔款至四万五千万两之巨。截至清末，中国所欠外债，共计一万七千六百万，仅及庚子赔款三之一强，可见拳乱一役，贻累于国民之深了。

我国的新式工业初兴起时，大抵是为军事起见，已见第十三章。其中仅一八七八年，左宗棠在甘肃倡办织呢局；稍后，李鸿章在上海办织布局；张之洞在湖北办织布、纺纱、制麻、缫（sāo）丝四局，可称为纯粹工业上的动机。此等官办或官商合办的事业，都因官场气习太深，经营不得其法，未能继续扩充，而至于停办。前清末造，民间轻工业，亦渐有兴起的，亦因资本不足，管理不尽合宜，未能将外货排斥。在商业上，则我国所输出的，多系天产及粗制品。且能直接运销外国者，几于无之，都是坐待外商前来采运，其中损失亦颇巨。

华人移植海外，亦自前代即有之。但至近世，因交通的便利，海外事业的繁多，而更形兴盛。其初外人是很欢迎中国人前往的。所以一八五八年的《中英条约》，一八六一年的《中俄条约》，一八六四年的《西班牙条约》，一八六八年的《中美续约》，都有许其招工的明文。今日南洋及美洲繁盛之地，原系华人所开辟者不少。到既经繁盛，却又厌华人工价的低廉，而从事于排斥；苛待、驱逐之事，接踵而起了。[6]但在今日，华侨之流寓海外者还甚多。虽无国力之保护，到处受人压迫，然各地方的事业，握于华人之手者仍不少。譬如暹罗、新加坡等，一履其地，俨然有置身闽、粤之感。我国的国际收支，靠华侨汇回之款，以资弥补者，为数颇巨。其人皆置身海外，深受异民族压迫之苦，爱国之观念尤强，对于革命事业的赞助，功绩尤伟。若论民族自决，今日华侨繁殖之地，政权岂宜握在异族手中？天道好还，公理终有伸张之日，我们且静待着罢了。

注释

①参看第三编第四十七章。

②参看第四章。

③参看第三编第三十六章。

④一八四五，即道光二十五年，法人赴粤，请弛教禁。总督耆英奏闻，部议准在海口设立天主堂，然内地之禁如故。至《天津条约》，则英、法、俄、美，都有许传教的明文，《北京条约》第六款，又规定将前此充公的天主堂均行发还。教士得在各省租买田地，建造房屋，教禁至此，始全解除，然是年，江西、湖南两省，即有闹教之事。此后教案迭起，而一八七〇年，即同治九年天津一案，尤为严重。此案因谣传教堂迷拐人口而起。法国领事丰大业，以枪击天津知县刘杰，不中，为人民所殴毙。并毁教堂、医院，教民、洋人死者二十余人。法人必欲以刘杰及天津府张光藻、提督陈国瑞抵偿，调军舰至津迫胁。中国舆论，亦有主战的。曾国藩以署直督往查办，力主持重。结果，将张光藻、刘杰遣戍，滋事之人，正法者十五，军流者四，徒者十七，国藩因此，大为清议所不直。然当时情势，实极危急。国藩赴津之时，至于先作遗书，以诫其子。其情势亦可想见了。

⑤如香药、犀、象等。

⑥外人排斥华工，起于一八七九年，美国嘉理福尼省的设立苛例；其后一八九八年，檀香山属美，一九〇二年菲律宾属美，都将此例推行；南洋等处，设立苛例，以待华侨者，亦属不少。

第五编　现代史

第一章　革命思想的勃兴和孙中山先生

什么叫作革命？前编第十七章，已经说过了。凡事积之久则不能无弊。这个积弊，好像人身上的老废物一样，非把它排除掉，则不得健康。人类觉悟了，用合理的方法，把旧时的积弊，摧陷廓清，以期达于理想的境界，这个就唤作革命。

革命不是中国一国的事。以现在的情形而论，是全世界都需要革命的。但是我们生在中国，其势只得从中国做起。

然则中国的革命思想，又是如何产生的呢？我说其动机有三：

其一是民族思想。人生在世界上，最紧要的，是自由平等。但是因为民族的差殊，彼此利害不同，而又不能互相谅解，就总不免有以此一民族，压制彼一民族之事。

中国待异民族，是最宽大的。只觉得我们是先进的民族，有诱掖（引导扶植。）启导后进的责任。绝无凭恃武力，或者靠什么经济的力量，去压迫榨取异民族之事。但是此等理想，要实现它很难。而以过尚平和故，有时反不免受异族的压迫。中古史的后半期，辽、金、元、清，叠次侵入，便是其适例。到了近世，欧人东略，民族间利害冲突的情形，就更形显著了。我们到此，自然觉得我们自已有团结以争生存的必要。同时，就觉得阻碍我们民族发展，或者要压迫榨取我们的，非加以排除抵御不可。这是潜伏在人心上的第一种动机。

其二是民权思想。中国的民权思想，发达得是最早的。“民为贵，社稷次之，君为轻。”“贼仁者谓之贼，贼义者谓之残，残贼之人，谓之一夫。闻诛一夫纣矣，未闻弑君也。”在纪元前四世纪时，就有人说过了。[①] 但是因为地大人多，一时没有实现的方法。每到政治不良，人民困苦的时候，虽然大家也能起来把旧政府推翻，然而乱事粗定之后，就只得仍照老样子，把事权都交给一个人。于是因专制而来的弊害，一次次地复演着，而政治遂成为一进一退之局。这种因政体而来的祸害，我们在从前，虽然大家都认为无可如何之事；然而从海通以来，得外国的政体，以资观摩；少数才智之士，自然就要起疑问了。这是潜伏在人心上的第二种动机。

其三是民生问题。历代的革命，从表面上看，虽然为着政治问题。然而民穷财尽，总是其中最主要的原因，这是谁都知道的。历代的困穷，不过是本国政治的腐败，经济制度的不良，其程度尚浅。到欧人东略以来，挟着帝国主义的势力，天天向我们侵削。我们就不知不觉的，沦入次殖民地的地位。全社会的经济，既然日益艰窘，生于其中的人民，自然要觉得不安了。这是潜伏在人心上的第三种动机。

此等现象，或非全国人民所共知；即其知之，亦或不知其原因所在。然而身受的困苦，总是觉得的，觉得困苦，而要想奋斗以求出路，也是人人同具的心理。如此，革命思想，就渐渐地兴起于不知不觉之间了。“山雨欲来风满楼”，人心上虽然充满着不安，至于有意识，有组织的行动，则仍有待于革命伟人的指导。

革命伟人孙中山先生，是生在广东香山县——现在的中山县的。他从小就感觉外力的压迫，中国政治的不良，慨然有改革中国以拯救世界之志。他虽学的是医学，却极留心于政治问题。当公元一八八五年，就是中国因和法国交战而失掉越南的一年，他才决定颠覆清廷，建立民国的志愿。此时他的同志，只有郑士良、陆皓东等几个人。一八九二年，中山先生才在澳门创立兴中会。由郑士良结合会党，联络防营，以为实际行动的准备。中日战后，中山先生赴檀香山，设立兴中会。一八九五年，谋袭据广州，不克，陆皓东于此役殉难。中山先生乃再赴檀岛，旋赴美洲，又到欧洲。这时候，清朝已知道中山先生是革命的首领了。由其驻英公使龚照瑗（yuàn），把先生诱到公使馆中，拘执起来。卒因先生感动了使馆的侍役，替他传递消息出去。英国舆论哗然。先生乃因此得释。此即所谓“伦敦蒙难”。这时候，先生在欧洲考察，觉得他们国势虽号强盛，人民仍是困苦。才知道专一仿效欧洲，也不能进世界于大同，畀生民以乐利的，才决定民生主义，与政治问题并重。

戊戌变法这一年，中山先生始抵日本。——因其距中国较近，革命事业，易于图谋之故。庚子拳乱这一年，先生命史坚如入长江；郑士良在香港，设立机关，以联络会党。于是哥老、三合两会，都决议并入兴中会。郑士良旋袭入惠州，因接济无着，退出。史坚如潜入广州，谋炸粤督德寿，以图响应，不克，亦殉难。中山先生乃再经安南、日本、檀岛，以赴美洲。所至都联络洪门，替他们改订《致公堂章程》。[2]其第二章，说：“本党以驱除鞑虏，恢复中华，建立民国，平均地权为宗旨。”革命的主义，于此确立，其气势也更形磅礴了。

这时候，中国风气亦渐变。留学日本的人士很多。中山先生知其可以启导，乃于一九〇五年，赴日本。改兴中会为同盟会。其本部设于东京，支部则分设于海内外各处。当同盟会本部的成立，加入的有中国内地十七省的人士。[3]从中山先生提倡革命以后，至此才有中流以上的人士参加。中山先生乃编定《革命方略》，分革命进行的次序，为军法、约法、宪法三时期。当革命行动时，一切略地、因粮……以及占领地方后治理之法，也有详细的规定。并发表对外《宣言》。中山先生说："到这时候，我才相信革命的事业，可以及身见其成功。"从此以后，革命的行动，就如悬崖转石（比喻形势发展迅猛），愈接愈厉了。[④]

注释

①《孟子·梁惠王下》篇和《尽心下》篇。

②《中国国民党史稿》第一篇第一章："美洲各地华侨，多立有洪门会馆。洪门者，当清康熙时，明朝三五遗老，见大势已去，无可挽回，乃欲以民族主义之根苗，流传后代，故以反清复明之宗旨，结为团体，以待后有起者，可借为资助，国内会党，常与官府冲突，故犹不忘其与清廷立于反对地位。而海外会党，多处他国自由政府之下，其结会之需要，不过为手足患难之联络而已；政治之意味，殆全失，反清复明之语，亦多不知其义者。鼓吹数年，乃知彼等原为民族老革命党也。"致公堂系洪门堂名。

③除甘肃。

④以上叙孙中山先生事，大体根据邹鲁《中国国民党史稿》。下章同。

第二章　清季的革命运动

清季的革命运动，有同盟会所指导的；亦有同盟会员，非秉承会的计划而自行行动的；并有并非同盟会会员，怀抱政治革命，或种族革命的思想而行动的。三者比较起来，自以同盟会所策划的为最多，而其声势也较壮。

一九〇三年一月，广东有洪福全，自称洪秀全兄弟，联络内地洪门会，谋以旧历壬寅除夕，乘广州文武官吏，聚集在万寿宫时，加以袭击，然后起事。因事泄，未成。明年，黄兴组织华兴会。联络哥老会党，谋以秋间起事于长沙。亦不克。又明年，便是同盟会成立的一年了。

革命运动的初期，所联络的不过是会党。虽亦曾运动防营，而防营武力有限；且其人见解多陈旧，不易受主义的感动。会党虽徒众颇多，究不能公然行动，而其组织也并不十分紧密；所以其收效颇迟。到同盟会成立的前后，则中流社会，觉悟的渐多。其时在上海报馆中，则有从戊戌政变以后，始终反对旧党的《苏报》。又有章炳麟所著的《訄(qiú)书》，邹容所著的《革命军》等发行。在日本的留学界，定期和不定期的刊物尤多，[①]大都带有革命色彩。人心风动，而革命主义的传播，遂一日千里。到同盟会成立后，更加以组织和策划。于是各种革命的势力，渐汇于一，其行动就更有力了。

此时同盟会在日本，发刊《民报》，以为宣传主义的机关。派遣同志入内地，联络各陆军学堂的学生及新军、工人。海外的同志，则担任筹募军费、接济军械等。一九〇六年，同盟会会员刘道一、蔡绍南等，联络会党，并运动防营和工人，以初冬在萍乡、醴(lǐ)陵、浏阳三处，同时举事。以力薄致败。这一次，系同盟会会员个人的行动，未秉承会中计划。事发之后，会中分筹应援，亦无所及，然而清廷合湘、鄂、苏、赣四省的兵力，然后把他打平。可见清廷的无用，而革命党人身殉主义的坚强了。明年，党员许雪秋，又以夏初起事于广东饶平县的黄冈，亦以势弱致败。

然而黄冈事定后，未几，即有安徽候补道徐锡麟枪杀巡抚恩铭之事。徐锡麟此时，系警察学堂的提调(负责指挥调度的人)，而恩铭则系总办。锡麟潜以革命思想，灌输学生。乘学堂毕业之时，把恩铭枪毙。率领学生，占据军械局。旋因被围攻致败。清官剖其心以祭恩铭。锡麟在其本籍绍兴，办有大通学堂。其表妹秋瑾，在学堂中担任教员，暗中主持革命事务。清官又加以围捕，把秋瑾杀害。

这一年秋间，同盟会策划在广东的钦州举事。占据防城。旋以接济不至，退入十万大山。冬间，又袭据镇南关。以百余人守三炮台。清兵攻击的数千人不能进。旋亦以无接济退出。别将入钦、廉、上思的，同时退回。此时孙中山先生，身居越南，为之调度。清朝和法国交涉。法国强迫先生退出。先生乃和党员遍历南洋英、荷各属和暹罗、缅甸。在新加坡设立同盟会南洋支部。而这一年，同盟会会员，还有拟在四川举事的。虽然未能有成，而清廷处此，真觉得风声鹤唳，草木皆兵了。

一九〇八年春，我军复集合越边之众，举义于河口。一战而清兵大败。我师进迫蒙自。这一役，革命军可谓声势百倍。旋亦以无接济退却。是年冬，清德宗和那拉后都死了。适会湖北、两江的陆军，因秋操聚于安徽的太湖县。安徽炮营队官熊成基，乘机起事。攻城不克。乃整队北行，沿途解散其众，而自赴东三省。明年，清摄政王载沣之弟载洵赴欧洲视察海军，路经哈尔滨，成基谋把他炸死，事泄，被执，就义。

这一年秋天，同盟会在香港成立支部，策划进行。此时广东的新军，因党员的运动，充满革命空气，乃派人和他联络。一九一〇年春，广东新军举事，不克。事败之后，同盟会中人因屡次举事不成，乃有谋暗杀以摇动清廷的。于是汪兆铭只身入北京，谋炸载沣，亦因事泄被执。

一九一一年，便是武昌举义的一年了。革命党人决意更图大举。乃选各路敢死之士五百人为选锋，以为新军和防营的领导。决议由黄兴率之，以攻督署。拟事成之后，分为两军：黄兴出湖南，以攻湖北；赵声出江西，以攻南京。乃因各路选锋和器械，未能同时到达；而会城之内，人多口杂，风声泄露，未能按照预定的计划行事，遂尔又无所成。这一役，党人攻督署殉难，事后觅得尸体，丛葬于黄花岗的，共计七十二人，世称为七十二烈士。其事在三月二十九日，为自有革命以来最壮烈的一举。不及二百天，而武昌城头，义旗高举，满族占据了中国二百六十八年，就不得不自行退让了。

注释

①此时各省在日本的留学生，大概都有一种定期刊物，如湖南人所出的名《湖南》，江苏人所出的名《江苏》，浙江人所出的名《浙江潮》等，鼓吹革命的居多。以湖南、浙江人文字为最激烈。

第三章　辛亥革命和中华民国的成立

中国国土大，边陲的举动，不容易影响全局。要能够振动全国，必得举事于腹心之地。但是登高一呼，亦必得四山响应，而其声势方壮。此种情势，亦是逐渐造成的。革命党的运动，固然是最大的原因；而清廷的失政，亦有以自促其灭亡。

清廷到末造，是无甚真知灼见的，只是随着情势为转移。当时的舆论，因鉴于政府的软弱无力，颇有主张中央集权的。政府感于中叶以后，外权渐重，亦颇想设法挽回。但不知道集权要能办事；其举动依然是凌乱无序，不切实际；而反以压制之力，施之于爱国的人民，就激成川、鄂诸省的事变，而成为革命的导火线。

当清末，外人图谋瓜分中国，以争筑铁路，为其一种手段，这是人人共知的事实。国民鉴于情势的严重，于是收回外人承造的铁路和自行筹办铁路之议大盛。因资力和人才的缺乏，能成功的颇少，这也是事实。清廷因此而下铁路干线都归国有的上谕。[①] 粤汉铁路，初由清廷和美国合兴公司订立草约。后来合兴公司逾期未办，乃由中国废约收回自办。此事颇得舆论的鼓吹和人民的助力。于是清廷派张之洞督办川汉、粤汉铁路。之洞和英、美、德、法四国银行，订立借款草约。约未定而之洞死。宣统末年，盛宣怀做了邮传部尚书，就把这一笔借款成立。川、鄂、湘、粤四省人民，争持自办颇烈，清廷把“业经定为政策”六个字拒绝。川督王人文，湘抚杨文鼎，代人民奏请收回成命，都遭严旨申饬。又以王人文为软弱，派赵尔丰代之。尔丰拘捕保路同志会和股东会的会长和谘议局议长。成都停课，罢市，各州县亦有罢市的。朝命端方带兵入川查办。人民群集督署，要求阻止端方的兵。尔丰纵骑兵冲杀。成都附近各县人民，群集省外。尔丰又纵兵屠杀，死者甚多。于是人心益愤。

其时革命党人，虽屡举无成，然仍进行不懈。川省事起，党人乘机，运动湖北陆军，约以旧历中秋起事。旋改迟至二十五日。未及期而事泄，乃以十九日夜，即新历十月十日起事。清鄂督瑞澂（chéng）、统制张彪都逃走。众推黎元洪为中华民国军政府鄂军都督。[②]连克汉口、汉阳。照会各国领事。[③]领事团即宣告中立，旋都承认我为交战团体。

清廷闻武昌事起，即调近畿（邻近国都的地方）陆军南下。派陆军大臣荫昌督师。并命海军和长江水师赴鄂。旋召荫昌回。起袁世凯为湖广总督。[④]清兵连陷汉口、汉阳。而各省亦次第光复。唯清提督张勋，负固南京，亦为苏、浙两省联军攻克。[⑤]停泊九江、镇江的海军，又先后反正。清以吴禄贞为山西巡抚。禄贞顿兵石家庄，截留清军前敌军火，为清廷遣人刺杀。而张绍曾驻兵滦州，亦对清廷发出强硬的电报。清廷乃罢盛宣怀。下罪己之诏。又罢奕劻，以袁世凯为内阁总理。旋宣布十九信条。其中第八条：“总理大臣，由国会公选。”第十九条：“国会未开会时，资政院适用之。”于是载沣退位。资政院选举袁世凯为内阁总理。

先是各省都督府，于上海设立代表联合会。[⑥]旋以一半赴湖北，一半留上海。赴湖北的，议决《临时政府组织大纲》。南京光复后，又议决：“以南京为临时政府所在地。各省代表，限七日内齐集。有十省的人到齐，即开临时大总统选举会。”其时武昌民军，以英领事介绍，自十一月三十日起，[7]许清军停战三天。旋又续停三天。期满之后，又续停十五天。袁世凯派唐绍仪为代表，和黎都督或其代表人，讨论大局。民军以伍廷芳为代表。旋以廷芳为民军外交代表，不能离沪，乃改以上海为议和地点。其时民军闻袁世凯亦赞成共和，乃议缓举总统，举黎元洪为大元帅，黄兴为副元帅。（先本举黄正黎副，后改定。）临时大总统未举定前，由大元帅暂任其职权，而由副元帅代大元帅，组织临时政府。议和代表旋在上海开议。议决开国民会议，解决国体。[8]

十二月二十五日，[9]孙中山先生到上海。二十九日，十七省代表，[10]开临时大总统选举会。选举孙中山先生为临时大总统。通电改用太阳历。以其后三日，为中华民国元年元月元日。孙中山先生即以是日就职。

于是唐绍仪因交涉失败，电清廷辞职。和议停顿。其时清廷亲贵中，最反对共和的，为军谘使良弼，被革命党人彭家珍炸杀。段祺瑞复合北方将士，[11]电请改建共和。并说要带队入京，和各亲贵剖陈利害。清廷乃以决定大计之权，授之内阁总理。由袁世凯和民国议定优待满、蒙、回、藏暨清室条件，而清帝于二月十二日退位。失陷二百六十八年的中华，至此恢复。

注释

①事在辛亥年四月二十二日。

②元洪时为混成协统。

③照会大旨：（一）以前所订条约，军政府均承认其有效。各国既得权利，亦一律承认。人民生命、财产，在军政府领域内的，都尽力保护。赔款、

外债，仍由各省如数摊还，唯此后与清政府订立条约，概不承认。助清战事用品，一概没收。有助清的，军政府即以敌人视之。请其转呈各国政府，恪守局外中立。

④辛丑和约议定后，袁世凯为直隶总督，在任内练新兵，共成六镇。一九〇三年，清廷设练兵处，以世凯为会办大臣。一九〇六年，练兵处裁撤。除第二、第四两镇，仍归世凯督练外，其一、三、五、六四镇，改归陆军部直辖，称为近畿陆军。明年，世凯入军机，载沣摄政，世凯以足疾罢居彰德，至是起为湖广总督。

⑤各省光复的事实，今列一简表如下：

省名	光复月日	民军都督	光复事实大略
湖南	十月二十二日 （辛亥九月一日）	焦大章 陈作新 谭延闿	焦、陈本会党首领，和新军合力光复，众推为正、副都督，旋为新军所杀，推谭延闿（kǎi）继任
陕西	十月二十五日 （辛亥九月四日）	张凤翙	新军于二十二日起义，二十三日攻克满城，二十五日推张为都督
山西	十月三十日 （辛亥九月九日）	阎锡山	锡山本新军协统，新军起义后推为都督
云南	同上	蔡锷	锷为新军协统，与统带罗佩金、唐继尧同起义
江西	十月三十一日 （辛亥九月十日）	吴介璋 彭程万 马毓宝	毓宝本新军协统，以十月二十三日起义，复九江。介璋为新军协统，以三十一日复南昌。后彭程万称奉孙中山命为赣军都督，介璋让之，毓宝不服，程万旋去，毓宝入南昌为都督
江苏	十一月四日 （辛亥九月十四日）	程德全	江苏情形最复杂。十一月三日革命党人和商团巡警先恢复上海，推陈其美为都督，明日苏抚程德全反正，众推为都督。而清总督张人骏，将军铁良、提督张勋仍据南京。十一月七日镇江新军起义，推林述庆为都督，明日新军统制徐绍桢起义，攻南京不克，亦退镇江。十三日镇江独立，推蒋雁行为都督，故此时江苏共有四都督府。至三十日苏、浙、沪、镇联军乃攻克南京

省名	光复月日	民军都督	光复事实大略
浙江	十一月四日（辛亥九月十四日）	汤寿潜 蒋尊簋（guǐ）	革命党人及新军起义，推寿潜为都督，后寿潜为交通总长，尊簋代之
广西	十一月六日（辛亥九月十六日）	沈秉堃（kūn） 陆荣廷	秉堃本清巡抚，广西由谘议局宣布独立，推为都督，旋去职，由陆荣廷代之
安徽	十一月八日（辛亥九月十八日）	朱家宝 孙毓筠	家宝本清巡抚，安徽亦由谘议局宣布独立，推为都督，旋去职，由毓筠代之
福建	同上	孙道仁	革命党人及新军起义，推道仁为都督
广东	十一月九日（辛亥九月十九日）	胡汉民 陈炯明	广东由谘议局宣布独立，推巡抚张鸣岐为都督，鸣岐不受，遁去，乃举汉民为都督，炯明副之
奉天	十一月十二日（辛亥九月廿二日）	赵尔巽（xùn） 吴景濂	尔巽本清东三省总督，景濂为谘议局长，保安会立，众推为正、副会长
山东	十一月十三日（辛亥九月廿三日）	孙宝琦	宝琦本清巡抚，由保安联合会举为都督，后又取消。宝琦旋去，清以胡建枢为巡抚，至元年二月中乃降
四川	十一月二十七日（辛亥十月七日）	蒲殿俊 尹昌衡	四川民军和官军冲突最久，外县以次先下，至是日成都乃反正，举谘议局议长蒲殿俊为都督，旋改举尹昌衡。赵尔丰被杀，端方亦死于资州

以上都是辛亥年中独立的。唯甘肃至民国元年一月七日，新疆至一月八日，方才独立。其直隶、河南、吉林、黑龙江四省，则未能宣布独立。

⑥由苏浙两都督府发起，电请各省都督府各派代表到上海开会。其资格，系各省谘议局及都督府各举一人，各省复电，多派本在上海的人为代表，所以齐集得很快。

⑦辛亥十月十日。

⑧其会议之法：以每一省为一处，内外蒙古为一处。前后藏为一处。每处各选代表三人，每人投一票，某处到会代表不及三人的，仍有投票之权。有四分之三代表到会，即可开议。

⑨辛亥十一月六日。

⑩江苏、安徽、江西、浙江、福建、湖北、湖南、广东、广西、四川、云南、河南、山东、山西、陕西、奉天、直隶。

⑪时清以冯国璋统第一军，段祺瑞统第二军，并受袁世凯节制。

第四章　二次革命的经过

革命是要把一切旧势力，从根本上打倒的，这是谈何容易的事？辛亥革命，不过四个月就告成功，自然不是真正的成功了。

当清帝尚未退位时，孙中山先生曾提出最后协议条件，由伍代表转告袁世凯。(一)袁世凯须宣布政见，绝对赞成共和。(二)中山辞职。(三)由参议院举袁世凯为大总统。参议院是根据《临时政府组织大纲》，由各省都督府所派参议员，组织而成的。于元年一月二十八日成立。到清帝退位之后，袁世凯电参议院，表示绝对赞成共和。于是中山向参议院辞职，并荐举袁世凯。参议院于二月十五日，选举袁世凯为临时大总统。

袁世凯既当选，就发生国都在南在北的问题。当时民党中人，多数主张在南。以为南方空气，较为清新，多少可以限制旧时的恶势力。——但亦有主张在北，以为较便丁统驭北方的。参议院本已议决临时政府，移设北京。后来复议，又议决仍设南京。于是派员北上，欢迎袁世凯南下就职。而北京和天津、保定，相继兵变。乃又议决：许袁世凯在北京就职。袁世凯派唐绍仪南下，组织新内阁，办理接收事宜。而临时政府和参议院，遂先后北迁。孙中山先生于四月一日去职。

依据《临时政府组织大纲》，临时政府成立后六个月，即应召集议会。这时候，因为来不及，由参议院将《临时政府组织大纲》修改为

《临时约法》。于三月十一日公布。依照《临时约法》，本法施行后十个月内，应由临时大总统召集国会。于是由参议院制定《国会组织法》、《参众两院选举法》，据以选举、召集。于二年四月八日成立。

当袁世凯当选后，孙中山知道新旧势力，一时不易合作，主张革命党人，退居在野的地位，而自己愿意专办实业。但是这时候的革命党人，步调未能一致。于是同盟会于元年八月，改组为国民党。——从革命团体变为政党。此时国民党的宗旨，近于急进；其主张偏于分权。其倾于保守，而主张扩张中央政府的权力的，则集合而为共和党。国会选举，参众两院，都以国民党占多数。共和党乃和统一党、民主党合并而成进步党。在众院中，席数差足相敌；而在参院中，则仍以国民党占多数。此时进步党是接近于政府的，国民党则与政府立于反对的地位。当国民党未成立时，袁世凯和唐绍仪内阁的同盟会阁员，已有龃龉。[①] 到国民党改组完成，国会开幕之后，两者间隔阂的情势，就更形显著了。

但是政治既未上轨道，则借为政争武器的，自然还不是议会中的议席，而是实力。以实力论，自然北政府为强。当孙中山辞职之后，曾在南京设留守府，以黄兴为留守，然未久即撤销。此时民党中人为都督的，只有安徽的柏文蔚、江西的李烈钧、湖南的谭延闿（kǎi）、福建的孙道仁、广东的胡汉民而已。

旧势力既已弥漫，则二次革命已势不可免。但是当时民党中人，还不能一致。而其与二次革命以刺激，而为之导火线的，则有善后大借款、俄蒙交涉和刺宋案三事。善后大借款和俄蒙交涉，别见下章。至于刺宋案：则唐绍仪内阁的阁员宋教仁，亦系民党中人。系主张政党内阁的。去职之后，为国民党理事，游历长江流域各省，发表其政见。二年三月二十日，在上海车站遇刺。越二日身故。政府命江苏都督，民政长查究。据其宣布证据，则凶手武士英，系受应桂馨主使；而应桂馨又系受国务院秘书洪述祖主使。于是舆论大哗。②

南北新旧的裂痕，既日益显著。袁世凯乃于六月中，下令免柏文蔚、李烈钧、胡汉民之职。于是李烈钧以七月十二日起兵，称讨袁军。安徽、湖南、福建、广东，相继俱起。黄兴亦入南京。陈其美又起兵于上海。③ 袁世凯早有布置。命李纯扼守九江；郑汝成守上海制造局。这时候，又派段芝贵、冯国璋率军南下，而以倪嗣冲为安徽都督，龙济光为广东都督，张勋为江北宣抚使。安徽、江西、广东、南京、上海，均因兵力薄弱失败。湖南、福建两省，则自行取消独立。二次革命遂告失败。

《临时约法》第五十四条，以制定宪法之权，属之国会。《大总统选举法》，本宪法的一部分。二次革命之后，乃有先举总统，后制宪法之议。于是由宪法会议，将《大总统选举法》，先行议决公布。十月六日，开总统选举会。有自称公民团的，包围议院，迫令当天将总统选出。投票三次，袁世凯乃当选为大总统。次日，又选举黎元洪为副总统。④ 袁世凯于十月十日就职。

袁世凯就职后，两次通电各省都督、民政长，反对国会所定《宪法草案》。十一月四日，又称查获乱党魁首和议员往来密电。遂下令解散国民党。凡国会议员，籍隶国民党的，一律追缴证书、徽章。旋又下令：各省省议会，也照此办理。籍隶国民党的候补当选人，亦一律取消。议员缺额，无从递补，国会遂不能开会。

这时候，熊希龄为内阁总理，拟定大政方针。因为要设法实行，所以命各省行政长官，派员来京会议。适逢国会停顿，遂改组为政治会议。⑤ 各都督民政长，呈请将残余议员遣散。大总统据以咨询政治会议。三年正月四日，据其呈复，停止两院议员职务。其省议会，亦于三月二十八日解散。又令停办地方自治，由内务部另行厘订章程。政治会议呈请特设造法机关。乃议决《约法会议组织条例》，据以选举议员。将《临时约法》修改为《中华民国约法》，于五月一日公布，此项《约法》，亦称为《新约法》。改内阁制为总统制。废国务院，于总统府设政事堂。另设参政院，以备大总统的咨询，审议重要政务；⑥并令其代行立法。

革命尚未成功，国内到处充满着旧势力。于是孙中山先生另行组织中华革命党，以三年七月八日，成立于日本的东京。以达到民权、民生主义，扫除专制政治，建设真正民国为目的。⑦其实行的方法，仍和从前所定相同。⑧因鉴于前此党员，多有自由行动的；党的纪律，未免松弛；所以此次组织，以服从总理一人命令，为重要条件。

注释

①唐绍仪所组织的内阁，本系混合内阁。后来唐又加入同盟会。唐氏任王芝祥督直，而袁世凯命其赴南京遣散军队。唐氏拒绝副署。袁乃径以命令付王。唐氏愤而辞职。同盟会阁员，亦皆辞职，内阁遂瓦解。时为元年六月十五日。时共和党主张超然内阁。通过陆征祥为总理。陆亦称病不出。乃由赵秉钧暂代。后遂即真。宋案起后，赵亦称病，以段祺瑞代理。至国会开后，乃由熊希龄出而组阁。

②后来武士英暴死狱中。应桂馨乘乱出狱，逃往北京，在京津火车中，被人暗杀。洪述祖于民国八年，在上海为宋教仁之子所捕，乃归案处死刑。

③时任广东军事者为陈炯明。黄兴去后，何海鸣入南京拒守。

④第一、二次，袁世凯得票虽最多，而均不满四分之三。第三次，乃就袁世凯和得票次多的黎元洪决选。袁以过半数当选。黎自临时政府初成，即被选为副总统。中山去职后，黎亦辞职。后仍被选。至此又当选。

⑤加入国务总理、各部总长、蒙藏事务局所举人员、大总统特派人员和法官两人。

⑥其组织：参政五十人至七十人，由大总统简任。院长一人，由大总统特任。副院长一人，由大总统于参政中特任。

⑦时因满清政府，业已推翻，故未提民族主义。

⑧如分军法、约法、宪法三时期等。

第五章　民国初年的外交和蒙藏问题

民国初年，原是一个外交更新的好机会，然而其劈头（开头）记录在外交史上的，却是大借款和边疆交涉问题。

要讲民国初年的借款问题，必须回溯到清末。原来当清末，日、俄两国，在东三省的势力，太膨胀了。政府乃想引进各国的资本，以为抵制之计。于是革命这一年，有向英、美、德、法，订借改革币制和东三省兴业借款一千万镑之议。期限为二十五年。以东三省烟酒、生产、消费税及各省新课盐税为抵。革命军兴，其事就搁起了。[①] 革命军既起，外交团协议，由银行代表，组织委员会，监督关盐两税的收入，以为外债的担任。并决议，对于南北两军，都不借款。到唐绍仪到南京，组织新内阁时，才以将来大借款为条件，向四国银行团，借到垫款三百万元。北京政府成立后，又以善后的名义，向四国银行团，续商六亿元的借款。此时四国银行团，觉得将日、俄两国除外，终竟不妥。于是向其劝诱加入，成为六国银行团。在伦敦开会。日、俄两国，要求借款不得用之满、蒙，四国不许。又改在巴黎开会。决议将此问题归外交解决。[②] 各国的意见，既大略一致，乃向中国提出条件。其时中国，因六国团的条件过于苛刻，[③] 有自向他银团借款之举。为外交团和银团所阻止。[④] 而美政府亦命令其国的银行退出。于是四国团变为五国。卒因需款孔亟，中国政府，不得已而俯就银团的范围。于二年四月间，以关盐余的全数为担保，向五国团借得善后借款两千五百万镑。期限为四十七年。于北京盐务署设稽核所，用洋员为会办。各产盐地方设分所，用洋员为协理。税款尽存银行，非总会办会同签字，不能提取。本利拖欠逾近情的日期，即将盐政并入海关办理。其用途，则于审计处设立稽核外债室，以资稽核。提起“监督财政”四个字来，阅者无不不寒而栗，然而这实在就是部分的监督财政了。

日、英、俄三国，对于东三省和蒙、新、西藏的侵略，其事是互相关联的。当前清末年，英、俄因西藏问题，互相猜忌，已见前编第十九章。一九〇四年，英人乘日俄战争，中、俄两国，都无暇顾及西藏，于是有派兵入藏之举。达赖出奔。英人和班禅立约：(一)开江孜、噶大克为商埠。(二)赔偿英国军费五十万镑。(三)藏人非经英国许可，不得将土地租卖给外国人。铁路、道路、电线、矿产，不得许给外国或外国人。一切入款、银钱、货物，不得抵押给外国或外国人。一切事情，都不受外国交涉，亦不许外国派官驻扎和驻兵。中国得报，大惊。再立交涉，到底于一九〇六年，订立《英藏续约》。承认《英藏条约》为附约。声明英国不占西藏的土地，不干涉西藏的内政。中国亦不许他国占藏地，干藏政。并声明《附约》中所谓外国或外国人，中国不在其内。赔款由中国代为付清。英兵方始撤退。[5]然而其前一年，日、英续盟，《条约》有日本承认英国在印度附近必要的处分一款，英人对西藏，就更觉肆无忌惮了。

《藏印条约》订结后的四年，便是一九一〇年，日、俄订立《协约》。有人说：实在另有密约，俄人承认日本吞并韩国，而日人承认俄国在蒙、新方面的举动。果然，其明年，俄国向中国提出蒙、新方面强硬的要求。[6]并声明：如不全部承认，就要自由行动。后来又提出最后通牒。中国无可如何，就只得覆牒承认了。[7]然而条约未及订结。革命军兴未几，活佛竟在库伦宣布独立。并陷呼伦贝尔。亡清当这时候，固然无暇顾及蒙古。民国成立以后，亦未有何等适当的措置。于是俄人擅和蒙人立约：许代蒙古人保守自治制度。不许中国驻兵殖民。而别订《商务专条》，以为报酬。这《商务专条》所许与俄人的权利，真是广大得可惊。[8] 中国再三交涉。至二年七月间，才和俄国议定草约。提出于国会。众议院通过，而参议院否决。直到国会停顿以后，才成立所谓《声明文件》。(一)俄人承认中国在外蒙古的宗主权。(二)而中国承认外蒙古的自治权。(三)不派兵，不设官，不殖民。[9] 另以《照会》声明：自治区域，以前清库伦大臣、乌里雅苏台将军、科布多大臣所辖之地为限。其随后商订事宜，则由三方面约定地点，派员接洽。于是三年九月，中、俄、蒙三方会商于恰克图。至四年六月，才订成《中俄蒙条约》。[10] 而呼伦贝尔，亦因俄人的要求，于是年十一月，改为特别地域。[11]

俄、蒙的交涉未平，而英、藏的风波又起。英兵入拉萨的明年，中国因驻藏帮办大臣凤全，被藏番杀害，任赵尔丰为边务大臣。命四川提督马维祺，出兵剿讨。遂将川边之地，改设县治。又以联豫为驻藏大臣。当达赖出奔时，清政府曾革其封号。一九〇八年，达赖到北京，乃将其封号恢复，加意抚慰。乃达赖回到拉萨，遽向中国反抗。联豫电调钟颖，以一千五百人入藏。达赖又逃到印度。清朝就下诏把他废掉。这是一九一〇年的事。革命消息传至西藏，西藏人遂将中国军队驱逐。达赖回到拉萨，宣布独立。并发兵陷巴塘、里塘，攻打箭炉。民国元年七月间，四川都督尹昌衡，出兵征讨。云南亦出兵相助。把失地恢复。而英人又提出抗议。中国不得已，改剿为抚。并恢复达赖封号，以示羁縻，而派员和英、藏代表，共同会议。到三年四月，在印度的西摩拉，议定草约。(一)英国承认中国在西藏的宗主权，而中国承认外藏的自治权。(二)不干涉其内政。不将其地改省。(三)彼此不派官,不驻兵,不殖民。[12]而所谓内外藏,则将红蓝线画于所附的地图上。中国政府,不承认此项附图的界线,英国亦不肯改变,直争执到如今。[13]

这是民国初年的蒙、藏交涉。至其后来,则因俄国的革命,[14]颇替中国造成一个好机会。外蒙因失其援助,且受兵匪的侵掠,于八年十一月,吁请取消自治。呼伦贝尔的自治,亦随之而取消,其时政府方任徐树铮为西北筹边使,编练边防军。然而驻扎在外蒙古的,只有一旅一团。直皖战后,更其无人过问。[15]而白俄却计划以外蒙为根据地,以反对赤俄。又得他国接济军械。至九年十一月,库伦遂为白俄所陷。中国不能镇定。至十年七月,为远东共和国的兵所打平。其时蒙古人已在恰克图成立政府。至此,遂移于库伦。以活佛为皇帝。十三年五月,活佛卒,遂将君主制取消。而唐努乌梁海,亦由俄人扶助,自立为共和国。西藏方面,中、英的交涉,依然停顿。藏番却于六年、七年、九年、十年、十九年,迭次入犯。西康之地,多为所陷。班禅于十二年出奔,至今滞留在内地。而达赖又于二十二年十二月圆寂。藏事的解决,就更难着手了。

民国初年,还有一件重要的交涉,于此也得补叙的。那就是所谓满、蒙五路的建筑权。当民国成立以后,国人颇关心于承认问题。外国中有好几国,是在正式国会成立之后承认的。[16]有许多国,则在正式大总统选出之后承认。[17]而日、英、俄三国,都附有条件。俄国要求外蒙古自治。英国要求外藏自治。日本则提出所谓开海、四洮、洮热、长洮、海吉五路的建筑权。这要求的提出,还和二次革命时张勋兵入南京,杀害日本人三名有关,但其提出,恰在选举正式总统之前一日。中国政府,也承认了。日本自此觊觎蒙古之心就更切。

注释

①但付垫款四十万镑。

②又议决：关于特定问题的用途，有一国提出，即可作废。

③当时中国最反对的，为“对于盐税，须设立特别税关，或类似税关的机关，监督改良”一条。

④时财政总长周学熙，电令驻英公使和英国克利斯浦公司，成立借款一千万镑。六国团电知本国各分行，不代中国汇兑。周学熙命长芦盐运使，于税项下按月取出克利斯浦借款利息。与庚子赔款有关的各公使，忽又出而抗议。说盐税系庚子赔款的担保，不能移作别用。——其实自辛丑以后，盐税逐年增加，以赔款余额为担保，久有其事。使团并没反抗。——中国不能已，将财部命令取消。《克利斯浦借款合同》，有“在债票全发行以前，中国政府如欲借款，公司有优先权”的条件，亦由中国政府予以赔偿，将此条取消。

⑤赔款五十万镑，合七百五十万卢布。后减为二百五十万卢布。分二十五年还清。须前三年赔款付清，并商埠开办，已满三年，英兵乃撤退。此时赔款由中国代偿，英兵亦即撤去。

⑥一八八一年之《中俄条约》，本订明十年修改一次。倘或未改，便仍照行十年。第一、二次都未改。此时为第三次满期。俄人乃向中国提出强硬要求。其条件为：（一）国境百里以内，一切贸易都无税。（二）俄人于蒙古、新疆，均得自由移住。且一切贸易均无税。（三）科布多、哈密、古城三处设领。（四）伊犁、塔城、库伦、乌里雅苏台、喀什噶尔、乌鲁木齐等处，有设领主权。于各该处及张家口，均准俄人购买土地，建造房屋。

⑦俄人提出最后通牒，在一九一一年三月十日。以二十八日为最后期限。中国于二十七日承认。

⑧商务专条所载，为：（一）俄人得自由居住移转，经理工商业及其他各事。（二）俄人通商免税。（三）俄国银行，得在蒙古设立分行。（四）俄人

得在蒙古租地或买地，建筑工厂、铺户、房屋、货栈及租地耕种。（五）俄人得在蒙古经营矿业、森林业、渔业。（六）设立贸易圈，以便俄人营业居住。（七）俄人得在蒙古设立邮政。（八）俄国领事，得使用蒙古台站。私人只须付费，亦得使用。（九）蒙古河流，流入俄国的，俄人在其本支流内，均可航行。（十）俄人得在蒙古修桥，而向桥上的行人，征收费用。（十一）由俄国领事或其代表，与蒙官组织会审委员会，审理俄蒙人民事上的争论。

⑨唯可任命大员，偕同属员卫队，驻扎库伦。此外又得酌派专员，驻扎外蒙古各地方，保护中国人民利益。俄国除领事署卫队外，不驻兵，不干涉外蒙古内政，不殖民。

⑩此约订明：（一）外蒙古无与各国订结政治、土地国际条约主权，而有与外国订结关于工商事宜国际条约之权。（二）中国驻库伦大员，卫队以二百人为限。其佐理员分驻乌里雅苏台、科布多、恰克图的，以五十人为限。俄国库伦领事卫队，以五十人为限。他处同。

⑪是年十一月，中俄会订《呼伦贝尔条件》：（一）呼伦贝尔为特别地域，直属中华民国政府。（二）其副都统由总统任命，与省长同等。（三）军队全用本地民兵组织。倘有变乱，不能自定，中国通知俄国后得派兵赴援。唯事定后即须撤退。（四）其收入，全作地方经费。（五）中国人在呼伦贝尔，仅有借地权。（六）将来筑造铁路，借款须先尽俄国。

⑫中国得派大员驻扎拉萨，卫队以三百人为限。英国驻扎拉萨的官的卫队，不超过中国官卫队的四分之三。

⑬华企云《中国边疆》，谓据鲍曼《新世界》（Bewman, New World），所谓外藏，实包括昌都，而内藏则仅有巴塘、里塘。见第三〇九页。

⑭俄帝逊位，在民国六年三月十二日。劳农政府成立，则在七年一月三十一日。至是年三月三日，而对德成立和约。参看第九章。

⑮参看第八、第九章。

⑯巴西、美利坚、墨西哥、秘鲁。

⑰日、奥、葡、荷，于十月六日承认。班、德、俄、意、法、瑞典、英、丹、比，于七日承认。

第六章　帝制运动和护国军

凡事总免不了有反动的。中国行君主制度两千余年，突然改为共和，自不免有帝制的回光返照，然不过八十三日而取消，这也可见民意所在了。

当民国四年八月间，总统府顾问美人古德诺氏，忽然著论，论君主与共和的利弊，登载在北京报纸上。旋有杨度等发起筹安会，[①]说从学理上，研究君主、民主两种制度，在中国孰为适宜。通电各省军民长官，上海、汉口各省城商会，请派代表来京。旋由各省旅京人士，组织公民请愿团。请愿于参政院代行立法院，[②]要求变更国体。参政院建议：召开国民会议，以谋解决。已而国民代表一千九百九十三人，所投的票，全数主张君主立宪。并委托参政院为总代表，推戴袁世凯为皇帝。袁氏于十二月十二日，下令允许。于是设立大典筹备处。改明年为洪宪元年。

已而前云南都督蔡锷，秘密入滇。[③]和督理军务唐继尧、巡按使任可澄，于二十三日发出电报，请袁氏取消帝制，限二十五日答复。届期无复。遂宣告独立。定军名为护国军。并通电，宣布袁氏伪造民意的证据。

护国军兴后，贵州首先响应。[④]五年，正月一日，云南成立都督府。推唐继尧为都督。以蔡锷为第一军长，李烈钧为第二军长。蔡锷即率师入川。

袁世凯闻护国军兴，派兵分驻上海和福建。又命原驻岳州的兵，择要进扎。而命张敬尧率师入川，龙继光以广东兵攻广西。北军在四川不利。而广西、广东、浙江、四川、湖南，先后独立。陕西为反帝制的兵所占。山东亦有民军起事。[5]而日、英、俄、法、意诸国，又先后提出警告，劝袁氏缓行帝制。袁氏派往日本的专使，日人又请其延期启行。[6]袁氏乃于三月二十二日，下令取消帝制。恢复黎元洪的副总统。[7]以徐世昌为国务卿，段祺瑞为参谋长。由黎、徐、段三人通电护国军，请停战商善后。

护国军复电，要求袁氏退位。并通电，恭承黎副总统为大总统。暂设军务院，设抚军若干人，以合办制裁决庶政。[8]六月六日，袁氏因病身故。遗命命以副总统代行职权。黎氏于七日就职。黎氏就职后，下令恢复临时约法，召集国会。国会于八月一日开会。旋重开宪法会议。并选举冯国璋为副总统。独立诸省，相继取消。军务院亦即裁撤。

一场帝制的风波，表面上总算过去了。然而暗中隐患，还潜伏着。原来天下大事，都生于人心。当袁氏帝制自为时，虽然拂逆民心，而中外有权力的人，却多持着观望的态度。所以护国军初起时，通电各省说：

> 尧等志同填海，力等戴山。力征经营，固非始愿所及。以一敌八，抑亦智者不为。麾下若忍于旁观，尧等亦何能相强？然长此相持，稍亘岁月，则鹬蚌之利，真归渔人；萁豆相煎，空悲铄(lì)釜。言念及此，痛哭何云。而尧等与民国共存亡，麾下为独夫作鹰犬，科其罪责，必有攸归矣。

这真可谓语长心重了。然而谁肯觉悟？谈何容易觉悟？当南方要求袁氏退位，而袁氏尚未身故时，江苏将军，主张联合未独立各省，公议办法。通电说："四省若违众论，固当视同公敌；政府若有异议，亦当一致争持。"正在南京开会，而袁氏病殁。长江巡阅使张勋，其时驻扎徐州，就邀各省代表到徐州开会。⑨后又组织各省区联合会。于是全国的重心，既不在西南，连北政府也把握不住；而其余各方面的人，也无甚觉悟。就近之酿成复辟之役，和护法之战，远之则伏下军阀混战的祸根了。

注释

①当时列名发起者六人：杨度外，为孙毓筠、严复、刘师培、李燮（xiè）和、胡瑛，世称为筹安六君子。内唯杨度竭力主张，始终不变的。

②《新约法》第六十七条："立法院未成立前，以参政院代行其职权。"

③蔡锷时在京任经界局督办，秘密赴津，从日本走越南到云南。

④事在十二月二十七日。

⑤广西于三月十六日独立。广东四月五日。浙江十一日。四川五月二十三日。湖南二十九日。陕西则陕北镇守使陈树藩出兵，将军于五月十七日出走。山东则吴大洲起兵占周村，居正占潍县，和省军相持。

⑥日、英、俄三国，于四年十月二十八日，提出劝告。法、意两国，于十一月一日、十二两日，提出劝告；十五日，五国公使，又提出第二次劝告。

⑦袁氏筹备帝制时，曾封黎元洪为武义亲王，黎未受。

⑧《大总统选举法》："副总统缺，由国务院摄行。"其时黎氏未能躬亲职务，国务院亦无从组织，故暂设军务院，以裁决庶政。对内命令，对外交涉，都以军务院的名义行之。声明俟国务院成立，即行裁撤。

⑨到会省区，为京兆、直隶、山西、河南、安徽、热河、察哈尔、奉天、吉林、黑龙江。

第七章　二十一条的交涉

当十九世纪末叶，中国的安全，久和世界大局，有复杂的关系，已见第四编第十九章。当这改革还没有成功的时候，在中国，是利于列强均势的。而民国三年，即一九一四年，欧战爆发，各国都无暇顾及东方，遂造成日本机会，不但德国在东方的权益，全被攫去，更视中国为囊中之物了。

欧战的爆发，事在民国三年六月间。中国于八月初六，宣告中立。日本借口英、日同盟，于八月十五日，对德国发出最后通牒。要求：(一)德国舰队，在日本、中国海洋方面的，即时退去，否则解除武装。(二)将胶州湾租借地全部，以还付中国的目的，于九月十五日以前，无偿无条件，交付日本。以二十三日为最后的限期。届期，德国无复，日本遂对德宣战。

胶州湾本非德国土地；日本即欲对德宣战，亦只该攻击胶州湾。乃日人于九月二日，派兵由龙口登岸。中国不得已，划莱州龙口接近胶州湾的地方为战区。而与日本约，不得越过潍县车站以西。其时英国兵亦从崂山湾登陆。与日军会攻胶州湾。至十一月七日，胶州的德人降伏。而日军先已于九月二十六日，占领潍县车站。十月六日，并派兵到济南，占领胶济铁路全线和铁路附近的矿产。中国提出抗议。日本说："这是胶州湾租借地延长的一部。"到青岛降伏后，又将中国海关人员，尽行驱逐。[1]中国于四年一月七日，要求英、日两国撤兵。英国无异议，而日本公使日置益，于十八日径向袁世凯，提出五号二十一条的要求。你道哪五号二十一条：

【第一号】（一）承认日后日、德政府协定德国在山东权利，利益让与的处分。（二）山东并其沿海土地及各岛屿，不得租借割让与他国。（三）允许日本建造，由烟台或龙口接连胶济的铁路。（四）自开山东各主要城市为商埠。——应开地方，另行协定。

【第二号】（一）旅顺、大连湾、南满、安奉两铁路的租借期限，均展至九十九年。（二）日本人在南满、东蒙，有土地所有权及租借权。（三）日人得在南满、东蒙，任便居住往来，经营工商业。（四）日人得在南满、东蒙开矿。（五）南满、东蒙，（甲）许他国人建造铁路，或向他国人借款建造铁路；（乙）以各项课税，向他国人抵借款项，均须先得日本同意。（六）南满、东蒙，聘用政治、财政、军事各顾问、教习，必须先向日政府商议。（七）吉长铁路，委任日政府管理、经营。从本条约画押日起，以九十九年为期。

【第三号】（一）将来汉冶萍公司，作为合办事业。未经日政府同意，该公司一切权利产业，中国政府不得自行处分；并不得使该公司任意处分。（二）汉冶萍公司各矿附近的矿山，未经该公司同意，不得准公司以外的人开采。此外凡欲措办，无论直接、间接，恐于该公司有影响的，必先经该公司同意。

【第四号】（一）中国沿岸港湾及岛屿，概不租借或割让与他国。

【第五号】（一）中国政府，聘日本人为政治、财政、军事等顾问。（二）日本人，在内地，设立寺院、学校，许其有土地所有权。（三）必要地方的警察，作为中、日合办。或由地方官署，聘用多数日本人。（四）由日本采办一定量数的军械。或设中日合办的军械厂，聘用日本技师，并采买日本材料。（五）接连武昌与九江、南昌的铁路，及南昌、杭州间，南昌、潮州间铁路的建造权，许与日本。（六）福建筹办路矿，整理海口——船厂在内——和需用外资，先向日本协议。（七）允许日人在中国传教。

并要求严守秘密。如其泄露，日本当另索赔偿。

中国以陆征祥、曹汝霖为全权委员。于二月二日，和日本开始会议。日使日置益，旋因堕马受伤，乃即在日使馆中，就其床前会议。至四月十七日，会议中止。二十六日，日使提出修正案二十四条。声言“系最后修正。倘使中国全行承认，日本亦可交还胶澳”。五月一日，中国亦提出最后修正案，说明无可再让。七日，日本发出《最后通牒》。“除第五号中，关于福建业经协定外，其他五项，俟日后再行协议。其余应悉照四月二十六日修正案，不加更改，速行承诺。以五月九日午后六时为限。否则当执必要的手段。”袁世凯未经国会通过，于五月九日午前，答复承认。到二十五日，由陆征祥和日使日置益，订立条约二十一条。

其后日人又于六年十月，在青岛设立行政总署。潍县、济南等处，都设分署。受理人民诉讼，抽收捐税，并于署内设立铁路科，管理胶济铁路及其附近矿产。中国抗议，日本置诸不理。到七年九月，才由驻日公使章宗祥，和日本订立《济顺高徐豫备借款契约》，并附以照会，许胶济铁路所属确定后，由中、日合办，而日本将胶济路沿线军队，除留一部于济南外，余悉调回青岛，并将所施民政撤废。中有“中国政府，欣然同意”字样。遂为巴黎和会我国交涉失败之一因。见第九章。

注释

①照一八九九年四月十七日《青岛设关条约》和一九〇五年修订条约，海关由德国管理，海关人员，则由中国自派。中国据此提出抗议，日人置诸不理。

第八章　复辟之役和护法之战

袁世凯死后，北方连形式上的统驭，都失掉了。而南方的新势力，又未能完成。就酿成复辟之役和护法之战。

当民国六年之初，欧洲战事，德、奥方面，渐已陷入困境。德国乃于二月初，宣布无限制潜艇战争。我国提出抗议，无效，即提议对德绝交。参众两院，先后通过。于十四日宣布，因进而谋对德宣战。于是国务总理段祺瑞，召集各省、区督军、都统，在京开军事会议。[①]于四月二十五日开会。一致主张对德宣战。五月一日，通过国务会议。提出于众议院。七日，众议院开委员会筹议。有自称公民团的，包围议院，要求必须通过。旋外交、司法、农商、海军四总长辞职。十九日，众议院决议："阁员零落不全，宣战案应俟内阁改组后再议。"是晚，各督军、都统，分呈总统和国务总理，反对国会所通过的宪法。说"如不能改正，即请解散，另行组织"。旋即先后出京赴徐州。二十三日，黎总统免国务总理段祺瑞职，以外交总长伍廷芳代理。二十九日，安徽宣告和中央脱离关系。于是奉天、陕西、河南、浙江、山东、黑龙江、直隶、福建、山西，纷纷继起。并在天津设立军务总参谋处。通电说："出师各省，意在另订根本大法，设立临时政府，临时议会。"六月一日，黎总统令："安徽督军张勋来京，共商国是。"张勋带定武军五千，于八日到天津。要求黎总统解散国会。十二日，伍廷芳辞职，国会解散。十四日，张勋入京。

七月一日，张勋拥废帝溥仪在京复辟。黎总统避入日本使馆，电请冯副总统代行职务。以段祺瑞为国务总理。四日，冯、段通电出师讨贼，段祺瑞在马厂誓师。以段芝贵、曹锟为司令，分东西两路进讨。十二日，我师复京城。②

京师既复，黎总统通电辞职。冯代总统于八月一日入京。十四日，布告对德宣战。

当国会解散后，广东、广西，即宣告军民政务，暂行自主。重大政务，径行秉承元首，不受非法内阁干涉。复辟之后，定后，有人主张："民国业经中断，可仿初建时之例，召集临时参议院。"于是海军第一舰队，开赴广东。云南亦宣言拥护约法。八月二十五日，国会开非常会议于广州。议决《军政府组织大纲》：在临时约法未恢复以前，以大元帅任行政权，对外代表中华民国。选举孙中山为元帅。③

此时两广、云、贵，完全为护法省份。四川、福建、湖南、湖北、陕西，也有一部分独立的。南北相持于湖南。六年十一月，南军攻入长沙、岳州。七年三月，复为北军所取。南方由两院联合会，修改《军政府组织大纲》："以政务总裁，组织政务会议，各部长都称政务员，由政务员组织政务院；以政务院赞襄总裁会议，行使军政府的行政权。"④旋选出孙中山等七人为总裁。⑤于六月初五，宣告成立。推岑春煊为主席。国会于十二日在广州开正式会，并续开宪法会议。北方则召集参议院，修改《国会组织法》和《两院议员选举法》，据以选举、召集。八月十二日，选举徐世昌为大总统。于十月十日就职。南方不承认。由两院联合会委托军政府，代行国务院职权，以摄行大总统职务。

徐世昌就职后，通电南方，停战议和。八年二月六日，南北各派代表，在上海开议，至五月十日而决裂。九年四五月间，北方驻扎衡阳的第三师长吴佩孚，撤防北上。七月间，在近畿和定国军冲突。定国军败。于是裁督办边防事务处，解散安福俱乐部。[6]是为皖直之战。第三师撤防之后，南军即占领湖南。此时南北两方，均撤换议和总代表。而国会议员，已先于四月间离粤。通电："政务会议，不足法定人数。所有违法行为，当然不生效力。"七月十日，国会在云南开会。撤岑春煊总裁之职，代以刘显世。八月十七日，议决国会，军政府移设重庆。十月十四日，又宣言另觅地点。是时陈炯明以驻扎漳、泉的粤军回粤。十月二十四日，岑春煊等通电解除军政府职务。二十六日，广东都督莫荣新，亦宣布取消自主。三十日，徐世昌据之，下令接收。并通令依元年《国会组织法》暨《两院议员选举法》筹办选举。是为"旧法新选"。孙中山等通电否认。回粤再开政务会议。十年一月十二日，国会再在广州开会。四月七日，议决《中华民国政府组织大纲》。选孙中山为大总统，于五月五日就职，军政府即于是日撤销。中山宣言："倘徐世昌舍弃非法总统，自己亦愿同时下野（执政的人解职下台）。"

此时北方曹锟为直鲁豫巡阅使，驻保定。吴佩孚为副使，驻洛阳。王占元为两湖巡阅使，驻武昌。张作霖为东三省巡阅使，兼蒙疆经略使，节制热、察、绥三区，驻沈阳。是年，五月，以阎相文为陕西督军。命十六混成旅冯玉祥等入陕。八月，相文暴卒，以玉祥署理。七月末，在湘鄂籍军官，组织湖北自治军；湖南组织援鄂军，攻入湖北。北政府免王占元，以萧耀南为湖北督军，吴佩孚为两湖巡阅使。吴佩孚陷岳州，和湖南定约休战。川军入宜昌，亦被吴佩孚回军击退。十二月，吴佩孚电攻内阁拨借日款赎胶济路及发行九千六百万元公债之事。[7]奉天亦通电，"以武力促进统一"。十一年，四五月间，直、奉两军，在近畿冲突。奉军败退出关。河南督军赵倜（tì）起兵，冯玉祥出兵，把他打败。于是以冯玉祥为河南督军。免张作霖之职。六月四日，东三省省议会举张作霖为联省自治保安总司令，吉、黑两督军为副司令。十月三十日，以冯玉祥为陆军检阅使。移驻南苑。

孙中山就职后，以陈炯明为陆军总长，兼粤军总司令。是年六月至九月间，陈炯明平定广西。八月十日，国会通过北伐请愿案。孙中山在桂林，筹备北伐。十一年，四月，中山将大本营移设韶关。陈炯明辞职，走惠州。中山命其办理两广军务，肃清土匪。五月，北伐军分三路入江西。六月二日，徐世昌辞职。曹锟等十五省督军电请黎元洪复位。元洪复电说：

> 诸公所以推元洪者，谓其能统一也，毋亦症结固别有在乎？症结唯何，督军制之召乱而已。督军诸公，如果力求统一，即请俯听刍言（浅陋的言论，多用为自谦之词。），立释兵柄。上至巡阅，下至护军，皆刻日解职，待元洪于都门之下，共筹国是。微特变形易貌之总司令，不能存留；即欲划分军区，扩充疆域，变形易貌之巡阅使，亦当杜绝。

旋以各督军、巡阅使，先后来电，均表赞同，于十一日先行入都，十三日，撤销六年六月十二日解散国会之令。国会于八月一日开会。宣言系继六年第二期常会。而浙督卢永祥又通电说河间代理期满，即系黄陂（pí）法定任期终了。[8]广州国会，亦通电否认。孙中山则宣言：

> 直军诸将，应将所部半数，由政府改为工兵。其余留待与全国军队，同时以次改编。如能履行此项条件，本大总统当立饬全国罢兵。若唯知假借名义，以涂饰耳目，本大总统深念以前祸乱，由于姑息养奸，决为国民一扫凶残，务使护法戡乱之主张，完全贯彻。

这时候，在广西的粤军，先后返粤。六月十五日，围攻总统府。声言要求孙总统实践与徐同退的宣言，孙中山避居军舰。旋由香港赴上海。陈炯明复出任粤军总司令。北伐军回攻，不克。粤军退入福建，滇军退入广西。十月，徐树铮在延平设建国军政制置府。通电拥戴段祺瑞、孙中山为领袖人物。粤军退福建的，合驻延平的王永泉旅，攻入福州。徐树铮旋出走。北政府命长江上游总司令孙传芳入福建。是岁岁杪（miǎo），在广西的滇、桂军声讨陈炯明。广东军队，亦有响应的。陈炯明再走惠州。十二年，二月，中山返粤，以大元帅名义，主持军务。

护法的始末，大略如此，至国民政府成立，而后风云一变。

注释

①革命军兴，各省主持军务的，均称都督。袁世凯时，改为将军。护国军兴，独立省份，复称都督。黎元洪继任后，将军、都督，均改称督军。

②张勋走入荷兰使馆。清帝仍居宫中。至十三年，冯玉祥军队回京，乃于十一月五日，勒令出宫。并修改《优待条件》，取消皇帝尊号。

③元帅二人。选唐继尧、陆荣廷为之。军政府设外交、内政、财政、陆军、海军、交通六部。

④若执行约法上大总统的职权，则以“代理国务院摄行大总统职务的资格”行之。

⑤中山外为唐绍仪、唐继尧、伍廷芳、林葆怿（yì）、陆荣廷、岑春煊。

⑥边防军即参战军所改，临时又改为定国军。参看下章。

⑦时正值华盛顿会议开会，山东问题在会外解决之际，参看下章。

⑧冯国璋，河间人。黎元洪，黄陂（pí）人。

第九章　参战的经过和山东问题

中国和德、奥宣战的经过，已见第八章。当这时期，中国曾设立参战事务督办处，并借入参战借款两千万，练成参战军，但实际都用之于内争；对于欧战，不过曾招募华工赴欧而已。

这时候，日本正想独霸东洋。当中国对德提出抗议时，其公使即向我国外交部说："日本赞成中国的抗议，然而如此大事，中国竟不通知日本，甚为遗憾。"又向英、俄、法、意交涉，日本承认中国参战，各国却要保证日本，接收德国在山东的权利。于是英法两国和日本都立有密约，俄、意亦经谅解。

八年一月十八日，欧洲和会，在巴黎开幕。我国亦派代表参与，先是七年一月间，美总统威尔逊，曾提出和平条件十四条。中有外交公开、减缩军备、组织国际联盟等项。各国都认为议和的基本条件。所以我国对于和会，当时颇抱热望。曾作成希望条件和《取消对日二十五条条约》，以及《换文的陈述书》，一并提出。各国说："这不是和会权力所及。当俟国际联盟的行政部能行使权力时，请其注意。"

时英、美、法、意、日五国，别组所谓最高会议。一切事情，颇为其所垄断。关于山东问题，我国要求由德国直接交还，而日本则主张德国无条件让与日本，相持不决。到四月二十四日，最高会议开会，招我国代表出席。威尔逊朗诵英法两国和日本的《秘密换文》。又诵《中日条约》和《换文》的大要（要旨、概要）。问为什么有这条约？我国代表说："是出于强迫。"威尔逊又问："七年九月，欧战将停，日本决不能再压迫中国，为什么还有欣然同意的换文？"这消息传到我国，舆情大为激昂。于是有五月四日，北京专门以上学校学生停课，要求惩办曹汝霖、章宗祥、陆宗舆之举。风声所播，到处学校罢课，商店罢市，又有铁路工人，将联合罢工之说。政府乃于六月十日，将三人罢免。[①]是之谓"五四运动"。

当时山东问题，在和会中，交由英、法、美专门委员核议。卒因英法的袒日，依照日本的意思，将德国在山东的权利，让与日本。[②]插入《对德和约》第一五六、一五七、一五八三条中，中国代表提出保留案。声明中国可以在《和约》上签字，但关于山东条项，须保留另题。——始而要求于《和约》内山东条项之下，声明保留，不许。继而要求于《和约》全文之后，声明保留，不许。改为《和约》之外，声明保留，不许。再改为不用保留字样，但声明而止，不许。最后要求临时分函声明，不能因签字有妨将来的提请重议，不许。代表电告政府，说："不料大会专横至此，若再隐忍签字，我国将更无外交之可言。"二十八日，《和约》签字，我国代表，就没有出席。于是对德战争，由大总统以《布告》宣布中止。至于《奥约》，则由代表于九月十日签字。《国际联盟条约》，美国提出后，经各国同意，插入《和约》中，作为全约的一部，我国虽未签字于《德约》，而曾签字于《奥约》，所以仍为会员国之一。《德奥和约》，两国都应放弃因庚子拳匪在中国所得的权利和赔款；将专用的租界，改为各国公用。德国并须将庚子年所掠天文仪器交还。我国虽未在《德约》签字，德国仍照《约》履行。其后德、奥两国，于十年、十一年，先后和我国订立条约，亦改为平等关系，和从前的条约不同。[③]

至于对俄国的问题，则最为复杂。原来俄国从革命以后，其所采取的政体，业已和各国格不相入。而俄又于七年二月间，对德国成立和议。于是德奥武装俘虏，在俄国大为活动。反俄的捷克军，为其所制。各国乃有共同出兵之议。中国亦追随其后，于七年三月、五月间，与日本订立《共同防敌海陆军协定》。[4]而中国兵舰，和英、美、法、意、日军舰，亦先后驶入海参崴。旋又联合俄国，组织一铁路委员会，[5]将西伯利亚和中东两铁路，置于管理之下。此时各国的出兵，都不甚起劲。唯日本则拥立俄旧党谢米诺夫于赤塔，卡尔米哥夫于哈巴罗甫喀。[6]并分兵占据海兰泡、阿穆尔、伊尔库次克。直至十四年三月，方才和俄国订约撤兵。而当共同出兵之时，日兵由中东路运出的甚多。吉、黑两省，大受骚扰。而铁路委员会的技术部长，且有共管中东铁路的提议，在华盛顿会议席上提出。经我国代表力争，方才作罢。这反是中国因参战所受的损失了。

《和约》既经批准，[7]日本遂要求中国，直接办理交还胶澳交涉。中国舆论，都主张提出国际联盟，经政府拒绝，到十年十一月，华盛顿会议开会。我国决将山东问题提出。乃由英、美两国调停，在会外交涉。英、美两国，都派员旁听。直至十一年一月，才订成条约二十八条。胶济铁路，由我发国库券赎回，[8]期限十五年。但五年之后，以先期六个月的知照，得随时为全部或一部的偿还。在偿款未清以前，用日人为车务总管和总司计。其高徐、济顺铁路，让归国际财团。[9]烟潍铁路，中国如用本国资本筑造时，日本不要求并归国际银团办理。淄川、坊子、金岭镇三矿，由中政府许与中、日合组的公司。胶州湾由中国宣告开放。盐业及公产，都交还中国，其偿价为日金一千六百万元。其中二百万元为现款，余为十五年期的国库券。青岛佐世保间海电，亦交还中国。青岛一端，由中国运用，佐世保一端，由日本运用，而日兵于是年四五月之间撤退。

注释

①时曹为交通部长，章为驻日公使，陆为币制局总裁。

②时中国代表，亦提出一让步案。“德人在山东权利，移让英、美、法、意、日；由英、美、法、意、日交还中国。中国偿日攻青岛兵费。其额，由英、美、法、意议定。”因英、法袒日，未能有效。唯美国委员，另递一《节略》于威尔逊，说：“实行《中日条约》；或照《中德条约》，将德国所享权利，移转于日本；均不甚妥。不如照中国所提让步案。”但亦未能生效。

③参看第十七章。

④所谓《军事协定》：（一）为七年三月二十五日，驻日公使和日外务部交换的《共同防敌公文》。（二）为是年五月十六日，两国陆军委员所订《共同防敌协约》。（三）为是年五月十九日，两国海军委员所订《海军共同防敌协约》，后至十年一月二十八日，由外交部和日本大使互换照会废止。

⑤会设于海参崴，会长用俄人充之。

⑥谢米诺夫，Semiounoff。卡尔米哥夫，Kalmykoff。

⑦《欧战和约》，英、意、法、日等国，均旋即批准。唯美国法律，和约须得上院三分之二同意，方能批准。后来美国上院，对于《和约》，共提出保留案十四起。声明此项保留案，须得五强国中三国的承认和保证，作为原约的附件，和原约有同等效力，方可批准施行。山东问题，亦是其中之一。

⑧后来议定其数，为日金三千万元。

⑨见下章。

第十章　华盛顿会议和中国

华盛顿会议，是民国十年十一月十四日，在美国的华盛顿开会的。因为所议的都是太平洋问题，所以一称太平洋会议。

欧战以前，日、俄、英、美、德、法，在太平洋上，本来都有势力的。欧战以后，德国在海外的属地，业已丧失净尽。俄国承大革命扰攘之余；法虽战胜，而疲乏已极，亦都无力对外。在欧洲方面，只有英国，向来是称霸海上的；而和东方的关系，最为密切，所以虽当大战之后，对于太平洋的权利，还是不肯放弃。美国和日本，则是大战期间，都得有相当利益的。所以这时候，太平洋上，遂成为此三国争霸的世界。

讲起地位来，则日本是立国于太平洋之中的。自中日、日俄两战后，南割台湾，北有旅、大租借地和南满、安奉等铁路。又承俄国革命之时，加以侵略。而德属太平洋中赤道以北的岛屿，战后议和，又委任它统治。其在西太平洋的势力，可谓继长增高。所以这时候，美国要召集这个会，主要的意思，就是对付它。

要讲华盛顿会议，却要先明白欧战以来中国的形势，二十一条的交涉，已见第七章。此项交涉，虽由兵力的迫胁，订立二十五条条约，然而未经我国国会通过，以法律论，本不能发生效力。但是虽然如此，日本在事实上，其势力却是伸张无已的。除山东问题，已见上章外，当民国六、七两年，我国因忙于内战，所借日债颇多。吉长、吉会和所谓（一）开海、海吉，（二）长洮，（三）洮热，（四）洮热间一地点到某海口的铁路，均曾因此而订有借款或借款的豫备契约。[①]欧战停后，英、美两国，又提起中国铁路统一之议。[②]因我国舆论不一致，未有具体办法。旋英、美、法、日四国，组织新银行团。于民国八年五月，在巴黎开会。十一日，订立《草合同》。规定：（一）除实业事务——铁路在内——已得实在进步者外，现存在中国的借款合同及取舍权，均归共同分配。（二）联合办理将来各种借款事务。后因日本提出满、蒙除外停顿。至九年，美银行团代表赴日，和日银行团谈判。日乃放弃洮热和洮热间到海口两路，而承认《草合同》。新银行团于以成立。[③]但因我国没有统一的政府，所以借款之事，迄亦未能进行。

华盛顿会议开会后，分设限制军备和远东问题两委员会。限制军备委员会，由英、美、法、意、日五国组织。远东问题委员会，则更加中、葡、荷、比四国。当开会之初，我国代表，即提出大纲十条。后由美国代表罗德氏，[④]总括为四原则。订立《九国公约》。所谓《九国公约》：第一条，系列举罗德氏四原则：（甲）尊重中国的主权独立和领土及行政的完全。（乙）给中国以完全而无障碍的机会，以发展并维持稳固的政府。（丙）确立、维持工商业机会均等的原则。（丁）不得利用现状，攫取特殊的权利；并不得奖许有害友邦安全的举动。第二条说缔约国不得缔结违背此项原则的条约。第三条：不得在中国要求优先权或独占权。第四条：不得创设势力范围和实际排他的机会。第五条：中国全部铁路，不得自行或许他国，对于各国为差别的待遇。第六条：中国不参加战争时，应尊重其中立权。此外还订立《九国中国关税条约》，见第十六章。其（A）撤退外国驻兵；（B）撤废领事裁判权；（C）关于中国的条约公开；（D）撤废在中国的外国邮政局；（E）无线电台；

(F)中国铁路统一;(G)交还租借地诸议案,则或有结果,或无结果。[5]

山东问题,即在会外解决,已见前章。二十一条件问题,又经我国代表在远东问题委员会中提出。日代表说:“与会国要提出从前的损害,要求会议中重行研究和考虑,日本必不能赞成。但因《中日条约》和《换文》成立后,事势已有若干变迁。所以允将南满、东蒙的铁路借款权及以租税为担保的借款权,开放于国际财团,共同经营。其南满洲聘用顾问、教练,日本并无坚持的意思。原提案中的第五项,日亦将其保留撤回。”中国代表仍声明不能承认。因此此问题在华会中,未能得有结果。其后十一年十一月、十二年一月间,众参两院,先后通过请政府宣布二十五条条约及《换文》无效案。乃由政府照会日本,声明废弃。

至于各国所订条约,有关东方大局的,则有英、美、法、日四国《海军协定》。订明相互尊重在太平洋中岛屿和殖民地的权利。如或发生争议,当请其他缔约国调停。此约既立,一九一一年七月十三日的《英日协约》,即因之而废。国联委任日本统治的德属岛屿,中有雅浦岛,为美国和西太平洋交通孔道。当时美国即提出保留。此时亦成立《协定》,规定使用无线电,日、美两国,处于同等地位,美人得在雅浦岛居住、置产、自由贸易。后来民国十二年,英、美、法、意、日五国,又有《海军协定》。十九年,又有《海军公约》。规定英、美、日三国海军的比例为五五三。虽然如此,日本在太平洋中形势,还较英、美为优胜。海军协定和公约的期限,都到一九三六年为止,所以大家都说:一九三六年是世界的危机,然而苟非中国强盛,谁能保证太平洋上风云的稳定。

注释

①参看第五章。《吉长路借款契约》，系六年十月十三日，和满铁会社所订。债额六百五十万元。期限三十年。期内委托满铁会社管理。《吉会借款预备契约》，系七年六月十八日，和日本兴业银行所订。垫款两千万元。其《四路借款预备契约》，则系七年九月间所订。垫款二千万元。

②谓由中国另起新债，将旧债分别偿还。此项用意，和前此提议的满洲铁路中立相同，都是想借此取消各国在华的特殊势力的，不过一限于东北，一普及全国而已。参看第四编第二十章。

③四国公使，于九年九月二十八日，照会我国外交部。

④ Elihu Root。

⑤各国在中国的驻兵：有（甲）保卫北京使馆及北京至山海关的通路，是义和团乱后《辛丑和约》所允许的。（乙）俄国在中东铁路，日本在南满铁路的护路队。根据于日俄战后《朴资茅斯和约》的《附约》。该《附约》规定每基罗米突，得置护路兵十五名。但此《附约》中国并未承认。而《中日会议东三省事宜附约》，并曾规定俄兵如允撤退，或中俄商有别种办法时，日本亦一律照办的条款。此时俄国在东三省，已无驻兵，日本兵也应该撤退了。（三）则各国在租界内的驻兵。如英、美、法、日之在上海，日本之在汉口，更毫无条约根据。此时议决：条约所许的，当于中国要求时，由各国驻华外交代表与中政府所派代表调查后再行斟酌。其非条约所许的，各国允即撤退。但事后，仅日本将其驻在汉口的兵撤退，此外均未照办。撤废领事裁判权案，见第十七章。关于中国条约公开案，议决：以前所立条约、协约、换文，以及其他国际协约，以及以国民为当事者与中国所结契约，以事情所许为限，从速提出于本会议。总事务局移牒参加各国，以后所订，应通知署名国及加入此约之国。与中国有条约关系而未参加本会议的国，可招请其加入。各国在华设立邮政，系一八六〇年以来的事。英、美、德、法、俄、日都

有。都在通商口岸、租借地和铁路附属地内。——此时德国已无有。——此时议决：除租借地和条约特定者外，限于一九二三年一月一日以前撤销。而以中国政府，不变更现行的邮务行政和外国邮务总办的地位为条件。——所谓外国邮务总办，是一八九八年，法人向前清总理衙门要求："邮政雇用外人，须由法政府推荐。"而总理衙门允许他的。外国无线电台的设立，起于辛丑以后。始于北京使馆界内，而继之以租界等地。此时议决：使馆界内的电台，以收发官电为限。由条约或中国政府特许的，以收发其条约或条件所规定的电为限。在租借地、南满铁路附属地和上海法租界的另商。——后来在上海法租界的，商议的结果，亦以收发官电为限。——此外由中国政府买收。中国铁路统一案，议决：于在华铁路之扩张，与其既得适法的权利两立的最大限度，使中国政府，得于其所管理的铁路网，统一诸铁路。中国政府因此需用外国财政、技术，应即许之。交还租借地案，未能议决。仅由各国声明。法代表声明：愿与各国共同交还。英人声明：山东问题能得解决，威海卫可以交还。而日本于旅、大，英国于九龙，均声明不愿放弃。其后仅威海卫于十九年四月二十八日交还。见第十七章。

第十一章　军阀的混战

照第六、第八两章所说，民国成立以后，内争之祸，也可谓很厉害了。然而这还是有关大局的，其比较的限于一隅的，还不在内。现在且拣几件重要的说说：

民国以来，最安稳的，要算山西。他从民国十四年以前，简直没有参加过战争。阎锡山提倡用民政治，定出六政、三事，以为施政的第一步。① 教育、实业，都定有逐年进行的计划。又竭力提倡村自治。在当时，亦颇有相当的成绩。惜乎到后来，牵入战争旋涡，以前些微的成绩，也就不可得见了。次之，倒还是新疆。从民国十七年杨增新被杀以前，大体也还算安稳。此外就很难说了。

其中分裂最甚，而争战最烈的，要算四川。四川从袁氏帝制失败后，北政府所任命的将军解职。当时政府曾命蔡锷入川。但不久，蔡锷就病故了。代理的人，为川军所逐。其后滇军又打入四川。后来又被川军逐回。于是四川本省，分为一、二、三军，各有防地。北政府的势力，常常从汉中和宜昌一带——所谓长江上游侵入。而滇、黔两省，亦时和四川发生关系。各省军人，派别不一，离合无常。其失败的，往往要借助于人；而有野心的人，亦落得利用他，收为已助，或者借以扰乱敌方；所以其纷扰迄不能绝。西南如滇、黔，西北如甘肃，虽然因地位偏僻，对大局的关系较少，然而其内部，也都不能没有问题。

因为一切纷争，都起于军队太多，和军人拥兵自重、争夺权利之故，于是有废督裁兵的呼声；并有联省自治的议论。联省自治之说，其由来也颇早。原来行省的区划，还沿自元朝。明、清两代的省区，虽然逐渐缩小，然而其区域，还是很大，犹足以当联邦国的一邦而有余。而自清末以来，已渐成外重之局。辛亥革命，亦是由各省响应的。民国成立以来，中央事权，迄未能真正统一。而以中国疆域的广大、交通的不便、政务的丛脞（脞：音 cuǒ；丛脞：烦琐。），一个中央政府，指挥统驭，也颇觉得为难。于是有创联省自治之议，希望各省各自整理其内部的。当民国八、九年间，也颇成为一部分有力的舆论。于是有起而实行的，省各自制宪法。其中以浙江省成立为最早，于十年九月九日公布。湖南省制宪最早，而公布较迟，事在十一年一月一日。既已公布省宪，自然用不着什么督军。于是浙江于布宪之日，即同时宣布废督。既未制省宪的省份，也有宣布废督的，如云南省是。② 然而名为废督，而军队仍未能裁；即督军之实，亦仍旧存在，不过换一个总司令或督办善后军务等的名目罢了。所以还是无济于事。

又有想以会议之法解决国是的。当华府会议将开时，外人曾警告我速谋统一。于是有人想利用这个机会，促起国人的觉悟。主张华会开会之前，先在庐山开一个国是会议，其办法：分为国民会议和国军会议。国民会议，以制定国宪解决时局。国军会议，则议决兵额、兵制及裁兵问题。其所议决之件，再交国民会议通过。当时有力的军人，都曾发电赞成，然而后来竟就暗葬了。而上海一方面，又有国民所发起的国是会议。其议发动于商教联合会。③ 于十一年三月十五日，在上海开会。议决其组织：为（一）各省省议会。（二）各省、区教育会。（三）各省总商会。（四）各省、区农会。（五）各省、区总工会。（六）各律师公会。（七）各银行公会。（八）各报界公会。其中（二）、（三）、

（五）三项，都包含华侨团体。各推出代表三人。定名为中华民国八团体国是会议。于五月二十九日开会。旋组织国宪起草委员会。制成《国宪草案》，分送各方面。然后来亦未有何等影响。

此等解决时局之法，都是国民党第一次宣言所明指为无用的。我们且进而看国民党改组和国民政府成立以后的事实。

注释

①六政，谓：（一）水利，（二）蚕桑，（三）种树，（四）禁烟，（五）天足，（六）剪发。三事，谓：（一）造林，（二）种棉，（三）牧畜。

②事在九年六月一日。

③全国教育会及商会联合会在上海开会，因更组织商教联合会。

第十二章　中国国民党的改组和国民政府的成立

二次革命失败以后，孙中山先生在海外组织中华革命党，这话在第四章中已经说过了。袁世凯死后，中华革命党的本部移于上海。八年十月十日，改称中国国民党。此时在国内还未明白组党。到十二年一月，才发表宣言，宣布党纲和总章，这一年十一月，中山先生鉴于苏俄革命的成功，由于组织严密，决意将国民党改组。于是月十一日，发表改组宣言。十三年一月二十日，开全国代表大会。议决将大元帅府改组为国民政府。发表宣言，表明主义政纲和对内对外的政策。六月，又在黄埔设陆军军官学校。又就原有的军队中，设立党代表，宣传主义。于是南方的组织，骤见精严，旌旗变色了。

当十二年六月间，北京军警包围总统府索饷。旋又全体罢岗。黎总统移居私宅办公。又被便衣队包围。并有人在天安门自称开国民大会，主张驱黎的。十三日，黎总统赴津，总统印信，由其妾危氏携带，住居法国医院。至天津，被邀于火车站。迫令打电话给危氏，将印信送国务院，然后放行。黎总统通电："离京系为自由行使职权起见，并非辞职。"并通告外国公使。北京一方面，则宣告总统辞职，由国务院摄行。议员亦分为两派：一部分赴上海开会，一部分留京，都不足法定人数。照《大总统选举法》，国务院摄职，只能以三个月为限，九月十二日，北京的国会，人数依然不足。到十月十日，就连国会也要任满了。于是由众议院提出延长任期案，通过。十月五日，选举曹锟为大总统。八日，通过《宪法》。十日，曹锟就职。是日，《宪法》由众议院公布。曹锟既就职，以吴佩孚为直鲁豫巡阅使，萧耀南为两湖巡阅使，齐燮元为苏皖赣巡阅使。十三日，浙江和北京政府断绝公文往来。云南和东三省旋都通电讨曹。

十三年，九月初旬，江苏和浙江开战。江苏方面，号称苏、皖、赣、闽四省联合，而浙江方面，则联合淞沪镇守使，组成浙沪联军。主力军相持于昆山。别将则在苏州、嘉兴间，宜兴、长兴间作战。至九月中旬，而奉直战事亦作。奉军于九月廿二日陷朝阳。进攻山海关，陷九门口。吴佩孚亲临前敌指挥。自十月六日，大战开始。江、浙方面，孙传芳自福建入浙。九月十八日，陷杭州。卢永祥宣言：将浙江交还浙江人。把军队都撤至淞沪之间。十月九日，松江陷落。十三日，卢永祥下野。二十二日，冯玉祥自古北口回兵北京。和胡景翼、孙岳[①]宣言组织国民军。冯为第一军，胡为第二军，孙为第三军。十一月二日，曹锟辞职。于是山东宣告中立。山西兵扼守正太路和京汉路的交点。国民一军占杨村，三军入保定。奉军陷滦州、山海关、秦皇岛，抵塘沽。吴佩孚自海道南下，经南京、汉口回河南。冯玉祥、张作霖会于天津，推段祺瑞为临时执政。段于十一月二十四日入京。

当直奉大战时，南方亦出兵北伐，分攻湖南、江西。北方政局既变，段祺瑞请孙中山北上。中山于十二月三十一日至北京。时孙中山主张开国民会议，以解决时局。段祺瑞就职后，亦宣言于一个月内，召集善后会议，以解决时局纠纷；三个月内，召集国民代表会议，以解决根本问题。并声言："会议成功之日，即为祺瑞卸职之时。"孙中山以其所谓两会议者，人民团体，无一得与，[②]命国民党员，勿得参与。十四年，三月十二日，孙中山卒于北京。段祺瑞所召集的善后会议，于三月一日开会，仅议决军事、财政两善后委员会的条例而止。后来两委员会于十月五日开会。因时局纷乱，也就无从议起了。

段祺瑞就职后，裁巡阅使、督军。管理一省军务的，都改称督办军务善后事宜。以张作霖为东北边防督办。冯玉祥为西北边防督办。胡景翼督办河南军务善后事宜，孙岳为省长。免齐燮元，以卢永祥为苏皖赣宣抚使。齐走上海，组织苏浙联军。卢永祥以奉军张宗昌的兵南下。齐走日本。浙奉军在上海定约。浙军退松江。奉军退昆山以西。上海则彼此均不驻兵。时在十四年二月间。其时胡景翼的兵，自河北下河南。而镇嵩军的憨玉琨，已先据洛阳。东下郑县和开封。时政府又以孙岳为豫陕甘剿匪总司令。即以憨为副司令，命其退出。憨军退至洛阳以西。二月下旬，胡憨的兵冲突。三月八日，胡军入洛阳。镇嵩军援憨，不克，退入山西边境。四月十日，胡景翼卒。乃以岳维峻督豫。于是国民二军的李云龙师入西安。冯玉祥亦让出南苑防地。至八月杪，遂以玉祥督甘，孙岳督陕。李云龙为帮办。直隶当段祺瑞就职后，即以卢永祥为督办。永祥南下后，改李景林。四月间，以张宗昌督山东。至是，又以杨宇霆督江苏，姜登选督安徽。时奉军张学良、郭松龄驻兵于京、津、山海关之间。自五卅（sà）案起后，[③] 奉军并驻扎到上海。

是年，十月十五日，孙传芳自称浙、闽、苏、皖、赣五省联军总司令。发兵入江苏。上海的奉军即撤防。杨宇霆、姜登选亦北走。孙军入南京。渡江，取浦口、蚌埠（bèng bù）。十一月十七日，入徐州。越四日，吴佩孚起兵汉口，称讨贼军总司令。其明日，郭松龄自称东北国民军，率兵出关。十二月二十三日，败死于巨流河。当郭松龄起兵时，近畿和热河的奉军都退出。旋直、鲁组织联军。十二月八日，国民一军 [④] 和直军开战。二十四日，陷天津。李景林走济南。是时吴佩孚的兵，正作战于山东，三十一日，吴通电，停止讨奉军事。十五年，一月一日，冯玉祥下野。十九日，奉军复占山海关。二十三日，东三省各法团制定《联省自治规约》，推张作霖维持东北治安。[5]二月杪，吴佩孚兵入开封。三月，镇嵩军入洛阳。直鲁联军亦北上。二十三日，入天津。吴军亦占据保定。三十日，国民一军退出北京。四月九日，曹锟恢复自由。[6]段祺瑞走东交民巷。十七日，复入执政府。二十日，复走天津。通电引退。五月一日，曹锟通电引退。十七日，国民军将领宣言："专意开发西北。未有适合民意的政府以前，一切命令，概不承认。"于是热河的国民一军亦退出。奉军以七月一日，攻占多伦，八月十九日，占张家口。吴军攻南口，不克。后由奉军会攻，于八月十四日占领。山西军以八月十八日占大同，九月一日占绥远，十日占包头。而镇嵩军攻西安，迄未能下。此时国民政府的北伐军，业已整队北上了。

注释

①胡景翼系陕西第一师长，时亦自前线撤回。孙岳系第十五混成旅长，大名镇守使，时驻防南苑。

②孙中山所主张的国民会议，系：（一）现代实业团体。（二）商会。（三）教育会。（四）大学。（五）各省学生联合会。（六）工会。（七）农会。（八）反对曹吴各军。（九）政党。其代表由团员选出。先开一预备会议，其代表则由团体指派，以期迅速。北方之国民会议，则兼采一般选举及特别选举。以省、区及大学、商业、实业所选出的代表组织。

③见下章。

④段祺瑞就职之日，冯玉祥即通电下野，将国民军名义取消，但是后来人家仍称其兵为国民军。执政对冯，亦仅准假一个月。

⑤此时东三省复对北京独立。

⑥曹锟辞职后，因北京地方检察厅检举其贿选，执政府命监禁之以俟公判。至此乃恢复自由。

第十三章　五卅惨案和中国民族运动的进展

近代的外侮，和前代不同。前代的外侮，只是一个政治问题，近代则兼有经济、文化诸问题。非合全民族的力量奋斗，无以图存。这是孙中山先生所以要提倡民族主义的理由。从中山先生提倡而后，我民族就渐渐的觉悟；而其实际的运动，也就逐步进展了。

讲起中国民族运动的进展来，却要连带到一件伤心的历史。这便是民国十四年上海地方的所谓五卅惨案。原来从一八九五年，中、日订立《马关条约》以来，外人便有在我国设立工厂，以利用我国的原料和低廉的工价的，劳资之间，自然免不了有些纠纷。这一年五月十五日，日本人在上海所设的内外棉织会社，无故停工。工人要求上工。日入竟尔（竟然）开枪。死顾正红一人，重伤者三十七人。被捕者无数。各学校学生大愤，起而援助。因此募捐和赴追悼会的学生，为租界捕房所拘捕者数人。三十日，学生大队游行讲演。又有二百余人被拘。群众聚观的，群趋捕房，要求释放。英捕头竟下令开枪轰击。当场死者四人。送至医院后因伤毙命者七人。六月一日，公共租界全体罢市。三、四两日，外人所经营的事业，和有关交通事业的华人，继之以罢工。[1]英人调兵舰至沪。工部局宣布戒严。调海军陆战队和万国义勇队压迫。续有被枪伤、拘捕的人。于是罢课、罢工、罢市的风潮，蔓延各处。到处游行讲演，以促民众的觉悟。提倡和英、日经济绝交。

民族运动的气势，一时异常蓬勃。而惨案亦即继之而起。其中最为重大的，要算广东的沙基惨案。次之则是汉口同重庆的事件。

汉口事件，发生于是年六月十日。因英商大古公司的船抵岸，船员和工人冲突，工人被殴伤。明日，工人两千余人，集队游行。英人调义勇队及海军陆战队，分布租界。并于要路架设机关枪。后因群众拥挤，竟尔开枪扫射，死者八人，伤者数十。其时英国的兵舰，并上溯到重庆。华人聚集观看，英人又调海军登陆，用刺刀驱逐。死伤多人。事在七月二日。沙基惨案，则发生于六月二十三日。当五卅惨案消息达到广东之后，广东即起一种抵制运动。香港工人，都回内地。英租界的工人，亦都回广州。这一天，广东开市民大会。会后游行。经过租界对岸的沙基。对岸外兵，突然开枪射击。继以机关枪扫射。华人死者五十，伤者百余。此外九江、汕头等处，还有较小的冲突。

当五卅惨案发生后，北京政府即行派员调查。英、美、法、意、比、日六国公使馆，亦派委员团赴沪调查真相。交涉于六月十六日，在上海开始。未几即行破裂。九月中，公使团提出司法调查之议，要求我亦派员。经我国拒绝。但彼仍自行派员。其结果，令上海总巡捕和捕头辞职，而略给死者家属恤金。我国否认。外人亦遂置诸不理。直到十九年二月，工部局径将银十五万元，交给死者家属，这件事就算如此结局了。汉口方面，我国亦曾提出条件多款。其结果，则十四年十月间，仅将先决条件签字。英军舰撤退，巡捕的武装解除，太古公司在租界外的行栈码头撤销。英人并允赔偿损失。其余的交涉，就未有结果。重庆交涉，亦是如此。广东一方面对英抵制最久。华人设立罢工委员会，以谋罢工工人的善后。又设立工商检验处，以检查输入的货物。直到十五年十月十一日。乃由英人许我在海关抽收内地税，普通货物二·五，奢侈品加倍，以谋罢工工人的善后，而我许将工商检查处取消。

因五卅惨案而引起的民族运动，似乎是失败了。然而绝非如此。因此惨案，而我国人的民族意识，格外发达。从此以后，民族运动就更有不断的进展。大之则如取消不平等条约呼声的加高，小之则如上海会审公廨（xiè）的收回，[②] 以至国民军到达长江流域后，汉口、九江、镇江等地租界的交还，[③] 都是和五卅惨案很有关系的。

注释

①如中国海员、码头小工等。

②会审公廨，起源于一八六八年，即前清同治七年。先是一八五三年，上海县城陷落，中国官吏尽逃。租界的华人，无人管理。英、法、美三国领事，对于轻微罪和违警罪，遂擅行处罚。至是年，乃由上海道和三国领事协议，订定《洋泾浜（bāng）设官会审章程》十条。公廨由此设立。其中条约仅许观审的案件，——如外国人为原告，中国人为被告时。——竟许其会审；并不许观审的，——如外人所雇用的华人为被告时。——亦许其观审；殊属有损主权。辛亥革命，上海道和会审官都避匿。各国领事，竟将公廨接管，擅委官员，并将权限肆行扩充，更成为毫无根据的机关。民国十五年，江苏省政府和领事团订立《收回上海会审公廨暂行章程》九条。于十六年一月一日，实行收回。改组为临时法院。并设上诉院，为上诉机关。但观审之制，依然存在。且上诉院即为终审，亦与吾国司法制度不合。该项章程，原定三年期满，唯其时国民政府，业已照会各国，声明取消领事裁判权。乃于十九年四月，径行改组为上海特区法院。当五卅惨案交涉时，上海工商学联合会提出交涉条件，由总商会删并为十三条，其中即有收回会审公廨一款，当时政府即据以交涉。虽然未得解决，然而会审公廨的收回，实在是发动于此的。

③民国十六年，一月三日，中央军事政治学校的宣传队，在汉口讲演。英人调水兵和义勇队干涉。追入华界，用刺刀杀死华人四人。伤者甚多。六日，九江码头工人因要求轮船公司改良待遇，罢工纠察队人员，被英人击伤。其时民气甚为激昂。英人乃将租界的管理权，交还中国。汉口由国民政府组织临时管理会，维持治安。九江亦由中国军队入驻租界。至二月十九、二十日，先后成立《协定》。汉口、九江租界，都由英国交还。镇江则国民军于三月二十四日达到，英人亦即退出，租界由中国警察维持。至十八年十一月十五日，英人亦将镇江租界交还。

第十四章　国民革命的经过

当国民党改组后，十三年秋间，即乘北方骚乱之际，出兵北伐。旋因段祺瑞就临时执政职，邀请孙中山先生北上，乃又罢兵，已见第十二章。自中山先生卒后，北方的局势，骚乱更甚。北伐之举，乃到底不能不实现。

中山先生北上后，国民政府以十四年四月平东江。旋滇军回据兵工厂，桂军亦附和，政府迁于河南。六月初，党军和粤军还攻。广州于十二日恢复。国民党中央执行委员会，议决改组政府，废元帅，代以委员制，于七月一日成立。军队都改称国民革命军。党军和粤军回攻广州时，东江复为叛党所占。十一月，再把东江打平。十二月，平定高、雷、钦、廉和琼崖等地。广西亦依国民政府所定《省政府组织法》，组织政府。十五年一月，开第二次全国代表大会。六月五日，中央执行委员会召集临时会，通过迅速北伐案。以蒋中正为总司令。

先是国民革命军分为六军。后来广西归附，编为第七军。是时湖南纷扰，唐生智来求援，乃编为第八军。派四、七军往援。七月十二日，七、八两军克长沙。八月十二日，蒋中正到长沙。于是分兵为三：右入江西，左出荆、沙，而中路直攻武、汉。二十四日，吴佩孚自至汉口督战。国民革命军北进，破敌于汀泗桥、贺胜桥。九月六、七两日，连下汉阳、汉口，武昌亦被包围。——后来到十月十日降伏。正面的兵进展后，左路军亦于九月十五日达到沙市。其右路军，与苏、皖、赣、闽、浙五省联军相持于江西，争战最为剧烈。至十一月七日，南昌陷落，江西平定。

北方的国民军，以是年七月进甘肃。九月十五日，冯玉祥游俄归来，抵五原，诸将仍推为总司令。进甘肃的兵，以十一月入陕。是月杪，遂解西安之围。至十二月初，而到达潼关。留守东江的兵，以十月入福建。至十二月而福建平定。浙江于十月间响应国民军，不克。十二月一日，北方推张作霖为安国军总司令，张宗昌、孙传芳为副司令。孙军撤退江北。张宗昌军复入沪宁线。国民革命军乃以湖南、湖北的兵为西路，进攻河南。出福建的兵为东路，进浙江。江西的兵为中路，复分江左、江右两军，沿江东下。东路军以十六年一月入杭州。分兵为三：一沿沪杭铁路达上海，一出平湖抵苏州，一自宜兴进常、镇。均于二月中到达。而江左军亦于三月初下芜湖，江右军于十六日占当涂。至二十三日，遂入南京。西路军于五月中北上。冯玉祥亦进兵洛阳。是月末，进至郑州、开封，两路兵会合。

当这北伐顺利时，而南方有清党之事起。先是孙中山改组国民党时，第三国际共产党员，声明以个人名义加入。中山先生许之。但其后，共产党员，仍图在国民党中，扩充该党的势力。中山先生逝世后，第一届执行监察委员，就有在山西开会，议决肃清共产分子的。旋在上海别组中央党部。北伐之后，政治会议议决迁都武汉，而中央党部，则在南昌，委员也有前赴武汉的。到三月廿八日，中央监察委员在上海开会，议决清共。四月七日，中央政治会议议决迁都南京。于是宁、汉之间，遂成对立之势。直到七月十五日，武汉方面，亦举行清党，而宁、汉合作，乃渐告成。当宁汉分裂时，北军乘机占扬州和浦口。曾渡江占龙潭，给国民军打退。其时蒋中正辞总司令之职。国民政府乃命何应钦定江北，冯玉祥下徐州。山西亦于九月间出兵攻奉。奉军退守河北。

十七年一月八日，蒋中正再起为北伐军总司令。于是分各军为四集团，再行北伐。四月，北伐军下兖州、泰安。五月一日，入济南。至三日而惨案作。[①]国民军乃绕道攻德州，进下沧州。六月三日，张作霖出关。四日，至皇姑屯车站，遇炸身死。东三省人推张学良继其任。至十二月二十九日，三省通电服从国民政府。于是国民政府的统一告成。其后虽尚不免纷扰，然真正的统一，总不难于不远的期间达到了。

注释

①见下章。

第十五章　五三惨案和对日之交涉

中国的统一，是帝国主义者所不利的。所以要多方阻挠。如利用我国的内争，将借款军械等，供给一方面等都是。而其尤露骨的，则莫如民国十七年的五三惨案。

当民国十六年五月间，国民革命军，奠定东南，渡江北伐。当时日本政府，便有乘机干涉的意思。乃借保护侨民为名，运兵到山东。经我政府迭次交涉，方才撤退。民国十七年四月，国民军既克兖州。日本阁议，又通过第二次出兵案。先将驻津日军三中队，调赴济南。又派第六师团，从青岛登岸到济。五月三日，在济南的日兵，和我无端启衅。我国徒手的军民，被杀的不计其数。甚且闯入交涉公署，把特派交涉员蔡公时和职员十人、勤务兵七名，一齐杀害。中国为避免枝节起见，即将在济南的兵退出，只留一团驻守。而日本于七日，又对我提出无理的要求：（一）高级军官，严行处分。（二）和日兵对抗的军队，解除武装。（三）我军离开济南和胶济铁路二十里。限十二小时答复。而又不待我答复，于八日，径用大炮攻城。我守城的一团兵，奉命于十日退出。十一日，日兵入城。又大肆屠戮。并且扣留车辆，截断津浦路，强占胶济沿线二十里内的行政机关。

当日兵攻城之际，我政府即致电国际联盟，请其召集理事会，筹划处置；我愿承诺国际调查，或国际公断等办法。但是国际联盟，并无适当的外置。日本却又径致《觉书》于我说:“战争进展到京、津,其祸乱或及满洲之时,日政府为维持满洲起见,或将采取适当有效的处置。”日本此时,以为如此一来,北伐必然停顿;即使继续,也要经过长时间的斗争;日本于中取利的机会甚多。尤其兵争延及东北时,日本可以遂其所大欲。谁知国民革命军,依旧绕道北上。而且经此事变,我国人反有相当的觉悟,东北军也发出息争御侮的通电,于六月初,竟退出关。胶东的兵,于九月一日易帜。在天津以东的直鲁军,亦因关内外的夹击,于九月中旬解决。日人无可如何。十月初,乃和我国开始交涉。我国提出:(一)先行撤兵;(二)津浦通车;(三)交还胶济沿线二十里内的行政机关;(四)胶济路沿线土匪,由中国负责肃清等项。日人不愿意,交涉停顿。后来屡经波折,到十八年三月二十八日,才定议:日军于两个月内撤退。双方损害,则设共同委员会调查。议定之后,我方派出接收委员。日兵初定四月十八至二十五之间撤退。旋又说胶东匪乱甚炽,坊子以东,要议展期。我政府不赞成分期接收,索性将全部展缓。直至六月五日,日方才开始撤兵,至十六日而接收完毕。

在山东一方面,日人虽未遂其阻挠北伐的野心;然而对于东三省,则还是野心勃勃,所以有十七年六月四日,张作霖在皇姑屯车站遇炸之事。这一次的炸弹案,布置得很为周密,非经多数人长时间之布置不可。铁路警备森严,其断非张作霖的政敌或匪徒少数人所能为,不问可知了。经这一次阴谋,更促成东北的觉悟。于是有七月一日通电服从国民政府之举。日本又命其驻奉天的总领事劝告:易帜之事,宜观望形势。又派专使到奉,以吊丧为名,劝告奉方,不宜与国民政府妥协。奉方都不听从。三省实行易帜之后,东北一方面,收回权利的事,也逐渐进行,日人心怀愤恨,就伏下民国二十年“九一八”的祸根了。

第十六章　关税自主的交涉经过

中国自海通以来，和外国所订的不平等条约，可谓极多，而其最甚的，则无过于关税税率的协定。现在世界上，经济竞争，日烈一日。贸易上的自由主义，久成过去；各国都高筑关税壁垒，以保护本国的产业。独税率受限制的国，则不能然。所以旧式和新兴幼稚的产业，日受外力的侵略压迫，而无以自存。中国所以沦入次殖民地的地位，这是一个最大的原因。

中国关税，除（一）海关税率，协定为值百抽五外，（二）其内地税，并亦协定为值百抽二·五。（三）而英、法、俄、日，在陆路上的通商，还有减免，[①] 而且（四）海关税率，名为值百抽五，实际上，因货价的高昂，所抽还远不及此数。

改订税率之议，起于一九〇二年。这是义和团乱后订定和约的明年。因赔款的负担重了，所以这一年的《中英商约》，许我于裁厘之后，把进口税增加到百分的一二·五，出口税增加到百分的七·五。其所裁的厘，则许办出产、销场、出厂三税，以资抵补。一九〇三年《中美》、《中日商约》，一九〇四年《中葡商约》，规定大致相同。这一次的失策，在于将裁厘作为加税的交换条件。不但有损主权，而且裁厘在事实上猝难办到。事后，果因中国人惮于裁厘；外人，则其货物运销中国，本有内地半税，以省手续；事实上厘金所病，系属中国商人，所以也不来催问。这一次条约，就如此暗葬了。至于海关估价，则《辛丑和约》，订定将从价改为从量，即于一九〇二年实行。然而所估的价，仍不能和实际符合。

还有一件事，也是很有损于主权的，那便是税务司的聘用。当中外通商之初，海关税本由外国领事代收。到一八五一年，才废其制，由华官自行征收。一八五三年，上海失陷，清朝所派官吏逃去，仍由英、美领事代课。其明年，上海道和领事商定，聘用英、美、法人各一，司理征税事务。是为税务司的起源。此时的外人，系由上海道聘用。一八五八年，《中英通商章程善后条款》规定：中国得邀请英人，帮办税务。然仍订明由中国自由邀请，"毋庸英官指荐干预"。而且法、美二约，亦有同样的条文，并非英人独有的权利。一八六四年，总理衙门公布《海关募用外人章程》。自此以后，各关税务司，遂无一华人。而一八九六、一八九八两年的英、德借款，《合同》均订明："此项借款未还清时，海关章程，暂不变更。"英人又要求："英国在华商务，在各国中为最大时，总税务司，必须任用英人。"亦于一八九八年，经总署答复允准。于是中国所用的税务人员，其地位，就俨然发生外交上的关系了。

辛亥革命，外人怕债权无着，由公使团协议，将关税存放外国银行。非经总税务司签字，不能提用，即偿付外债的余款——所谓关余，亦系如此。于是中国财政上，又多一重束缚。民国六年，中国因参加欧战，要求各国修正海关税则。经各国允许，于次年实行。这一次的修改，据专家估计，亦不过值百抽三·七而已。巴黎和会开会时，我国曾提出关税自主案，被大会拒绝。华盛顿会议时，又经提出。其结果，乃订成《九国中国关税条约》。[②] 订明批准后三个月，中国得召集与约及加入各国，开一关税会议，实行一九〇二年的《中英商约》。在此约未实行以前，得在海关征收一种值百抽二·五，其奢侈品，则加至值百抽五的附加税。至于估计物价，切实值百抽五，则不待此约的批准，即可实行。约中并订明中国海、陆边关的税率，应行划一。其后关税会议，于民国十四年，由段政府召集。十月二日，在北京开会。[3]我国又提出关税自主案。十一月十九日，通过：

各缔约国，承认中国享受关税自主的权利，允解除各该国与中国间各项条约中关税的束缚。并允许中国国定关税条例，于一九二九年一月一日，发生效力。

而中国政府，申明裁厘之举，与国定税率，同时施行。同时，中国拟定七级税则，实际上得各国的承认。至于海关附加税问题，则未能议决而段政府倒。关税会议，于十五年七月三日，由各国代表，宣告停顿。[4]

国民政府定都南京后，一方面宣告取消不平等条约，[5]并宣布于十六年九月一日，实行关税自主，同日裁厘。届时未能实行。十七年七月，政府和美国先订立《整理关税条约》。约中订明："前此各约中，关于关税的条文作废，应用自主的原则。"[6]自此以后，德、挪、荷、英、瑞、法六国的《关税条约》，先后订成。而比、意、丹、葡、西五国，是年亦均订有《友好通商条约》。约文规定，大致相同。[7]政府乃将七级税公布，于十八年二月一日实行。其后裁厘之举，于二十年一月一日实现。同时废七级税，另定新税率。关税自主，到此才算真实现了。关税既已自主，其他一切，自然不成问题。况且陆路边关税率：中日间早于民国九年，订立协定，申明和海关一律。中英、中法间，亦于十七年《换文》，申明旧办法于十八年作废。俄国则参战后另订新约，本系彼此平等，自更不成问题。税务司虽仍任用，而从前约束，既已失效，亦可解为我国自由任用了。关税自主，本系国家应有的权利，而一经丧失，更图恢复，其难如此。此可见外交之不可不慎；而民国创业的艰难，后人也不可不深念了。

注释

①见第四编第十一、第十四、第二十章。

②见第十章。

③当时到会的，除原订《九国条约》的英、美、法、意、荷、比、葡、日外，又有邀请加入的西、丹、瑞、挪四国，共十二国。

④当时中国提出的附加税率，较华会所许百分之二·五为高。各国不肯承认。相持未决。而段政府倒，会议停顿，至十六年，北京政府乃即照百分之二·五征收。

⑤见下章。

⑥条文言“缔约国在彼此领土内所享受的待遇，应与他国一律；所课关税，内地税，或其他捐款，不得超过本国或他国人民所纳”；是为最惠国及国民待遇，但系相互的。

⑦唯中日《关税协定》迟至十九年五月间，方才订立。并附表规定若干货物，彼此于一定期间，不得增税。此约日本颇受实惠，但以三年为期，现在亦已满期了。

第十七章　废除不平等条约的经过

废除不平等条约，可以有两种办法：其一是片面的宣告。其二是共同或个别的谈判。中国在国际间，不平等条约的造成，全由前清政府昧于外情之故。至其末造，则外力的压迫已深。帝国主义者，是很难望其觉悟的。无论共同或个别的谈判，都很难望其有效。所以国民政府，于奠都南京后，即毅然发表废除不平等条约的宣言。[①]十七年七月七日，更照会各国公使，请其转达各该国政府，定为三种办法：（一）旧约期满的，当然废除另订。（二）未满期的，以相当的手续，解除重订。（三）已满期而未订新约的，另定临时的适当办法。旋颁布临时办法七条。[②]此项照会，既经发出后，和我订立条约的，十七年有比、意、丹、葡、西五国。十八年有希、波二国。十九年有捷克和法国的《越南通商专约》。至土耳其的《友好条约》，则系二十三年四月订成的。在此诸国以外，德、奥与俄，战后的条约，本已平等；其余各国，虽然新约尚未订成，然废除不平等条约，既经我国定为政策，此后自然要本此进行，平等条约的订立，只是时间和手续的问题了。

不平等条约，贻害最大的，要算（一）关税协定，（二）领事裁判权，（三）租界，（四）租借地，（五）内河航行五端。[③]关税交涉，已见前章。取消领事裁判权的动机，也起于《辛丑条约》。见第四编第十八章。巴黎和会中，我国亦曾提出撤销领判权，给大会拒绝。华盛顿会议中，又经提出。乃议决：由各国各派代表，[4]组织委员会，调查在中国的领判权的现状和中国法律、司法制度、司法行政的情形后再议。[5]此项委员会，于十五年一月，在北京开会，至九月十五日而毕。撰有《调查报告书》。[6]对于撤销领判权，仍主缓办。国民政府和意、丹、葡、西所订条约，均有于十九年一月一日，放弃领判权的条文。《比约》则规定另订详细办法。如详细办法尚未订定，而现有领判权诸国过半数放弃，比国亦即照办。五约均附有（一）中国于十九年一月一日以前，颁布民、商法。（二）放弃领判权后，外人得杂居内地，经营工商业，享有土地权。——但仍得以法律或章程，加以限制。（三）彼此侨民捐税，不得较高或有异于他国人的条件。[7]墨西哥未定新约，但该国政府，于十八年十一月，宣言将领判权放弃。

租界的设立，本不过许外人居住通商。但是因中国人的放弃和外国人的侵夺，而行政、司法、警察等权，往往受其侵害。这还是事实。到一八九六年的《中日通商口岸议定书》，[8]就索性将管理道路、稽查地面之权，明定其属于该国领事，这更可称为不平等条约之尤了。而在事实上，妨害我国主权尤甚的，则要算上海的租界。[9]上海租界的市政，属于工部局。其根据，系一八九六年的《洋泾浜章程》。[10]此章程由外人纳税会通过，经各国领事认可，驻扎北京的公使批准。工部局董事，系由纳税人选举；而纳税人年会，则由领事团召集。是以各国的外交代表和其照料商务的领事，而干涉起我国的市政来了。民国以来，除德、奥、俄三国在天津、汉口的租界，因欧战而取消外，其余一切，都因仍旧贯。到国民军到达长江流域以后，英国在九江、汉口的租界，才和中国订结协定交还。镇江的英人，于当时退出，后亦申明愿将租界交还中国。于十七年十一月十五日交还。[11]比国的天津租界，则于十八年八月交还。英国在厦门的租界，亦于十九年九月，以协定声明取消。现在所有的，除日本最多外，[12]只英在广州、天津、营口，法在广州、汉口、上海、天津和鼓浪屿、上海、芝罘，还有公共租界而已。

内河和沿海的航行权，各国通例，都是保留之于本国人的。这不但以权利论，应为本国人民所独享；即在国防上，亦有很重要的关系。而前清政府，不明外情，一八五八年的《天津条约》，许英人在长江航行。各国援最惠国之例，群起攘夺，而长江航权，遂非我所独有。一八九五年《马关条约》，开苏、杭为商埠，后四年，遂颁布《内港行轮章程》。华洋轮船，照章注册的，一律准其通航。外人在华航行权，遂愈加推广。至于沿海，则条约未订立以前，外人业已自由航行，更其不必说了。前清所订的条约，只有一八九九年的《中墨条约》，申明“不得在国内各口岸间，往来贸易”，然而无补于事。民国现在，虽亦未能将已丧失的航行权，即时收回，然十八年的《中波条约》，十九年的《中捷条约》，均订明将内河和沿海的航权保留。其余各国，重订条约时，亦可渐谋改正了。

租借地在法律上，本来和割让地显然有别。但在事实上，则外人据之，亦未免隐然若一敌国。中国的有租借地，自德人之于胶州湾始，而旅、大、威海、九龙、广州湾，就纷纷继起了。欧战之际，胶州湾又为日人所据。其后因山东问题的解决而交还。至于华盛顿会议中，中国代表，要求各国交还租借地，则只有英国允将威海卫交还，其后于十九年四月实行。至英于九龙，日于旅、大，则均声明不肯放弃。法于广州湾，当时虽声明愿与各国同行交还，然迄今亦仍在观望之中。

不平等条约的内容，其荦荦大端（**荦：音 luò；荦荦大端：指主要的项目、明显的要点。**），要算前列的几件。此外，外人得在中国境内驻兵；又如因划定势力范围，而得有筑路、开矿之权；又如外人在中国游历、传教，中国政府，负有特别保护的义务等都是。总而言之，凡其性质超过于国际法的范围，而又系片面性质的，都可称为不平等条约。一概荡涤净尽，而达于完全平等之域，现在固尚有所未能。然既已启其端倪，则此后的继续进行，只看我政府和国民的努力了。

注释

①（一）在十六年八月十三日，其主意，系申明嗣后任何条约，非国民政府所缔结者，一概不认为有效。（一）在同年十一月三日，（一）在十七年六月十五日，均系专对友邦而发者。

②对于驻华的外交官领事官，予以国际公法赋予的待遇。在华外人，应受中国法律的支配，法院的管辖。关税，在国定税则未实行以前，照现行章程办理。凡华人应纳的税捐，外人亦应一律缴纳。未规定的事项，系国际公法及中国法律处理。

③《东方文库续编·我国修改条约之运动》六七页。

④中国亦在其内。

⑤并得向中国政府提出改良司法意见书。中国政府，得自由承诺或拒绝其一部分或全部。

⑥到会的为美、法、意、比、丹、英、日、荷、西、葡、挪。《报告书》分四章：（一）在中国领判权的现状。（二）中国的法律。（三）中国的司法制度。（四）为改良意见。于军人干涉司法，最致不满；而法庭太少，法官俸给太低次之。

⑦各国与我订约，亦有本无领判权的，亦有虽有而其条约业已满期的。此时有领判权而条约尚未满期的，为英、法、美、荷、挪、巴西六国。撤废领判权的实行，即重在与此诸国的交涉。十八年十二月，国民政府曾令主管机关，拟具实施办法。二十年，拟成《管理在华外人实施条例》十二条。于五月四日公布。定二十一年一月一日实行。因日人侵略东北筹备不及，暂缓。

⑧旧称《公立文凭》。

⑨上海英租界，设于一八四五年；美租界设于一八四八年；一八五四年，合并为公共租界。但其实权仍在英人之手。

⑩工部局译为《上海洋人居留地界章程》。

⑪参看第十三章。

⑫日人所有的为天津、营口、沈阳、安东、厦门、杭州、苏州、沙市、福州、重庆、汉口各租界。

第十八章　中俄的龃龉

最近的外交，中、俄之间，关系要算最为复杂了。俄国侵害中国的权利，中东铁路，要算是其大本营。当民国七年时，中国曾因俄国新旧党的冲突，把中东路的护路权收回。[①]俄人曲解《中东铁路合同》，握有哈尔滨的市政权，亦经我国于九年三月，将其废除，改为东省特别区。[②]俄国自革命以后，备受各国的封锁，很想有一国能和他通商。曾于八年、九年，两次宣言：愿放弃旧俄帝国以侵略手段在中国取得的特权和土地。抛弃庚子赔款。无条件将中东路交还中国。此时中、俄关系，很有改善的希望。而中国因和协约国取一致的步骤，始终未能对俄开始交涉。[③]直到九年九月间，才将旧俄使、领待遇停止。此时距离俄国的革命，为时已有三年半了。此时在蒙古一方面，既因旧俄的侵扰，而远东军占据库伦。[④]而中东路则自共同出兵以来，列强颇有借端干涉的趋向。[⑤]我国乃于九年一月间，和道胜银行代表，另订合同。规定：铁路人员，除督办归我外，余均中、俄各半。否认中、俄以外的第三国，和铁路有关。俄政府管理铁路之权，由中国政府代为执行；以正式承认俄国，商有办法之日为止。其对俄国通商，则仅是年四月间，新疆省政府，曾和俄国订立《局部通商条约》。十年五月间，呼伦贝尔善后督办，亦曾和远东共和国，订立《境界交通协定》。此外迄无何等办法。而十一年，远东共和国派来中国的代表，也否认苏俄曾有交还中东铁路的宣言。直到十三年，远东共和国，早已合并于苏俄；[6]而英、意两国，也都承认苏俄了。我国和苏俄的交涉，才逐渐开展。于是年五月，订定《中俄解决悬案大纲》及《暂行管理中东铁路两协定》。《解决悬案大纲》中：（一）俄国许抛弃帝俄时代，在中国所取得的特权和特许，（二）及庚子赔款。（三）取消领事裁判权，（四）及关税协定。（五）帝俄时代，与第三者所订条约，有妨中国主权的，一概无效。（六）承认外蒙古为中国领土的一部分，尊重中国的主权。[7]（七）彼此不容许反对政府的机关和团体，并不为妨碍对方公共秩序及反于社会组织的宣传。（八）签字后一个月，举行会议，解决外蒙撤兵、重行划界、赔偿损失、通商航行诸问题。（九）中东路许我出资赎回，亦于此会议中商定办法。其后此项会议，至十四年八月始开。而其时东三省对中央独立，三省的事，事实上和中央政府商量无效。俄人乃又于九月中，和奉天派出的人，订立协定，是称《奉俄协定》。

十六年，四月，北京方面，派兵搜查俄使馆。旋又搜查天津的驻华贸易处等。俄国召还北京的代理公使，以示抗议。是年，十一月，共产党起事于广州。政府认苏俄有援助的嫌疑，于十二月十四日，对苏俄领事，撤销承认。苏俄在中国各地方的国营商业机关，亦勒令停止营业。十八年，五月二十七日，苏俄驻哈领事馆集会。我国认为有煽动嫌疑，派员搜查逮捕。七月十日，又另派中东路督办。撤换苏俄正副局长。将苏俄职员多人解雇。并查封其国营商业机关。苏俄遂于七月十八日，对我绝交。时我国仍愿和平处理。训令驻芬兰公使，因回任之便，赴哈调查，转赴满洲里，和俄人商洽。而俄国无人前来。哈尔滨交涉员，虽和俄国领事，接洽过几次，亦不得要领。旋因苏俄驻德大使，有愿意交涉的表示，政府亦饬我国驻德公使，借德人居间，与俄商洽。至十月中，亦决裂。自八月中旬以后，俄兵即时侵我国境界。我国军人防御，很为勇敢，但因边备素虚，又后援不继，同江、满洲里，于十月、十一月中，相继陷落。而外蒙之兵，亦陷呼伦贝尔。十二月，因英、美两国，劝告息争，乃派员在伯力开豫备会议。二十二日，将《草约》签字。中东路恢复七月以前的状况。彼此恢复领事。订于明年一月二十五日，在莫斯科开正式会议。其后此项会议，久无进步。直到日本占据东北以后，外交上的形势一变。二十一年，十二月十三日，乃由中、俄两国出席军缩会议的代表，在日内瓦互换文件复交。

注释

①按照《中东铁路合同》，俄国在铁路沿线，本只能设警，不能驻兵，即《朴资茅斯条约》，日、俄两国，驻兵保护铁路，每基罗米突，亦仅得驻二十五名。然俄人在沿路驻兵，其数常至数万。欧战起后，此项驻兵，大都调赴欧洲。留者分为新旧两党，时起冲突。我国乃于是年一月十日，将其解除武装，铁路由我派兵保护。

②《中东铁路合同》第六条："由该公司一手经理，建造各种房屋，设立电线，以供铁路之用。""经理"二字，法文作 Administration，俄人曲解为有行政权，竟在哈发布市制，向住民收税。一九〇九年，乃由前清外务部和俄国所派中东铁路总办，订立《铁路界内组织自治会预定协约》。由中外居民共选议员。更由议员复选执行委员三人。交涉局总办、铁路总办各派委员一名，会同议会议长，组织执行委员会。此项委员会和议会，受交涉局总办、铁路总办的监督。从此以后，哈尔滨铁路附属地的行政权，就入于俄人之手了。九年，三月十一日，为俄国革命三周年纪念，在哈俄国新旧党，又起冲突。中国乃勒令旧俄政府所派铁路总办，离去哈尔滨，而将铁路附属地行政权收回。于其地设东省特别区市政管理局。

③参看第九章。

④参看第五章。

⑤参看第九章。

⑥远东共和政府，设立于一九二一年四月二十七日。明年十一月十三日，与苏俄合并。

⑦此系空话，参看第五章。

第十九章　日本的侵略东北

在中华民国革命进行的程途中，可谓重重魔障，然而其严重，要未有若民国二十年九月十八日，日人侵略东北之甚的。

日人的侵略东北，本系处心积虑之举。近年以来，我国对于东北的开发，颇有进展。[①]盗憎主人，乃更引起日本的猜忌，而促成其积极侵掠之举。是年六月间，因长春附近的朝鲜农民，强毁我国的民田筑坝。该处日本驻军，遂枪杀我无辜民众，酿成所谓万宝山惨案。[②]日人又在朝鲜境内，鼓动排华风潮，华人被杀的无算。然仍未能引起我国的衅端。至九月十八日夜，日人乃将南满铁路，自行炸毁一段，诬为我军所为，径向我国沈阳的驻军进击。我军奉命无抵抗退出。日人乃进占沈阳。其在长春、安东等地的驻军，同时发动。不数日间，而辽、吉两省间的要地，悉为所占。

国际公法，不必说了。华府会议《九国条约》，有保持中国领土、行政完整的义务。便是一九二八年八月二十七日在巴黎所立的《非战公约》，日本也与我国共同签字的。日本此举，其为蔑弃国际信义，自不待言。我国因国力悬殊，且为爱护和平起见，不愿诉之于武力，乃诉之于国际的信义。除对日本提出抗议外，即电日内瓦代表，要求根据《盟约》第十一条，召集理事会。行政院开会后，一面通知中、日两方，避免事态的扩大。一面通知美国。旋决议：令日兵撤回铁路线内，尽十月十四日撤尽。

而日本悍然不顾。一面派兵进攻黑龙江。一面要求我国在锦州所设的辽宁行署，撤退关内。我黑省的兵，奋力抵抗，日人颇受损失。旋因援绝，于十一月十八日，退出省垣（省会、省城）。日军犯锦，我军亦不战而退。至二十一年，一月一日，日兵遂陷锦州。我关外仅存的行政机关，遂又被破坏。而日兵又先于二十年十一月间，勾通汉奸，扰乱天津，挟废帝溥仪而去。

先是国联行政院，于十月十三日开会。邀请美国列席。二十四日，以十三票对日本一票议决，令日兵于下次开会，即十一月十六日以前，全行撤退。而日军置若罔闻。及期，行政院在巴黎开会。乃议决：由国际联盟，派遣委员团，到东北调查。及锦州陷落，美国乃照会日本，不承认任何事实上所造成的情势为合法。日人仍置若罔闻。时日本又派兵舰，在我沿江、沿海一带，肆行威胁。二十一年，一月十八日，借口该国僧人被殴，要求我上海市政府：惩凶，道歉，抚恤，取缔反日运动。市府业经接受，日领事亦宣称满意了。乃日军于二十八日夜，突然进攻。我驻沪的十九路军，奋勇抵抗。日兵大败。乃续调大军，扩大战事。延及吴淞、太仓、嘉定一带，并派飞机，到苏、杭等处轰炸。因我军抵抗甚力，日军累战皆北，乃又续调精锐，拼命进犯。直至三月一日，我军因人少，不敷分布，浏河被袭，乃自动撤至第二道防线。这一役，我军虽未能始终保守阵地，然以少数之兵，抗数倍之众，使日军累次失利；列国评论，多认战事胜利，当属华军；而国民自动接济饷需的，其数亦超过千万，亦足以表示我国的民气，而寒敌人之胆了。

当日兵进攻淞、沪时，我国代表，曾在国联提出援用《盟约》第十条和第十五条，[③] 国联乃议决：成立上海国际调查团，以英、德、法、意、西领事为委员，并邀美国加入。三月三日，国联大会开会，十一日，通过上海、东北问题，均适用《盟约》第十五条。限日兵于五月十日以前，恢复去年九月十八日以前的原状。此正式决议案，如中国接受，而日本拒绝，则《盟约》第十六条，[4]自然生效。又通过：以十九国的委员，[5]组织特别委员会，负责外理纠纷，并建议调解方案。十九国委员会，于十六日开会。十九日，议决：令日兵撤退。将地方交还中国警察。在上海组织共同委员会证明。其间又屡经顿挫，直到五月五日，《上海停战协定》，方才签字。

日人在上海寻衅时，又派军舰到首都附近，肆行威胁。我政府为保中枢的安全，以便长期抵抗起见，乃于一月三十日，迁都洛阳。四月七日，并在洛阳召开国难会议，至十二月一日，才迁回南京。仍继续长期抵抗的宗旨，努力进行。

日人为遮掩耳目起见，乃肆其掩耳盗铃之技，于三月九日，在长春拥废帝溥仪，建立伪满洲国。以溥仪为终身执政。我国的税关、邮局，以及盐务等机关，次第为所攘夺。[6]并将直属日皇的关东军司令，受外务、拓殖两省监督的关东长官及派遣伪国的大使，实际上任用一人，使其监督领事。并与伪满签订所谓《议定书》，将前此和中国所订的不平等条约，关涉东北的，勒令承认履行。并借口共同防卫，允许日军，驻扎伪国境内。然而东北正式军队和民众，奋起抗日的，所在都是。屡次攻破城邑，击败日、伪军。日人势力所及，实在只是铁路沿线罢了。

是年春间，国联所派调查团东来。[7]于四月二十一日，开始调查。至六月四日而完毕。在北平制作报告，于九月四日完成。报告书的总括是：

日本的军事行动，不能认为合法的自卫。

伪满洲国，并非由真正自然的民意所产生。

主张召集顾问会议，[8]设立特殊制度，以治理东北。我国表示不能完全接受。日人则痛诋调查团认识不足，坚持既成事实。到二十二年二月二十四日，国联开非常大会，通过十九国委员会的报告书，决定不承认伪国，而依调查团《报告书》，觅取解决办法，日人恼羞成怒，就竟于三月二十七日，退出国际联盟了。

其时日本又一意孤行，宣言热河当属“满洲国”，以长城为国境。二十二年，一月三日，攻陷山海关。二月二十一日，日、伪军入寇热河，至三月一日，而承德陷落。我军分退多伦及长城各口。日伪军又跟踪追击，并进犯滦东。我军在喜峰口等处，亦曾与敌以重创，然因军备之悬殊，至五月间，卒将长城各口放弃，东路亦仅守滦西。至是月三十一日，乃成立《塘沽协定》。我军退至延庆、昌平、通州、香河等地，日军撤至长城。中间地方，定为非武装区域，仅由警察维持治安。热河既陷，则东北的义军，更陷于势孤援绝之境。然而矢志抵抗者仍不绝。

日人既志得意满，乃于二十三年，三月一日，拥溥仪僭（jiàn）号于长春。议定所谓满洲经济计划，把东北的利源，要想一网打尽。[9]吉会铁路，既于二十二年八月完成。中东铁路，又想用非法手段，从俄国手里夺取。[10]此外添筑铁路、公路，继续经营葫芦港等，还正在计划进行，在日人的意思，以为东北就是如此，算夺到手了。

注释

①其主要的，如吉海、奉海，打通路的衔接，葫芦岛的经营是。

②万宝山，在长春东北。当民国二十年间，有个唤作郝永德的，租得该处民地五百垧（shǎng），转租与韩人耕种。其契约，实未经长春县政府批准，而该韩人等，竟导引伊通河水，拦河筑坝，强掘民田，因此遂引起冲突，日人遂借此宣传，谓系华人排斥韩人。在朝鲜境内，造成排华运动。

③第十条："联合会会员，有尊重并保持各会员领土完全，及现有政治上之独立，以防御外来侵犯之义务。如遇此种侵犯，或有任何威胁或危险之虞时，行政院应筹履行此项义务之方法。"第十五条："如联合会会员间，发生足以决裂之争议，而未照第十三条规定，提交公断或法律裁判者，应将该案提交行政院。行政院应尽力使此项争议，得以解决。如果有效，须将该争议之事实及解释，并解决条件，酌量公布之。倘争议不能如此解决，则行政院经全体或多数之表决，应缮发《报告书》，说明争议之事实，及行政院所认为公允适当之建议。如行政院《报告书》，除相争之一造或一造以上之代表外，该院委员，一致赞成，则联合会会员，约定彼此不得向遵从《报告书》建议之任何一造，从事战争。如除相争之一造或一造以上之代表外，不能使该院会员，一致赞成其《报告书》，则联合会会员，保留权利，施行认为维持公平与正义之必要行动。"

④第十六条："联合会会员，如有不顾本约第十二条、第十三条或第十五条所规定，而从事于战争者，则据此事实，应视为对于所有联合会其他会员有战争行为。其他各会员，应即与之断绝各种商业上或金融上之关系；禁止其人民与破坏盟约国人民之一切交通；并阻止其他任何一国，为联合会会员或非联合会会员之人民，与破坏盟约国之人民有金融、商业或个人之交通。"

⑤英、法、德、意、西、挪、波、捷、爱尔兰、墨西哥、危地马拉、巴拿马，本系理事国。瑞士、瑞典、荷兰、比利时、匈牙利、南斯拉夫、哥伦比亚七国系新选。

⑥东北税关被夺后，我国即将各关封闭。应征之税，于运往时在他口岛征收。邮局则暂行停办。寄往欧美的邮件，由苏彝士、太平洋运送。伪国邮票，一概无效。国联会员国，不承认伪国的，都遵守此约。

⑦英、美、法、德、意各一人。以英李顿爵士(Lord Lytton)为主席。

⑧中、日政府及当地人民代表。

⑨该计划分作三种：(一)为统制经济，由关东军自办，如交通、通信、矿业、电气事业等。(二)为特许营业，须受关东军监督。(三)为自由企业，人民得以投资经营。

⑩日人初侵东北时，曾宣言不侵犯苏联的权利。廿二年，又借伪国出面，封锁满洲里，拘捕东路俄员。六月间，苏俄欲将东路售与伪国，我国曾提出抗议。苏俄和伪国谈判，亦未有成。

第二十章　国民政府的政治

政治制度，是没有绝对的好坏的，要视乎其运用之如何。民国肇建（始创），本系仿效欧、美成例，行三权分立之制：以国会司立法，并监督政府；以大理院以下的法院掌司法；以国务院掌行政的。因国民未能行使政权，遂至为野心家所利用。纪纲不立，政争时起。国事紊乱，外患迭乘，中山先生鉴于革命之尚未成功，乃有以国民造党，以党建国，以党治国，然后还付之于国民之议。

中山先生的革命方略，是分军政、训政、宪政三时期的。军政时期，由党取得政权。训政时期，代国民行使。经过此时期后，将政权还付国民，则入于宪政时期。在训政时期中，代人民行使政权的是国民党；行使治权的，则是国民政府。政纲和政策，发动于国民党，由国民政府执行之。二者之间，则以政治会议为连锁。

国民党的组织，以全国代表大会，为最高机关。在闭会期间，则其权力属于中央执行委员会，而以中央监察委员会监察之。[①] 次于全国的，为省和特别市，未改省而与省相等的区域及海北总支部。再次则县及重要市镇和国外支部。更次则区与区分部及国外分部。都以其代表或全体大会为最高机关。平时则权力属于执行委员会，而以监察委员监察之。亦与中央党部同。党部不直接干预政治，然对于同级政府的施政方针或政治有疑义时，得请其改正、解释，或呈请上级执行委员会，转请其上级政府办理。所以党的监督权，是兼及于行政的。

国民政府初成立时，设委员若干人，推一人为主席，若干人为常务委员。其下分设各部。十七年，十月，公布《组织法》。行政、立法、司法、考试、监察五院，次第成立。各部均属行政院。[②] 司法则改前此的四级三审制为三级。[③] 二十一年，五月，国民会议开会，制定训政时期的约法。其后又经中央执行委员修正。[④] 于是国民政府的组织，亦随而变更。设主席一人，委员二十四至三十六人。各院皆设院长及副院长，均由中央执行委员会选任。主席不负实际政治责任。五权由各院分别行使。唯遇院与院间不能解决的事务，则由主席团解决之。主席并对外代表中华民国。此外直属于国民政府的，还有军事委员会、训练总监部、参谋本部、军事参议院、全国经济委员会、建设委员会等。

地方制度，民国以来，还是沿袭前代的省制的。但废去府直隶州厅，而成为初级制。民国初元，各省的军民长官，称为都督和民政长。三年，改称将军、巡按使。六年，又改称督军、省长。统辖几省军事的，又有巡阅使、经略使等名目。裁兵议起，则督军改称督理或督办军务善后事宜。省与县之间，又曾设立道尹。国民政府所颁布的《省政府组织法》，亦取委员制。以一人为主席。其下分设民政、财政、教育、建设、实业各厅，厅长即就委员中任命。首都及人口百万以上，或政治经济有特殊情形的为特别市，与省同属行政院。[⑤] 其人口在三十万以上，或在二十万以上，而营业、土地等税占全收入之半数以上的，则为普通市，不属县而直隶于省。市设市长，县设县长，其下都分设各局，以理庶政。未能设县的地方，则立设治局，置局长。其交通便利，或向来自治较有成绩之地，则设县政建设实验区。其区域或一县或合数县不定。得设立区公署。不设道尹，唯近年苏、皖、赣、鄂等省，设立行政督察专员。

县在建国大纲中，本定为自治单位，其下分为若干区。区之下为乡镇。镇之下为闾，闾之下为邻。邻五家。闾五邻。乡指村庄，镇指街市，大约在百户以上，[6]而不得超过千户。全县分十区至五十区。区及乡镇，各设公所。区长、乡长、镇长，本应由人民选举；但在未实行前，区长得由民政厅就考试合格人员中委任；乡、镇长由人民加倍选出，由县长择任。闾、邻长则都由民选。市以二十闾（lǘ）为坊，十坊为区，亦有区长、坊长，闾、邻长及区坊公所。区、坊、乡、镇，亦各有监察委员。到一县的区长都由民选时，即得成立县参议会。

以上所说，都系训政时期的办法。国民政府的政治，是以人民自治为目的的。所以到一县自治完成之后，其人民即得行使选举、罢免、创制、复决四权，县长由人民选举，并得选出国民代表一人，组织代表会，参与中央政事。一省的县都完成自治时，即为宪政开始。省长亦由人民选举。全国有过半数省份，达到宪政开始时期，则开国民大会，决定宪法颁布。宪法颁布之后，中央统治权归国民大会行使——即国民大会，对中央政府官吏，有选举、罢免之权；对中央法律，有创制复决之权——是为宪政告成。全国国民，即依宪法行大选举。国民政府，于选择完毕后三个月解职，授权于民选的政府，是为建国的大功告成。

以上所说，为国民政府施政的纲领。至于目前的政务，则最要的，自然要推军财两端。民国的军制，本以师为单位，合若干师，则称军。国民政府北伐时，曾合所有的军队，编为四集团军。十八年的编遣会议，全国定设六十五师。但其后编遣迄未能就绪。兵制之坏，由于召募乌合。所以军人程度不一，而散遣之后，亦往往无家可归。二十年，六月，国民政府颁布《兵役法》。常备兵役，分为现役、续役、正役三种。民年二十至二十五，得为现役兵，期限三年，退为正役兵六年。再退则为续役，至年四十岁止。其年自十八至四十五，不服常备兵役的，则服国民兵役。平时受规定的军事教育。战时由国民政府以命令征集。海军，当民国初年，曾按江防、海防，分为第一第二队舰。护法战起分裂。十八年编遣会议，议决海军重行编制，乃复归于统一。空军起于民国以来，北京政府即设立航空署。国民政府，亦经设立，直隶于军政部。我国陆军，苦于兵多而不能战；海、空军则为力甚微，殊不足以御外侮，这是我国民不可不亟思努力的。

财政本苦竭蹶（原指走路艰难，后用来形容经济困难。），而自帝制运动以后，中央威权失坠，各省多不解款，遂致专恃借债，以资弥补。欧战以前，所举最大的债，为善后大借款，已见第五章。欧战期间，各国无暇顾及东方，则专借日债。自九年以后，并日债亦不能借，则专借内债。国民政府，将中央和地方的税款划清。中央重要的收入，为关税、盐税、统税、⑦烟酒税、印花税、矿税等。田赋划归地方，和契税、营业税等，同为地方重要收入。病商的厘金，已于二十年裁撤。二十三年，又开财政会议。限制田赋的附捐。并通令各省，裁撤苛捐杂税。预算亦在厉行。但在目前，收支还未能适合，时时靠内债以资补苴（jū），其为数亦颇巨。

注释

①中央执行委员会，每半年至少应开大会一次。平时则互选常务委员若干人，以执行职务。

②现设内政、外交、军政、海军、财政、实业、教育、交通、铁道、司法行政十部；蒙藏、侨务、禁烟、劳工四委员会。

③四级，谓初级、地方、高等审判厅及大理院。三审，谓同一案件，只能经过三级法院审判。如初审在第一级，则上诉终于第三级。现制则分地方法院、高等法院、最高法院三级，较为名实相符。

④第三届第五次、第四届第一次全体大会。

⑤但系省政府所在地者，仍属于省。

⑥不满百户的，可以互相联合。

⑦卷烟、麦粉、棉纱、火柴、水泥、薰烟、啤酒、洋酒各项，即货物税的改变。

第二十一章　现代的经济和社会

讲起现代的经济和社会来，是真使我们惊心动魄的。帝国主义者的剥削我们，固然不自今日为始，然而在现代，的确达到更严重的时期了。这个，只要看民国以来，贸易上入超数字的激增，便可知道。假如以民国元年的一万零三百万为百分，民国三年，便超过了一倍。四年至八年，正值欧洲大战凋敝之时，美国、日本等，都因此而大获其利，我国却仍未能挽回入超的颓势。九年以后，其数即又激增。此后十年之间，常在二万万两左右。[①] 十九年增至四万万。二十年超过五万万。二十二年，又超过七万万。甚至合一切项目，还不能保持国际收支的平衡，而要输出现银了。

新式工业，当欧战时期，颇有勃兴之象，但因基本工业不兴，又资本人才，两俱缺乏，所以所振兴的，都不过是轻工业。欧战以后，不但外货的输入，恢复到战前的景象，抑且因世界不景气之故，而群谋对我倾销，我国新兴的工业，遂大受其压迫。而且所输入的，都是日用必需之品。[②] 我国的天产，向称独占市场的，如丝茶等，则无一不受排挤而失败。大豆近来称为出产的大宗，然而从东北沦陷后，偌大的产地，又丧失了，而且失掉了很广大的国内市场。长此以往，我国的工商业，将何以支持呢？

我国是号称以农立国的。全国之民，业农的总当在百分之八十左右。据近岁的调查，自耕农不过百分之五十二。其余半佃农占百分之二十二，佃农占百分之二十六。即自耕农的土地面积，也是很小的。[③]农民的生活，本来已很困苦了。加以二十年来，内战不息，兵燹（xiǎn，指兵乱中纵火焚烧。）时闻，租税加重。微薄的资本不免丧失，或者壅塞（yōng sè，阻塞。）不能流通，又或因求安全之故而集中于都市；农村的资本，益形枯窘。谷价低落，副业丧失。而日用之品，反不免出高价以求之于外。就呈现普遍破产的现象了。

天灾，人祸，帝国主义者的剥削，农村之民，日益不能安居，纷纷流入都市。都市中的劳动者，日渐增加，劳资问题，遂随之而日趋严重。

虽然如此，总还有一部分人，度其奢侈的生活的。尤其大都市的生活程度，和穷乡僻壤，相去天渊。遂贻以旧式生产，营新式消费之讥。

经济是社会组织的下层。其余一切机构，都是建筑在这基础上面的。经济组织而生变化，其他一切，自亦必随之而生变化。况且喜新骛奇（猎奇），是人们同具的心理。又且处于困苦之中，总要想奋斗以求出路。所以近数十年来，文化变动的剧烈，亦是前此所未有。自由平等之说兴，而旧日等位上下之说，不复足以维系人心。交通便利了，人们离乡背井的多了，而旧日居田园长子孙之念渐变；甚且家族主义，因之动摇；而父子、夫妇间的伦理，都要发生问题。新兴的事业多了，成功之机会亦多，而旧日乐天安命的观念渐变。物质的发达甚了，则享乐的欲望亦增，旧日受人称赏的安贫乐道，或且为人所鄙夷。凡此种种，固然是势所必至。亦且人们能随环境为转移，不为旧习惯所囿，原是件好事。然而旧时共信的标准，既已推翻；现代必需的条件，却又未能成立；就不免有青黄不接之感了。混乱、矛盾，这就是我们现在的社会现象。

我们的出路在哪里呢？

好了，救星来了。救星为谁，便是孙中山先生所提倡的民生主义。现代的经济，维持现状，总是不行的了，总是要革命的。革命走哪一条路呢？共产、集产，路是多着呢，却都不是没有流弊的。尤其是中国，情形和欧、美不同，断不能盲从他人，削足适履。所以中山先生，提倡这大中至正的民生主义，以平均地权、节制资本为宗旨。而节制资本之中，又包含节制私人资本，发展国家资本两义。

要发展国家资本，总免不了利用外资的。所以中山先生，很早就订定《实业计划》。想利用列国的资本和技术，来开发中国。这不但有益于中国，亦且有益于世界。苦于二十年来，列强则忙于争城夺地，竞事扩张军备。中国亦内战不息，借入的外资，大部用诸不生产之地。到后来，就连借外债也谈不到了。而我国的经济建设，亦就更无端绪。直到民国二十年，国民政府，才设立了一个全国经济委员会。国府要人，都被任为委员。所以其所计划，容易见诸实行。设立之初，即致电国际联盟行政院，请其为技术上的合作。国联亦很为赞成。即派联络代表来华，并供给了许多技术人员。从全国经济委员会设立以来，努力于经济的建设。对于复兴农村，整治水利，改进交通三端，尤其注意。现在和国联，虽不过是技术上的合作，然进一步而谋利用外资，亦非不可能的。资力雄厚，进步就自然更快了。

农村的建设，最重要的，是经济的流通。现在国民政府所努力指导农民的，则是合作事业。从十七年合作运动委员会设立以来，各地方的合作事业，便日有进展，尤其是江、浙两省，农民银行业已成立，而其放款，是以合作社为限的，所以尤其兴盛，截至二十二年止，注册的已有两千七百余了。劳工团体的组织，亦是近年的事，民国十一年，第一次全国劳动大会，才开会于广州。其后第二、第三次大会，相继举行。[④] 工会的兴盛，要算十六年为最。十七年以后，又逐渐加以整理。《工会》、《工厂》、《工厂检查》、《劳资争议处理》及《团体协约》诸法，亦已次第颁布。果能循序进行，自可达到平和革命的目的，而免却阶级斗争的危险了。

注释

①仅十六年不满一万万。

②如米、麦、面粉、砂糖、海产、卷烟、药品、棉纱、人造丝及其织品、五金、机械、木材、纸张等。

③十九年《统计月报》第二卷第六期。

④第二次大会，在十四年。第三次在十五年。

第二十二章　现代的教育和学术

使社会变动的根本，到底是什么？要问这句话，我们在现在，只得回答道是文化。而教育和学术，是文化变动的根源。所以这两者，和社会的关系，是非常密切的。

中国的新式教育，虽然导源清末，然既存有奖励章程，则仍然未脱科举的意味。所以正式的新教育，实在要算从民国时代开始。民国的厘定学制，事在元年七月间。先是，已把清代的奖励章程停止。又通令：凡学堂都改称学校。至是，将旧制的初等小学，改称国民学校，其期限为四年。国民学校以上为高等小学，其期限为三年。更上为中学，四年。大学分文、理、法、商、工、医六科。预科二年，本科三年，相当于高等小学的，有乙种实业学校；相当于中学的，有甲种实业学校；期限均同。和高小及中学相当的补习学校，则期限均为二年。师范较中学，多预科一年。和大学相当的高等师范，期限为三年；专门学校为四年；均有预科一年。十一年，又将学制改革。把教育分作三个阶段。小学教育，初级四年，高级二年。中学教育，初级高级各三年。师范、职业学校同。大学六年，专门学校四年，高师改为师范大学。十一年的学制，得设单科大学。十八年，又改大学为文、理、法、教育、农、工、商、医各学院。医科年限五年，余均四年。有三学院的，乃得称大学，否则称独立学院、专门学校，期限为二或三年。又增特别、幼稚、简易各种师范。特别师范，招收高级中学毕业生，期限一年。幼稚师范，收初级中学毕业生，期限二年或三年。简易师范，初级中学毕业生一年。高级小学毕业生四年。私人不准设立师范学校。自大学以上为研究院，为研究学术的机关。其期限无定。此外如民众学校及各种补习学校、图书馆、博物馆、美术馆、讲演所、体育场等，则均属于社会教育的范围。留学外国的，自清季即甚盛。其时因路近费省，又文字较易学，往日本的最多。民国以来，则赴欧、美者渐众。其中公私费的都有。因庚子赔款，美国首先退还，规定作为派遣学生赴该国留学之用，所以赴美者尤盛。

中国对于社会科学的研究，本来亦很精深。唯对于自然科学，则较诸欧、美各国，瞠乎其后（瞠：音chēng；瞠乎其后：在别人后面干瞪眼赶不上，形容远远落在后面。）。而欧美各国，对于社会科学，其研究方法，亦有取自自然科学的。中国对于自然科学，既然落后，对于社会科学的研究方法，自亦不逮（比不上）他人了。这是今日急当采取他人，以补我之所不足的。西学初输入时，中国人未能认识其真价值，只是以应用的目的，去采取它。所以有所谓“中学为体，西学为用”之说。此时所得，只是一点微末的技能罢了。戊戌以后，渐知西人政治、法律、经济、教育诸端，都有可取之处。然仍未能认识科学的真价值。科学的认识，不过是近二十年来之事。到此，才算能真知道西人的长处。所以中国人和西人交接虽早，而其认识西人则甚迟。知道科学方法之后，则一切学问，都可以焕然改观。所以近来研究之家，所利用的材料，虽然有时甚旧，然其结论，亦就和前人判然不同了。这才是中国学问真正的进步。现在还正值开始。将来研究得深了，或者突飞进步，能有所新发现，以补现今东西洋学术的不足；或者竟能别辟途径，出于现世界上所有的学术以外，都未可知的。

研究学术和普及教育，都要注意于其工具。工具是什么？这是一时很难列举的，然而语言、文字，要为其中最重要的一种。我国的语言，实在是很统一的。但因地域广大，各地方的方音不同，所以词类语法，虽然相同，而出于口，入于耳，还是彼此不能相喻。又历代的言语，不能没有变迁；而文人下笔，向来务效古语；于是普通的文字，亦为普通人所不能了解。虽亦有径用口语，笔之于书的，然其范围甚狭，只有佛家及理学家不求文饰的语录，官府晓谕小民的文告，慈善家劝导愚俗的著述，以及本于说书的平话用之而已。感于中国文字认识之难，而思创造音符，以济其穷者，久有其人，如清末劳乃宣所造的官话字母，便是其一例。民国以来，教育部知道汉字不能废弃，而读音则不可不统一。乃召集一读音统一会，分析音素，制定符号，以供注音之用。于七年公布。八九年间，又有人创新文学之论，谓著书宜即用现在的口语。于是白话文大为风行。此事于教育亦是很有利的。但其功用还不止此。因为文学思想，本是人人所同具。但是向来民众所怀抱的感想，因限于工具，无从发表，而埋没掉的很多。从白话文风行以来，此弊亦可渐渐革除了。所以最近的文学，确亦别饶一种生趣，这都是不可否认的事实。但是旧文学亦自有其用，谓其可以废弃，则又系一偏之论了（**偏于一面的议论**）。

第六编　结论

第一章　我国民族发展的回顾

少年人的思想，总是往前进的。只有已老衰的人，才恋恋于已往。然则一个民族，亦当向前迈进，何必回顾已往的事呢？然而要前进，必先了解现状；而要了解现状，则非追溯到既往不可。现在是绝不能解释现在的。这话，在第一编第一章中，业已说过了。然则我民族已往的发展，又何能不一回顾呢？

外国有人说："中华民国，是世界上的怪物。"因为世界非无大国，而其起源都较晚；古代亦非无大国，然而到现在，都早已灭亡了。团结数万万的大民族，建立一个世界上第一等的大国；而文明进步，在世界上亦称第一等；这是地球之上，中华民国之外，再没有第二个国家的。我国民族，能成就如此伟大的事业，这岂是偶然的事呢？我们试一回顾已往的发展：

当公元前三千年以前，我国民族，栖息于黄河流域的时代，已经有高度的文化了。这就是传说上所谓巢、燧、羲、农之世。当这时代，我民族的疆域，还不甚大。与我同栖息于神州大陆之上的民族很多。其后黄帝起于河北。黄帝一族的武力，似乎特别强盛。东征西讨，许多异民族，都为我所慑服了，然而这一族，也不是专恃武力的，同时亦有较高度的文化。此时我国民族，行封建政体。凡封建所及之处，即是我国民族足迹所及之处。星罗棋布于大陆之上，各据一定地点，再行向外发展。武力文化，同时并用。至于战国之末，而神州大陆之上，可以称为国家的，都因竞争而卒并于一。至此，而我国为一大国的基础定；我民族融合神州诸民族，而形成一大民族的基础亦定。

秦、汉以后，中国本部之地，既已统一了，乃再行向外发展。其中汉、唐时代，是我国民族，以政治之力，征服异民族的。五胡乱华，以及辽、金、元、清的时代，则不免反受异族的蹂躏。但因我国文化程度之高，异族虽一时凭借武力，荐居吾国，卒仍不能不为我所同化。此诸族者，当其荐居中国之时，亦能向外拓展，大耀威凌（威势、威力）。这并非他们有此能力，实在还是利用我国的国力的。所以还只算得我民族的事业。当此时代，我国力之所至，西逾葱岭，东穷大海，南包后印度半岛，北抵西伯利亚的南部。亚洲的地理，若依自然的形势，分为五区，则其中部及东部，实在是隶属于我国的。我国今日，本部以外的疆域，都戡定于此时代之中。这是说国力所及。至于人民的足迹，则其所至较此尤远。地球之上，几于无一处不达到。现在南洋、美洲，都有很多的华侨。便是西伯利亚，西至欧洲，亦都有华人流寓。其形势，亦从这时代已开其端。[①] 虽然政治之力，尚未能及于此诸地方，这是我民族不尚武力的结果。最后的胜利，本未必属于武力，我民族自然发展所及之处，真要论民族自决，恐未必终处于异族羁轭之下的。若论内部的文化，则我国当此时代，有很完密的政治制度，很精深的学术，很灿烂的文明，都为异族所取法。不但已同化于我的民族，深受吾国文化之赐，即尚未同化于我的民族，其沐浴吾国文化的恩惠，亦自不少，如朝鲜、日本、安南等，都是其最显著的。这实在是我民族在发展的过程中，对于世界最大的贡献。

世界的文明，一起源于美洲，一起源于亚洲的东部，一起源于亚洲南部的大半岛。而一起源于亚、欧、非三洲之交。除西半球的文明，因距旧世界太远，为孤立的发达，未能大发扬其光辉外，其印度半岛的文化，当公元一世纪至七世纪之世，即与我国的文化相接触、相融合的，当其接触融合之时，彼此都保持平和的关系，绝无侵掠压迫的事实发生。乃至最近四世纪以来，我国的文化，和西洋的文化接触，就大不然了。他们的文化，是挟着武力而来的；而且辅之以经济之力。我民族遂大受其压迫。土地日蹙，生计日窘，不但无从发展，几乎要做人家发展的牺牲了。然而这只是一时的现象。须知一种文化的转变，是必须要经过相当的时间的。其体段大，而其固有的文化根底深的，其转变自不如浅演的小民族之易。然而其变化大的，其成就亦大。我国民族，现在正当变化以求适应于新环境的时候。一旦大功告成，其能大有造于世界，是可以预决的。到这时代，我民族的发展，就更其不可限量了。我国民族，是向不以侵略压迫为事的。我国而能有所贡献于世界，一定是世界的福音。所以我国民族的发展和我国民对于世界的使命，两个问题，可以合而为一。

然则我国民对于世界的使命安在呢？请看下章。

注释

①中国人发现西半球，见第三编第二十二章。

第二章　中国对于世界的使命

罗素说："东西洋人，是各有长处的。西洋人的长处，在于科学的方法。东洋人的长处，在于合理的生活。"①这句话，可谓一语破的，自来谈东西洋异点的人，没有像这一句，能得其真际的了。

唯其有科学方法：所以对于一切事物，知之真切。然后其利用天然之力大。然后其制服天然之力强。以此种方法，施之于人事，则部勒（部署）谨严，布置得当。不论如何精细的工作，伟大的计划，都可以刻期操券，而责其必成。西洋人近兴，所以发扬光大者，其根本在此。这真是中国人所缺乏，而应当无条件接受他的。

然而人与人相处之间，其道亦不可以不讲。《论语》说得好："信如君不君，臣不臣，父不父，子不子，虽有粟，吾得而食诸？"②利用天然之力虽大，制服天然之力虽强，而人与人之相处，不得其道，则其所能利用的天然，往往即成为互相残杀之工具。以近代科学之精，而多用之于军备，即其一证。——假使以现在的科学，而全用之于利用厚生方面，现在的世界，应当是何状况呢？

若论人与人相处之道，则中国人之所发明，确有过于西洋人之处。西洋人是专想克服外物的，所以专讲斗争。中国人则是专讲与外物调和的。不论对于人，对于天然，都是如此。人和物，本来没有一定界限的。把仁爱之心，扩充至极，则明明是物，亦可视之如人。近代的人，要讲爱护动物，不许虐待，就是从这道理上来。把为我之心，扩充至极，则明明是人，亦将视之如物。他虽然亦有生命，亦爱自由，到与我的权利不相容时，就将视同障碍的外物，而加以排除、残害，当作我的牺牲品了。天然之力，实在是无知无识的，我们应得制服它，利用它，以优厚人生。而中国一味讲调和，遂至任天然之力，横行肆虐，而人且无以遂其生。人和人，是应得互相仁偶的。而西洋人过分讲扩充自己，遂至把人当作牺牲品而不恤。这实在都有所偏。中国人的对物，允宜效法西洋，西洋人的对人，亦宜效法中国。这两种文化，互相提携，互相矫正，就能使世界更臻于上理，而给人类以更大的幸福。采取他人之所长，以补自己的所短；同时发挥自己的所长，以补他人之所短。这就是中国对于世界的使命。

中西文化的异点，溯其根源，怕还是从很古的时代，生活之不同来的。西洋文化的根源，发生于游牧时代。游牧民族，本来以掠夺为生的，所以西洋人好讲斗争。中国文化的根源，则是农耕社会。其生活比较平和。而人与人间，尤必互相扶助，所以中国人喜讲调和。中国人最高的理想，是孔子所谓大同。这并不是一句空话，而是有历史事实，以为之背景的。其说，已见第一编第二章。文化不是突然发生之物。后来的文化，必以前此的文化为其根源。出发时的性质，往往有经历若干年代，仍不磨灭的。大同的社会，在后来虽已成过去，然而其景象，则永留于吾人脑海之中，而奉为社会最高的典型。一切政治教化，均以此为其最后的鹄的（gǔ dì，中心。）。这是中国人的理想，所以能和平乐利的根源。

中国人既以大同为最高的典型，所以其治法，必以平天下为最后的目的，而不肯限于一国。而其平天下的手段，则以治国为之本；治国以齐家为本，齐家以修身为本，凡事无不反求诸己，而冀他人之自然感化；非到万不得已，绝不轻用武力。这又是中国人爱尚平和的性质的表现。其目的，既然不在发展自己，而是要求“万物各得其所”的平，则绝无以此一民族，压迫彼一民族；以此一阶级，压迫彼一阶级之理。所以中国的内部，阶级比较平等，经济比较平均；而其对于外国，亦恒以怀柔教化为事，而不事征伐。既然不讲压迫，则必然崇尚自由。自由，就没有他人来管束你了，就不得不讲自治。

我国政体，虽号称专制，其实人民是极自由；而其自治之力，也是极强的。这个，只要看几千年来政治的疏阔，就是一个很大的证据。我们既不压迫人，人家自乐于亲近我。所以不论什么异族，都易于与我同化。我国的疆域，大于欧洲；人口亦较欧洲为众。他们几千年来，争夺相较，迄今不能统一。我国则自公元前两世纪以来，久以统一为常，分裂为变。人之度量相越，真不可以道里计了。

以欧洲近世文明的发展，而弱小民族，遂大受压迫，国破、家亡，甚而至于种族夷灭。这种文明，到底是祸是福？至少在弱小民族方面论起来，到底是祸是福？实在是很可疑惑的了。此种病态的文明，岂可以不思矫正？要矫正它，非有特殊的文化和相当的实力，又谁能负此使命？中国人起来啊！世界上多少弱小的民族，待你而得解放呢。

注释

①见所著《中国问题》。

②《颜渊》。